Theo Löbsack:
Die manipulierte Seele

Deutscher
Taschenbuch
Verlag

dtv

Im Text ungekürzte Ausgabe
Oktober 1981
Deutscher Taschenbuch Verlag GmbH & Co. KG,
München
 · ISBN 3-430-16142-8
Umschlaggestaltung: Celestino Piatti
Umschlagfoto: Hartmut Noeller, Süssen
Gesamtherstellung: C. H. Beck'sche Buchdruckerei,
Nördlingen
Printed in Germany · ISBN 3-423-01712-0

Das Buch

Die Möglichkeiten, das menschliche Verhalten durch chemische Substanzen oder chirurgische Eingriffe und gezielte Stromstöße im Gehirn zu manipulieren, sind in den letzten Jahrzehnten auf beängstigende Weise gewachsen. Beruhigungsmittel, leistungssteigernde, bewußtseinserweiternde, geistig und sexuell anregende Drogen haben einen ebenso erfolgreichen wie bedenklichen Siegeszug angetreten. Ist diese Entwicklung aufzuhalten? Wann darf die Persönlichkeit eines Menschen beeinflußt oder gar verändert werden? Gibt es überhaupt Umstände, die dies rechtfertigen? – Theo Löbsack informiert sehr gründlich über alle medizinischen, psychologischen und moralischen Aspekte dieses überaus komplexen Problems. Neben aktuellen Zahlen und statistischen Ergebnissen bezieht er auch die neuesten wissenschaftlichen Erkenntnisse in seine Darstellung ein.

Der Autor

Theo Löbsack, geboren am 19. Oktober 1923 in Thale im Harz, studierte Naturwissenschaften in Halle und Jena. Nach seiner Promotion 1948 war er Redakteur bei der populärwissenschaftlichen Zeitschrift ›Kristall‹ in Hamburg, seit 1958 ist er als freiberuflicher wissenschaftlicher Schriftsteller tätig. Für seine Bücher, Vorträge, Rundfunkbeiträge und Zeitungs- und Zeitschriftenartikel wurde er u.a. mit dem Theodor-Wolff-Preis, der Silbernen Wilhelm-Bölsche-Medaille und dem Wächterpreis ausgezeichnet. Seine erfolgreichen Sachbücher – zuletzt ›Wunder, Wahn und Wirklichkeit‹ (1976), ›Die Flucht der Milchstraßen‹ (1978) und ›Magische Medizin‹ (1980) – wurden zum Teil in bis zu zehn Sprachen übersetzt.

Meiner Mutter

INHALTSVERZEICHNIS

EINBRUCH INS INNERSTE ICH

(Anstelle eines Vorwortes)

Wenn es wahr ist, daß Freude und Leid, Liebe und Haß, Aggression, Güte und ähnliche Regungen für unser Menschsein bezeichnend sind, und wenn dieses Menschsein bisher für eine gezielte Veränderung unzugänglich war, so wissen wir heute: Diese Gewißheit gibt es nicht mehr.

Denn Gefühle wie Zuneigung und Wut, Angst und Wonne lassen sich seit jüngster Zeit auch unabhängig von äußeren Umständen mit der Präzision eines chirurgischen Eingriffs im Gehirn künstlich hervorrufen. Damit scheint es nur noch eine Frage der Zeit zu sein, bis wir sogar Vertrauen und Hoffnung, ja den Glauben an etwas in Form einer chemischen Substanz ins Gehirn träufeln oder als Medikament zu uns nehmen können.

Was das bedeutet, läßt sich heute nur erst ahnen. Man denke nur an die Psychologie der Massenführung. Noch immer hat sich das bittere Wort bewahrheitet, daß alle Möglichkeiten, die uns die Technik erschließt, auch irgendwo und irgendwann einmal verwirklicht werden. Wir stehen heute an einer Wende nicht nur in der Biologie, die daran denkt, die Erbanlagen des Menschen nach eigenem Gutdünken zu verändern – also »nach einem Markierungszeichen am eigenen Bug zu segeln«, wie es der englische Kybernetiker McKay ausdrückte. Wir stehen auch an einer Wende in der Steuerung des menschlichen Verhaltens unabhängig von den Erbanlagen. Ist es nicht ein Einbruch in die intimsten Bereiche der menschlichen Person, wenn Betriebsangestellte anregende oder beruhigende Mittel erhalten, damit ihre Arbeitsleistung steige? Von einer jungen, sexuell zurückhaltenden Frau ist bekannt, daß sie unter dem Einfluß einer elektrischen Hirnreizung ihr Wesen tiefgreifend änderte, und ein amerikanischer Wissenschaftler hat ausgerechnet, daß es vermutlich billiger wäre, ein neugeborenes Kind mit Elektroden im Gehirn zu versehen und als ›lebenden Roboter‹ aufzuziehen, als etwa einen mechanischen Roboter mit den gleichen Eigenschaften zu konstruieren.

Heute noch tun wir es als reines Phantasieprodukt ab, daß einst ›ferngesteuerte Menschen‹ existieren könnten, Menschen mit Drähten im Kopf, die aus einer Zentrale mit Funksignalen versorgt werden, Menschenheere vielleicht, die sich in dröhnendem Gleichschritt in Bewegung setzen könnten, um künftigen Diktatoren zu dienen. Aber die Zeit, da solche Pläne durchführbar würden, mag näher sein als erwartet, wie auch der erste ›eingefrorene Mensch‹ – von der Aussicht auf Unsterblichkeit fasziniert – überraschend schnell Wirklichkeit geworden ist.

Man mag einwenden, solche Heere entmenschlichter Menschen seien im Zeitalter der Atombombe eine kaum ernstzunehmende Gefahr. Wie aber, wenn es sich nicht um Massenauftritte solcher Wesen handelte? Wenn sie einzeln tätig würden? Wenn man sie zu gefahrvollen Einzelaktionen ›dressierte‹, zu Terrorakten, zur Spionage, zu tollkühnen Einzelkämpfen im Krieg, kurz zu solchen Unternehmen, die zur technischen Beherrschung einer Aufgabe noch ein Höchstmaß an Mut, Spannkraft und Ausdauer erfordern, oder die extreme Haßgefühle voraussetzen? Welche strategischen oder persönlichen Wünsche blieben dem unerfüllbar, der über elektrodisierte oder durch chemische Massen-Beeinflussungsmittel gesteuerte Menschen befiehlt?

Für viele noch erschreckender ist der religiöse Aspekt. Die Diskussion um Gott bewegt heute die ganze christliche Welt. Gott als allmächtiges, allgütiges und allwissendes persönliches Wesen ist uns schon lange nicht mehr vorstellbar. Schwerer wiegt, daß uns Gott auch als Geistwesen nicht mehr glaubwürdig erscheint, seit wir erkannt haben, daß die Seele nichts anderes sein kann als eine Funktion des Körperlichen. Was blieb, sind mehr oder weniger nebelhafte Definitionen der Theologen wie die, Gott sei ›Der ganz Andere‹ oder ›Die Tiefe der Wirklichkeit‹. Gänzlich aufgeben mag man IHN also nicht, und zum Beweise Gottes verweist man nun beharrlich auf jenen ›Erfahrungsbereich tief in uns Menschen‹, der ›jenseits des wissenschaftlichen Zugriffs‹ die Gegenwart Gottes anzeige. Man pocht auf das transzendente Erleben schlechthin, auf die unveräußerlichen Werte unserer Gefühle, auf Nächstenliebe, Schuldempfinden, auf Freude, Geborgensein und Kunstgenuß – also auf das, was ›Gott‹ in unseren Herzen lebendig werden lasse.

Welchen Stürmen ist nun aber auch diese Bastion des christlichen Glaubens ausgesetzt? Dieses Buch wird sich mit Glaubensfragen nicht beschäftigen, dennoch werden gerade sie überall zwischen den Zeilen stehen. Wenn Liebe und Haß, Vertrauen und Angst zurückgehen auf chemische Umsetzungen im Gehirn, wenn sie unabhängig von äußeren Erlebnissen steuerbar, wenn sie beliebig hervorzurufen oder »abstellbar« sind, wenn man einem Menschen Glück und Schmerz eingeben kann wie eine Arznei oder aufzwingen kann durch einen elektrischen Reiz in seinem Gehirn – was bleibt dann noch von der ›Göttlichkeit‹ zurück, die der ›transzendente Erfahrungsbereich‹ angeblich offenbart? Dann ist Gott auch aus diesem Rückzugswinkel verdrängt. Dann leben wir in einer verteufelt verstehbar gewordenen Seelenwelt, die Gott zur Erklärung selbst unserer Moral nicht mehr braucht.

Auch der medizinisch-juristische Aspekt eröffnet uns neue Möglichkeiten, liefert aber auch ganz neue und unheimliche Probleme: »Wir werden uns noch in den Tod hinein beruhigen«, erklärte einst ein weiser Zeitgenosse angesichts der gegenwärtigen Schwemme hochwirksamer ›Tranquilizer‹. Wie wahr dieses Wort werden sollte, erwies sich Mitte des Jahres 1978 in den beiden größten Heil- und Pflegeanstalten New Yorks, als dort Überdosen von Beruhigungsmitteln zum Tod zahlreicher Kranker beitrugen. Viele Patienten, so der medizinische Examinator im Bezirk Rockland County, seien »zur Bequemlichkeit der Ärzte« so sehr unter Psychopharmaka gesetzt worden, daß sie keine Schmerzen mehr als Warnzeichen schwerer Krankheiten spürten.

Was die Psychopharmaka außer ihrer gewünschten und auch segensreichen Wirkung noch alles bewirken, ist weniger bekannt. Sie können die Persönlichkeit eines Menschen verändern, sein Verantwortungsgefühl, seine körperliche und geistige Reaktionsfähigkeit, sein Pflichtbewußtsein, sein Gefühl für Schuld und Sühne beeinflussen und – was das Unheimlichste ist: Sie können dies schleichend tun, unbewußt für den Betroffenen, so daß er unschuldig schuldig werden kann. Es hat einen Fall gegeben, in dem ein Arzt wegen Abtreibungen verurteilt wurde, dann aber im Gutachten eines Psychiaters gezeigt werden konnte, daß der Mann Jahre zuvor – medizinisch zu Recht – regelmäßig bestimmte Arzneien zu nehmen begonnen hatte. So hatte sich seine Persönlichkeit allmählich verändert, ohne daß ihn dafür ein Schuldvorwurf treffen konnte. Auch zur Tatzeit war er damit für seine Handlungen nicht mehr verantwortlich zu machen.

Welche Probleme kommen hier auf die Justizbehörden zu? Welcher Verantwortung werden sich die Ärzte ausgesetzt sehen, wenn sie ihren Patienten für längere Zeit Beruhigungsmittel verschreiben?

Schließlich das Verhältnis von Mensch zu Mensch: Ein leidenschaftlich diskutiertes pharmazeutisches Präparat ist das Lysergsäure-Diäthylamid, das LSD. Über seine Wirkung sind abenteuerliche Berichte veröffentlicht worden. Vieles an diesen Berichten trifft zu – manche Beschuldigungen aber haben das LSD zu Unrecht in Verruf gebracht.

Zwei Eigenschaften des LSD hat man bisher zu wenig beachtet. Die eine ist seine Wirkung im sexuellen Bereich. Man hat sie hier und da bestritten, dennoch ist sie vorhanden und vermag den Beteiligten völlig neue Welten zu erschließen. Die andere Eigenschaft ist der Einfluß des LSD auf die geistig-seelischen Beziehungen zweier Menschen zueinander. Timothy Leary, der umstrittene amerikanische ›LSD-Apostel‹, hat vor den starken zwischenmenschlichen Bindungen gewarnt, die ein LSD-Rausch zustande bringen kann, und durch die zwei Menschen aneinander gekettet werden können – im Guten wie im Bösen. Auch mit dem LSD und seinen neu entdeckten chemischen Verwandten steht die Unantastbarkeit der Person auf dem Spiel, auch hier ist ein Einbruch ins innerste Ich erfolgt, tiefer noch, als wir es ahnen konnten: Die Entscheidungsfreiheit, ein scheinbar so gut gesichertes Bollwerk des Menschen, ist in Gefahr.

Wir fragen uns heute, warum der moderne Mensch von Neurosen geplagt wird und versuchen, Erklärungen dafür zu finden. Doch würden wir wenig gewinnen, wenn wir diesem Menschen das ›Zurück-zur-Natur‹ empfehlen wollten. Denn eine ›natürliche Lebensweise‹ läßt unser technisches Massenzeitalter nicht mehr zu. Auch dieses Buch kann keine Patentrezepte zur Lösung seelischer Probleme liefern. Vielleicht wird der Leser aber auf einen noch unausgeschöpften Reichtum in seinem Innern aufmerksam werden. Er wird von Erkenntnissen hören, die dazu führten, daß unsere Seele heute ›manipulierbar‹ geworden ist. Wir werden von der Gehirnforschung sprechen, von den Experimenten Pawlows, den Praktiken der Gehirnwäsche und der Entdeckung von ›chemischen Siebenmeilen-Stiefeln‹. Auch von den Möglichkeiten und Grenzen wird die Rede sein, die uns mit den modernen Seelenarzneien und einigen vorschnell verurteilten Rauschgiften gegeben sind.

Sollen wir uns gegen die neuen Methoden der Erforschung und Kontrolle unseres Ichs zur Wehr setzen? Längst haben wir uns an chirurgische Eingriffe, die Untersuchung des menschlichen Körpers mit Sezierinstrumenten, an Mikroskop und Medikamente gewöhnt – sollten uns dann nicht auch jene Hilfsmittel willkommen sein, die uns neue Seiten unserer Psyche erschließen helfen?

Wir, die wir eingespannt sind in den entnervenden Betrieb einer auf Leistung bedachten Welt, die wir an Verklemmungen und Verdrängungen leiden, die wir vielfach schon zur bloßen Funktion herabgewürdigt sind, wir haben vieles von unserem ursprünglichen Menschsein hergeben müssen. Um so mehr aber sehnen wir uns nach ihm zurück. Gilt uns die persönliche Freiheit noch etwas? Dann dürfte es beispielsweise nicht sein, daß wir einen Mitmenschen als gefährlich, asozial oder kriminell bezeichnen, weil er etwa bestimmte Drogen einnimmt, weil er sich mit Hilfe chemischer oder anderer Mittel künstlich in ein Reich begibt, in dem er – ganz für sich und ohne seine Mitwelt zu belästigen – dieses Menschsein wieder zu spüren vermeint. Wir sollten vielmehr versuchen, solch Verhalten zu verstehen und die Möglichkeiten, die uns die moderne Pharmakologie, die Gehirn- und Seelenforschung erschlossen haben, unserem westlichen Kulturerbe nutzbar zu machen, bevor die technische Zivilisation dieses Erbe vollends überwuchert.

Dieses Buch will vor allem informieren. Es will zum Verständnis einer Entwicklung beitragen, deren Gefahren und Verlockungen uns heute gleichermaßen bewegen. Darüber hinaus will es schlicht zum Nachdenken anregen.

Mit Rücksicht auf einen flüssigen Stil wurde auf die Nennung von Doktortiteln allgemein verzichtet. Die Hinweise auf Dosierungen wurden zwar nach bestem Wissen, aber ohne Gewähr gegeben. Die in Klammern gesetzten Ziffern im Text verweisen auf die Ziffern im Literaturverzeichnis.

I.

DER MENSCH IM MASSENZEITALTER

Neurose und Verbrechen

Vor einiger Zeit erfuhr die deutsche Öffentlichkeit von einem nahezu unglaublichen Geschehnis. In einem württembergischen Dorf hatte sich folgendes zugetragen: Wie es unter der Landbevölkerung üblich ist, war man früh am Abend zur Ruhe gegangen. Da rannte ein Mann die Dorfstraße herunter und schreckte die Schlafenden aus den Betten, indem er rief: »Es brennt! Es brennt!«

Tatsächlich brannte eine Scheune. Und ehe die Flammen noch den Himmel rot färbten, brannte schon eine zweite. Weithin hörte man jetzt das Knistern des Brandes, und in der allgemeinen Aufregung eilte ein Bauer ans Telefon, um die Feuerwehr zu alarmieren. Aber der Hörer blieb stumm. Die Leitungen waren zerschnitten.

Als die Dorfbewohner den Brand daraufhin selbst bekämpfen wollen und auf die Straße laufen, taucht ein Radfahrer auf und nimmt sie mit zwei Mehrladepistolen unter Beschuß. Kurz darauf liegen zehn Frauen und Männer sterbend auf dem Pflaster. Zehn weitere Dorfbewohner werden schwer verletzt, bis es endlich ein paar Beherzten gelingt, den Rasenden niederzuschlagen.

Es stellt sich heraus, daß der Mann auch die Scheunen angesteckt und die Telefondrähte zerschnitten hat. Doch merkwürdig: Er ist keineswegs ein langgesuchter Schwerverbrecher oder ein entflohener Geisteskranker. Es handelt sich um den gut beleumdeten Oberlehrer Wagner aus der Nachbargemeinde. Wie sich weiter zeigt, ist seine Tat die Fortsetzung eines Verbrechens, das bereits in Wagners Wohnung seinen Anfang genommen hatte. Bevor der Oberlehrer zu seiner Radtour aufgebrochen war, hatte er seine Frau und seine vier Kinder umgebracht.

Die gerichtliche Untersuchung enthüllt, daß der Täter Jahre zuvor als Hilfslehrer eine sexuelle Verfehlung begangen hat. Dieser Fehltritt war anscheinend zum Keim eines seelischen Leidens geworden, das sich dann auf so furchtbare Weise Luft machte. Jahrelang, so hieß es, habe man Wagner nichts Ungewöhnliches angemerkt. Selbst die allmähliche Verschlimmerung seines Zustandes – eine Art Verfolgungswahn – war seinen Mitmenschen verborgen geblieben. Dreizehn Jahre lang hatte sich Wagner von seiner Schuld verfolgt gefühlt, bis er den Massenmord beging.

Im Gerichtssaal wird Wagner für geistig unzurechnungsfähig erklärt, seine Einweisung in eine Heilanstalt wird angeordnet. Dort verbringt er das letzte Drittel seines Lebens sonderbarerweise mit schriftstellerischer Arbeit. Bevor er stirbt, verfaßt er noch mehrere Dramen und streitet sich mit dem Dichter Franz Werfel über ein Thema, für das er eine Art Urheberrecht beansprucht.

Zu der Untat des Oberlehrers Wagner hat sich in den sechziger Jahren ein ähnlich erschütternder Vorfall gesellt. Schauplatz ist eine Volksschule in dem Kölner Vorort Volkhoven. Man schreibt den 11. Juni 1964, als in den Vormittagsstunden ein Mann in den Schulhof eindringt und das Tor von innen verbarrikadiert. Auf dem Rücken trägt er ein Pflanzenspritzgerät, das zu einem Flammenwerfer umgebaut und mit einer leicht brennbaren Flüssigkeit gefüllt ist. Außerdem hat er eine eineinhalb Meter lange, aus Stiel und Dreikantfeile hergestellte Lanze bei sich. So bewaffnet geht er auf die ebenerdigen Unterrichtspavillons zu. Er zertrümmert eine Fensterscheibe und richtet seinen Flammenstrahl gegen die aufschreienden Kinder, die in wilder Panik zu fliehen versuchen.

Bevor jemand zur Besinnung kommt, ist der Klassenraum in ein Chaos umgestürzter Tische und Bänke, kreischender Kinder, brennender Kleider und verkohlter Holzteile verwandelt. Damit aber nicht genug. Der Wahnsinnige, ein Kölner namens Walter Seifert, dringt jetzt in blinder Raserei in weitere Klassenräume ein. Eine 62jährige Lehrerin, die sich schützend vor ihre Kinder stellt, sticht er mit seiner Lanze nieder. Eine zweite Lehrerin bricht unter Seiferts Lanzenstichen in den Unterleib zusammen, nachdem es dem Angreifer gelungen ist, eine Tür aus den Angeln zu heben, die die Frau von innen zugehalten hatte. Soweit die Kinder nicht mit Brandwunden weinend am Boden liegen, rennen sie lebenden Fackeln gleich gegen das verbarrikadierte Hoftor an oder suchen sich zu verstecken.

Inzwischen haben die Rauchwolken und das Geschrei die Bewohner der Umgebung aufmerksam gemacht. Ein Polizeiwagen taucht auf. Da schluckt Seifert ein giftiges Pflanzenschutzmittel und läuft davon. Ein Polizeibeamter verfolgt ihn, gibt einen Warnschuß ab und streckt den Flüchtenden mit einem Oberschenkeltreffer zu Boden. Seifert stirbt noch am gleichen Abend trotz einer Magenentleerung an den Folgen des Giftes. Die Bilanz seiner Tat: Achtundzwanzig teils schwerverbrannte Kinder, von denen acht in den folgenden Tagen ihren Verletzungen erliegen, und zwei bestialisch niedergestochene Lehrerinnen. Die finanziellen Folgen einschließlich des Umbaus der Schule, der vom Land übernommenen Pflegekosten und Heilmittel für die Kinder werden auf fünf bis sechs Millionen Mark geschätzt. Als Motiv seiner Tat gibt der 42jährige noch kurz vor seinem Tode an, er sei von der Sozialbehörde ungerecht behandelt worden. Wiederholt habe er versucht, wegen einer Tuberkulose eine höhere Rente zu erhalten, sei aber immer wieder abgewiesen worden. Seine letzten Worte sind: »Das war meine Rache...«

Die Taten dieser Menschen gehören der Vergangenheit an, unsere schnellebige Zeit wird sie rasch vergessen. Aber neue Verbrechen geschehen. Da bringt ein scheinbar ganz normaler amerikanischer Seemann in einer einzigen Nacht acht blutjunge Lernschwestern in ihrem Heim auf grauenhafte Weise um; da hängt eine Mutter die vier Kinder ihrer unerträglich gewordenen Ehe hintereinander am Fensterkreuz auf; da steigt, nachdem er Frau und Mutter ermordet hat, der 24jährige Student Charles Whitman auf die Aussichtsplattform eines Universitätsgebäudes der texanischen Stadt Austin und schießt von dort herab auf menschliche Ziele (13 Tote, 31

Verwundete), bis er selbst durch den Schuß eines Polizeibeamten den Tod findet. Fast täglich lesen wir von unheimlich-unbegreiflichen Taten, von Kindesmißhandlungen, sogenanntem ›menschlichen Versagen‹, von Mord und Totschlag. Dabei gleichen sich gerade die schrecklichsten Verbrechen oft darin, daß sie von Menschen begangen werden, die einmal Zeitgenossen von gutem Ansehen und ordentlichem Lebenswandel gewesen sind; Menschen, von denen niemand vermutete, daß sie insgeheim eine ›doppelte Buchführung‹ hatten, wie der Hamburger Psychiater Professor Bürger-Prinz einmal sagte. »Wenn zum Beispiel ein Mann als tadellos sozial eingepaßt, ordentlich, geradezu bürgerlich spießig geschildert wird«, so Bürger-Prinz, »und es wird ihm ein schauerliches Verbrechen zur Last gelegt, so herrscht die Meinung vor, er könne diese Tat nicht begangen haben, oder die Tat sei ihm wesensfremd, persönlichkeitsfremd, niemals könne ein so ruhiger Mensch bei Verstandesklarheit eine derartige Scheußlichkeit begehen. Alles dies liegt sehr nahe, und trotzdem weiß man nicht, ob ein solcher Mann nicht gerade wegen der kleinlichen Genauigkeit, die ihm eignet, ein ›vollkommenes Verbrechen‹ begeht.«

Wie der Fall eines Pariser Massenmörders, des berüchtigten Arztes Dr. Petiot, zeigt, schließen selbst hohe Intelligenzleistungen eine zum verbrecherischen Exzeß neigende Natur nicht aus. Das erschwert natürlich auch die Arbeit der Polizei. »Bei hoher und beweglicher Intelligenz«, meint Bürger-Prinz, »kann das tatsächliche Vorliegen von Erkrankungen bestimmter Art unter Umständen sehr schwer aufdeckbar sein, weil es dann dem betreffenden Kranken möglich ist, seine Intelligenz zur Kaschierung der Krankheitsvorgänge und zur Motivation etwa auffälliger Verhaltensweisen einzusetzen.«

Muß man sich angesichts solcher Taten nicht wünschen, daß es eines Tages möglich sein werde, die krankhaft-kriminelle Veranlagung eines Menschen rechtzeitig zu erkennen, um ihm dann beispielsweise durch eine medikamentöse Behandlung auf den rechten Weg zu helfen? Heute schon werden Geisteskrankheiten, die auf erblichen Stoffwechselstörungen im Gehirn beruhen, mit gutem Erfolg behandelt, und zahlreiche

Formen von krankhafter Persönlichkeitsveränderung lassen sich mit modernen, psychisch wirksamen Medikamenten zum Guten beeinflussen. Warum sollte es da nicht möglich sein, eines Tages auch dem Verbrechen mit Hilfe der Medizin den Kampf anzusagen?

Öfter noch als mit Fällen krankhafter, zur kriminellen Tat neigender Charaktere aber haben wir es heute mit Menschen zu tun, die sozusagen im Vorfeld einer geistigen oder seelischen Krankheit leben, und Legion sind diejenigen, die als psychisch Gesunde im Leben schweren belastenden Situationen ausgesetzt werden, die sie meistern sollen. Ja, schlummern nicht in uns allen geheime Leidenschaften, die nur auf einen äußeren Anlaß warten, um hervorzubrechen, und die uns dann zu ganz ›untypischen‹ Taten hinreißen? Leistet nicht unsere nervöse Zeit solchen Ausbrüchen eines uns fremden Ichs Vorschub? Die Zunahme der Verbrechen unter den Jugendlichen deutet darauf hin. Aber es müssen nicht immer Verbrechen sein; die Psychiater kennen zahlreiche Abstufungen abnormen seelischen Verhaltens. Sie wissen von den Folgen unterschwelliger Ängste und chronischer Sorgen, von Spannungen im sozialen und privaten Leben, die einen Menschen zermürben und dann, ohne ihn eigentlich krank zu machen, seine Persönlichkeit verändern. Sie sprechen, mit einem Wort, von der ›Neurosebereitschaft‹ des Menschen im Massenzeitalter.

Was sind Neurosen?

Sigmund Freud, der große Wiener Arzt und Psychologe, sah in ihnen den ›unbeschwichtigten Streit zwischen dem Unbewußten und Bewußten in uns‹. Das Bewußtsein, meinte Freud, übe so etwas wie eine Kontrolle über die Eindrücke aus, die täglich auf uns einstürmen. Der Maßstab dafür, was dem Bewußtsein erhalten bleiben soll und was nicht, seien die Gebote und Verbote im Leben der Menschen miteinander, die ›gesellschaftlichen Spielregeln‹. Alles, was nicht in dieses Schema paßt, versuche das Bewußtsein abzustoßen, zu vergessen, zu – verdrängen. Die ›Verdrängung‹ ist in der Sprache der Psychologen eine Art von Vergessen. Doch unterscheidet sich die Verdrängung vom üblichen Vergessen durch das aktive Bemühen, das ihr innewohnt.

Das klingt abstrakt, läßt sich aber leicht erklären. Jeder weiß, daß es im Leben angenehme und unangenehme Dinge gibt. Wir wissen auch, daß wir uns den erfreulichen Ereignissen meist leichter zuwenden als den unerfreulichen. Das, was uns ärgert und grämt, was uns kränkt, mißfällt oder schädigt, versuchen wir zu meiden. Wenn ein solches ›negatives‹ Ereignis dennoch eingetreten ist, versuchen wir es möglichst rasch wieder zu vergessen. Wir greifen zu ›sanfter Gewalt‹, eben dem Verdrängen des Geschehenen ins Unterbewußtsein. Beim gesunden Menschen funktioniert diese unbewußte seelische Selbstreinigung von belastenden Erinnerungen meist recht gut. Bei anderen aber funktioniert sie schlecht. Bei ihnen scheint zwar auch der Zweck erreicht, denn das Geschehene ist für das tägliche wache Bewußtsein ausgeschaltet. Leider trügt aber der Schein, denn ganz und gar ›vergessen‹ ist das, was uns einmal stark und negativ beeindruckt hat, im Unterbewußtsein nicht. Irgendwann, unter Umständen erst nach vielen Jahren und manchmal durch einen äußeren Umstand, kann, nach Freud, das vergangene Geschehen bei diesen Menschen zu unheimlichem Eigenleben erwachen. Es stellt sich heraus, daß das Erlebnis von einst nicht richtig ›verarbeitet‹ worden ist, und damit ist der Keim für die Neurose gelegt.

Heute verstehen die Wissenschaftler unter einer Neurose eine ganze Gruppe von Krankheiten mit bestimmten gemeinsamen Zügen. Sie alle gehen auf einen seelischen Konflikt zurück, der zu einer Art von ›Spannungsnervosität der Persönlichkeit‹ geführt hat.

Man kann auch sagen: Der neurotisch erkrankte Mensch ist einer, dessen Persönlichkeit erkrankt ist. Den Psychologen klingt das natürlich zu summarisch. Sie unterscheiden genauer und verweisen auf zwei Typen von Neurotikern: den Psycho-Neurotiker, dessen Krankheit allein an seelischen Krankheitszeichen offenbar wird, und den Organ-Neurotiker, der an körperlichen Störungen leidet, die seelisch bedingt sind. Besonders die zweite Gruppe von Menschen – die Organ-Neurotiker – ist heute verhältnismäßig groß. Es gibt Wissenschaftler, die sogar Magengeschwüre, Asthma und Basedow auf seelische Ursachen zurückführen. Bei dem Organ-Neurotiker, sagen sie, fiele es jedoch manchmal schwer, die wahren Zusammenhänge aufzudecken. Deshalb müsse man sich oft sehr eingehend mit der Vorgeschichte dieser Kranken befassen, um auf den Grund ihrer Leiden zu stoßen.

Wir werden in diesem Buch auch darüber sprechen, welche Mittel und Möglichkeiten die Wissenschaft heute kennt, um Stimmungen und Gefühle durch Eingriffe ins Gehirn zu beeinflussen und damit auch seelische Schäden oder neurotische Krankheitsbilder zu behandeln und zu heilen. Um die Bedeutung dieser Behandlungsmethoden zu verstehen, müssen wir aber zunächst danach fragen, wo die tieferen Ursachen für die zunehmenden Neurosen in unserer Zeit liegen. Verallgemeinert: Wie sind die seelischen Gefahren entstanden, in denen sich die Menschen der modernen Industriestaaten heute befinden?

Die innere Leere

Einen wesentlichen Anteil an der Entstehung der seelischen Not vieler Menschen hat das große Reizangebot, dem wir alle, namentlich aber die Großstadtbewohner, ausgesetzt sind. Noch vor wenigen hundert Jahren lebten wir vorwiegend in und mit der Natur, in der uns Ruhe und frische Luft umgaben. In den letzten Jahrzehnten aber sind wir – aus der Zeit der Pferdedroschke und Ölfunzel – förmlich hineinkatapultiert worden in eine technische Umwelt mit Klima-Anlagen, schnellen Autos, Atomreaktoren, Überschallflugzeugen und Elektronenrechnern, die uns selbst einen großen Teil der geistigen Arbeit schon abnehmen. In unseren großen Städten überschütten uns die Lichtkaskaden der Leuchtwerbung bis tief in die Nacht, dröhnt der Verkehrs- und Baustellenlärm und atmen wir eine von Abgasen erfüllte Luft.

Neben solchen äußeren Einflüssen, die an unseren Nerven zerren, machen uns in zunehmendem Maß innere Probleme zu schaffen. Viele Nervenärzte sind davon überzeugt, daß der neurosebereite Mensch unserer Zeit ein Produkt seiner inneren Leere sei. Wäre diese Leere nicht, so sagen sie, dann hätte zum Beispiel der heute so umfangreiche Vergnügungs- und Zerstreuungsbetrieb bei weitem nicht jene Chancen, uns in seinen Bann zu schlagen.

Sieht man sich diesen Betrieb näher an, so zielen seine Praktiken darauf ab, uns zu beschäftigen und zu unterhalten, und er kann bei ungezählten Menschen eine starke innere Bereitschaft – sprich Leere – dazu ausnutzen. Es sei unterstellt, daß uns manche der gebotenen Abwechslungen auch zu eigener geistiger und körperlicher Arbeit anregen, doch scheint dies mehr ein ungewolltes Nebenprodukt der Unterhaltungsindustrie zu sein. Denn die wichtigste Voraussetzung für das Geschäft ist die Passivität des Konsumenten.

Charakteristisch für die innere Leere vieler ist die ›Sonntagsneurose‹. Wer sie einmal erlebt hat, weiß, wie qualvoll und lähmend sie sein kann. Auch die Sonntagsneurose befällt vor allem solche Menschen, die sich nicht selbst beschäftigen können. Sie ist ein Gefühl der eigenen Nutzlosigkeit, der Sinnlosigkeit des Lebens, das fast schlagartig bei Feierabend des letzten Werktages mit Depressionen einsetzt und anhält, bis die Arbeit am Montag früh wieder beginnt. Mancher Selbstmord kommt auf das Konto dieser gefürchteten Stimmung, Selbstmorde, denen bezeichnenderweise meist keine schweren seelischen Konflikte vorausgingen. Untersuchungen des Heidelberger Internisten Plügge haben vielmehr erwiesen, daß bei fünfzig derartigen Selbstmordfällen weder berufliches Fiasko noch private Schwierigkeiten im Spiel gewesen sind. Auslösend war ganz einfach das unerfüllte Leben dieser Menschen, ihre grenzenlose Langeweile und ihre innere Einsamkeit [58].

In Dänemark und Schweden, wo die Selbstmordziffer mit rund 20 auf 100000 Einwohner im Jahr verhältnismäßig hoch liegt, gibt es Ärzte, die die Ursache dafür in einem ähnlichen Zusammenhange sehen. Sie prangern die fragwürdigen Errungenschaften des Wohlfahrtsstaates an. Diese Einrichtungen behüten den Menschen sein Leben lang, nehmen ihm Risiken ab, lähmen sein Verantwortungsgefühl und hemmen ihn in seiner Initiative. Mit einem Wort: Der hochentwickelte Wohlfahrtsstaat bietet seinen Bürgern ein Leben in Sicherheit, das sie aber innerlich veröden und abstumpfen läßt.

Eigentlich ist es verwunderlich, einsame Menschen gerade dort zu finden, wo man sie am wenigsten vermutet, nämlich mitten im dichtesten Mitbürger-Gewimmel. Der schwedische Pastor Bäcklund, Leiter einer Organisation zur Hilfe für Lebensmüde, charakterisierte die Lage in den großen schwedischen Wohnblocks: »Die Menschen dort leben wie Fremde aus verschiedenen Ländern nebeneinander. Sie fühlen sich einsamer als in den Bergen und Wäldern. Die trostlose Einsamkeit im Menschengewimmel ist die schwerste Geißel des modernen Großstadtmenschen.«

Unsere Zeit ist reich an Beispielen für Einsamkeitserlebnisse, an leichten wie an schweren. Eine der dramatischsten Erfahrungen hoffnungsloser Einsamkeit erfuhren die rassisch Verfolgten des Naziregimes im Deutschland der dreißiger und Anfang der vierziger Jahre, als sie schuldlos in den Konzentrationslagern zu einem qualvollen Leben verdammt waren, um schließlich in den Gaskammern ermordet zu werden. Einen zugleich sinnlosen wie grauenhaften Tod vor Augen, lebten diese Menschen in einem Zustand fortwährender und unerträglicher Spannung, die bei den Überlebenden denn auch fast ausnahmslos seelische Nachwirkungen hatte. Weit wurde hier überschritten, was ein Mensch seelisch noch zu ertragen vermag. Im Gegensatz zu den Unschuldigen wußten die Kriminellen unter den KZ-Insassen wenigstens von ihrer Schuld, und die politisch Verfolgten waren in vielen Fällen bereit, für ihre Ideale zu sterben. Die psychische Belastung der rassisch Verfolgten aber war unvergleichbar. »Hier wurden Menschen getrieben, wie man Vieh mit dem Stecken treibt«, schrieb Ernst Wiechert in seinem beschwörenden Roman ›Der Totenwald‹. Hier war eine Belastung, die schwerer wog als diejenige der Soldaten in der Kesselschlacht von Stalingrad, die man mit Recht den mörderischsten Kampf des Zweiten Weltkrieges genannt hat. Bei den rassisch Verfolgten bestand im Gegensatz zu den Soldaten auch kaum die Möglichkeit, sich zu Gruppen zusammenzuschließen und sich gegenseitig Mut zu machen im Bewußtsein der Schicksalsgemeinschaft. Regelmäßiges Umquartieren in andere Lager, ›Selektionen‹ der Todeskandidaten und die ohnehin beschränkte Kontaktmöglichkeit im ›KZ‹ erschwerten jeden derartigen Versuch.

Häufig kommt es auch in Kriegen bei der kämpfenden Truppe zu Erlebnissen der Isoliertheit, die sich seelisch niederschlagen. Der Tübinger Nervenarzt W. Mende hat darauf hingewiesen, daß psychische Fehlhaltungen bei den Soldaten um so häufiger waren, je isolierter sie kämpften. Ein Beispiel: Den Heckschützen in den großen Bombenflugzeugen blieb beim Angriff feindlicher Jäger nichts weiter zu tun als tatenlos abzuwarten, ob sich eine Schußgelegenheit bot. In ihren engen Kanzeln konnten sie die Flugmanöver der Maschine nicht beeinflussen. Viele dieser Männer umfing ein verzweifeltes Gefühl der Hilflosigkeit, das um so beklemmender war, als die Einsätze meist nachts geflogen wurden. Das passive Wartenmüssen in Augenblicken höchster Gefahr schlug sich in seelischen Fehlhaltungen nieder, an denen manche noch heute kranken.[1]

Mitschuldig an der ›inneren Leere‹ und der Einsamkeit vieler ist der moderne Sport- und Spielbetrieb, dessen Stätten sich zu Arenen des Ehrgeizes und der Rekordjagd gewandelt haben, statt der körperlichen Übung weiter Kreise zu dienen oder wenigstens Anreiz für eine breitere Sportbetätigung zu sein. Immer mehr Menschen werden angesichts der erregenden Wettkämpfe aus einer vielleicht einst aktiven Rolle in die passive des Zuschauens gedrängt. Damit staut sich ein unbefriedigter Betätigungsdrang in ihnen auf, der zu seelischen Spannungen führt. Eine traurige Rolle spielen hier die großen Schauwettkämpfe der professionellen Boxer. Was auf diesen Veranstaltungen geschieht, appelliert unverhohlen an die niedersten Instinkte der Zuschauer. Das Publikum der Schlägereien im Rampenlicht, dessen enthemmtes Gebaren nur den unbändigen Wunsch nach einem Ventil für immer wieder unterdrückte eigene Aktionen widerspiegelt, es will zum überwiegenden Teil gar nicht den edlen, fairen Kampf sehen oder gar einen unentschiedenen Schlagabtausch. Es will den Niederschlag, den Zusammenbruch, den Knockout. Es will, in letzter Konsequenz, die Vernichtung des einen Boxers durch den anderen, mit geschwollenen Augen, aufgeplatzten, blutenden Brauen und Ausgezähltwerden auf den Brettern, die ihm zwar die Welt, aber auch den Tod oder – wir kommen darauf zurück – das geistige Siechtum bedeuten können.

Mitverantwortlich für die ›innere Leere‹ ist die Schwemme belangloser Informationen in Tageszeitungen, Illustrierten, Funk, Fernsehen und Film – vor allem sind es auch die ungezählten, bedeutungslosen Nachrichten aus der Politik, die unaufhörlich auf uns eindringen; eine Schwemme, die dazu den Zeitgenossen mit Kommentaren versorgt wie mit einer Konfektionsware und den Versuch eigener Meinungsbildung im Keime erstickt.

Ähnliches gilt für den organisierten Massentourismus. Geschäftige Unternehmer bieten dem Wohlstandsbürger heute zwei Möglichkeiten, sein Fernweh zu stillen. Die eine führt ihn zum Pauschalpreis an den Ferienort seiner Wahl, wo ihn das Vertragshotel der Reisegesellschaft erwartet. Diese Ferienparadiese – typisch sind etwa Rimini oder Riccione an der Adria – bieten zur Hauptsaison alles andere als das, was ein sogenannter urlaubsreifer Mensch nötig hätte. Es sind lärmerfüllte Amüsierzentren, in denen mehr verdient, als Erholung geboten wird. Der vor sich selbst und seinem unerfüllten Leben geflohene Urlauber findet hier aber das, was er unbewußt sucht: den unterhaltsamen Betrieb. Hier braucht er nicht zu sich selber zu kommen, denn allerlei Reizvolles dringt auf ihn ein. Hier gibt es Straßen und Gassen, auf denen Rummelplatztreiben herrscht. Hier findet er die moderne Form des Promenierens in endlosen Auto-Korsos: Bis tief in die Nacht hinein kriecht, stoppt, kriecht diese Autoschlange dahin, Sportwagen darunter, versteht sich, mit Playboys am Steuer, deren schmachtender Blick den Mädchen heiße Nächte verspricht. Am Strand findet er die Titelfotos der Illustrierten in natura, weiter draußen im Wasser dagegen nur wenige Unentwegte, die sich der Norm zum Trotz dem Gesehenwerden entziehen. Flugzeuge ziehen Werbesprüche durch die warme Luft, und damit unser Urlauber nicht eigenen Gedanken nachzuhängen braucht, gibt es auch Lautsprecher am Strand. Abwechselnd dröhnt aus ihnen Reklame und Musik, ein Programm, das die Stimmen der Eisverkäufer und Transistor-Empfänger übertönen muß, damit die zahlenden Firmen auf ihre Kosten kommen. Der Strandgast kann diesem akustischen Alptraum nicht entrinnen, doch tröstet er sich bei dem Gedanken, daß über die gleichen Geräte auch die im Strandgewühl verirrten und irgendwo aufgegriffenen Kinder ausgerufen werden.

Der zweifelhafte Reiz dieser Stätten saugt den Urlauber an. Alles ist neu, interessant, verlockend und geeignet, ihn ›abzulenken‹. Er taucht ein in ein warmes, wimmelndes, parfumduftendes, nach Sex und Betrachtetwerden dürstendes Menschenheer. Er läßt sich treiben, er macht einen ›tollen Urlaub‹.

Die zweite Art des Fernweh-Stillens ist die große Rundreise. Ihre Praxis besteht darin, daß geschlossene Gesellschaften eilig von Ort zu Ort befördert werden. Der scharf kalkulierte Preis duldet keine Aufenthalte, also muß das Programm rasch abgewickelt werden. So jagen sich die Bilder, und der Wirbel des Gesehenen verhindert den bleibenden Eindruck. Was der Bildungsbeflissene erhofft haben mag, bleibt ihm versagt: Das Gespräch mit der einheimischen Bevölkerung vielleicht oder die Gelegenheit, an einem Bauwerk oder einer historischen Stätte länger zu verweilen. Im Grunde hat er nur eins gewonnen: Er kann jetzt ›mitreden‹. Er war nun auch schon da und dort. Er hat die Pyramiden gesehen und den Schiefen Turm von Pisa. Er kennt die Seine-Metropole und die tollen Kneipen auf der Reeperbahn. Er hat auch schon an den Küsten der Malediven getaucht. Das macht Eindruck, das stempelt ihn zum Weitgereisten, dessen Meinung man anhören muß. Das alles vermehrt auch seine Chancen im täglichen Konkurrenzkampf, dem beruflichen wie dem privaten – aber dauerhaft bereichert, beschenkt, zum ausgewogenen Urteil befähigt hat es ihn kaum.

Invasion der Wünsche

Das Bild des modernen, namentlich des großstädtischen Menschen hat aber noch andere Seiten. Sein Wunsch nach hohem sozialen Rang macht ihn ehrgeizig. Mehr oder weniger bewußt strebt er nach den äußeren Abzeichen seiner Tüchtigkeit: dem neuen Auto, dem teuren Pelzmantel, dem Fernsehgerät, dem Eigenheim mit Garten und Swimming-pool. Dem fragwürdigen Bewußtsein hohen sozialen Ranges zuliebe erliegt er den Verlockungen des ständig wechselnden, jeweils jedoch mit dem Anspruch des ›Nonplusultra‹ auftretenden Warenangebots. Er erliegt dem Reiz der Schaufenster, der farbenprächtigen Versandhauskataloge und der mit allen Mitteln betriebenen Werbung, die ihn heimlich verführt, sich darüber hinwegzusetzen, was ihm persönlich angemessen wäre und was nicht. Allein in der deutschen Bundesrepublik sind fast 400000 Menschen in der Werbung tätig, Spezialisten und Seelenkenner, die nicht ohne Stolz erklären, es sei ihr einziger Ehrgeiz, Waren an den Mann zu bringen, gleichgültig, ob es sich um Margarine, Fertighäuser oder Schmerztabletten handele. Fünf bis sechs Milliarden D-Mark jährlich werden hierzulande dafür ausgegeben, neue Wünsche zu wecken. Diese Werbung scheut sich auch nicht, an die Männlichkeit junger Leute zu appellieren, um Branntwein oder Zigaretten zu verkaufen. Sie kitzelt die Eitelkeit der Frauen, um fältchenglättende Seifen und Cremes zu vertreiben. Sie stachelt den Geltungsdrang auf, um einen größeren, eleganteren, pompösen Luxusgegenstand an den Mann oder die Frau zu bringen. Aber mit der provozierten Invasion der Wünsche kommt auch die Unzufriedenheit derer, die sich diese Wünsche nicht erfüllen können. Und mit ihr kommt ein guter Teil der seelischen Not, aus der heute so viele verzweifelt nach Auswegen suchen.

Einer dieser Auswege besteht für manche darin, sich immer größere Leistungen zuzumuten. Vom Ehrgeiz getrieben, arbeiten sie bis in die Nacht oder übernehmen ihrem Können ganz ungemäße Aufgaben. Sie stecken selbst dann nicht zurück, wenn ihnen ernste Erschöpfungszeichen Einhalt gebieten. Statt dessen entwickeln sie Schuldgefühle, weil sie nicht noch mehr geleistet haben, nicht noch rascher vorangekommen sind und nicht noch mehr Dinge erworben haben oder Posten bekleiden. Im selben Maße aber, wie solchen Unglücklichen das hektische Vorwärtsdrängen zum Lebensinhalt wird, geht ihnen die Liebes- und Kontaktfähigkeit verloren. Denn beides schließt sich letzten Endes aus. Das Verhältnis zum Ehepartner, zum Freunde, der Kontakt zum Mitmenschen leidet. Das Selbstbewußtsein, das in starkem Maße von den Ziffern des Monatseinkommens abhängt, orientiert sich weniger an menschlichen Werten (wer brächte heute noch einer Sozialhelferin die Achtung entgegen, die ihr gebührt?), sondern es stützt sich auf den Wert des zur Schau gestellten Besitzes und das Maß der beruflichen Befugnisse. Der Nachbar wird zum Rivalen im Wettlauf um das soziale Prestige, und weil man sich den Erfolg gegenseitig mißgönnt, trachtet man auf die kindischste Weise danach, den anderen zu übertrumpfen. Man kauft die größere Waschmaschine, den wertvolleren Wagen, oder baut sich – so man kann – den luxuriöseren Bungalow.

Aber damit nicht genug. Der ganze Prestigeaufwand, die sozialen Rangabzeichen, sie sollen natürlich ihre Wirkung tun, und man möchte diese Wirkung spüren. So wird die Umgebung argwöhnisch auf Respektsbezeugungen hin beobachtet, ja, die Beziehungen vieler Menschen regeln sich geradezu nach dem Ausmaß solcher kleinen oder großen Achtungsbeweise. ›Anerkannt‹ zu werden ist zu einer wichtigen Voraussetzung für das seelische Gleichgewicht geworden, und wir wissen, daß die Versagung solcher Anerkenntnis leicht zu Aggressionshandlungen führen kann.

Bei all dem bedeutet es eine zusätzliche Belastung für den schon weidlich Geprüften, daß er zu einem möglichst reibungslosen Verkehr mit seiner Umwelt gezwungen ist. Muß er doch die Voraussetzungen für den erfolgreichen Konkurrenzkampf ebenso wie für das Anerkanntwerden immer wieder neu schaffen! Seine verdrängten Ärgernisse und Spannungen machen ihm das oft schwer, denn er kann sie nur selten ›abreagieren‹. Er darf nicht aus der Rolle fallen und muß immer die Form wahren, sonst würden seine Chancen schwinden. Fast möchte man es einen unglücklichen Begleitumstand nennen, daß dabei sein Bedürfnis nach Schutz und liebevoller Begegnung mit seinen Mitmenschen wächst und daß er dieses Bedürfnis nicht befriedigen kann, weil ihm der Mitmensch immer weniger als Freund, sondern viel öfter als Konkurrent entgegentritt. Das beruht durchaus auf Gegenseitigkeit, und so erklären sich die vielen verkrampften, nervösen und unsteten Charaktere unserer Zeit, die zugleich deren Opfer sind. Der Segen unseres hohen Lebensstandards ist zweifelhaft geworden, weil er mit Neurosen erkauft werden muß.

Fraglos wirken auch unterschwellige Reize und Einflüsse

dabei mit, die Seelenverfassung des heutigen Menschen so angespannt zu machen. Das fängt schon im Schulalter an. Der Überfluß an Eindrücken aller Art im täglichen Leben erzieht die Kinder dazu, immer wieder zu ›überhören‹ und zu ›übersehen‹, also eine innere Abwehrstellung zu beziehen. Die Folgen dieser seelischen Selbstverteidigung sind oberflächliches Denken und Empfinden. Namentlich bei solchen, die sich der Reizflut aus einer inneren, uneingestandenen Abneigung heraus am stärksten widersetzen, bei jenen also, die am häufigsten ›abschalten‹, kommt es dann zu den vielbeklagten schlechten Schulleistungen. Sind sie ein Wunder? Mit Recht sagt Professor Kreutz von der Pädagogischen Hochschule in Münster, man dürfe solchen Kindern ihre schlechten Schulleistungen nicht verübeln, denn diese Kinder täten ja nichts anderes, als im Unterricht die gleichen Methoden des Abschaltens anzuwenden, die ihnen die reizüberflutete Erwachsenenwelt aufzwinge.

Voller Probleme steckt unser Arbeitsprozeß und seine gegenwärtig so stürmische Umwandlung im Zuge der sogenannten Automation. Unter dem abgenutzten Begriff ›Automation‹ versteht man die immer weiter getriebene Technisierung aller nur möglichen Arbeitsvorgänge mit dem Ziel, die manuell geleistete Arbeit Maschinen zu übertragen und letztlich auch die Überwachung und Steuerung dieser Arbeiten maschinell verrichten zu lassen.

Es gehört keine besondere Phantasie dazu, sich auszumalen, welche Folgen die Automatisierung für die menschliche Psyche haben kann. Pessimisten sehen uns bereits in weißen Arztkitteln Babysitter-Dienste an Druckknopf-Apparaten tun: Menschen als gelangweilte Handlanger ihrer Maschinenwelt, Geisteswesen mit der einzigen Aufgabe, Kontrollämpchen zu beobachten und auf verdächtige Nebengeräusche zu lauschen. Werden die Personalabteilungen den Wert eines Angestellten schon in absehbarer Zeit daran messen, wie geschickt er an Apparaten zu manipulieren versteht und weniger daran, welche Ausbildung er hinter sich hat?

Eine der Gefahren, die die Automatisierung in sich birgt, ist die drohende Arbeitslosigkeit. Wie groß diese Gefahr wirklich ist, darüber hat man viel diskutiert – und für die Argumente ›für und wider‹ ist hier nicht der Platz. Es sei jedoch gesagt, daß ein Land nur so lange ohne wachsende Arbeitslosenzahl automatisieren kann, wie seine Wirtschaft wächst. Denn nur dann stehen den von der Maschine verdrängten Arbeitern und Angestellten genügend andere Arbeitsplätze in neuen oder vergrößerten Betrieben zur Verfügung. Wer aber wollte eine permanente Wirtschaftsblüte garantieren? Während die Automatisierung ein zwangsläufiger, mit dem technischen Fortschritt in einer weltweit konkurrierenden Wirtschaft gekoppelter Prozeß ist, kann sich niemand in dem Glauben wiegen, daß die Wirtschaft eines Landes unablässig wachsen und gedeihen wird. Die Schlüsselfrage ist also, ob die maßgebenden Kreise imstande sind, das Wirtschaftswachstum so zu steuern, daß das Angebot an Arbeitskräften ständig aufgefangen wird. Eine länger anhaltende Konjunktur-Flaute würde zu ernsten Problemen führen.

Aber dies ist nur eine Seite der Automation. Eine andere sind die Folgen der Team- und Fließband-Arbeit. So notwendig sie aus Rationalisierungsgründen heute erscheinen mag, so zerstückelt sie doch den Produktionsprozeß und versagt dem einzelnen die Freude an einem selbstgeschaffenen Ganzen. Team- und Fließbandarbeiter können von sich nur sagen, daß sie beispielsweise am Auto diese Schraube angezogen, am Fotoapparat jene Linse gekittet oder bei einer nicht handwerklichen Tätigkeit jene bestimmte geistige Teilfunktion erfüllt haben. Das Gleichmaß immer wiederkehrender Handgriffe oder Geistestätigkeiten schließt die schöpferische Befriedigung aus, die mit der Gesamtherstellung eines Produktes verbunden ist. Ob wir es wollen oder nicht, wir müssen auch hier eine der Schattenseiten der Automatisierung in Wirtschaft und Technik sehen.

Ungelöst ist die Frage, wie der Mensch seelisch mit seinem automatisierten Arbeitsbetrieb fertig werden soll. Es kann an der Psyche selbst des abgestumpftesten Arbeiters nicht spurlos vorübergehen, wenn seine einzige Tätigkeit darin bestehen soll, ein Spritzdüse zu bewachen, um dann, wenn sie einmal verstopft ist, mit einer Art Stecknadel darin herumzustochern.

Das muß dieser Mann als degradierend empfinden, das wird ihn möglicherweise mit Komplexen beladen. »Es herrscht nicht mehr der frühere Optimismus«, erklärte der amerikanische Automationsexperte B. Seligman, »daß die Leute von der Automation beruflich aufgewertet würden. Vielmehr zeigt sich, daß die neue Technik für die große Masse der Arbeiter eine Entwertung der beruflichen Qualifikation bringt und sie auf den sozialen Abfallhaufen wirft.«

Der automatisierte Betrieb, das zeigt jeder flüchtige Besuch, läßt elementare Bedürfnisse des Arbeiters unbefriedigt. Typisch dafür ist eine Beobachtung in dem vollautomatisierten deutschen Bahlsen-Kekswerk, über das ein deutsches Wochenmagazin berichtete [50]: »Im Bahlsen-Werk Barsinghausen entwickeln die Automationsarbeiter immer wieder einen völlig sinnlosen Beschäftigungsdrang, wenn sie des Werkmeisters Peters ansichtig werden. Die von der Technik erzwungene Untätigkeit löst Schuldkomplexe aus, gegen die der Industriearbeiter alter Prägung gänzlich immun ist.«

Ein weiteres Automationsproblem liegt in der Frage, was der Mensch in Zukunft mit all der Freizeit anfangen wird, die ihm seine Maschinen bescheren. Werden wir, mit anderen Worten, künftig fähig sein, unsere Freizeit sinnvoll zu nutzen? Viele von uns werden es zweifellos nicht können, nämlich die passiven Naturen, die sich lieber unterhalten lassen, als selbst aktiv zu sein. »Nur wer mit sich selber etwas anzufangen weiß, der kann auch mit seiner Freizeit etwas anfangen«, erklärte der Hamburger Theologe und Universitätsprofessor Helmut Thielicke. Zugleich prangerte Thielicke zwei Feinde einer sinnvoll genutzten Freizeit an. Feind Nummer eins: der Zerstreuungsrummel und Amüsierbetrieb. »Je leerer der einzelne Mensch ist«, sagte er, »desto größer ist sein Verlangen nach Geräuschen und Ablenkung. Wir verlernen, uns von Herzen – von innen heraus – zu freuen. Selbst die Liebespaare am Waldrand lassen sich vom Kofferradio erotisch abschleppen. Sie haben sich nichts mehr ins Ohr zu flüstern.« Feind Nummer zwei: »Der Motor! Er darf nicht Selbstzweck sein. Das Auto, das Moped sind nicht zum Fahren an sich da, sondern zum Ankommen an einem Ziel. Von diesem Ziel aus muß man wandern!«

Wie viele, die es anginge, werden Thielickes Mahnung beherzigen? Die Erfahrung lehrt, daß nur wenige sie überhaupt zur Kenntnis nehmen werden. Die Mehrzahl wird weiterhin ein leicht erwerbbares Glück erwarten, das ihnen wie eine gebratene Taube zufliegt.

Immer mehr Erdbewohner: Die seelische Belastung wächst

Zu der wachsenden Vielfalt seelisch belastender Einflüsse zählt schließlich ein weltweites Problem, nämlich die noch immer ungezügelte menschliche Massenvermehrung. Gegenwärtig leben über vier Milliarden Menschen auf unserem Planeten. Von ihnen sind mehr als die Hälfte unterernährt, also chronische Hungerleider. Die Wachstumsrate beträgt im Durchschnitt mehr als zwei Prozent jährlich. Das entspricht einem Zuwachs von täglich etwa 220000 Seelen (Neugeborene abzüglich Sterbefälle) – also der Bewohnerzahl einer mittleren Großstadt. Wenn die Vermehrung so anhält (die Zahl 220000 ist ein noch wachsender Augenblickswert), dann wird es im Jahre 2000 zwischen sieben und acht Milliarden Erdbewohner geben: Menschen, die sich sattessen und kleiden wollen, die arbeiten und gesund bleiben möchten, Menschen, die wohnen und ausgebildet werden sollen, die Straßen und Transportmittel brauchen und die zu friedlichen Mitbürgern erzogen werden müssen. Es ist aber ein unerbittliches Gesetz, daß unsere Erde nur so viele Menschen ernähren kann, wie ihre Rohstoffquellen es zulassen – von den sonstigen Lebensbedingungen zu schweigen. »Wir halten gerade noch unseren Kopf über Wasser«, kennzeichnete unlängst John Mollet, Sekretär der Organisation für Ernährung und Landwirtschaft der Vereinten Nationen, die Lage. »Denn die Reserven schrumpfen. Eine einzige große Mißernte in einem Entwicklungsland, und es muß heute bereits mit einem Massensterben gerechnet werden.« Dieser Umstand entkräftet auch den Einwand, das Welternährungsproblem sei im Grunde kein Erzeugungs-, sondern nur ein Verteilungsproblem. Aber darauf sei hier nur am Rande hingewiesen, ebenso auf die Forderung nach einem narrensicheren und billigen Empfängnis-Verhütungsmittel für alle Erdbewohner [126]. Das Bevölkerungsproblem hat noch eine andere, bisher viel zu wenig beachtete Seite.

Wir Menschen sind keine Ameisen. Wir brauchen zum ›Menschsein‹ einen gewissen Raum um uns. Das muß man ganz wörtlich verstehen. Darum dürfte uns nichts daran liegen, künftig in Massenquartieren zu wohnen – einer unmittelbar unter, über oder neben dem anderen. Auf einen solchen Zustand hin haben wir jedoch schon Kurs genommen, die Wohnblöcke an den Rändern unserer Großstädte lassen keinen Zweifel. Bedenkt man dazu die rasch wachsenden Bevölkerungszahlen und geht davon aus, daß eine weltweite Geburtenkontrolle zwar in den siebziger Jahren möglich war, wegen konfessioneller Vorurteile und anderer Gründe aber noch lange nicht realisierbar sein wird, so werden wir uns auf eine Zunahme der Erdbevölkerung auf acht oder zehn Milliarden in den nächsten fünfzig Jahren einzurichten haben. Bedenkt man weiter, daß die optimale Erdbevölkerungszahl weit unter den gegenwärtigen vier Milliarden liegt, so folgt daraus, daß uns eine Zeit massiver psychischer Belastung bevorsteht, die allein dem zu engen Beieinanderleben der Menschen auf der Erde wird zugeschrieben werden müssen.

Versuche an Ratten haben gezeigt, daß höher organisierte Lebewesen bei einer bestimmten Besiedlungsdichte ihres Lebensraumes mit psychischen Fehlhaltungen reagieren, zu denen die Verkümmerung der Mutterinstinkte, herabgesetzte Nachkommenzahl und sexuell abnormes Verhalten zählen [26]. Möglicherweise wird der kommende psychische Druck auch bei uns Menschen mithelfen, das Bevölkerungsproblem zu entschärfen. Vielleicht wird er sich sogar als ultimative Vermehrungsbremse erweisen, falls die menschenwürdigen Versuche zur Lösung des Bevölkerungsproblems scheitern sollten. Ob uns die Methode der Natur dann gefällt, ist eine andere Frage.

Bevor ein solches Regulativ die Menschenzahl auf ein angemessenes Maß zurückführen sollte, werden wir freilich die Schatten erleben, die es vorauswirft, und das heißt nichts anderes, als daß es in Zukunft mehr Nervenkranke, mehr Neurosen, mehr psychisch schlecht angepaßte Menschen geben wird als heute – ja, daß solche Menschen in einigen Jahrzehnten möglicherweise die Regel und nicht mehr die Ausnahme sein werden. Es ist kein Geheimnis, daß in den Massenquartieren der Großstädte schon heute eine Vereinsamung des einzelnen vor sich geht – ein Phänomen, das man gewiß in diesem Zusammenhang sehen muß.

Das durchschnittliche Verhalten des von der Industrie manipulierten Zeitgenossen zeigt schon jetzt zahlreiche Züge von Unvernunft, Instinktlosigkeit und seelischer Not, die im Grenzfeld zwischen Gesund und Krank liegen. Wenn wir zu den erstaunlichen Sinnesleistungen der Naturvölker schon seit Generationen nicht mehr imstande sind, so beginnt für uns jetzt eine Phase, in der wir auch noch den inneren Kompaß dafür verlieren, was uns seelisch gesund hält und wirklich glücklich macht. Die groteske Zunahme der Kraftfahrzeuge auf den Straßen, die Luft- und Wasserverpestung, der Ausverkauf unserer Landschaft durch die wuchernden Städte und Industrien, das degradierte Dasein vieler Bürger als Mitläufer einer bloßen Konsumgesellschaft, die wachsende Entfremdung von der Natur – all diese Erscheinungen sprechen für sich.

Der Sinn dieses Buches kann es indes nicht sein, mit dem Industriezeitalter zu hadern. Es nützt uns nichts, eine Entwicklung zu beklagen, die dazu geführt hat, daß heute mindestens ein Drittel der rund 12 Millionen Westdeutschen, die Jahr für Jahr in den Wartezimmern der Ärzte sitzen, an Beschwerden leiden, die durch seelische Spannungen verursacht sind. Die Chance für ein neugeborenes Kind, einmal in seinem Leben in eine Nervenklinik zu kommen, ist schon rund zehnmal so groß wie die, daß es einmal eine Universität besuchen wird. Wir können angesichts solcher Tatbestände natürlich nicht ein ›Zurück-zur-Natur‹ predigen, sondern müssen dem wachsenden psychischen Druck zu begegnen versuchen. Viele Mittel haben wir dazu nicht, und mancher Hinweis in diesem Buch kann nur als Anregung verstanden werden für diejenigen, die schon Opfer dieser Zeit geworden sind.

In den folgenden Kapiteln wird von den Möglichkeiten, Gefahren und Problemen gesprochen werden, die eine ›Psychokontrolle‹ in sich birgt. Vieles von dem, was berichtet wird, ist noch im Entwicklungsstadium. Völlig offen ist auch, ob einst geeignete Methoden daraus erwachsen werden, die kommenden Seelenbelastungen abzufangen. Die Entwicklung dahin ist nicht eindeutig. Wir wissen nur: Viele Menschen suchen heute nicht mehr nur im Alkohol oder – mit zweifelhaftem Erfolg – in den klassischen Rauschgiften Zuflucht vor ihren Problemen, sondern auch in psychisch wirksamen Arzneien. Sie tun dies nicht allein aus Neugier. Sie tun es aus einer Art Notwehr heraus, sie suchen sich eine Haltung oder Verfassung zu schaffen, mit der sie ihren Daseinskampf besser zu bestehen hoffen.

Die Möglichkeit, sein Seelenleben zu kontrollieren und nach Belieben zu steuern, die Aussicht, sich selbst bisher unbekannte Züge aufzuprägen, kommt dem Forscherdrang und der Experimentierfreudigkeit des heutigen Menschen freilich auch besonders entgegen. Dieser Mensch, der seine elektronischen Geister nur zu rufen braucht, um Herr über Raum und Zeit zu sein, der ungeheure Kräfte entfesseln kann, der in die Mikrowelt des Moleküls zu blicken gelernt hat, dieser Mensch schickt sich jetzt mit erstaunlichen Anfangserfolgen an, seine Seele in den Griff zu bekommen. So ist es denn auch kein Wunder, wenn er nach verborgenen Kräften in seinem Innern sucht und sich neue Mittel für seine geistig-seelische Auseinandersetzung mit der Umwelt schafft: Nicht aus blindem Spieltrieb, sondern aus nüchterner Berechnung, die sich immer die Möglichkeit eines Wiederabschaltens der Hilfsquellen offenhält – und daß er dafür seine Chemie, seine Technik und seine medizinische Kunst einsetzt.

II.

VERBORGENE KRÄFTE IN UNS

Sekundär-Gedächtnisse

Wie erfolgreich unsere Suche nach Mitteln und Wegen zur ›Psychokontrolle‹ schon ist, zeigt der rasch wachsende Verbrauch einschlägiger Medikamente in der ganzen Welt. Ein Index aus dem Jahre 1966 verzeichnete schon fast tausend Handelsnamen für ›Psychopharmaka‹ [149], heute hat sich ihre Zahl vervielfacht.

Neben medizinischen Gründen ist es freilich auch pure Neugier, die uns danach fragen läßt, wieweit die Menschenseele unbeschadet ›manipuliert‹ werden kann. Welche Möglichkeiten hält das Menschenhirn, der Sitz unserer Gedanken und Gefühle, dafür bereit, diese noch kaum erforschte Bastion der Schöpfung, die sich mit einem Wall ungelöster Rätsel umgibt? Welche Überraschungen stecken noch in diesem spielballgroßen, gallertartigen Organ mit seiner merkwürdigen Struktur, das man den größten noch unerforschten Kontinent der Erde genannt hat?

Tatsächlich sind wir noch weit davon entfernt, unser Gehirn zu kennen, und noch weiter davon, es wirklich zweckmäßig zu nutzen. Wir begehen zum Beispiel den Fehler, es mit allzu vielen Tatsachen vollzustopfen, die nicht zur ›Allgemeinbildung‹ gehören und die in jedem Lexikon nachgeschlagen werden können. Unser Gedächtnis ist nach dem Göttinger Neurologen Professor Paul Glees auf bestimmte Struktur-Elemente der Nervenzellen angewiesen, die sogenannten Nissl-Körperchen. Anscheinend können diese Strukturen außerordentlich rasch viele Eiweißmoleküle herstellen – also chemische Substanzen, deren molekulare ›Architektur‹ sehr vielgestaltig sein kann. Es scheint nicht abwegig zu sein sich vorzustellen, daß auf bestimmte Sinneseindrücke hin im Gehirn spezielle Eiweißmoleküle produziert und entlang den Nervenfasern – vielleicht wie eine Buchstabenschrift – abgelagert werden. Beim Sich-Erinnern könnten dann elektrische Impulse in den Nervenzellen gewissermaßen auf die Suche gehen und – wenn die entsprechenden Moleküle gefunden sind – den Gedächtnisinhalt wieder bewußt werden lassen.

Trifft diese hier nur ganz grobe Darstellung auch nur im Prinzip zu, so müßte man folgern: Da die für die Herstellung der ›Gedächtnismoleküle‹ verantwortlichen ›Nissl-Körperchen‹ nicht unbegrenzt im Gehirn vorhanden sind, so stimmt die Volksweisheit nicht, nach der um so mehr ins Gehirn hineingeht, je mehr einer lernt. Wir würden vielmehr den Fehler machen, das Gedächtnis auf Kosten anderer, wichtigerer Gehirnleistungen zu überlasten. Die Nutzanwendung der Gedächtnis-Theorie wäre, mit dem hauszuhalten, was wir unserm Gehirn an Tatsachenwissen einprägen. Darum sollte in unseren Schulen der Gedächtnisstoff sorgsam auf seine spätere Nützlichkeit im Leben gesichtet werden. Außerdem könnten wir mit Professor Glees fragen, ob es nicht sinnvoller wäre, bei Schul- und Universitätsprüfungen die Benutzung von ›Sekundärgedächtnissen‹ zuzulassen, von Nachschlagewerken, die den wissenschaftlichen Routinestoff und damit Faktenballast enthalten, dessen rasch wachsende Fülle ein produktiver Geist seinem Gedächtnis ohnehin nicht mehr aufbürden kann.

Statt unsere Schulkinder mit diesem Ballast, zum Beispiel einem Übermaß an Geschichtszahlen, vollzustopfen, sollten wir besser das Fazit aus einer anderen Erkenntnis ziehen, auf die der gleiche Gelehrte aufmerksam macht: Wir sollten wissen, welche Nachteile eine übertriebene Links- oder Rechts-Händigkeit – das Bevorzugen einer bestimmten Hand – im geistigen Bereich mit sich bringt. Mit der Übertragung wichtiger Verrichtungen wie Schreiben usw. auf eine Hand – meist die rechte – übernimmt auch die zugeordnete Gehirnhälfte – in diesem Fall die linke – die wesentlichen geistigen Funktionen. Die andere Hirnhälfte verkümmert zwar nicht, aber sie wird doch weniger genutzt. Je mehr ein Mensch seit seiner Jugend mit beiden Händen umzugehen lernt, je weniger ›händig‹ er wird, um so mehr trainiert er beide Hirnhälften und vermeidet so das Brachliegen schöpferischer Möglichkeiten im späteren Leben [68; 69].

Der Gedanke daran, die geistig-seelischen Kräfte eines Menschen so zu stärken, daß er auch mit ungewöhnlichen, seine Gesundheit bedrohenden oder ihn seelisch belastenden Situationen fertig wird, hat zu allen Zeiten etwas Faszinierendes gehabt. Wir wollen hier nicht von okkulten Praktiken sprechen und von Yoga oder anderen bewährten Methoden einer erfolgreichen Lebensführung – darüber sind zahlreiche hervorragende Bücher geschrieben worden. Erwähnt sei aber eine phantastische Spekulation des französischen Biologen Jean Rostand: Das Problem bestehe darin, meint Rostand, die Zahl der Zellen in der Gehirnrinde zu vermehren. Die Zahl dieser Zellen werde bereits in den ersten Lebensmonaten ein für allemal festgelegt. Ein Neugeborener besitze in seiner Gehirnrinde zehn oder zwölf Milliarden Zellen, die seine Geistestätigkeit während des ganzen Lebens bestreiten. Die Wissenschaft weiß heute, daß sich diese Zahl nach einer bestimmten Anzahl von Zellteilungsschritten ergibt: Aus der ersten Zelle werden zwei, aus den zweien werden vier, dann acht, 16, 32, 64, 128 und so weiter. Eine einzige zusätzliche Teilung nach der letzten aber würde die Anzahl der Zellen verdoppeln. Wenn es gelänge, diese zusätzliche Teilung auszulösen, also rund zwanzig Milliarden Hirnzellen zu erzielen, hätten wir erreicht, was wir wollen.

Wohl gibt es einige Umstände, die einer Hirnvergrößerung beim Menschen entgegenstehen, zum Beispiel der, daß die knöcherne Schädelkapsel ein weiteres Wachstum des Großhirns nur sehr begrenzt zulassen würde – dennoch ist der Gedanke Rostands bestechend. Und die jüngsten Erfolge bei Tierversuchen, die Gehirnzellen mittels Wachstumshormonen zu vermehren, zeigen, daß auch andere Wege denkbar sind, um zum Ziel zu kommen.

In solchen Spekulationen kann man fortfahren. Zum Beispiel so: Haben wir uns nicht alle schon gewünscht, einmal etwas ganz Außergewöhnliches zu leisten? Möchten wir nicht Fähigkeiten besitzen, die dem gewöhnlichen Sterblichen versagt sind? Würden wir nicht gern ›über uns hinauswachsen‹, wenn wir nur wüßten wie?

Die Suche nach einer Zauberformel, neue geistige und körperliche Kräfte zu wecken, aber auch frei sein zu können von Launen, Unbehagen, von Niedergeschlagenheit und Lampenfieber, Zuständen der Seele, die uns nur belasten auf der täglichen Jagd nach dem Glück – all das hat für uns Menschen heute so etwas wie die Attraktion des ›Steins der Weisen‹.

Aber sind solche Wünsche erfüllbar, und wenn ja, wie? Ruht der Stein der Weisen im Labyrinth unserer Gehirnwindungen? Und kommt es am Ende nur darauf an, dieses Labyrinth besser zu erforschen, um unser Schicksal kontrollierbar, ja manipulierbar zu machen?

Man hat oft danach gefragt, was das Geheimnis der großen Denker unter den Menschen sei. Gehirnuntersuchungen haben darüber keinen oder nur wenig Aufschluß gebracht. Was aber könnte den Genius auszeichnen, wenn nicht eine Eigenschaft seines Gehirns? Die zehn oder zwölf Milliarden Nervenzellen des menschlichen Großhirns sind einander sehr ähnlich, und die großen Erfinder, die berühmten Philosophen, die Forscher, die Mathematiker und Künstler besitzen – was das Gewicht betrifft – nicht mehr Gehirn als ein Hilfsschüler. Das schwerste je bekannt gewordene Gehirn mit einem Gewicht von 2850 Gramm stammte von einem 21jährigen Idioten, während man normalerweise mit 1200 bis 1500 Gramm rechnet. Was die ›Qualität‹ eines Gehirns anbelangt, so kommt es offenbar auf die Organisation seiner Nervenzellen und das System der Wechselbeziehungen zwischen ihnen an. Wir wissen ja, daß es Zentren im Gehirn gibt, funktionelle Einheiten, die Sinnesreize empfangen und ›Befehle‹ abgeben können – ein kompliziertes Netzwerk von Schaltstellen ist da am Werk. Wäre es nicht denkbar, daß den Genius besonders zahlreiche

Querverbindungen zwischen den einzelnen Gehirnabschnitten auszeichnen? Könnte es nicht sein, daß hervorragendes Erinnerungsvermögen, überragende Auffassungsgabe und Kombinationsfähigkeit auf ein besonders komplexes System des ›innerbetrieblichen Nachrichtendienstes‹ zurückgehen? Die Fähigkeit des Genies, sein Publikum mit neuen, verblüffenden Gedankengängen zu überraschen, es durch einen kühnen künstlerischen Entwurf zu begeistern, eine geschliffene, nuancenreiche Prosa zu schreiben oder eine unerwartet weise Lösung für ein Problem aufzuzeigen – all das verdankt eine solche Persönlichkeit vielleicht einem besonders ausgeprägten Reichtum an Nervenverzweigungen in ihrem Hirn.

Trifft die These zu, so besagt sie nicht weniger, als daß es jeder von uns selbst in der Hand hat, sein geistiges Vermögen im Rahmen seiner Erbanlagen zu trainieren – denn niemand kommt schon mit einem von vornherein fertig verzweigten Nervensystem zur Welt. Er könnte seine Geistesgaben steigern, indem er sich möglichst zahlreiche Erfahrungen zu eigen macht – durch eigenes Erleben oder durch Lernen. Er könnte viel für sich tun, wenn er möglichst viele Interessen zu entwikkeln versucht und sich möglichst intensiv mit seinen Problemen auseinandersetzt. Denn mit all dem vermehrt er die Zahl der ›Querverbindungen‹.

Aber nicht nur Geistesgaben liegen bei vielen unter uns brach. Einer meiner Freunde konnte es beim Umhergehen in stockdunklen Räumen spüren, wenn er sich einer Wand näherte. Er nannte das seinen ›Siebenten Sinn‹. Auch Blinde haben diese Fähigkeit. Manche unserer Mitbürger verblüffen durch ihre gute Orientierungsgabe. Sie finden selbst nach langem, planlosen Wandern in unbekannten Städten oder Wäldern immer den richtigen Weg zurück. Es gibt Menschen, die besonders gut sehen oder riechen könnne, daran ist sicher nichts Besonderes. Aber bei diesem und jenem haben wir doch das Gefühl, daß mehr im Spiel ist. Es scheint so, als gingen seine Sinnesleistungen über das Normale hinaus. Da ist einer, der bemerkenswert oft verlorene Dinge wiederfindet. Man sagt, er sei eine ›Finder-Natur‹. Wie er zu seinem Talent kommt, weiß er nicht. Er geht spazieren, plötzlich bückt er sich und hebt etwas auf: ein Geldstück, eine Brosche, einen Ring. Seine Freunde kennen das schon. Zuerst glaubten sie an Zufall. Dann waren es seine Augen. Aber die scharfen Augen konnten es nicht sein, jedenfalls nicht sie allein. Ein Sehtest erwies es. Sein Finder-Talent mußte andere Ursachen haben.

Unter den Schachspielern gibt es Ausnahme-Naturen, die ›blind‹ gegen ein paar Dutzend Gegner gleichzeitig antreten und einen großen Teil der Spiele gewinnen, ohne die Bretter überhaupt zu sehen. Im Varieté erleben wir Gedächtniskünstler. Sie lernen lange Zahlenkolonnen oder ganze Adreßbuchseiten in atemberaubend kurzer Zeit auswendig. Fast unheimlich muten solche Menschen an, die nicht nur gut, sondern auch mehr hören können, als es üblich ist. Selbst ›Ultraschall-Spezialisten‹ hat man entdeckt. Ihnen gelingt es, besonders schnell schwingende Töne mit der Haut aufzunehmen, so daß man einen ›zweiten Gehörsinn‹ bei ihnen vermutet hat.

Die wohl rätselhafteste Entdeckung der jüngeren Zeit sind Menschen, die im Dunkeln oder mit verbundenen Augen ›sehen‹ können, und zwar – mit den Fingerspitzen. Zu ihnen gehört die amerikanische Hausfrau Patricia Answorth Stanley. Sie wohnt in Flint im Staate Michigan und ist Mutter von vier Kindern.

Als Frau Stanley sich zum erstenmal ihrer Gabe bewußt wurde, ging sie noch ins Lyzeum von Owensboro im Staate Kentucky. Sie erinnert sich noch genau an den Tag: »Unsere Lehrerin, Miß Mary Barrett, machte damals ein kleines Experiment mit der Klasse. Sie verband uns die Augen und ließ uns Gegenstände von verschiedenen Formen und Farben abtasten. Ich wußte nicht nur jedesmal, welche Form, sondern auch welche Farbe der Gegenstand hatte, den ich gerade in der Hand hielt.«

Frau Stanley würde vielleicht häufiger skeptisch belächelt und nach Beweisen für ihre sonderbare Eigenschaft befragt werden, wenn nicht in den folgenden Jahren ähnliche Fälle bekannt geworden wären. Zwei junge Russinnen, Rosa Kuleschowa aus der Uralstadt Nijni Tagil und Lena Bliznowa aus Kiew sollen ebenfalls Farben mit verbundenen Augen erkannt haben, wenn sie mit den Fingerspitzen über die betreffenden

Gegenstände strichen. Rosa Kuleschowa soll sogar gedruckte Schriften mit ihren Fingerspitzen entziffert haben.

Über die Fähigkeiten der beiden Russinnen ist leider nur wenig bekannt geworden, auch Zweifel an der Zuverlässigkeit der Berichte wurden laut. In einem Artikel der russischen Zeitschrift ›Literaturnaya Gazeta‹ hieß es, die Russinnen hätten die untersuchenden Wissenschaftler geschickt getäuscht. Nun, wir können darüber nicht richten. Um so mehr wissen wir dafür von Frau Stanley. Der Psychologie-Professor Richard P. Youtz vom Barnard-College in New York hat Experimente mit ihr angestellt, die jeden vernünftigen Zweifel ausschließen. Youtz ging von der Hoffnung aus, daß die Gabe der Frau wissenschaftlich aufgeklärt werden könnte, so daß es vielleicht gelänge, eines Tages blinden Menschen zu helfen. Noch hat sich dieser Wunsch nicht erfüllt, aber die Versuche sprechen für sich:

Zunächst ließ Youtz Frau Stanley die Augen verbinden. Dann wurde sie vor einen schwarzen Sperrholzkasten von der Größe einer Obstkiste geführt. Die Kastenwand hatte zwei Löcher, durch die sie ihre Unterarme schieben mußte. Beide Öffnungen waren mit dunkelblauem Samt ausgeschlagen, das Innere des Kastens war völlig dunkel.

Es folgte dann ein Experiment, das die Wissenschaftler ›doppelten Blindversuch‹ nennen. Weder die Versuchsperson noch der Leiter des Experiments sind dabei über alle Versuchsbedingungen informiert. Auf diese Weise soll jede Beeinflussung verhindert und das Experiment absolut objektiv gestaltet werden.

Durch eine Klappe an der Rückseite des Kastens schob Professor Youtz drei Karten. Ohne daß er selbst es wußte, hatte eine der Karten in der Mitte ein rotes Quadrat, zwei hatten blaue Quadrate. Eine durchsichtige Plastikhülle überzog die Karten, so daß ihre Oberflächen sich völlig gleich anfühlten. Frau Stanleys Aufgabe war es nun, zwei Karten von gleicher Farbe auszuwählen und die Farben zu nennen. Mit ihren Fingerspitzen tastete sie die Karten ab, griff zwei heraus und erklärte, sie seien blau. Es stimmte.

Auch bei weiteren Versuchen verblüffte Frau Stanley durch ihre richtigen Lösungen. Ihre Fehlerquote lag schließlich bei weniger als 1 zu 10000, so daß von nur zufällig richtigen Antworten keine Rede sein konnte. Als Youtz sie um eine Erklärung bat, sagte sie nur, daß sie die Farben durch die Plastikhüllen ›erfühle‹: »Ich weiß nicht, wie ich es ausdrücken soll, die hellen Farben sind ›weicher‹ und ›dünner‹, dunkle Farben sind ›dicker‹, ›schwerer‹ und ›rauher‹.«

Um die Grenzen ihrer Begabung festzustellen, sollte sich Frau Stanley jetzt unter erschwerten Bedingungen prüfen lassen. Dabei stellte sich heraus, daß sie die Farben nur dann zu unterscheiden vermochte, wenn die Hauttemperatur ihrer Fingerkuppen mindestens 24 Grad Celsius betrug. Bei rund 27 Grad Celsius begann die volle Funktionsfähigkeit. Handschuhe aus durchscheinendem Kunststoff, dünnem Gummi oder dünner Wolle hinderten sie nicht. Frau Stanley erkannte auch ohne weiteres Farben von Stoff-Proben: Rot, Gelb, Grün, Blau, Purpur, Weiß und Schwarz identifizierte sie einwandfrei. Nur wenn die Proben in warmes Wasser getaucht wurden, tasteten ihre Finger vergeblich [137; 159].

Professor Youtz hat daraufhin unter seinen Studenten einen Test veranstaltet und gefunden, daß etwa zehn Prozent der Versuchsteilnehmer die Fähigkeit besaßen, Schwarz von Weiß mit Hilfe der Fingerspitzen zu unterscheiden. Unter den derart Befähigten war merkwürdigerweise kein Mann, und Youtz vermutet nun, daß es sich vielleicht um einen nur bei Frauen vorhandenen, jedoch verkümmerten Sinn handelt, der trainiert werden könnte. Dieser Sinn sei kein ›Sehen‹ in der eigentlichen Bedeutung des Wortes, da die Begleitumstände des normalen Sehens fehlten: räumliches Erfassen des Gegenstandes, Adaption der Pupille an das vorhandene Licht, ›Scharfeinstellung‹ des Auges (Akkomodation) und die Fähigkeit, bewegte Gegenstände mit den Augäpfeln zu verfolgen – all das fällt beim ›Fingerspitzen-Sehen‹ weg.

Welches Geheimnis steckt nun hinter diesen Fähigkeiten? Sind sie auserwählten Menschen vorbehalten, die mehr von unserer Welt erfassen als ein paar kleine, kümmerliche Dimensionen? Oder haben wir alle unbewußt solche rätselhaften Sinne in uns, die es nur zu wecken gelte?

Vieles deutet tatsächlich darauf hin, daß wir einen Teil unserer seelischen Kräfte verkümmern lassen und die naturgegebenen Möglichkeiten nur noch mangelhaft nutzen. Mag sein, daß unser Massenzeitalter und die technische Zivilisation daran mitschuldig sind. Sie hat ja nur wenig Verwendung für die ›andere Wirklichkeit‹, die hinter unserem wachen Bewußtsein verborgen ist. Dennoch können wir schwerlich leugnen, daß diese Wirklichkeit existiert.

Was uns veranlaßt, die Leistungsgrenze unserer geistigen und seelischen Kräfte und die der Sinne als gegeben hinzunehmen, ist unsere Alltagserfahrung. Um ein Beispiel zu geben: Wir sehen eine rote Rose und sind bezaubert von diesem Rot. So, wie ihre warme, samtene Farbe auf uns wirkt, so halten wir sie für real, für an sich und in sich wirklich. Wie aber, wenn das Rot der Rose tatsächlich noch samtener, noch satter, noch wärmer wäre? Wenn der Duft der Rose noch sinnlicher wäre, als er uns schon dünkt? Das mag verworren klingen. Aber das Rot, das wir sehen, der Duft, den wir spüren, beides sind Eindrücke unseres Bewußtseins, also das Erzeugnis ›normaler‹ Sinnesempfindungen, sofern wir nicht gerade ungewöhnlich begabt sind. Wenn es nun so etwas gäbe wie einen ›Bewußtseinsverstärker‹: Wie rot wäre dann das Rot der Rose, wie sinnlich wäre ihr Duft?

Müssen wir uns nicht fragen, ob überhaupt ein objektiver Maßstab für unser Bewußtsein existiert? Es gibt Menschen, die dazu befähigt scheinen, künftige Ereignisse vorauszuahnen. Als in der englischen Ortschaft Aberfan am 21. Oktober 1966 eine Kohlenhalde nach wochenlangen Regengüssen abgerutscht war und 144 Menschen, darunter 128 Kinder, unter den Trümmern einer Schule und mehrerer Häuser den Tod fanden, rief der Psychologe J.C. Barker durch Zeitungsanzeigen alle Leute auf, sich zu melden, die die Katastrophe im Traum oder durch Visionen vorausgesehen hatten. Es meldeten sich 76 Personen aus ganz Großbritannien. 24 von ihnen konnten andere als Zeugen benennen, denen sie ihre Vorausahnung mitgeteilt hatten. Die Ahnungen bestanden meist aus Traumbildern, in denen schreiende Kinder, schwarze Berge und verschüttete Häuser erlebt worden waren. Eine Frau hatte einen ›fürchterlichen Traum‹ von Kindern gehabt, die an einem Gebäude unter einem schwarzen Berg standen. Unvermittelt wären dann Hunderte schwarzer Pferde mit Leichenwagen hinter sich den Berg heruntergerast.

Haben diese Menschen einen zusätzlichen Sinn? Normalerweise sind uns nur fünf Sinne geläufig: Gesicht, Gehör, Geruch, Geschmack und der Tast-Sinn. Mit diesen Sinnen sind wir zur Welt gekommen, und wir haben sie nutzen gelernt. Sie erst sind es, die uns die Welt erlebnisfähig machen. Dennoch bieten sie uns nur begrenzte Möglichkeiten, ein Weltbild zu formen und unser Ich zu ergründen. Was alles würde sich uns erschließen, wenn es uns gelänge, unser Bewußtsein zu weiten, wie wir schon unseren Augen durch Mikroskop und Fernrohr neue Welten eröffnet haben? Ähnlich wie es mehr oder weniger empfindliche Radioempfänger gibt, könnte es so nicht auch ein umfassenderes Bewußtsein geben, eines, das mit feineren Antennen in unsere Welt und in unser Ich hineinspürt, ein Überbewußtsein sozusagen, das uns Dinge offenbart, von der sich unsere Schulweisheit nichts träumen läßt?

Unsere Träume deuten diese Bewußtseinsbereiche vielleicht schon an. Im Traum haben wir Erlebnisse, die nicht wirklich sind. Bilder und Gestalten tauchen auf, schöne und schreckliche. Und sonderbar: Solange wir träumen, ist das Traumgeschehen ganz real. Wir sind im Traum normalerweise außerstande, die Traumgebilde als solche zu entlarven. Wir können nicht zu uns selber sagen: Dies träumst du nur, dies geschieht nicht wirklich. Wir sind den Bildern verhaftet als einer seltsam gesetzlosen und weitgespannten Wirklichkeit, die phantastischer sein kann, als wir sie im Alltagsdasein je erleben.

Der englische Schriftsteller Thomas de Quincey, von dem die berühmte Selbstdarstellung ›Bekenntnisse eines Opiumessers‹ stammt, schrieb im Jahre 1821 folgende nachdenklich stimmenden Worte über das Träumen: »Der ganze komplizierte Traumapparat wurde dem Menschen nicht zweck- und grundlos eingefügt. Unser Traumvermögen in seiner Verbindung mit den Mysterien der Nacht ist der Kanal, der dem Menschen einen Verkehr mit dem Jenseits ermöglicht. Und der Traum, in Verbindung mit dem Herzen, dem Auge, dem Ohr bildet jenen wunderbaren Apparat, der das Unendliche in das wunderbare Gemach eines Menschenhirnes zwingt und dunkle Bilder aus Ewigkeiten, die über allem Leben stehen, auf die Spiegel der rätselhaften Camera obscura, der schlafenden Seele, wirkt.« [98]

Auch der französische Lyriker Charles Baudelaire hat das Träumen für mehr gehalten als nur für ein zufälliges und flüchtiges Spiel des dämmernden Geistes. »Der Schlaf ist voller Wunder«, schrieb er und war davon überzeugt, »daß es wahre Wirklichkeit einzig in den Träumen gibt.« Baudelaire gestand, »furchtbare Landschaften« gesehen zu haben, über denen ein »Schweigen der Ewigkeit« lag. Zugleich erfuhr er, daß man in seinen Träumen auch »jenseits des Möglichen, jenseits des Bekannten« reisen könne [5].

Die Traumbilder, die es in Wirklichkeit nicht gibt, wie kommen sie zustande? Sind es schemenhafte Erinnerungen an das Tagesgeschehen, die im Schlaf wieder aufflackern, regellose ›Glimm-Entladungen‹ unserer Nervenzellen, das Elmsfeuer des schlafenden Gehirns? Und sind seine Akteure deshalb weniger wirklich, weil es das gaukelnde Geschehen bei wachem Bewußtsein nicht gibt? Sind wir am Ende wachend nur die Gefangenen eines anderen Ichs als zu jenen Zeiten, da die Seele zu wandern beginnt? Die Tagwelt dünkt uns das Leben schlechthin, und doch sehnen wir uns nach unseren Träumen, um ihr von Zeit zu Zeit zu entfliehen. Irgendwo in uns ist die Hoffnung auf verlorene Tiefen der Seele, die wiederzufinden uns nur der Zauberstab fehlt.

Vielleicht ist jene machtvolle Droge ›LSD‹ ein solcher Zauberstab (siehe das Kapitel über das ›geweitete Bewußtsein‹), denn mit ihrer Hilfe gelingt es, normalerweise verschlossene Seelenbereiche aufzutun und Erlebnisse zu haben, die dem, was wir ›die Wirklichkeit‹ nennen, nicht entsprechen. Aber was verstehen wir heute schon unter der Wirklichkeit? Müssen wir den Begriff nach den jüngsten Ergebnissen der Seelenkunde, nach den Erfahrungen mit der chemischen und elektrischen Gehirnreizung und mit den halluzinogenen Drogen nicht viel weiter fassen als bisher?

III.

PHYSIK DER SEELE

Stationen der Hirnforschung: Von Mumienschädeln und ›protoplasmatischen Küssen‹

Kaum ein Körperteil hat unsere Wißbegier stärker entfacht als das Gehirn, dieses zweieinhalb Pfund schwere, merkwürdig weiche, weißliche Organ, in dem wir unsere ›Seele‹ vermuten. Es ist die zentrale Schaltstelle, die die Sinnesreize empfängt, sie bewußt macht, und die uns ein Bild der Welt vermittelt, in der wir leben. Dieses Bild erweist sich als lebensnotwendig: Wollen wir uns in unserer Umgebung zurechtfinden, so müssen wir wissen, was in ihr vorgeht. Nur dann können wir uns auch sinnvoll verhalten.

Die ersten Zeugnisse über bewußte Beobachtungen am Menschenhirn stammen vermutlich aus einer Zeit vor rund 3500 Jahren. Von den alten Ägyptern ist uns eine medizinische Handschrift überliefert, der ›papyrus Edwin Smith‹, die man wohl als den ältesten wissenschaftlichen Text über das Gehirn bezeichnen kann. In dem Schriftstück werden verschiedene Fälle von Schädelverletzungen beschrieben. Es ist die Rede von ›klaffenden Wunden‹, ›zersplitterten Schädelknochen‹ und ›zerrissener Hirnhaut‹. In einem Fall habe das Gehirn eines Patienten völlig freigelegen. Als der Arzt seinen Finger darauflegte, habe es ›gepocht‹ und ›geflattert‹ wie unter einer Fontanelle, jener weichen, von den harten Schädelknochen noch nicht bedeckten Stelle des Säuglingskopfes. In einem anderen Fall »erbebt der Patient schmerzhaft, und Schaum tritt vor seine Lippen«, als der Untersuchende die Schädelwunde betastet. Der Nacken des Kranken wird steif, das Herz schlägt schwächer. Blut läuft ihm aus Nase und Ohren, und die Kiefernmuskeln bewegen sich krampfartig [184].

An den ägyptischen Mumien ist zu erkennen, daß ihnen das Gehirn gleich den übrigen Eingeweiden vor der Mumifizierung entfernt wurde. Herodot schrieb: »Der vollendetste Prozeß der Hirnentfernung ist folgender: Es wird vermittels eines eisernen Hakens soviel von dem Gehirn wie nur möglich durch die Nasenlöcher herausgeholt, und was der Haken nicht mehr zu fassen vermag, wird nachträglich noch durch Drogen herausgespült.« [184]

Genauere Hirnuntersuchungen sind aus dieser Zeit nicht überliefert. Erst etwa um 250 vor Christus liefern zwei berühmte griechische Ärzte, Herophilos und Erasistratos, genauere anatomische Beschreibungen von Gehirnteilen. Herophilos untersuchte Augen und Sehnerven, Hirnhäute und verschiedene Gehirnabschnitte. Erasistratos, den mehr die Funktion eines Organs als dessen Anatomie interessierte, unterschied ›Empfindungs- und Bewegungsnerven‹.

Aufgebohrte Schädeldecken sind schon aus der Jungsteinzeit (um 2500 vor Christus) und aus der Latène-Zeit (um 500 vor Christus) bekannt. Es sind Dokumente, die zeigen, daß man schon damals von der Existenz des Gehirns wußte, daß man die Ursache bestimmter Beschwerden in ihm suchte und durch Eingriffe beseitigen wollte. Alles in allem dürfen wir diesen ›Operationen‹ aber nur wenig wissenschaftliche Bedeutung zumessen. Die Funde beweisen bestenfalls, daß der Inhalt der Schädelhöhle bekannt war und vielleicht auch, daß man die Hirnhäute und die das Hirn versorgenden Blutgefäße zu unterscheiden vermochte. Im übrigen hielt man es wahrscheinlich für ein Organ, das einen lästigen Schleim hervorbringt, der einem beim Schnupfen aus der Nase lief. Viel wichtiger nahm man das Herz, dessen Lebendigkeit sich in ruhelosem Pochen offenbarte. Im Herzen, nicht im Hirn, schien das Leben zu tikken, denn wenn das Herz aufhörte zu schlagen, war der Mensch tot. Daher auch die heute noch gültigen Redensarten vom ›großherzigen‹ oder ›gutherzigen‹ Menschen und von einem, der sich ›ein Herz faßt‹. Aristoteles sah im Gehirn lediglich eine Art Kühlsystem für die heißen, vom Herzen aufsteigenden Dämpfe.

Abgesehen von einzelnen großen Geistern wie Albertus

Magnus (1193–1280), der die geistigen Fähigkeiten in den Hirnkammern vermutete, hatten die Gelehrten des Mittelalters nur vage Vorstellungen vom Sitz der menschlichen Seele. Erst der Engländer Willis, der von 1622–1675 lebte, kam dem Rätsel näher, als er von den Hirnwindungen als dem Ort des Gedächtnisses sprach. Willis meinte, der Instinkt müsse im Mittelhirn sitzen, die Phantasie im ›Balken‹ und die Empfindung und Wahrnehmung im Zwischenhirn. Einen kräftigen Auftrieb empfing die Hirnforschung dann mit dem Wiener Arzt und Anatomen Franz Joseph Gall gegen Ende des 18. Jahrhunderts. Gall ging als erster von der bis dahin üblichen Untersuchungsmethode ab, das Gehirn einfach in Scheiben zu schneiden und die Schnittbilder zu untersuchen. Es war ihm klar, daß solche ›Salami-Technik‹ auf die Dauer zu nichts führte. Gall erkannte, daß das Gehirn höchst eigenartig gebaut war. Er unterschied schon die graue von der weißen Substanz. Es entging ihm nicht, daß in der weißen Substanz Nervenfasern zogen, von denen wir heute wissen, daß sie sowohl die einzelnen Bereiche des Gehirns miteinander verbinden als auch mit den ausführenden Organen des Körpers Kontakt haben. Gall trat der fälschlichen Auffassung entgegen, daß das verlängerte Mark nichts weiter sei als ein Gehirn-Anhängsel. Er wußte auch, daß das Gehirn die Sinneswahrnehmungen aufnahm und sich unser Denken in ihm abspielte. Er bezeichnete nicht weniger als 27 Stellen in der Hirnrinde als Sitz verschiedener Eigenschaften der Seele. Überdies meinte er, daß in der linken Gehirnhälfte so etwas wie ein Sprachzentrum zu finden sei. Aber wie oft bei genialen Köpfen: Irgendwo haben sie ihre Marotte, und so verstieg sich auch Gall in eine merkwürdige Vorstellung. Er behauptete, gewisse Teile des Gehirns seien für die charakterlichen Eigenschaften der Menschen verantwortlich. Man könne diese Eigenschaften, so meinte er, sogar an der äußeren Form des Kopfes ablesen. Spurzheim, ein Zeitgenosse Galls, baute diese ›Phrenologie‹ genannte Wissenschaft später weiter aus. Heute kann man sich zwar schwerlich vorstellen, daß hinter einer hervortretenden Stirn große Entschlossenheit wohnen müsse oder daß ein glotzäugiger Mensch ein besonders gutes Gedächtnis habe und gut auswendig lerne; die Auffassung Galls, daß bestimmte Gefühle wie Haß oder Liebe im Gehirn lokalisierbar seien, sollte sich indes als nicht gar so abwegig erweisen. Hat doch die moderne Wissenschaft ›Zentren‹ im Gehirn entdeckt, die als der Sitz bestimmter Funktionen und Leistungen gelten. Als einer der ersten, die dafür konkrete Beweise geliefert haben, gilt der französische Chirurg Paul Broca (1824–1880). Ihm war es gelungen, am Gehirn eines verstorbenen Patienten diejenige Stelle in der dritten Stirnwindung zu bestimmen, die wegen einer Erkrankung Sprachstörungen ausgelöst hatte.

Wie zu allen Zeiten, so beschäftigten sich auch die Heilkundigen der Gallschen Generation mit der Frage des Weiterlebens nach dem Tode. Unter anderem machte sich der Franzose Legallois darüber Gedanken, ob der Schädel eines enthaupteten Verbrechers noch einige Zeit weiterleben könne. Hieß es doch, die Mörderin des gefürchteten französischen Revolutionärs Marat, Charlotte Corday, habe noch nach ihrem Tode ›Gefühlsregungen‹ gezeigt. Als der Scharfrichter ihren abgeschlagenen Kopf hochhob, um ihn der gaffenden Menge zu zeigen, sei ihr Gesicht errötet. Legallois vermochte das Problem zwar nicht zu lösen, doch entdeckte er etwas nicht weniger Wichtiges: Er fand eine nervöse Schaltstelle im Nackenmark, die auf Kohlensäureschwankungen im Blut anspricht. Dieses ›Atemzentrum‹ reagiert auf den jeweiligen Kohlensäuregehalt im Blut mit ›Befehlen‹ an die Brust- und Zwerchfellmuskulatur, die Atembewegungen bedarfsweise zu verstärken oder abzuschwächen. Es sorgt auch dafür, daß wir das Atmen im Schlaf nicht vergessen. Und weil schon vom gewaltsamen Tode die Rede war: Legallois fand auch heraus, daß ein Schnitt ins Atemzentrum die Atmung sofort unterbricht. Das gleiche geschieht, wenn ein Mensch sich das Genick bricht oder erhängt wird. Der Tod tritt dann nicht durch Verletzung der Wirbelsäule ein, sondern durch Ersticken, weil durch die gewaltsame Einwirkung ein knöchernder Wirbelfortsatz ins Atemzentrum eindringt und es zerstört.

In die Zeit um 1787 fiel eine wichtige Entdeckung. Sie betraf die Frage, wie die Sinnesempfindungen dem Gehirn zugeleitet werden und wie das Gehirn es andererseits anstellt, seine ›Befehle‹ an die Körperorgane zu senden. Es zeigte sich nämlich, daß dazu die Elektrizität dient. Ohne sich über die Tragweite ihres Tuns klar zu sein, führten damals der italienische Anatomieprofessor Luigi Galvani und seine Frau Lucia die ersten nervenphysiologischen Versuche an Fröschen durch. Galvani fand, daß ein Froschschenkel zusammenzuckt, wenn man zwischen zwei Metallen einen (›galvanischen‹) Strom erzeugt und eines der Metalle mit dem Muskel, das andere mit den zuvor freigelegten Nerven verbindet. Besonders eindrucksvoll war es, wenn Galvani ein amputiertes Froschbein senkrecht über einer der Metallplatten hängen ließ und die andere Elektrode mit dem Nerven verband: Sobald die Zehen die Metallplatte berührten und damit den Stromkreis schlossen, zuckte der Schenkel zusammen und unterbrach den Stromfluß, bis er, vom eigenen Gewicht gezogen, wieder herabsank, die Platte berührte und erneut zurückzuckte. Das sah aus, als stecke noch Leben in dem Froschbein, und als hinge es über einer heißen Herdplatte, deren Temperatur es immer wieder vorsichtig zu prüfen versuchte.

Noch bevor der scharfsinnige Professor den galvanischen Strom für seine Froschversuche einsetzte, kannte er die Nervenerregung freilich schon aus dem Versuch mit einer anderen Elektrizitätsquelle. Gemeinsam mit seiner Frau hatte er einen schmerzlos getöteten Frosch auf einen Verandatisch gelegt und den Kopf des Tieres durch einen Draht mit dem Blitzableiter verbunden. Ein zweiter Draht führte von den Froschbeinen ins Brunnenwasser. Dann warteten die beiden auf ein Gewitter. Als dies endlich heraufzog, kam unheimliches Leben in die Tierleiche. Galvani berichtet: »...während der Blitz zuckte, gerieten gleichzeitig alle Muskeln in heftige und vielfache Bewegung, und so, wie der Glanz und der Schimmer des Blitzes dem Donner vorangehen, so tun es auch die Muskelbewegungen und Kontraktionen dieser Tiere, gleich als wollten sie ihn ankündigen.« [63]

Auf die Spur dessen, was wirklich in einem Nerven geschieht, wenn er gereizt oder erregt wird, kam zuerst ein deutscher Physiologe, der Berliner Professor Emil du Bois-Reymond, von dem auch das berühmte Wort stammt: ›Ignoramus et ignorabimus‹ (Wir wissen es nicht, und wir werden es nicht wissen). Du Bois-Reymond entdeckte im Jahre 1843 das sogenannte Aktionspotential der Nerven, nachdem er an einem herausgelösten und elektrisch gereizten Muskel zeigen konnte, daß ein Erregungsimpuls den elektrischen Zustand in einem Nerven änderte. Knapp dreißig Jahre später fand er, daß das Innere des Nerven negativ elektrisch geladen war und die negative Elektrizität sich während des Impulses vom Nerveninnern her nach außen verlagert.

Zahlreiche Experimente wurden zu der Frage angestellt, wie schnell eine Erregung die Nervenfaser entlanglaufen könne; aber die Ergebnisse stimmten nicht überein. Erst Hermann von Helmholtz gelangte zu einem verläßlichen Resultat, als er für die Nervenerregung eine Geschwindigkeit von etwa 27 Metern in der Sekunde ermittelte, was etwa einem Zwölftel der Schallgeschwindigkeit entspricht.

Schon um 1750 war es dank der Arbeiten des Schotten Whytts bekannt, daß nicht alle Nervenimpulse ins Gehirn gelangen müssen, wenn sie eine Reaktion des Körpers auslösen sollen. Es stellte sich heraus, daß die sogenannten ›unbedingten Reflexe‹ wie Niesen, Zusammenzucken des Körpers im Schreck, Muskelkrampf, Kniereflex usw. über einen kürzeren Schaltweg ausgelöst werden. Nervenerregungen, die einen unbedingten Reflex auslösen, werden schon im Rückenmark ›umgeschaltet‹ und ohne Beteiligung des Gehirns an die ausführenden Organe weitergeleitet. Man ahnte wohl auch, warum der Körper diese ›Reflex-Bahnen‹ brauchte: Es schien eine Art Alarmschaltung für gefährliche Situationen zu sein, wenn die Gesundheit oder gar das Leben von Sekundenbruchteilen abhängt. So zuckt der Arm zurück, wenn ein Finger unverhofft einen heißen Gegenstand berührt oder den Dorn einer Rose spürt, ohne daß das Gehirn bemüht werden müßte. Hier hatte die Natur den Nachteil der langen Erregungsleitung vermieden und eine ›Relaisstation‹ in Form des Rückenmarks zwischengeschaltet, um den Körper notfalls blitzschnell reagieren zu lassen. Aus ähnlichen Gründen liegen wichtige Sinnesorgane wie Augen, Ohren und Nase dicht am Zentralnervensystem im Kopf. Auf diese Weise werden der Reizleitung in allen jenen Fällen lange Wege erspart, in denen das Gehirn die Entscheidung treffen und den ›Ausführungsbefehl‹ geben muß. Säßen unsere Augen an den Handgelenken, so würde es viel zu lange – wahrscheinlich tödlich lange – dauern, bis wir begriffen hätten, daß unserm Kopf der Keulenschlag eines Angreifers droht. Bis wir den Kopf zur Seite geworfen hätten, wäre es vermutlich schon um uns geschehen.

Die Lehre von den unbedingten Reflexen fand begeisterte Anhänger in der Mitte des vorigen Jahrhunderts, vor allem in England und Rußland. Der erste, der sich dagegen für die ›Chemie des Gehirns‹ interessierte, war ein Deutscher in den achtziger Jahren. Es war J.L.W. Thudichum, der als verkanntes Genie nach England ziehen mußte und dort sein berühmtes Werk schrieb: ›Die chemische Konstitution des Gehirns der Menschen und der Tiere.‹ Thudichum hatte verschiedene Stoffe aus dem Gehirn analysiert, darunter Kephalin, Kerasin, Sphingomyelin und Phrenosin, außerdem die phosphorfreien Cerebroside. Er wird wegen dieser Leistungen gern der ›Vater der Gehirnchemie‹ genannt.

Inzwischen haben die Chemiker unter den Gehirnforschern viel dazugelernt. Eine ihrer letzten Erfolgsmeldungen wurde im Jahre 1977 mit dem Nobelpreis gekrönt. Sie kam von dem Franzosen Roger Guillemin und dem Slawen Andrew Schally, die nachweisen konnten, daß der Hypothalamus genannte Hirnbezirk gegen alle Erwartungen bestimmte – im Gehirn unerwartete – Eiweißstoffe produziert. Diese Stoffe können in der Hirnanhangdrüse oder Hypophyse die Entstehung von Hormonen entweder anregen oder hemmen. Weiter zeigte sich, daß die so entstandenen Hormone einerseits auf den Zellstoffwechsel einwirken, zum andern aber auch die Hormonproduktion anderer Drüsen steuern, darunter die der Schilddrüse, der Eierstöcke und Hoden, der Nebennierenrinde und der Bauchspeicheldrüse. Mit der Entdeckung von Guillemin und Schally wurde offenbar, daß das Gehirn auch mit eigens von ihm selbst erzeugten Hormonen das psychische Geschehen beeinflußt, so die Gefühlsregungen, Schlafen und Wachen, den Hunger und den Geschlechtstrieb.

Guillemin hatte schon zwei Jahre zuvor von sich reden gemacht, als er in Schafshirnen drei verschiedene Eiweißstoffe fand, die im Tierversuch teils schmerzstillende, teils Aggression auslösende Eigenschaften besaßen, teils aber auch einen Starrezustand bewirken konnten, wie man ihn manchmal bei Schizophrenen beobachtet. Die drei von Guillemin ›Endomorphine‹ genannten Stoffe sind inzwischen lebhaft im Gespräch. Man erhofft sich von ihnen vielleicht einmal eine Nutzanwendung als Medikamente.

Als Thudichum lebte, der als ›Prophet im eigenen Land‹ wie üblich nur wenig galt, wußte man von alldem noch nichts und auch erst wenig über den Bau der für alle diese Vorgänge entscheidenden Strukturen im Gehirn, den Nervenzellen mit ihren Verästelungen. Erste genauere Untersuchungen an diesem ›Rohmaterial unserer Geistes- und Seelenregungen‹ verdanken wir dem spanischen Nobelpreisträger Santiago Ramon y Cajal, der mit Hilfe einer besonderen Färbemethode zum erstenmal die feinen Ausläufer der Nervenzelle sichtbar machte. Er unterschied zwei Arten solcher Ausläufer: Einmal die zahlreichen kleineren, die ›Dendriten‹, und zum anderen die stets besonders langen Hauptfortsätze, die ›Neuriten‹. Jede Nervenzelle besitzt einen Neuriten, der sich mit den Neuriten anderer Nervenzellen zum eigentlichen Nervenstrang vereinigt. Cajal fand auch heraus, daß die Neuriten sich an ihren Enden zu feinen Fortsätzen aufspalten, die wie ausgestreckte Finger die Dendriten oder Zellkörper benachbarter Nervenzellen zu berühren scheinen. Niemals kommt es dabei jedoch zu einem direkten Kontakt. Es bleibt ein Zwischenraum, der auf geheimnisvolle Weise nicht als Trennwand, sondern als vermittelnde Zone wirkt: Es waren die ›Synapsen‹, die Cajal entdeckt hatte, spaßeshalber nannte er sie einmal ›protoplasmatische Küsse‹. In den Synapsen wird der Nerven-Impuls vermutlich dadurch übertragen, daß bei seinem Eintreffen Chemikalien freigesetzt werden, die die Durchlässigkeit der Zellwände verändern, und es dem Impuls dadurch ermöglichen, auf die nächste Nervenzelle überzuspringen und dort weiterzulaufen.

Was geschieht aber in einem Nerven, wenn er ein Signal vom Sinnesorgan zum Gehirn oder einen ›Befehl‹ vom Gehirn zu einem Muskel oder einer Drüse leitet? Licht in das Dunkel dieser Vorgänge haben die Arbeiten britischer Forscher gebracht, die dafür im Jahre 1963 Nobelpreise erhielten: A. H. Hodgkin und A. Huxley. Die beiden wußten, daß vor der ›Entladung‹ einer Nervenzelle zwischen dem inneren und äußeren Teil ihrer Membran ein elektrisches Potentialgefälle herrscht. Im einzelnen zeigte sich, daß das Innere der Zellmembran vor der Entladung gegen den äußeren Teil negativ elektrisch aufgeladen ist. Der äußere Teil ist positiv geladen. Während der Entladung verschwindet die Spannungsdifferenz, aber danach taucht sie wieder auf – allerdings im umgekehrten Sinn: Nun ist die Innenseite der Membran positiv und ihr Äußeres negativ. Auch in diesem Zustand verharrt die Nervenzelle jedoch nicht, sondern abermals gleicht sich die Spannung aus, um schließlich zum Anfangszustand zurückzukehren, bei dem die Membran-Innenseite negativ, die äußere Seite positiv aufgeladen ist.

Alle diese merkwürdigen, dem Laien nicht leicht verständlichen Vorgänge sind das Werk von Ionen – elektrisch geladener Molekülbruchstücke. Der Ort, an dem die Ionen wirken, ist die Membran der Nervenzelle. Außen auf ihr befinden sich Natrium-Ionen, innen Kalium-Ionen. Sobald der Nerv durch ein äußeres Ereignis erregt wird, zum Beispiel der Sehnerv durch einen Lichteindruck, dann vertauschen die beiden Ionen-Sorten ihre Plätze: Die Natrium-Ionen wandern nach innen, die Kalium-Ionen nach außen. Das Erstaunlichste an diesem Geschehen ist vielleicht, daß es sich in ganz außerordentlich kurzer Zeit vollzieht. Entladung und ›Wiederaufladen‹ dauern insgesamt kaum eine tausendstel Sekunde. Wie die Flamme an einer Zündschnur laufen Zusammenbruch und Wiederaufbau der Membranspannung innerhalb weniger tausendstel Sekunden den Nerv entlang, sobald der Prozeß an bestimmten Stellen des Nerven, den sogenannten Ranvierschen Schnürringen, gestartet worden ist.

Das Gehirn als Zielsuch-Maschine

Nach all unserem Wissen ist das menschliche Gehirn das bei weitem komplizierteste Organ, das die Natur hervorgebracht hat. Seine Windungen sind einer elektrischen Vermittlungszentrale vergleichbar, besser noch einem Computer, dessen zehn oder zwölf Milliarden Nervenzellen eine Reihe lebenswichtiger Zentren bilden. Ob wir schlafen oder wach sind, das Gehirn ist immer ›beschäftigt‹. Es arbeitet dank verborgener elektrischer und chemischer Vorgänge mit einer Leistung von rund 20 Watt, und die Produzenten dieser Elektrizität sind die Nervenzellen selbst. Mit Hilfe von Sauerstoff und Glukose erzeugen sie elektrische Potentialunterschiede. Sie laden sich auf und entladen sich. Je stärker eine Nervenerregung durch ein Sinnesorgan ist, um so häufiger folgen sich Ladung und Entladung, um so intensiver sind die elektrischen Impulse, die ihre Botschaften von einem zum anderen Hirnabschnitt oder an ein Erfolgsorgan – zum Beispiel an einen Muskel oder eine Drüse – bringen. Der Vergleich des Gehirns mit dem Computer hat viel für sich, auch wenn wir ihn jetzt einschränken müssen: Während ein elektrischer Stromstoß mit einer Geschwindigkeit von rund 300000 Kilometern in der Sekunde durch den Draht eilt, nehmen sich die Nervenimpulse mehr Zeit. Je nach der Stärke der Nervenfaser, der Temperatur usw. wandern sie nur mit Geschwindigkeiten zwischen einem und hundert Metern in der Sekunde. Und immer dann, wenn sich genügend benachbarte Zellen entladen, entsteht eine Empfindung: Schmerz oder Lust oder ein Gedanke. Das Zusammenspiel der Nervenimpulse mit ihren motorischen und psychischen Folgen aber ist in seiner Gesamtheit das, was wir unser ›Verhalten‹ nennen.

Je vielseitiger ein Lebewesen auf die Herausforderungen seiner Umwelt reagieren kann, um so höher entwickelt nennen wir es. Niedere Tiere besitzen noch kein Gehirn, daher können sie auch nur bescheidene Sinnesleistungen vollbringen, wie zum Beispiel zwischen Hell und Dunkel unterscheiden. Bei den meerbewohnenden Hohltieren findet man ein Netzwerk von Nervenzellen über den ganzen Körper verteilt. Bei den Würmern verdichtet sich dieses System zu strickleiterartigen Strängen, und es kommt zu Ansammlungen von Nervenzellen, Ganglien genannt. Bei den Knochenfischen finden wir bereits ein in verschiedene Abschnitte gegliedertes Gehirn und ein

Rückenmark. Bei den höheren Wirbeltieren wird dieses ›Zentrale Nervensystem‹ dann immer komplizierter und erreicht schließlich beim Menschen seinen höchsten Entwicklungsstand.

Julian Huxley, der englische Biologe, sieht im Gehirn ein ›Organ des psychischen Stoffwechsels‹ [92]: So, wie etwa die an der Nahrungsaufnahme und Verdauung beteiligten Organe körperfremde Stoffe in körpereigene umwandeln, meint Huxley, so verwandelt das Gehirn die Eindrücke der Sinnesorgane in Systeme organisierter Bewußtheit. Mit anderen Worten: Das Gehirn als eine gigantische, dennoch äußerst kompakte datenverarbeitende Maschine, die über Gehör, Geruch, Geschmack, Gefühl und Gesicht mit Informationen gespeist wird.

Man kann das Gehirn einer bestimmten Tierart mit seinem jeweiligen Komplikationsgrad auch als ein jeweils bestgeeignetes Werkzeug zum Überleben in der Umwelt eben jener Tiere ansehen. Bei den Raubfischen, die vorwiegend mit der Nase jagen, ist das Gehirn auf den Geruchssinn spezialisiert; das gleiche gilt für die Amphibien und Reptilien. Bei den Vögeln steht der Gesichtssinn an erster Stelle; entsprechend gut ist ihr Mittelhirndach entwickelt, wo er seinen Sitz hat. Hervorragend ausgebildet ist bei den Vögeln außerdem das Kleinhirn, die Zentrale für den Gleichgewichtssinn.

Bei den Säugetieren, zu denen biologisch auch der Mensch zählt, tritt ein neuer Gehirnabschnitt auf, das Großhirn. Mit ihm besitzen die Säugetiere und der Mensch ein Instrument mit völlig neuen und außerordentlichen Eigenschaften. Das Großhirn ist der Sitz dessen, was wir ›höhere Nerventätigkeit‹ nennen. Mit seiner ›grauen Rinde‹, die das Ganze wie ein Mantel bedeckt, übertrifft es die übrigen Gehirnabschnitte bei weitem. Es ist so umfangreich, daß es in der Hirnschale nur zusammengefaltet Platz hat, wie ein unregelmäßig in einen engen Koffer gestopfter Teppich. Das erklärt die zahlreichen Windungen und Furchen, die sich an der Oberfläche des Großhirns finden. Eine andere Eigenart ist seine Zweiteilung: Das Großhirn besteht aus zwei ›Hemisphären‹, die jedoch kein Eigenleben führen, sondern durch eine Verbindungszone, den sogenannten ›Balken‹, eng miteinander in Kontakt stehen.

Das ›Meistergewebe des menschlichen Körpers‹, wie man das Gehirn genannt hat, liegt eingebettet in eine Knochenhülle, die Schädelkapsel. Unter dem knöchernen Schädel finden sich weitere Schutzvorrichtungen: eine Flüssigkeit (liquor), die Schläge und Stöße in gewissen Grenzen mildert, außerdem die weiche und die harte Gehirnhaut. Die Blutzufuhr und damit die Ernährung der Gehirngewebe übernehmen zwei arterielle Blutgefäße, die sich im Gehirn vereinen.

Die Nervenzellen des Großhirns nennt man auch ›Neuronen‹. Von jedem Neuron führen Querverbindungen zu anderen Nervenzellen, sowohl im Großhirn als auch zu anderen Hirnabschnitten und über die Nervenbahnen zu den verschiedenen Körperorganen. So besteht ein kompliziertes Verbindungssystem, in dem ständig Nachrichten kommen und gehen, und so kann das Gehirn sowohl Sinnesreize von den Sinnesorganen empfangen, als auch ›Befehle‹ an Drüsen, Muskeln usw. ausgeben.

Welche Bedeutung die Großhirnrinde für den Menschen hat, zeigt sich bei Verletzungen des Stirnhirns, die zu schweren Charakterveränderungen führen können. An der Basis des Stirnhirns liegt ein Gebiet, das für unsere Sprache zuständig ist, das sogenannte motorische Sprachfeld oder die nach ihrem Entdecker genannte Brocasche Windung. Bei ihrer Verletzung kommt es zu Sprachstörungen. Die Krankheitssymptome der Hirnverletzten zeigen, daß das Scheitelhirn vermutlich beim Zustandekommen der seelischen Empfindungen eine wichtige Rolle spielt und das Schläfenhirn dem Sprachverständnis dient. Der ›Hinterhauptslappen‹ nimmt die hier endende ›Sehbahn‹ auf. Unterhalb des Hinterhauptslappens schließlich liegt das Kleinhirn mit seiner Aufgabe, das Gleichgewicht des Körpers aufrechtzuerhalten. Zu diesem Zweck laufen im Kleinhirn Nervenfasern aus den verschiedensten Körperteilen zusammen, umgekehrt ziehen motorische Nervenfasern vom Kleinhirn zu allen Körperteilen. So ›weiß‹ es jeden Augenblick über die Lage der einzelnen Gliedmaßen Bescheid und kann unsere Muskelbewegungen harmonisieren. Mit der Großhirnrinde steht das Kleinhirn über die sogenannte ›Brücke‹ in Verbindung.

Weiter müssen wir das Stamm- oder Althirn erwähnen, einen stammesgeschichtlich alten Gehirnabschnitt, den schon die Fische besitzen. Es hat offenbar ähnlich dem Kleinhirn die Aufgabe, die verschiedenen Muskelbewegungen zu koordinieren. Im ›Sehhügel‹ oder Thalamus wiederum, einer Zone des Stammhirns, laufen anscheinend all die zahlreichen Sinnesreize von außerhalb und innerhalb des Körpers zusammen und werden dort zum Großhirn umgeschaltet, wo sie uns als Empfindungen wie Kälte, Lust, Schmerz und dergleichen bewußt werden. Unter dem Sehhügel liegt das schwer zugängliche Zwischenhirn, der sogenannte Hypothalamus mit seinen Ausstülpungen, der Zirbeldrüse und der Hypophyse oder Hirnanhangdrüse. Während das Hypophysen-Zwischenhirnsystem mit seiner Hormonproduktion unter anderem die Tätigkeit unserer Keimdrüsen steuert, kann man das Zwischenhirn selbst gewissermaßen als Steuerorgan für die unbewußten Vorgänge in unserem Körper ansehen. Unter seiner Regie werden der Herzschlag kontrolliert, die Körpertemperatur überwacht und die Stoffwechselvorgänge geregelt. Den Übergang zum Rükkenmark bildet schließlich das Mittelhirn und das verlängerte Mark, die ›Medulla oblongata‹.

Früher neigte man dazu, das Gehirn als eine funktionelle Einheit aufzufassen. Inzwischen hat sich gezeigt, daß es eine große Anzahl von Zentren besitzt, die fest umrissene Aufgaben zu haben scheinen. Auf Grund von Beobachtungen an hirnverletzten Menschen, die bestimmte Ausfallerscheinungen in ihrem körperlichen und geistig-seelischen Verhalten zeigen und deren Hirne man nach dem Tod untersucht hat, ließen sich detailreiche ›Hirnkarten‹ entwerfen. Auf ihnen sind namentlich in der Großhirnrinde relativ scharf umschriebene Felder für Sprache, Bewegung, Sehen, Namensverständnis, akustische Aufmerksamkeit und vieles andere verzeichnet.

Das Rätsel des ›großen verschlungenen Knäuels‹ in unserem Kopf schien mit all diesen Entdeckungen jedoch erst halb gelöst. Immer wieder sahen sich die Vertreter der ›Zentren-Lehre‹ von Wissenschaftlern bedrängt, die mit Recht auf eine erstaunliche Erscheinung verwiesen. Wenn zum Beispiel nach einem Unfall ein bestimmtes Hirnzentrum zerstört worden war, so konnte ein anderer Hirnabschnitt nach einiger Zeit die Funktion des geschädigten Hirnteils übernehmen. Das Hirn, sagten sie, sei demnach eher ›plastisch‹ zu nennen und nicht als Mosaikgebilde aufzufassen, in dem jedes Steinchen seine – und nur diese – Aufgabe erfülle. Auch gegen die ›Plastizitätslehre‹ gibt es jedoch Einwände. Unter ihnen ist der, daß in manchen Fällen ein Teil der bei einer Hirnverletzung ausgefallenen Funktionen doch nicht von anderen Hirnbezirken übernommen werden kann.

Komplizierend kommt hinzu, daß es kaum eindeutig abgrenzbare Regionen im Gehirn gibt. Alle seine Teile gehen ineinander über oder stehen durch Nervenfasern miteinander in Verbindung. Noch schwieriger wird es dadurch, daß die gleichen elektrisch gereizten Hirnteile bei einem Versuchstier bald diese, bald jene Reaktion auslösen können. Umgekehrt läßt sich ein und dasselbe Verhalten eines Versuchstieres durch elektrische Reizung ganz verschiedener Hirnbezirke herbeiführen. Rätselhaft schließlich sind auch die ›Alarmschaltungen‹:

Da schläft ein Seemann ruhig in seiner Koje, während es draußen stürmt und die Wellen gegen die Bordwand schlagen. Aber die leiseste Änderung des Motorengeräusches läßt ihn aufwachen. Bekannt ist auch das Beispiel von der Mutter, die im Straßenlärm schläft, aber beim leisesten Wimmern ihres Kindes erwacht. Das schlafende Gehirn kann offenbar bestimmten akustischen Weckreizen den Vorrang geben und andere ignorieren, obgleich sie vielleicht stärker sind.

Aus alledem wird deutlich, wie verwickelt die Verhältnisse im Gehirn liegen und daß wir noch weit davon entfernt sind, seine Funktionen völlig zu verstehen. Ganz sicher steckt mehr in ihm als bloß eine Ansammlung von zehn oder zwölf Milliarden Nervenzellen, die elektrochemisch arbeiten.

Manche Gelehrte vergleichen das Gehirn mit einer Maschine, die ständig auf der Suche nach einem Ziel ist und dauernd ›Aufgaben‹ zu lösen versucht. Diese Maschine reagiert empfindlich auf die jeweiligen Umwelt-Reize und zugleich auf das, was im eigenen Körper vorgeht. Reagieren bedeutet hier: eintreffende Signale der Sinnesorgane, Gesehenes, Gehörtes, Gefühltes und Geschmecktes oder Gerochenes zu analysieren und sinnvoll zu beantworten. Dabei besteht eine Art Auswahlmöglichkeit. Reize, die das Leben unmittelbar bedrohen, werden mit Vorrang beantwortet, etwa durch einen Sprung zur Seite angesichts eines heranfliegenden Steines. Solche Reize gelangen gar nicht erst in die höheren Bereiche des Gehirns – wir sprachen schon davon –, sondern werden bereits in den Reflexzentren in Gegenmaßnahmen umgesetzt. Wieweit diese Unterscheidungsfähigkeit geht, zeigt ein Beispiel:

Ein Mann wird im Wald von einem umstürzenden Baumstamm bedroht und verspürt zugleich einen Insektenstich am Arm. Würde der Baum nicht auf ihn stürzen, so würde er unweigerlich nach dem Tier schlagen oder es abzuschütteln versuchen. Der umstürzende Baum aber hat ›Vorrang‹. Das Gehirn ›sortiert‹ die beiden Eindrücke blitzschnell nach ihrer Wichtigkeit und zwingt dazu, zuerst vor dem Baum zur Seite zu springen und erst dann das Insekt abzuwehren.

Wo und wie aber tut es das?

Im Hirnstamm befindet sich ein kleiner, erst in letzter Zeit genauer untersuchter Zellbezirk, die sogenannte ›Retikular-Formation‹. Reizt man diese Zone bei einem Versuchstier elektrisch, so kann man erleben, daß das Tier einschläft. Wird der Reiz dagegen auch nur ein winziges Stück seitlich von dieser Stelle von neuem gesetzt, so wacht ein schlafendes Tier auf. Neben dieser mit dem Schlaf- und Wachzustand zusammenhängenden Aufgabe scheint die Retikular-Formation aber auch die erwähnte Filterwirkung auf die ankommenden Nervensignale zu übernehmen. Ihre Lage in unmittelbarer Nähe der wichtigsten ›Zubringer-Nervenbahnen‹ erlaubt es, diese Stränge sozusagen laufend abzuhören und ihren Informationsgehalt vorzusichten; bei der Retikular-Formation könnten wir es also mit einer Art Nachrichtenoffizier des Gehirns zu tun haben, der das jeweils Wichtige vom Unwichtigen trennt und unsere Aufmerksamkeit statt gleichzeitig auf alle eintreffenden Sinnesreize nur auf bestimmte lenkt.

Mit belanglosen Reizen, dem ständigen Rauschen eines Flusses oder Straßengeräuschen, belastet sich das Gehirn nicht weiter, es kann sie je nach dem Grad ihrer Wichtigkeit völlig ignorieren, vorübergehend erfassen, ›unterschwellig‹ bleibenlassen, gegebenenfalls aber auch voll bewußt machen. Um einen Reiz richtig zu bewerten, vergleicht ihn das Gehirn unterbewußt, aber blitzschnell mit früher erlebten ähnlichen Reizen und Erfahrungen. Dann zieht es daraus ebenso rasch seine Schlüsse.

Den zahlreichen ungelösten Rätseln unseres Gehirns suchen die Wissenschaftler heute mit hochentwickelten Verfahren auf die Spur zu kommen. Sie verwenden dazu feine Elektroden, die in verschiedene Hirnabschnitte gesenkt werden, um winzige Bereiche der grauen und weißen Substanz bei vollem Bewußtsein elektrisch zu reizen. Sie setzen elektronische Rechenautomaten ein, um Hirnstromkurven zu analysieren und nachzuahmen. Sie untersuchen die Hirnsubstanz unter dem Elektronenmikroskop und stellen Mengen chemischer Stoffe fest, die so gering sind, daß man sie mit dem Auge nicht mehr wahrnehmen kann. Von den meisten Gehirnforschern wird heute die Meinung vertreten, daß auch unsere Gedanken eine wissenschaftlich erklärbare Funktion des Gehirns und seiner Nervenzellen seien. Das will freilich nicht heißen, daß wir nun über alle Zusammenhänge zwischen den Geistesäußerungen des Menschen und dem sie bedingenden, ungeheuer komplizierten Netzwerk der Gehirnzellen Bescheid wüßten. Das Gegenteil ist der Fall: Wir wissen noch sehr wenig.

Vor welch schwierigen Aufgaben das Gehirn im Leben eines Menschen stehen kann und auf welche Weise es sie meistert, zeigen anschaulich die Experimente Vernon B. Mountcastles, eines Wissenschaftlers der Johns Hopkins-School of Medicine. Mountcastle hatte sich gefragt, wie es das Gehirn fertigbringt, zum Beispiel den Armmuskeln den Befehl zu einer richtig dosierten Bewegung zu geben, so daß etwa die Hand eine Speise richtig in den Mund und nicht in die Augen führt.

Natürlich benutzt das Gehirn auch hierzu sein bewährtes System, das es für die Aufnahme von Sinnesreizen und deren Beantwortung entwickelt hat – die Nervenerregung. Eine bestimmte Folge von Nervenimpulsen, ein Code vielleicht, sagte sich Mountcastle, müßte dafür sorgen, daß die Meldungen der Sinnesorgane in die ›Schaltzentrale‹ stets auch Auskunft über den jeweiligen Spannungszustand der Muskeln und die Stellung der Gliedmaßen geben, in diesem Fall der Stellung des Armes. Nur dann wäre ja ein ›Befehl‹ für eine richtig dosierte Bewegung erst möglich. Vielleicht lag ein solcher Code in der Art der Aufeinanderfolge der Nervenimpulse verborgen, die das Gehirn verstand und sinnvoll zu beantworten wußte.

Bei seiner Arbeit machte sich Mountcastle die Ergebnisse bestimmter Tierversuche am lebenden Gehirn zunutze, in deren Verlauf man feine Elektroden in verschiedene Hirnteile geführt und gefunden hatte, daß die Nervenimpulse dort angekommen und weitergeleitet werden. Es gelang ihm, die im Gehirn eintreffenden Nervenströme für den Armbeuger- und Armstrecker-Muskel eines Versuchsaffen mit einem feinen Meßgerät zu finden und ›abzuhören‹ wie ein Spion den feindlichen Telefondraht. Dabei zeigte sich, daß jedem Beugungsgrad des Armes eine bestimmte Impulsfolge entsprach: Hob der Affe den Unterarm (verkleinerte er also den Ellenbogenwinkel), so wurden die Impulse stärker und folgten sich rascher, bis die Bewegung innehielt: In diesem Augenblick ging die Impulsrate wieder zurück und spielte sich auf einen neuen Wert ein – etwas schneller als vor der Armbewegung. Ganz ähnlich gerieten die Empfindungsnerven für den Armstrecker in Erregung, wenn der Affe seinen Arm ausstreckte und damit den Ellenbogenwinkel vergrößerte. Auch diese Impulse teilten dem Gehirn anscheinend mit, was mit dem Arm geschah, und eine neue Impulsrate vermittelte die Information: ›Der Arm ist jetzt ausgestreckt.‹

Mountcastle führte seine Versuche weiter, bis er eine berechenbare Beziehung zwischen dem Ellenbogenwinkel und der Impulsrate der zuständigen Nervenfasern fand. Es ergab sich, daß diese Impulsrate einer Konstanten plus einem Betrag entsprach, der von dem jeweiligen Beugungswinkel des Ellenbogens abhing. Und es ist sicher berechtigt, das Ergebnis dieses Versuchs auch auf andere Körperteile und andere Körperfunktionen zu übertragen. Dabei muß man sich natürlich darüber klar sein, daß hier nur ein Faktor – der Ellenbogenwinkel – untersucht wurde. Bei zahlreichen anderen Körperfunktionen werden sehr viel mehr und kompliziertere Verhältnisse mit mehreren ineinandergreifenden und sich überlagernden Faktoren zu berücksichtigen sein, die dennoch alle säuberlich in einem Code verschlüsselt und übersetzt sein müssen, wenn sie vom Gehirn richtig ›verstanden‹ und beantwortet werden sollen. Man denke nur an das ungeheuer verwickelte Muskelspiel in den Händen und Fingern eines Klavierspielers.

Nicht minder problematisch sind die verschiedenartigen Reize, für die unsere Haut empfindlich ist. Unabhängig voneinander registriert sie Druck, Hitze, Kälte und chemische Wirkungen. Wie kann das Gehirn all diese Reize auseinanderhalten? Es schien nahezuliegen, daß die Haut für die verschiedenen Sinne auch verschiedene Empfangsorgane besitzt, und schon im Jahre 1890 vermutete der deutsche Physiologe Max von Frey, daß von der Haut vier verschiedene Verbindungen – sprich Nervenfasern – zum Gehirn ziehen müßten. Nur dann, meinte er, wäre es dem Gehirn möglich, die verschiedenen Reize auseinanderzuhalten und eine streichelnde Hand nicht etwa mit einem Eisblock zu verwechseln. Tatsächlich hat sich gezeigt, daß für die verschiedenen Hautsinne auch besondere Empfangsorgane und Nerven existieren.

Auch von der Zunge, den Ohren, der Nase und den Augen ziehen Nervenstränge ins Gehirn, um ihre Nachrichten dort entziffern zu lassen. Der Schmerz dagegen ist eine von uns selbst erzeugte Empfindung, die auftritt, wenn uns ein besonders heftiger Reiz trifft.

Die Fähigkeit, mit Schmerz zu reagieren, ist offenbar sehr wandelbar, ja, sie kann über den Willen sogar weitgehend beeinflußt werden. Fakire, die sich Nadeln durch die Wangenhaut stechen, auf ein Nagelbrett legen oder barfuß über glühende Kohlen gehen, bestätigen dies eindrucksvoll. Auch die unbewegten Gesichter der brennenden vietnamesischen Mönche und Nonnen, die sich aus Protest gegen die Regierungspolitik mit Benzin übergossen und selbst angezündet haben, zeigen den Grad der Schmerzbeherrschung willensstarker Menschen [129]. Der normale Sterbliche dagegen kann Schmerzen nur bis zu einer gewissen Grenze ertragen, ohne in Ohnmacht zu fallen.

Wohlverpackt und geschützt gegen Stöße und Schläge liegt das Gehirn in seiner knöchernen Schädelkapsel. Aber diese Knochenhülle schützt es nicht unbeschränkt. Zu dem, was das Gehirn sich nicht gefallen läßt, zählen schwere Erschütterungen, wie sie etwa durch Stürze ausgelöst werden können: Übelkeit, Ohnmachten und die Symptome der Gehirnerschütterung sind die Folgen.

Weil der Mensch diese Gefahren unbewußt ahnt, reißt er in solchen Fällen blitzschnell, mit Reflexbewegungen, die Hände und Arme hoch, um den Kopf abzuschirmen. Entgegen jeder Vernunft – so möchte man sagen – hängen zahlreiche Menschen jedoch einer Sportart an, bei der das empfindlichste Organ des Körpers bewußt zum Ziel von Schlägen und Stößen gemacht wird: dem Berufsboxen. Dabei kommt es geradezu darauf an, den Gegner durch Kopftreffer niederzustrecken, ihm also die Kontrolle über sich selbst zu nehmen, so daß er für kürzere oder längere Zeit besinnungslos wird und zusammenbricht. Die wenigsten wissen offenbar, daß K.-o.-Niederschläge durch Kopftreffer nicht nur tödlich auslaufen, sondern auch ein langdauerndes seelisches Siechtum zur Folge haben können. So erklärte einmal ein Sparringspartner britischer Schwergewichtsboxer über seine Geistesverfassung: »Ich kann mich nicht mehr richtig ausdrücken, in meinem Kopf geht so oft das Licht aus.« Und bedrückt fügte er hinzu, sein Denk- und Erinnerungsvermögen sei ihm im Laufe der Jahre fast völlig verlorengegangen.

Im englischen Sprachgebrauch nennt man diesen Zustand ›punchdrunk‹. Der Ausdruck verlangt eine Erklärung. Was ist ›Schlagtrunkenheit‹? Die Engländer meinen damit die angeschlagene Verfassung, in die Boxer geraten, wenn sie wiederholte Kopftreffer und K.-o.-Niederlagen hinnehmen mußten, Schläge, denen sie um so häufiger ausgesetzt sind, je öfter sie in den Ring klettern.

In England, dem klassischen Land des Boxsportes, ist versucht worden, die schwer definierbare ›Schlagtrunkenheit‹ zu umschreiben. So entstanden Bezeichnungen wie ›goofy‹, ›slugnutty‹, ›stumble-bum‹ oder ›slap-happy‹ – Slang-Ausdrücke, die mehr oder weniger auf den torkelnden Gang, die verminderte Zurechnungsfähigkeit und die geschwächten Sinneswahrnehmungen der Betroffenen Bezug nehmen. Für die meisten der ›schlaftrunkenen‹ Fausthelden ist charakteristisch, daß sie entweder einen depressiven Eindruck machen oder eine Art alberner Heiterkeit an den Tag legen. Solche Symptome gehen auf Veränderungen im Gehirn zurück, die der englische Arzt Macdonald Critchley etwas kompliziert, aber zutreffend ›chronische progressive traumatische Enzephalopathie des Boxers‹ genannt hat.

Bei einem Kopftreffer wird der knöcherne Schädel ruckartig in der Schlagrichtung beschleunigt. Die Beschleunigung ist um so größer, je stärker der Schlag und je entspannter die den Schädel haltenden Nackenmuskeln im Augenblick des Treffers sind. Wie benimmt sich dabei die Gehirnmasse? Sie verhält sich etwa so, wie der Pudding in einer seitlich angestoßenen Schüssel. Auf Grund des Beharrungsvermögens macht der Pudding die Bewegung der Schüssel nicht mit, sondern schaukelt hin und her. Zuerst steigt er – in der Zeitlupe gesehen – am angestoßenen Schüsselrand nach oben, um dann, wenn der Stoß vorüber ist, zum gegenüberliegenden Rand zu schwingen. Wenn der Stoß stark genug war, schwappt der Pudding dort, wo die Schüssel getroffen wurde, sogar aus. Auch die weiche Gehirnmasse macht nach einem Boxtreffer die Bewegung des knöchernen Schädels nicht sofort mit. Im Gegensatz zum Pudding kann das Gehirn aber nicht ›ausschwappen‹. So wird es dort, wo die Faust den Kopf traf, mit beträchtlicher Gewalt von innen gegen den Schädelknochen gedrückt und zugleich – im sogenannten ›Contrecoup‹ – von der gegenüberliegenden Schädelstelle ›abgesaugt‹. Je nachdem, von welcher Seite der Schlag kam, wie stark er war und in welcher Verfassung sich die Nackenmuskeln befanden, kommt es dann zu mehr oder weniger starken Schäden: Äderchen können platzen und Blutungen auslösen. Winzige, oft nur punktförmige Blutgerinsel bilden sich, Quetschungen können die betroffenen Hirnbezirke lahmlegen und schließlich zu den Symptomen des ›punchdrunk‹ führen, der Schlagtrunkenheit.

Einem gut trainierten Boxer, der mit angezogenem Kinn und fest angespannten Nackenmuskeln kämpft – also mit gut ›verankertem Kopf‹ –, machen durchschnittliche Kopftreffer im allgemeinen wenig aus. Schlimmer wird es, wenn seine Nakkenmuskeln entspannt sind. Unter den Faustschlägen des Gegners wird der Kopf dann wie ein Punchingball hin und her geworfen. Diese immer lebensgefährliche Situation erlebte der 25jährige kubanische Weltergewichtsboxer Benny ›Kid‹ Paret, als er in seinem Weltmeisterschaftskampf in New York am 24. März 1962 auf Emile Griffith traf. Elf Runden hatte Paret mehr oder weniger gut durchgestanden, als ihn in der zwölften ein schwerer Treffer Griffiths gegen die Seile warf. Während eines der Seile den halb Bewußtlosen am rettenden Zu-Boden-Gehen hinderte, begann Griffith, den Kubaner mit wuchtigen linken Haken und rechten Aufwärtshaken zu bearbeiten. Wir wollen hier nicht danach fragen, ob der Ringrichter damals den mörderischen Schlaghagel Griffiths hätte beenden und ob der Ringarzt nicht spätestens in diesem Augenblick hätte eingreifen müssen. Tatsache ist, daß Parets Kopf unter den Treffern Griffiths wie ein Gummiball auf einer Spiralfeder hin und her geschleudert wurde. Griffiths Fäuste kamen mit einer errechneten kinetischen Energie von etwa zwei Meterkilogramm wie Dampfhämmer von unten und links und entluden ihre Kraft in dem Sekundenbruchteil des Aufpralls an Parets Schädel. Die Folge war, daß der schwer Getroffene kurz darauf wie leblos aus dem Ring getragen werden mußte. Nervenärzte versuchten noch, ihn durch operative Entfernung einer Anzahl von Blutergüssen im Gehirn zu retten, aber es war zu spät. Paret starb neun Tage später in einem New Yorker Hospital, ohne das Bewußtsein wiedererlangt zu haben. Die Ärzte faßten das Geschehene damals etwa so zusammen: Parets Gehirn war vom knöchernen Schädel in kurzen Intervallen in verschiedenen Richtungen gepreßt worden. In der Folge der Schläge war es zu Überdruck an der gegenüberliegenden Seite (›Contrecoup‹) gekommen. Beides hatte zu Gefäßrissen, Blutergüssen und unheilbaren Schäden der Nerven sowie der sie ernährenden Gliazellen geführt. Schwellungen hatten einen wachsenden Druck im Gehirn erzeugt, der immer größere Gehirnbereiche erfaßte und als dessen Folge die Nerventätigkeit schließlich erlosch.

Zieht man Bilanz, so sind seit Beginn des Boxsportes schon mindestens 550 Amateure und Profis ihren im Ring erlittenen Verletzungen erlegen. Erst Mitte 1978 starben mit dem Spanier Salvadore Pons und dem Italiener Angelo Jacopucci wieder zwei junge Menschen unter dem mörderischen Schlaghagel ihrer Gegner. Das sollte allen Verantwortlichen endlich zu denken geben und strengeren Wettkampfbestimmungen zum Durchbruch verhelfen. Denn schwerlich ist das Berufsboxen noch eine faire Sportart zu nennen, solange es zum legalisierten Totschlag im Ring entarten kann.

Leider hat das Hirngewebe den Nachteil, daß es sich nicht erneuern kann. Das ist auch in der Hirnstromkurve, dem Elektro-Enzephalogramm oder ›EEG‹ nachzuweisen. Bei einem hohen Prozentsatz der Box-Veteranen beispielsweise läßt sich die beeinträchtigte Gehirnfunktion auf dem Kurvenbild des EEG erkennen. Dennoch wissen nur wenige Boxer, wie gefährlich das Spiel ist, das sie mit ihrem edelsten Körperteil treiben, dem Sitz des zentralen Nervensystems. Angesichts der profitablen Schlägereien im Rampenlicht bedeutet es offenbar auch nur wenigen etwas, wenn der englische Arzt J. Doggart erklärte: »Das Gehirn ist nicht widerstandsfähiger als eine Schüssel Brei.«

Nicht jedem Berufsboxer muß zwar das Schicksal einer allmählichen Verblödung beschieden sein, aber die Gefahr besteht doch für alle. Eine Untersuchung englischer Ärzte an zehn ehemaligen Berufsboxern ergab zudem, daß die Schlagtrunkenheit durchaus nicht der einzige Preis ist, den ein Berufsboxer für eine vielleicht glanzvolle Laufbahn zu zahlen hat. Die Mediziner fanden regelmäßig weitere Krankheitszeichen, die ihren Ursprung im geschädigten Gehirn haben. Dazu gehören Gliederzittern, Sprach-, Seh- und Gleichgewichtsstörungen, Krampf- und Ohnmachtsanfälle, Impotenz, hochgradige Geistesschwäche und Abbau der Persönlichkeit.

Aber nicht nur auf so grobe Attacken wie die Faustschläge der Boxer reagiert das Gehirn ungnädig, auch unsichtbare Funkwellen können es gefährden. So zeigten Versuche, daß das Gehirn von Wellen im Dezimeter-Bereich sogar tödlich getroffen werden kann. Pearce Bailey, der Leiter des National-Instituts für Nervenkrankheiten und Blindheit in Bethesda (Maryland), hat dazu eindrucksvolle Experimente mit Rhesus-Affen angestellt. Er war der Frage nachgegangen, ob elektromagnetische Wellen – zu denen auch die Rundfunkwellen zählen – die Gehirntätigkeit beeinflussen, wenn man sie in bestimmter Stärke und mit einer Richtstrahl-Antenne auf bestimmte Hirnteile lenkt. Die bisherige Meinung war: Das können solche Wellen nicht. Baileys Versuche setzten dieser Illusion jedoch ein Ende. Zehn seiner Affen starben unter der tödlichen Wirkung einer Wellenstrahlung von 388 Megahertz auf einem Experimentierstuhl, ohne daß sie körperlich berührt worden wären.

Der Tod der Tiere trat jeweils nach vier Minuten unter allen Zeichen einer schweren Nervenschädigung ein. Die Antenne des tödlichen 100-Watt-Senders war 66 Zentimeter über den Köpfen der Affen montiert worden; der gerichtete Wellenstrahl hatte mit 388 Millionen Schwingungen je Sekunde den Hirnstamm der Tiere in der Längsrichtung durcheilt. Zehn weitere Affen, die Bailey der Wellenstrahlung kürzere Zeit aussetzte, erholten sich wieder, nachdem sie anfangs leichtere Symptome für Gehirnschäden hatten erkennen lassen [14].

Bailey gestand, daß er die Bedeutung seines unheimlichen Versuchs selber noch nicht übersehen könne. Als Todesursache nimmt er einen Resonanzeffekt in den Nervenzellen an: Sobald die Wellenfrequenz der Eigenschwingung bestimmter Moleküle entspreche, ›zerbrächen‹ sie. Eine solche Resonanzwirkung ließe sich an einer Stimmgabel demonstrieren. Wenn eine Tonquelle den Kammerton ›a‹ aussendet, schwingt eine Stimmgabel in ihrer Nähe mit und strahlt ihrerseits ›a‹ aus, ohne selbst angeschlagen zu sein. Drastischer: Soldaten können eine Brücke einstürzen lassen, wenn sie im (verbotenen) Gleichschritt darüber marschieren und der Rhythmus ihrer Schritte die Eigenschwingung der Brückenkonstruktion trifft. Bailey hofft, daß seine Versuche mithelfen werden, neue Methoden der Gehirnchirurgie sowie Schutzvorrichtungen gegen bestimmte Rundfunkwellen und Radarstrahlen zu entwickeln.

Für seine Versuche benutzte der amerikanische Nervenarzt Radiowellen von einer Frequenz, die der öffentliche Rundfunk und das Fernsehen nicht verwenden. Es ist also unwahrscheinlich, daß Menschen in der Nähe von Sendeantennen einmal Schäden durch die Wellenstrahlung erleiden könnten. Beim Funkverkehr der Flugzeuge untereinander und von Schiff zu Schiff, wo kürzere Wellenlängen üblich sind, dürfte die Gefahr weniger eindeutig auszuschließen sein. Frequenzen von 329 bis 335 Megahertz beispielsweise sind im Flugverkehr für bestimmte Landeverfahren reserviert, Frequenzen von 400,5 Megahertz werden im Weltraum-Funkdienst und für Wettersonden verwendet. Bailey ließ durchblicken, daß manches mysteriöse Flugzeugunglück vielleicht auf das Konto solcher Wellen käme. Er sagte: »Es heißt immer, daß solche Dinge bei den benutzten Frequenzen nicht vorkämen. Aber es scheint jetzt so, daß sie nicht unmöglich sind, wenn bestimmte Wellenlängen benutzt werden und der Kopf des Piloten in einer kritischen Stellung zum Sender steht.«

Sauerstoffmangel und künstliche Unterkühlung

Daß ein so kompliziertes Organ wie das Gehirn eine entsprechende ›Wartung‹ braucht und ausreichend mit Blut und Nährstoffen versorgt werden muß, versteht sich eigentlich von selbst. Außerordentlich empfindlich ist das Gehirn gegen Sauerstoffmangel. Wenn beispielsweise bei einem Unfall die Atmung aussetzt oder die Kopf-Schlagader unterbunden wird, verfällt das Hirngewebe rasch. Darum kommt alles auf eine rasche und wirkungsvolle Wiederbelebung an, wenn das Hirn für einige Minuten von der Sauerstoffversorgung abgeschnitten war. Mit einer solchen Wiederbelebung ›klinisch toter‹ Menschen haben sich besonders russische Forscher hervorgetan. Einer der erfolgreichsten Mediziner auf diesem Gebiet ist das Mitglied der Russischen Akademie der Medizinischen Wissenschaften, Professor V. A. Negowski. Sein Buch ›Wiederbelebung und künstliche Unterkühlung‹ verdient die größte Aufmerksamkeit [139].

Negowskis Arbeit handelt von den dramatischen Augenblicken im Menschenleben, in denen das Herz zu schlagen und die Lunge zu atmen aufgehört haben, aber das Hirn seine Funktion unter dem eingetretenen Sauerstoffmangel noch nicht unwiderruflich aufgegeben hat. Es ist jener Zustand an der Schwelle zum Jenseits, der unweigerlich in den endgültigen, den biologischen Tod übergeht, wenn der Arzt seine letzte Chance nicht nützt und den Patienten durch eine minutiöse und systematische Wiederbelebungstechnik ins Leben zurückholt.

Die Mediziner, soviel setzt der russische Chirurg voraus, wissen heute genug über Herz und Lungen, daß sie einen versagenden Herzmuskel oder eine stillstehende Atmung jederzeit wieder in Gang setzen können, wenn nur die Gewebe noch funktionstüchtig sind. Das eigentliche Problem der Wiederbelebung ist die hohe Empfindlichkeit des Gehirns. Die Schwierigkeit liegt darin, daß das Gehirn einen Ausfall der Sauerstoff-Versorgung unbeschadet höchstens fünf bis acht Minuten ertragen kann. Wenn es in dieser Zeitspanne nicht gelingt, den Kreislauf wieder in Gang zu setzen und das Gehirn mit frischem, sauerstoffreichen Blut zu versorgen, können sich die inzwischen verklebten feinen Kapillaren nicht wieder mit Blut füllen und der Patient ist mit dem Tode bedroht. Also muß die Behandlung rasch und sicher erfolgen, jeder Handgriff muß sitzen, denn es geht um Sekunden. Übereinstimmend zeigen die klinischen Erfahrungen denn auch, daß eine Wiederbelebung nach fünf bis acht Minuten nur sehr selten und dann auch nur unvollkommen gelingt. In einigen Fällen setzten Herz- und Atemtätigkeit zwar wieder ein und die Reflexe kehrten zurück, doch blieben die Patienten mehr oder weniger geistesgestört.

Die Schädigung der Nervenzellen im Gehirn *nach* der Frist von fünf bis acht Minuten ist also unwiderruflich und durch keinen ärztlichen Eingriff mehr zu korrigieren. Daher muß der Arzt zu allererst den Kreislauf und die Atmung wiederbeleben, um die Blutversorgung des Gehirns sicherzustellen. Oft gelingt ihm dies mit einer Bluttransfusion. Er injiziert dazu sauerstoffreiches Blut in eine Arterie im Gegensatz zu der üblichen Blutübertragung über die Venen. Häufig gelingt es dadurch, den

Blutstrom in den Herzkranzgefäßen wiederzubeleben, so daß frisches Blut ins Gehirn gelangen kann. Schon so mancher Todeskandidat ist auf diese Weise noch gerettet worden (seit 1958 sind über 3500 solcher Fälle allein in den UdSSR glücklich verlaufen). Intravenöse Bluttransfusionen seien dagegen weniger nützlich, weil der Sauerstoffgehalt dieses Blutes erst dann für die Versorgung des Gehirns ausreicht, wenn er die ohnehin nur schwach arbeitenden Lungen passiert hat.

Ebenso wichtig wie die arterielle Bluttransfusion ist es, auch den Atem wieder anzuregen. Dazu gehört einerseits der künstliche Gasaustausch in der Lunge. Die Russen verwenden automatische Beatmungsgeräte, die die Druckverhältnisse in der Lunge im Wechsel von Ein- und Ausatmen regulieren. Hand in Hand damit muß das Atemzentrum im verlängerten Rükkenmark stimuliert werden. Wenn der Patient dann einen ersten, aktiven Atemzug tut, ist eine wichtige Etappe geschafft: Das Atemzentrum hat wieder zu arbeiten begonnen. Je rascher dies geschieht, desto eher kann auch das Hirn wieder funktionieren und um so günstiger sind die Wiederbelebungsaussichten.

Nach Negowski haben aufputschende Drogen wie Coffein dann wenig Wert, wenn sie in den ersten Phasen der Wiederbelebung verabreicht werden. Zu dieser Zeit, da das Hirn möglichst geschont werden muß, steigern sie nur den Stoffwechsel und erhöhen damit den Sauerstoffbedarf der Nervenzellen. So kommt es zu der scheinbar paradoxen Erscheinung, daß die Stimulantien den Tod eher beschleunigen als abwenden helfen. Sehr wirksam dagegen sind Herzmassage und die in neuerer Zeit häufiger angewendete künstliche Unterkühlung.

Dieser Kunstgriff, den uns die winterschlafenden Tiere gelehrt haben, reduziert die Stoffwechselvorgänge; er läßt die biochemischen Vorgänge im Körper sozusagen auf Sparschaltung laufen. Unterkühlen kann man einen Menschen zum Beispiel dadurch, daß man ihn in ein Laken wickelt und in eine Wanne mit Eisstücken legt. Bei einem anderen Verfahren wird der Blutstrom angezapft: Das Blut wird durch eine Kühleinrichtung und anschließend wieder zurück in den Körper geleitet.

Die künstliche Unterkühlung erleichtert es dem Arzt aber nicht nur, ›klinisch tote‹ Patienten wiederzubeleben, sondern sie macht auch, da sie den Sauerstoffbedarf des Gehirns herabsetzt, länger dauernde operative Eingriffe ins Gehirn möglich. So ist es verständlich, wenn der Wissenschaft viel daran liegt, möglichst genau festzustellen, wieweit die Blut- und damit die Sauerstoffversorgung gedrosselt werden kann, ohne daß ein unterkühltes Gehirn Schaden erleidet. Amerikanische Wissenschaftler des Clevelander Metropolitan General Hospitals und der Western Reserve Medical School unter Leitung von Robert J. White haben zu diesem Zweck lebende Affenhirne untersucht. Nach fünf Jahren mühevoller Arbeit – deren ethische Probleme wir hier ausklammern müssen – ist es ihnen gelungen, die Hirne von tief narkotisierten Rhesus-Versuchsaffen in 37 Fällen nicht nur aus der Hirnschale zu lösen, sondern die Affengehirne auch von allen zu- und abführenden Blutgefäßen zu trennen und die nackte Hirnmasse, von künstlich zugeleitetem Blut durchpulst, auf einem Experimentiergestell bis zu 18 Stunden weiterleben zu lassen. Eine Herz-Lungen-Maschine versorgte die Hirne in dieser Zeit laufend mit frischem, sauerstoffreichen Blut über die beiden Kopfschlagadern, während das kohlendioxidreiche Blut über Venen zur Maschine abgeleitet wurde [1].

Den Beweis dafür, daß die freigelegten Gehirne der Versuchsaffen tatsächlich weiterlebten, erbrachte die Hirnstromkurve. Beim Klicken eines Spielzeug-Frosches in der Nähe des Gehirns schlug die Kurve deutlich aus zum Zeichen dafür, daß das Gehirn den Ton ›gehört‹ und darauf reagiert hatte. In einem anderen Experiment blieb ein Auge mit den Sehnerven verbunden. Ließ man in dieses Auge Licht fallen, so verengte sich die Pupille: auch der Pupillenreflex funktionierte also weiter. Spätere Versuche sollen zeigen, ob ein isoliertes Gehirn früher erlernte Tätigkeiten behält oder vergißt. Dazu will White einen Affen darauf dressieren, daß er einen Arm oder ein Bein nur bei einem bestimmten Geräusch bewegt. Nach dem Tode des Tieres müßten dann am isolierten Gehirn in den entsprechenden motorischen Nerven meßbare Impulse auftreten, sobald das Geräusch ertönt.

So umstritten die Experimente Whites sein mögen – die Gehirnchirurgie hat von ihnen schon profitiert. In bestimmten Fällen verlaufen heute Gehirnoperationen erfolgreich, die noch vor kurzem für unmöglich galten. Ein solcher Fall aus den USA spricht für sich. Es handelte sich um einen alten Mann, der einen Herzanfall gehabt hatte und dringend an einem rasch sich vergrößernden Hirntumor operiert werden mußte. Da das geschwächte Herz die für die Hirnoperation notwendige Unterkühlung des ganzen Körpers schwerlich überstanden hätte, unterkühlte man lediglich das Gehirn und hielt den übrigen Körper auf normaler Temperatur. Mit diesem Kunstgriff konnte das Gehirn eine halbe Stunde lang von jeder Blutzufuhr abgeschnitten bleiben, gerade jene Zeit, die notwendig war, um die Geschwulst zu entfernen.

Der Eingriff mit dem Zielgerät

Bei Hirnoperationen, die auf sehr kleinen Operationsfeldern ausgeführt werden müssen, kommt für den Arzt alles darauf an, den zu operierenden Bezirk genau zu treffen. Wenn es sich nicht um einen normalerweise leicht auffindbaren Tumor handelt, sondern um eine nur punktförmige erkrankte Stelle, so erweist sich das Chirurgenmesser als ein zu grobes Instrument. Es würde, wenn man es benützte, zuviel gesundes Gewebe mitzerstören. In solchen Fällen bewährt sich die gezielte Hirnoperation mit einem eigens dazu entwickelten ›Zielgerät‹. Dank seiner Hilfe lassen sich feine Kanülen oder Elektroden unter Röntgenkontrolle haargenau an die erkrankte Stelle heranführen, so daß diese dann entweder mit hochfrequentem Strom, durch Vereisung, mittels radioaktiver Substanzen, durch Ultraschall oder auch mit chemischen Mitteln ausgeschaltet werden kann. Das Problem, die erkrankte Stelle genau zu treffen, wird mit Hilfe einer von Professor Traugott Riechert aus Freiburg i. Br. konstruierten Apparatur gelöst [156]. Sie besteht aus einem kreisförmigen Metallring, der zur Operation fest am Schädel des Kranken verankert wird, und einem senkrecht darauf angebrachten ›Zielbügel‹. Nachdem der erkrankte

Hirnbezirk durch vorangegangene Untersuchungen genau ermittelt worden ist, bohrt man mit einem auf dem Zielgerät montierten Instrument ein feines Loch in die Schädelkapsel. Anschließend wird die ›Zielnadel‹ eingeführt. Da diese Nadel sehr dünn ist, bleiben die umgebenden Hirnteile verschont. Mit dem Riechertschen Zielgerät gelingt es zum Beispiel, die Parkinsonsche Krankheit (Schüttellähmung) durch Zerstörung der krankhaft reagierenden Nervenzellen zu behandeln und in zahlreichen Fällen auch zu heilen. Allein in den Vereinigten Staaten von Amerika sterben jährlich 2800 Menschen an der Schüttellähmung, und Jahr für Jahr treten 40000 Fälle neu auf. Die Ärzte suchen die Ursache für die bekannten Zitterbewegungen in einer Hirnschädigung im Bereich des Thalamus, dem ›Tor zum Bewußtsein‹ genannten Sehhügel, der großen Umschaltstelle für alle Nervenimpulse, die uns aus der Umwelt und unserem inneren Erleben zufließen. Auch bei dieser Operation wird der Schädel des Patienten unter lokaler Narkose angebohrt. Daraufhin wird eine stumpf endende Kanüle nach sorgfältiger Berechnung ins Gehirn geführt. Da das Nervengewebe im Gehirn schmerzunempfindlich ist, tut das Einführen der Kanüle nicht weh. Wenn die Spitze den Zielpunkt erreicht hat, wird flüssiger Stickstoff in die Kanüle geleitet, die ihrerseits bis auf das knopfförmige Ende wärmeisoliert ist. Die rings um die Spitze liegenden Nervenzellen werden durch die Unterkühlung betäubt, jedoch zunächst nur probeweise. Der Arzt vergewissert sich erst, ob er auch wirklich den richtigen Hirnbezirk getroffen hat. Dazu läßt er den auf dem Operationstisch liegenden Patienten den Arm heben und die Finger spreizen. Hat die Zitterbewegung aufgehört, so weiß er, daß die Kanülenspitze richtig liegt. Nun kann er die Unterkühlung fortsetzen und einen größeren Zellbezirk endgültig ausschalten.

Für die sichere Feststellung eines erkrankten Hirnteiles ist es gewöhnlich nicht zu umgehen, eine sogenannte Pneumoenzephalographie vorzunehmen. Zu diesem Zweck werden die Gehirnkammern (das Ventrikelsystem) mit Luft gefüllt. Die Luft dient bei der Röntgenaufnahme als Kontrastmittel, so daß der Arzt sich leicht orientieren kann. Daß es sich schon bei dieser zur Diagnose notwendigen Maßnahme um einen nicht gerade harmlosen Eingriff handelt, erfuhr ein deutsches Amtsgericht im Jahre 1963. Der Amtsrichter hatte einem wegen kleinerer Betrügereien Angeklagten eine Pneumoenzephalographie auferlegt, um den von ihm behaupteten Zustand verminderter geistiger Zurechnungsfähigkeit nachprüfen zu lassen. Der Angeklagte wehrte sich aber gegen den Eingriff und erreichte durch eine Beschwerde beim Bundesverfassungsgericht in Karlsruhe, daß der richterliche Beschluß aufgehoben wurde. Die Bundesverfassungsrichter begründeten ihr Urteil damit, daß eine in einem Strafverfahren angeordnete Maßnahme in angemessenem Verhältnis zum Schuldvorwurf stehen müsse und erklärten: »Es genügt nicht, daß ein Eingriff in die körperliche Unversehrtheit eines Angeklagten auf einer gesetzlichen Grundlage beruht. Das Gesetz muß seinerseits im Licht der Grundrechte gesehen und geprüft werden.«

Inzwischen ist viel geschehen. Die ›stereotaktischen Hirnoperationen‹ (aus dem Griechischen: stereo = räumlich und tattein = ordnen) sind vervollkommnet worden, ohne daß sie freilich bis heute allgemeine Zustimmung gefunden hätten. Es gab Fehlschläge und Anlässe genug, die ganze Praxis noch einmal zu überdenken. Wie war es denn? Wie war die Technik der so folgenschweren, heilsamen, aber auch riskanten Eingriffe ins Gehirn entstanden, und wie hatte sie sich weiterentwickelt?

Am Anfang standen die ›Trepanationen‹ der Schädeldecke. Der Brauch, bestimmten Leuten Löcher in die Schädelknochen zu bohren, wurde schon vor 12000 Jahren in Peru möglicherweise deshalb durchgeführt, damit den vermuteten Dämonen im Kopf dieser Menschen der Weg ins Freie geöffnet würde. Vielleicht gab es auch andere Gründe dafür, das weiß man heute nicht genau. Überliefert ist, daß Teile der Schädeldecken trepanierter Kranker als Amulette dienten.

Anleitungen zur Durchführung von Schädel-Eröffnungen finden sich in alten Texten zur Anatomie des Menschen im 14. Jahrhundert, aber erst im 19. Jahrhundert wurde es ›ernst‹. Mehr und mehr war inzwischen erkannt worden, daß die Geisteskrankheiten letztlich auf Störungen der Gehirnfunktionen beruhten, also eine materielle Basis hatten. Gezielte Eingriffe schienen also gerechtfertigt zu sein. Man wollte an die Wurzel des Übels kommen, und es war der Schweizer Arzt G. Burckhardt, Direktor der psychiatrischen Anstalt von Préfargier am Neuenburger See, der um das Jahr 1890 versuchte, sechs vorwiegend schizophrenen Kranken durch die operative Herausnahme von Teilen der Gehirnrinde zu helfen. Burckhardts Pioniergeist fand damals aber noch wenig Gegenliebe. Seine Kollegen hielten sich zurück, sie fanden den Eingriff riskant und wenig erfolgversprechend.

Ein halbes Jahrhundert mußte vergehen, bis im Jahre 1936 ein neuer Durchbruch kam: Der Portugiese Egas Moniz behauptete, mit einer von ihm entwickelten Methode, der ›frontalen Leukotomie‹, könnten Schizophrenie-Patienten geheilt werden. ›Leukotomie‹ (oder Lobotomie): so bezeichnet man einen operativen Eingriff in die weiße Gehirnsubstanz, bei dem Nervenbahnen zu tieferliegenden Gehirnabschnitten durchtrennt werden. Wieder horchten die Mediziner auf, doch zeigte sich bald, daß Moniz wohl übertrieben hatte. ›Geheilt‹ werden konnte die Schizophrenie durch seinen Eingriff nicht, wenngleich es Besserungen gab. Immerhin löste die neue Operationsmethode zahlreiche ähnliche Eingriffe vor allem in den angelsächsischen Ländern aus. Tausende von Patienten wurden mit mehr oder weniger Erfolg ›leukotomiert‹, und Moniz erhielt im Jahre 1949 für seine Arbeiten sogar den Nobelpreis.

Wenn die chirurgischen Eingriffe ins Gehirn bis heute umstritten geblieben sind, so lag das sicher auch an der in der Pionierzeit noch groben und von Mißerfolgen belasteten Verfahrenstechnik. Weil immer noch zuwenig bekannt war über jene ›Stellen‹ im Gehirn, an denen bestimmte Funktionsstörungen zu suchen waren, geschahen die Eingriffe oft ziemlich ziel- und wahllos. Man munkelte, die psychochirurgische Operation sei wahrscheinlich nichts anderes als eine Art von Schock für den Patienten, ähnlich dem Elektroschock. Zu der meist nicht gebesserten Krankheit des Bedauernswerten käme nur neuer Schaden hinzu.

Nachteilige Folgen der Operationen wurden besonders in den vierziger und fünfziger Jahren bekannt. So mancher Patient, der etwa wegen krankhafter Angstzustände unter die Gehirnsonde genommen wurde, mußte erleben, daß er nach der Durchtrennung von Nervensträngen oder nach Ausschaltung bestimmter Gehirnzentren zu dumpf-brütendem Dahindämmern verurteilt war und kaum noch Anteil an seiner Umgebung nehmen konnte.

Solche schweren Nachwirkungen wurden dann jedoch mit den zunehmenden Kenntnissen wieder vermieden. Auch erwies sich, daß die meisten Hirnfunktionen mit der Zeit von anderen Bereichen des Gehirns übernommen, also kompensiert werden können. Zudem lernten die Mediziner immer genauer zu ›zielen‹. Dazu lieferte die medizinische Technik die Präzisionsinstrumente, allen voran das schon erwähnte Hirnzielgerät mit dem Zielbügel, von dem aus die Sonde haargenau an ihren Zielpunkt im Gehirn geführt werden kann.

Heute gibt es für eine Reihe von krankhaften Zuständen schon erfolgversprechende psychochirurgische Eingriffe: Krankhaft aggressive Patienten lassen sich durch Ausschaltung von Teilen der Amygdala (dem ›Mandelkern‹) friedlicher stimmen. Schwer depressive Kranke, solche mit Angstzuständen und bestimmten Zwangsvorstellungen, kann man mit einer gezielten Leukotomie behandeln. Schizophrene können zumindest von einem Teil ihres Leidensdruckes durch Eingriffe in den ›Sehhügel‹ genannten Hirnbezirk (›Thalamus‹) befreit werden. Im ›Sehhügel‹ vermutet man den Schaltpunkt für Sinneseindrücke, für Schmerz- und Lustempfindungen.

Im Hypothalamus, der unter dem Sehhügel gelegenen Hirnanhangdrüse, befindet sich eine Region, in der auf die Keimdrüsen wirkende Hormone freigesetzt werden, außerdem offenbar ein Zentrum für das sexuelle Verhalten des Menschen. Krankhaft überaktive Triebtäter, denen mit Medikamenten oder Psychotherapie nicht zu helfen ist, können von einem Eingriff in den Hypothalamus eine Besserung ihrer krankhaften Neigungen erwarten. Dabei wird ein etwa erbsengroßes Gewebestück in der einen der beiden Hypothalamushälften durch einen Stromstoß zerstört, nachdem der Chirurg eine eineinhalb Millimeter starke Sonde schmerzlos durch ein etwa sechs Millimeter großes Loch in der Schädeldecke eingeführt hat. Hinterher ist der Patient sexuell günstigstenfalls nur noch normal erregbar – seine Erektions- und Ejakulationsfähigkeit bleiben erhalten.

Daß die Erfolgschancen solcher Operationen aber noch immer zu wünschen übrig lassen, erwies der Fall eines Triebtäters, der sich in den sechziger Jahren an 42 Jungen im Alter zwischen 14 und 19 Jahren unsittlich vergangen hatte. Der Mann wurde von einem deutschen Psychochirurgen stereotaktisch an der einen Hälfte des Hypothalamus operiert und anschließend aus der Haft entlassen, weil man annahm, er werde künftig tugendhafter leben. Tatsächlich wurde er rückfällig. Ein Kollege operierte ihn daraufhin erneut – diesmal an der anderen Hypothalamushälfte, und man hofft nun von neuem. Doch ist weder sicher, ob der Mann nun als geheilt gelten kann, noch ob er nicht vielleicht andere wichtige Teilfunktionen seines Gehirns eingebüßt hat, die der Hypothalamus steuert und deren Ausfall zu neuen krankhaften Erscheinungen führen kann.

Möglicherweise wird durch diesen Eingriff also der ›Leidensdruck‹ herabgesetzt (soweit eine krankhafte Triebstärke von einem Sexualtäter überhaupt als ›Leiden‹ erlebt wird), aber eine Garantie dafür, daß der Operationszweck – und nur er – erreicht wird, kann offenbar nicht gegeben werden, sowenig wie die Gefahr einer Persönlichkeitsveränderung ausgeschlossen werden kann.

Hier setzen denn auch die Kritiker der Psychochirurgie ihre Hebel an, unter ihnen der Washingtoner Psychiater Peter R. Breggin, der einmal sagte: »Falls die USA jemals ein totalitärer Staat werden sollten, dann wird der Diktator ein Spezialist für Verhaltensforschung sein und sein Polizeichef wird die Psychochirurgie als Waffe zur Unterwerfung des Volkes einsetzen.«

So weit wollen wir aber nicht denken, zumal es schwer vorstellbar ist, wie Millionen von Menschen zwecks Charakterveränderung auf die Operationstische der Psychochirurgen gebracht werden sollten. Trotzdem bleiben Fragen offen. Der Hirnchirurg Robert D. Heath von der amerikanischen Tulane-Universität verpflanzte einmal bei zwei starken Marihuana-Rauchern feine Elektroden in einen Hirnbezirk, in dem ›Wut- und Wonnezentren‹ benachbart liegen (wir kommen auf sie noch zurück). »Seit die Operation durchgeführt ist und die beiden Patienten bedarfsweise im ›Wonnezentrum‹ elektrisch stimuliert werden«, berichtet Heath, »wollte keiner vom Marihuana-Rauchen mehr etwas wissen.«

Stand hier die Schwere des Eingriffs in einem vernünftigen Verhältnis zu dem Befund ›starke Marihuana-Raucher‹? Die Kritiker meinen: nein! Sie hielten die lustbringenden Elektroden im Gehirn der Operierten für riskanter und gefährlicher als die dank der Operation nun erreichte Marihuana-Abstinenz.

Bedenken namentlich gegen solche psychochirurgischen Eingriffe, bei denen Hirnsubstanz zerstört wird, sind auch in Deutschland laut geworden. Da Operationen dieser Art nicht rückgängig zu machen sind und zu Persönlichkeitsänderungen führen können, forderte die Deutsche Gesellschaft für Soziale Psychiatrie entschiedene Sicherheitsvorkehrungen. Nicht nur sei ein strengerer Indikationskatalog für stereotaktische Operationen aufzustellen, sondern es sollten auch alle Operierten auf unerwünschte Nachwirkungen hin von einem unabhängigen Gremium untersucht werden. Die Deutsche Gesellschaft für Sexualforschung meldete sich ebenfalls zu Wort. Ihr Sprecher verwies auf die wenig überzeugenden Ergebnisse, die Hirnoperationen bei Menschen mit abweichendem Sexualverhalten gehabt hätten. Seit 1962 seien solche Eingriffe schon an mehr als 50 Männern vorgenommen worden.

Schützenhilfe bekamen die Kritiker schließlich auch von dem englischen Psychologen Keith Oatley von der Universität Sussex. Ihm scheint es erwiesen zu sein, daß das menschliche Gehirn zwar im Prinzip immer wieder gleich gebaut ist, in den Details aber, also etwa in der Lage und in den Größenverhältnissen der einzelnen Abschnitte ›nicht weniger variabel‹ sei als die Anatomie menschlicher Gesichter. Dieser Umstand berge ganz eindeutig die Gefahr eines Zielverfehlens der Chirurgensonde mit allen Konsequenzen in sich.

So läuft derzeit noch alles darauf hinaus, daß die potentiell mit Persönlichkeitsänderungen verbundenen Gehirnoperationen zwar nicht pauschal verdammt oder abgelehnt werden, für ihre Durchführung aber äußerst strenge Richtlinien zu gelten haben – zum Schutze des Menschen und seiner Grundrechte in einer freiheitlichen Gesellschaft.

IV.

GEHIRNWÄSCHE

Was ist die ›Persönlichkeit‹?

Alle Methoden zur psychischen Beeinflussung des Menschen laufen letztlich darauf hinaus, entweder eine Augenblicksstimmung zu verändern oder einen krankhaften seelischen Zustand zu beheben, so daß der Betreffende den Forderungen seines Lebens wieder besser gerecht werden kann. Einige dieser Verfahren – wir kommen im Kapitel ›Seelenarznei und Legalität‹ auf sie zurück – können die Persönlichkeit eines Menschen so tiefgreifend verändern, daß man ihre Zulässigkeit bezweifeln mag. Andere sind kaum noch unter medizinischen Gesichtspunkten zu sehen, sondern unter politischen oder juristischen.

Sieht man von der Behandlung geistes- und gemütskranker Menschen mit psychisch wirksamen Methoden ab, so ist die extremste Form einer Persönlichkeitsveränderung die der berüchtigten ›Gehirnwäsche‹. Über sie ist viel gesprochen und geschrieben worden, manch falsche Vorstellung ist entstanden. Um das zu verstehen, was man eigentlich ›Gehirnwäsche‹ nennt – also die dauerhafte Veränderung einer Persönlichkeit einschließlich etwa ihrer politischen oder religiösen Überzeugung –, dazu muß man von dem Begriff der ›Persönlichkeit‹ ausgehen.

Landläufig ist eine ›Persönlichkeit‹ ein Vertreter des öffentlichen Lebens, ein Künstler oder bedeutender Mitbürger. In unserem Zusammenhang sollten wir den Begriff jedoch weiter fassen. Jeder ausgereifte, selbstsichere Mensch, der seine Ansichten vertreten kann, seine Weltanschauung hat und Verantwortung zu tragen vermag, ist auch eine Persönlichkeit.

Das Wort selbst geht auf den Begriff der ›Person‹ zurück. Auch ein Kind ist natürlich schon eine kleine Person, selbst ein ungeborenes, aber die ›Persönlichkeit‹ kann sich erst im Lauf des Lebens herausbilden. Erst durch Umwelteinflüsse, die uns formen und auf die wir reagieren müssen, erst in der Auseinandersetzung mit der Umwelt kann mit der Zeit das werden, was wir eine ›Persönlichkeit‹ nennen.

Seinen Ursprung hat der Begriff ›Person‹ im Lateinischen. Die Römer verstanden unter ›persona‹ die Maske des Schauspielers. ›Personare‹ heißt ›durchtönen‹, und damit wird auch der Sinn klar: Der Schauspieler sprach oder sang durch die Maske hindurch, sein eigentliches Ich blieb den Zuschauern verborgen. Es verwandelte sich in den dargestellten Typ, indem es ›durch die Maske‹ tönte. In der Psychologie, der Seelenlehre, bezeichnet man mit ›Persönlichkeit‹ das ganze vielschichtige Wesen eines Menschen, das aus äußerlichen ebenso wie aus weniger offensichtlichen Merkmalen besteht – Merkmalen, die sich zu einer Ganzheit aus Körper und Seele zusammensetzen.

Was ist nun eine ›normale‹ Persönlichkeit? Grob gesagt ist es ein Mensch, der mit sich und seiner Umwelt im reinen ist. Es ist einer, der auf Grund seiner Erbanlagen und durch die Umwelteinflüsse im Lauf der Jahre eine bestimmte Eigenart entwickelt hat, der darüber hinaus aber auch ein gewisses Gleichmaß des Verhaltens zeigt, und der bestimmte allgemeingültige Wertvorstellungen hat. Freilich: Eine Persönlichkeit zu sein, garantiert noch nicht, auch ein Faustpfand für charakterliche Unerschütterlichkeit zu besitzen. Entbehrungen, Krankheiten, Gefangenschaft, seelischer Schock und dergleichen können eine Persönlichkeit verändern. Auch gibt es Fälle, in denen Persönlichkeitsveränderungen bewußt erstrebt werden. Ärzten, Politikern, Geheimpolizisten und Kirchenfürsten kann daran gelegen sein, die Persönlichkeit eines oder vieler Menschen zu beeinflussen, sei es, um sie als Patienten von krankhaften Vorstellungen zu befreien, oder um politische oder religiöse Dogmen dauerhaft in ihrer Gedankenwelt zu verankern.

Die verwerflichste Form gewaltsamer Persönlichkeitsänderung sind jene makabren ›Gehirnwäsche‹-Praktiken, mit denen heute gelegentlich in Schauprozessen Geständnisse erzwungen oder öffentliche Schuldbekenntnisse erpreßt werden. Wer so etwas je erlebt hat, kennt den erschütternden Eindruck, den die Opfer machen. Nach einer mysteriösen ›Vorbehandlung‹, von der man munkelt, daß sie mit Folterungen und Medikament-Einnahme verbunden sei, erscheinen die Betroffenen wie umgewandelt. Sie betreten den Gerichtssaal als gebrochene Menschen und sind bereit, Taten zuzugeben, die sie nie begangen haben. Das Rätselhafteste an solchen Geständnissen ist, daß die angeblich Schuldigen völlig von der Verwerflichkeit ihres Tuns überzeugt sind, also durchaus nicht etwa in der Hoffnung auf ein mildes Urteil eine im Grunde uneingestandene Schuld nur vorgeben.

Wie ist so etwas möglich? Auf welche Weise läßt sich die Überzeugung eines Menschen dermaßen tiefgreifend und anhaltend ändern? Wie kann man eine Persönlichkeit so nachhaltig beeinflussen, daß sie am Ende nur noch ein Schatten ihrer selbst ist?

Pawlows Versuche

Die wenigsten wissen, daß die Praxis dieser geistig-seelischen Vergewaltigung auf die Tierversuche des russischen Physiologen Iwan Petrowitsch Pawlow zurückgeht. Pawlows Experimente an Hunden haben die modernen Seelenforscher erkennen lassen, daß auch die menschliche Psyche durch äußere Einflüsse manipulierbar ist.

Bekanntlich ist Pawlow der Entdecker des ›bedingten Reflexes‹: Tiere, die ihr Futter nach einem vorausgehenden Reiz oder Signal vorgesetzt bekommen, reagieren nach einer gewissen Zeit und Übung schon auf das Signal allein mit der Absonderung von Speichel, ohne daß sie das Futter erblicken. Aber Pawlow und seine Mitarbeiter haben nicht nur den bedingten Reflex entdeckt. Sie haben auch interessante nervenphysiologische Studien angestellt.

Den Anstoß dazu gab eine Auseinandersetzung Pawlows mit seinem Mitarbeiter A.T. Snarski um das Jahr 1900. Auch

Snarski hatte damals Versuche über das Reflexverhalten angestellt und dazu gefärbtes Wasser und Anisöl verwendet. Im Widerspruch zu seinem Lehrer Pawlow war Snarski aber davon überzeugt, daß seine Versuchshunde nicht bloße mechanische Reflexmaschinen seien. Er glaubte vielmehr, daß ihr Verhalten wesentlich durch seelische Faktoren mitbestimmt würde. Snarski forderte damals Pawlow heraus: »Der Hund sieht, hört oder riecht einen bestimmten Stoff, er wendet ihm seine Aufmerksamkeit zu oder er wendet sich ab: das ist doch eine komplizierte psychische Reaktion des Tieres, und die Speicheldrüsen spiegeln uns nur diesen inneren Zustand wider...«

Als Pawlow zweifelnd Genaueres wissen wollte, wurde Snarski deutlicher: »Ich glaube, eine Analyse (des Verhaltens der Tiere) ist nur unter der Bedingung möglich, daß man die innere Welt unserer Versuchshunde beobachtet. Wir müssen erforschen, was für sie angenehm und was unangenehm ist.«

Pawlow aber, als eingeschworener Physiologe, sah keinen Grund für eine derartige These. Er blieb dabei, daß sich die Speichelsekretion seiner Versuchshunde auch ohne Beteiligung der ›Seele‹ erklären lasse, daß diese Sekretion, wie man sagt, eine rein funktionelle Ursache habe. Darum widersprach er auch Snarski heftig, und als dieser unbeirrt auf seinem Standpunkt beharrte, kam es zum Bruch zwischen den beiden. Bis zuletzt hatte Snarski behauptet, die ›subjektive Welt‹ der Tiere sei ständig zu berücksichtigen, ja, sie sei sogar die Hauptsache [105].

Ganz so unbeeindruckt wie es schien, ging Pawlow aus dem Streit mit seinem Schüler Snarski indessen nicht hervor. Nicht, daß er seine eigenen Thesen nun doch für revisionsbedürftig gehalten hätte. Vielleicht spürte er aber, daß sie erweitert werden mußten. So kam er auf den Gedanken, daß es möglich sein müßte, auch die höheren Nervenfunktionen mit seinen physiologischen Methoden anzugehen, sie zu messen und vorhersagbar zu machen.

Ein starker Ansporn für diese Arbeitsrichtung war für Pawlow seinerzeit die These des russischen Physiologen I.M. Setschenow, der behauptet hatte, daß ein Organismus ohne die Umwelt, die ihn erhält, nicht existieren könne. Setschenow hatte sich schon um das Jahr 1860 bemüht, die Lehre von den Reflexen auf das Großhirn zu übertragen. Er hatte zu beweisen versucht, daß das Spiel der Gedanken, der Gefühlsregungen und überhaupt alle seelischen Phänomene nur mehr oder weniger starke reflektorische Vorgänge seien. Pawlow griff die Ideen Setschenows jetzt begeistert auf. Mehr und mehr wandte er sich von der bisher betriebenen Physiologie der Verdauungsdrüsen ab – Arbeiten, für die er im Jahre 1904 den Nobelpreis erhalten hatte – und konzentrierte sich auf die Funktionen des Gehirns.

Wie bedeutsam die Untersuchungen Pawlows über die höhere Nerventätigkeit bei Tieren werden sollten, zeigt die Tatsache, daß die gesamte sowjetische Medizin im Juli 1950 im Pawlowschen Sinne nèu orientiert wurde. Da Pawlows Versuchsergebnisse auch das unheimliche Phänomen der ›Gehirnwäsche‹ verstehen helfen, seien sie hier kurz geschildert, obgleich einige von ihnen schwere körperliche und psychische Belastungen für die Versuchstiere mit sich brachten und den Tierfreund abstoßen müssen [93; 145].

Zunächst erkannte Pawlow, daß die ›Hundeseelen‹ sich wie die des Menschen nach Temperamenten unterscheiden lassen. Die vier Grundtemperamente des Menschen hatte schon der griechische Arzt Hippokrates richtig auseinandergehalten. Pawlow fand sie nach langjähriger Arbeit bei seinen Hunden wieder. Er unterschied:

- ☐ den stark erregbaren, unbeherrschten Typ (den ›cholerischen Hund‹),
- ☐ den lebhaften, beweglichen Typ (den ›sanguinischen Hund‹),
- ☐ den ruhigen, schwerfälligen Typ (den ›phlegmatischen Hund‹) und
- ☐ den schwachen Hemmungstyp (den ›melancholischen Hund‹).

Für Pawlow war es wichtig, ganz klarzumachen, was er unter dem Begriff ›Typ‹ verstand: »Das Verhalten von Mensch und Tier wird nicht nur durch die angeborenen Eigenschaften ihres

Nervensystems bestimmt«, schrieb er, »sondern auch durch jene Einflüsse, die während des Lebens fortwährend auf den Organismus einwirkten und einwirken, das heißt, es ist die Folge einer ständigen Erziehung oder Lehre im wahrsten Sinne des Wortes... Wenn also vom individuellen Typ des Nervensystems die Rede ist, so muß man ständig auch alle jene Einflüsse ergründen und berücksichtigen, die auf den betreffenden Organismus vom Tage der Geburt an bis zur Gegenwart eingewirkt haben.«

Bei seinen Versuchen Anfang der zwanziger Jahre erlegte Pawlow den Hunden durch geeignete Methoden seelische Belastungen auf, um aus ihrem Verhalten dann Schlüsse zu ziehen. Es gelang ihm, auf dem Wege solcher Experimente Neurosen zu erzeugen, die denen des Menschen unter psychisch belastenden Umständen im Prinzip glichen.

Von früheren Versuchen wußte Pawlow, daß seine Hunde ihre ständigen Bedürfnisse, darunter das der Nahrungsaufnahme, durch eine bestimmte Reaktion auf die jeweilige Umgebungssituation zu befriedigen versuchen. Es war für ihn nichts Neues, daß ein Hund zum Beispiel lernen konnte, Nahrung nur beim Aufleuchten eines Lichtsignals oder nach einem leichten elektrischen Schlag zu erwarten. Sobald die Verbindung von Signal und Futter ›eingeschliffen‹ war, sobald der Hund die regelmäßige Kombination dieser beiden Vorgänge begriffen hatte, war bei ihm ein (vom Signal bedingter) Reflex entstanden, nämlich die Futtererwartung. Der Reflex ließ sich in Gestalt der vermehrten Speichelabsonderung im Maul sogar in seiner Stärke messen. Üblicherweise legt man dem Hund dazu eine Speicheldrüsenfistel an, eine kleine Kanüle, die den Speichel nach außen in ein Gefäß ableitet. Aus der Menge des Speichels läßt sich dann ein Maß für die Stärke des Reizes gewinnen, den das Signal auf den Hund ausübt.

Diese Versuche wandelten Pawlow und seine Mitarbeiter alsbald in verschiedener Weise ab. Zum Beispiel wurde ein Hund nach geduldigem Üben dahin gebracht, selbst einen starken und schmerzhaften elektrischen Stromstoß noch als Zeichen für die beginnende Fütterung hinzunehmen und statt mit Schreck, Zusammenzucken oder erregter Unruhe mit vermehrtem Speichelfluß, Schwanzwedeln und Hinwenden zur Futterstelle zu antworten. Wenn die Elektroden jedoch auf der Haut des Tieres verschoben wurden und die elektrische Reizung plötzlich an neuen, ungewohnten Stellen spürbar wurde, blieben die Zeichen der Futtererwartung aus. Statt dessen zeigte das Tier Angst und schockähnliche Erregungszustände, so daß die weitere Arbeit mit ihm für längere Zeit unmöglich war.

Ähnlich verhielt sich ein anderer Hund. Dieser war darauf dressiert worden, sein Futter beim Aufleuchten einer weißen Kreisfläche zu erwarten, die vor seinen Augen auf eine Leinwand projiziert wurde. Zeigte man ihm dagegen eine Ellipse mit einem Halbachsen-Verhältnis von 2:1, so folgte kein Futter. Der Hund gewöhnte sich allmählich an die Verbindung von Kreisfläche und Futter. Wie erwartet, reagierte er jedesmal mit vermehrtem Speichelfluß, sobald der Kreis vor ihm erschien. Bei der Ellipse hingegen blieb er ungerührt. Auch als das Halbachsenverhältnis der Ellipse später ein wenig kleiner gewählt wurde, ihre Form sich also der des Kreises zu nähern begann, hielt der Hund die Bedeutung der beiden Zeichen noch auseinander. Erst bei einem Verhältnis von 9:8 – also einer schon fast kreisförmigen Ellipse – brach sein Unterscheidungsvermögen zusammen. Der Hund wußte nun offenbar nicht mehr, was er von dem Ganzen halten sollte. Er zeigte sich völlig verwirrt. Unter allen Anzeichen starker seelischer Erregung reagierte er jetzt nicht einmal mehr auf den Kreis als futterkündendes Zeichen: Der sorgsam gebahnte Reflex war erloschen.

Die ›ultraparadoxe Phase‹

Die nun folgenden Versuche sind nichts für empfindliche Nerven. Man könnte sich fragen, ob sie in einem westlichen Kulturstaat überhaupt möglich gewesen wären. Pawlow und seine Mitarbeiter Rosental und Rasenko, die sie im wesentlichen durchführten, kamen durch sie jedoch zu wichtigen neuen Erkenntnissen – darum seien auch sie hier in großen Zügen geschildert. Rosental und Rasenko gelang es, im Experiment jene Zustände nervlicher Zerrüttung zu erzeugen, in denen auch der Mensch zu plötzlichen Glaubens- oder Überzeugungsänderungen bereit ist, zu dem also, was wir als das Ergebnis der ›Gehirnwäsche‹ kennen.

Im Leningrader Institut Pawlows sind für diese Versuche in den Jahren 1922/23 zwei besondere Versuchsgestelle verwandt worden, die sogenannte ›Kokolka‹ und die ›Kassalka‹. In ihnen wurde das Versuchstier rhythmisch an verschiedenen Hautstellen mehr oder weniger schmerzhaft gereizt, gelegentlich auch mit Nadeln gestochen.

Ein Hund beispielsweise wurde dahin gebracht, seine Fütterung nach einer Folge von zwölf Stichen in die Seite innerhalb von 30 Sekunden zu erwarten, während nach 30 Stichen in der gleichen Zeit das Futter ausblieb.[2] Als der Experimentator (Rosental) dann versuchte, den Futterreiz von 30 auf zehn Sekunden zu verkürzen und unmittelbar darauf den ›Hemmungsreiz‹ auf den Hund einwirken ließ (30 Stiche in 30 Sekunden), brach das Tier unter der entstandenen experimentellen Neurose zusammen. Der Hund entwickelte einen Zustand unüberwindlicher, krankhafter Schläfrigkeit, der einige Monate hindurch anhielt.

Bei einem anderen Versuch steigerten die Russen die ›Erwartungsspannung‹. Das heißt, es wurde jetzt die Zeit zwischen dem das Futter verheißenden Signal und der Futtergabe von Mal zu Mal verlängert. Die Hunde reagierten darauf zunächst mit wachsender Unruhe. Bei labilen Tieren erfolgte dann über kurz oder lang der Zusammenbruch mit dem Versagen vorher gut eingespielter Reflexe. In einem ähnlichen Versuch konnte die erzeugte Neurose allerdings dadurch wieder beseitigt werden, daß man dem Tier eine Zeitlang täglich etwa 100 Kubikzentimeter einer zweiprozentigen Bromkaliumlösung zur Beruhigung eingab.

Rikman, ein Schüler Pawlows, hatte sich Anfang 1924 vorgenommen, »den Einfluß derjenigen funktionellen Einwirkungen auf die höhere Nerventätigkeit des Hundes zu erforschen, die infolge ihrer Ungewöhnlichkeit oder Intensität von nachhaltiger Wirkung waren. Die Arbeit wurde an einem Tier durchgeführt, das erwiesenermaßen dem gehemmten Typ angehörte. Als eine derart ungewöhnliche und intensive Einwirkung diente die gleichzeitige Anwendung folgender Reize: 1. starkes, dem Gewehrfeuer ähnliches Knattern (Knarre); 2. maskierte Gestalten im mit dem Fell nach außen gekehrten Pelzmantel, die unaufhörlich vor dem Hund erschienen; 3. Aufflammen von Schießpulver, das in der Nähe des Versuchsgestells angebracht worden war; 4. Schwanken einer besonderen Plattform, die man am Versuchsgestell befestigte und auf der dieser Hund stehen mußte. Alle diese Reize wurden gleichzeitig angewendet und dauerten 45 Sekunden. Bei ihrem Beginn fuhr das Tier vor Schreck zusammen, stürzte nach vorn, stellte sich jäh auf die Hinterpfoten und verharrte, da es der vor seinem Maul befindliche Futtertrog am Vorwärtsbewegen hinderte, unbeweglich mit gestreckten Gliedmaßen, zurückgebogenem Kopf, weit aufgerissenen Augen, allgemeiner Anspannung der gesamten Muskulatur und angestrengter Atmung.« [93]

Bei all diesen Versuchen zeigte sich immer wieder, daß die Tiere um so eher nervlich zusammenbrachen, je unausgeglichener ihr Temperament war. Es waren die ›cholerischen‹ Hunde und die ›melancholischen‹, die am raschesten und nachhaltigsten aus der Fassung zu bringen waren. Pawlow faßte zusammen: »Der chronische, pathologische Zustand der Großhirnhälften kann auf Grund unserer Erfahrungen und Beobachtungen durch zwei Faktoren hervorgerufen werden: durch das heftige Aufeinandertreffen, den Zusammenstoß von Erregungs- und Hemmungsprozessen und durch starke ungewöhnliche Reize.«

Im Gegensatz dazu zeigte sich bei Hunden vom ruhigen und schwerfälligen Typ, daß sie erstens weniger leicht zu zermürben waren, zweitens aber, daß ihnen eine nach dem Zusammenbruch erworbene neue Verhaltensweise nur schwer oder gar nicht mehr abgewöhnt werden konnte. Hier drängt sich die Parallele zum menschlichen Verhalten auf: Wir wissen aus dem täglichen Leben, daß starke Naturen auf der einen Seite nur schwer von einer einmal gefaßten Meinung abzubringen sind; wir wissen aber auch, daß dieselben Menschen außerordentlich hartnäckig eine neugefaßte Meinung verteidigen, sobald sie diese zum Beispiel nach einer Krankheit oder einem starken, ›umwerfenden‹ Erlebnis gewonnen haben. Die Erklärung dafür scheint in dem Verhalten zu liegen, das Pawlows Hunde im Augenblick des nervlichen Zusammenbruchs und danach zeigten. Pawlow und seine Mitarbeiter entließen die Tiere auch dann noch nicht aus dem Versuch, wenn die ersten Zeichen des Zusammenbruchs erkennbar waren. Vielmehr wandten sie – während das Experiment weiterging – den nun folgenden Vorgängen erst recht ihre Aufmerksamkeit zu:

Drei Stadien des Verhaltens nach dem Zusammenbruch erwiesen sich als charakteristisch: Wenn ein Hund unter übermäßigen seelischen Belastungen ›zusammenbrach‹, dann schützt sich das Gehirn sozusagen mit einem letzten Versuch, die Situation noch zu meistern. Es tut dies, indem es anfangs auf weitere Belastungsreize nicht mehr der Reizstärke entsprechend reagiert, sondern die Unterschiede der Reizstärke ignoriert. Pawlow nannte dieses erste Stadium nach dem Zusammenbruch das ›provisorische‹ oder auch die ›äquivalente Phase‹. Bei weiterer Einwirkung von Reizen ändert sich das Verhalten der Tiere nochmals. Das zweite Stadium besteht darin, daß das Gehirn auf schwache Reize stärker reagiert als auf starke Reize. Pawlow bezeichnete dieses Stadium als ›paradoxe Phase‹ wegen des Widersinns im Verhalten der Versuchstiere. Wird der Versuch dann noch weiter fortgesetzt, so tritt der sonderbare Umstand ein, daß die bisherigen Verhaltensformen der Tiere sich völlig ins Gegenteil verkehren. In diesem – von Pawlow ›ultraparadoxe Phase‹ genannten – Stadium greift der Hund einen Menschen an, dem er bisher treu ergeben war, oder er unterwirft sich willig seinem Experimentator, den er normalerweise haßt oder vor dem er sonst Angst hat. Zu welchem Zeitpunkt die verschiedenen Phasen erreicht wurden, hing jeweils vom Grad der Reizung und vom Temperament des Versuchstieres ab. Wie Pawlow einmal einem amerikanischen Kollegen erklärt haben soll, hätte jeder Hund seinen ganz bestimmten ›Bruchpunkt‹, an dem der Zusammenbruch beginnt [93; 145].

Den Beweis dafür, daß nicht nur künstlich gesetzte Reize,

sondern auch natürliche Ereignisse den nervlichen Zusammenbruch herbeiführen können, erhielt Pawlow unbeabsichtigt während einer Überschwemmung in Leningrad am 23. September 1924. Als das Wasser damals in die Ställe der Tiere drang und auch den Hunderaum überflutete, konnten einige Hunde erst nach einer dramatischen Rettungsaktion in Sicherheit gebracht werden. Das Wasser war schon so hoch gestiegen, daß die Tiere mit ihren Köpfen die Decke berührten und zu ertrinken drohten. Endlich gelang es, sie herauszuholen. Unter den geretteten Tieren befand sich damals auch der Versuchshund Rikmans, der das aufregende Experiment mit der Knarre, den Pelzgestalten und dem Schaukelgerüst über sich hatte ergehen lassen. Dieser Hund schien von seinem damaligen Schock schon wieder erholt, zeigte aber nach seiner Rettung wieder das Bild einer schweren nervlichen Entgleisung. Er verweigerte hartnäckig sein Futter und konnte erst nach acht Monaten schonender Behandlung als wiederhergestellt gelten. Ein anderer geretteter Hund vom ›melancholischen Typ‹ konnte trotz mehrtägiger Fastenzeit nicht dazu gebracht werden, sein Futter anzunehmen. Auch dieser Hund war ungewöhnlich unruhig, das Schockerlebnis der Überschwemmung hatte alle früher gebahnten Reflexe ausgelöscht. Als dieser Hund etwa zwei Monate nach der Katastrophe wieder normalisiert war, ordnete Pawlow einen neuen Versuch an: »Unter der Tür des Raumes, in dem sich das Tier im üblichen Versuchsgestell befand, wurde ein dicker Gummischlauch hindurchgeschoben und im Augenblick des Versuchsbeginns der Wasserstrom angestellt, so daß eine Pfütze auf dem Steinfußboden des Raumes entstand. Der im Versuchsgestell sitzende Hund sprang eilig auf, blickte unruhig auf das allmählich ansteigende Wasser, begann sich im Versuchsgestell zu wälzen und litt unter Atemnot.«

Die ›Kampf-Erschöpfung‹ und das Mittel der Isolierung

Nach alledem ist es nicht verwunderlich, wenn Ähnlichkeiten zwischen dem Verhalten der Pawlowschen Hunde und dem

Menschen unter besonderen nervlichen Belastungen zu finden sind. Das bestätigten die Kriegsneurosen namentlich jüngerer Soldaten im Zweiten Weltkrieg. Von der Todesangst der Nahkämpfe bis zum Zusammenbruch erschöpft, brauchten diese jungen Leute häufig psychiatrische Behandlungen, um sich wieder zu erholen.

Aufmerksamen Beobachtern ist es damals nicht entgangen, daß zahlreiche Symptome der Kampf-Erschöpfung eine zwingende Ähnlichkeit mit den Symptomen der Pawlowschen Hunde hatten. Der englische Psychiater William Sargant zitiert dazu in seinem Buch ›Battle for the Mind‹ [162] die Beobachtungen seines Kollegen Roy Swank an Soldaten, die in die mörderischen Kämpfe nach der alliierten Invasion in der Normandie verwickelt waren. Den Berichten Swanks lagen etwa fünftausend psychische Kampf-Erkrankungen zugrunde – fast ausnahmslos solche amerikanischer Soldaten. Die erste Reaktion der Männer auf einen bevorstehenden Kampf, so bekennt Swank, sei stets nackte Angst gewesen. Erst allmählich hätten sie die Angst zu beherrschen gelernt, um schließlich ›kampferfahrene Verbände‹ zu bilden. Die Kampf-Erschöpfung sei gewöhnlich nach einigen Tagen eingetreten, wenn die Männer in einen Zustand dauernder Müdigkeit verfielen, der »auch durch einige Ruhetage nicht zu beheben war. Sie verloren die Fähigkeit, die verschiedenen Geräusche der Schlacht zu unterscheiden. Sie konnten die eigene Artillerie nicht mehr von der feindlichen oder von kleinen Bomben unterscheiden.« Die Leute, so berichtet Swank weiter, hätten ihre Zuversicht verloren, sie waren »erregbar, ›explodierten‹ häufig, reagierten auf alle Reize im Übermaß: beispielsweise warfen sie sich beim geringsten Anlaß zu Boden, während diese Vorsichtsmaßnahme früher nur bestimmten angemessenen Reizen vorbehalten war«.

Auch der nervenzerrüttende Wechsel zwischen Erregung und Hemmung, wie ihn Pawlow bei seinen Hunden experimentell erzeugt hatte, fand bei den Kriegshandlungen sein Gegenstück. Swank schreibt: »Dieser Zustand einer allgemeinen übermäßigen Reaktionsbereitschaft wurde heimtückischerweise von einer Symptomgruppe abgelöst, die schon früher als

›emotionale Erschöpfung‹ erwähnt wurde. Die Leute wurden stumpf und teilnahmslos, geistig und körperlich verlangsamt in ihren Reaktionen, waren zerstreut und hatten zunehmend Schwierigkeiten, sich an Einzelheiten zu erinnern. Dazu kam eine allgemeine Gleichgültigkeit und Apathie und ein stumpfer, apathischer Gesichtsausdruck... Die Gleichförmigkeit der Berichte, wie sie sich bei späteren Vergleichen herausstellte, war ein Zeichen dafür, daß in den meisten Fällen die Klagen nicht übertrieben oder erfunden waren.«

Die verschiedenen Stadien des soldatischen Verhaltens im Kampfeinsatz hielt Swank in einer Kurve fest. Er sagt dazu unter anderem: »Die Kampf-Erschöpfung kann sich schon nach 15 oder 20 Tagen oder erst nach 40 oder 50 Tagen einstellen, an Stelle der etwa 30 Tage, wo sie bei der Mehrheit der Männer aufzutreten pflegt. Nur eines erscheint sicher: praktisch alle Infanteristen leiden am Ende an einer neurotischen Reaktion, wenn sie dem Streß des modernen Kampfes andauernd und lange genug ausgesetzt waren...« Man sei zu dem Schluß gelangt, fährt er fort, »daß alle normalen Männer, die in fortgesetztem, andauernden und schweren Kampf stehen, schließlich der Kampf-Erschöpfung erliegen. Die Ausnahmen von dieser Regel sind psychotische (geistig nicht normale) Soldaten, von denen eine Anzahl beobachtet wurde.«

Ein Beispiel für die unterschiedliche Bereitschaft des Menschen, im Zustand schwerer Erschöpfung oder nach Folterungen seelisch ›umzuschlagen‹ und gegebenenfalls das Opfer politischer ›Umerziehung‹ zu werden, sind die Erfahrungen mit amerikanischen und türkischen Kriegsgefangenen im Korea-Feldzug. Der deutsche Soziologe und spätere Politiker Ralf Dahrendorf hat in diesem Zusammenhang in einem bemerkenswerten Essay [32] auf die Unterschiede zwischen dem sogenannten ›außengeleiteten‹ und dem ›innengeleiteten‹ Menschen hingewiesen:

»Der außengeleitete Mensch folgt lieber als daß er führt, da er nur als Mitläufer sicher sein kann, bei seinesgleichen Anerkennung zu finden. Während der innengeleitete Mensch die Sache der politischen Demokratie fördert, indem er übereinkommt, anders zu sein, kommt der außengeleitete Mensch nur überein, übereinzukommen. Der innengeleitete Mensch ist der Bürger, der sein Recht auf unabhängige Ansichten und Meinungen ausnutzt. Der außengeleitete Mensch ist der Mitläufer par excellence. Die liberale Demokratie bedroht seinen Wunsch, nicht anders zu sein, sie ist daher nicht der passende Rahmen für seinen Charakter... Im vollkommenen totalitären System ist jede Handlung und jede Minute im Leben der ›Bürger‹ der Kontrolle und Regelung des Staates unterworfen. Vom Standpunkt totalitärer Ziele sind der Liebhaber, der Freund, der Tourist und der Briefmarkensammler Abweicher. Sie ziehen sämtlich ihre privaten Motive, Wünsche und Interessen ihren öffentlichen Pflichten vor; sie sind innengeleitet.«

Dahrendorf verweist dann auf das Verhalten der türkischen gegenüber dem der amerikanischen Soldaten in kommunistischer Gefangenschaft. Mit einem gewissen Recht geht er davon aus, daß auf Grund der amerikanischen Gesellschaftsstruktur sich unter den Amerikanern mehr ›außengeleitete‹ Naturen finden als bei den Türken. 38 Prozent der amerikanischen Gefangenen (2730 von insgesamt 7190) starben seinerzeit in der Gefangenschaft, während von den Türken – die fast zur Hälfte zum Zeitpunkt der Gefangennahme verwundet waren – nicht ein einziger im Lager den Tod fand. In einem von Dahrendorf zitierten, wenig bekannten Bericht heißt es dazu weiter [101]:

(Zweitens) »war ungefähr einer von drei amerikanischen Gefangenen in Korea in irgendeiner Art der Kollaboration mit dem Feinde schuldig.« Aber die »229 während des Krieges gefangengenommenen türkischen Soldaten... leisteten der Indoktrination zu fast 100 Prozent Widerstand«... »Die Indoktrination, die in den Lagern vor sich ging..., zielte darauf hin, den Charakter, den ein Mann schon hatte, zu manipulieren, wobei sie sich seine schwächsten Punkte zunutze machte.«

Dahrendorf vermutet, daß für die vergleichsweise leicht zu beeinflussende Haltung der Amerikaner deren Sozialcharakter mitspielte und ergänzt:

»Es ist eine merkwürdige und eindrucksvolle Illustration dieser Vermutung, daß von denen, die sich durchgängig weigerten, mit ihren Feinden zu kollaborieren, wenigstens eine, obzwar kleine Gruppe, aus Individuen bestand, die eine lange Geschichte der Unwilligkeit hatten, irgendeine Art von Autorität anzuerkennen – Männer mit schlechtem Disziplinarverhalten in unserer eigenen Armee, die im Gefangenenlager nur ihre alten Sitten beibehielten. In einer Gesellschaft von außengeleiteten Menschen sind die Innengeleiteten die Abweicher und die Abweicher innengeleitet. Es liegt eine seltsame Ironie in der Tatsache, daß es in diesem Fall die Abweicher waren, die ihre Integrität zu bewahren und sich zu verhalten vermochten, wie man es moralisch von ihnen erwartete...«

Auch eine andere Deutung ist freilich nicht von der Hand zu weisen. Die nämlich, daß der Charakter der Soldaten unabhängig von der Sozialstruktur ihres Herkunftslandes entscheidend war. Die ›Standhaften‹ unter den Gefangenen, die der politischen Umschulung widerstanden, waren eigenwillige Einzelgänger, im Dienst Undisziplinierte... Sie mit den starken Naturen unter den Pawlowschen Hunden zu vergleichen, also jenen vom ruhigen und schwerfälligen Typ, die so leicht nicht aus der Fassung zu bringen waren, drängt sich förmlich auf. Mit großer Wahrscheinlichkeit läßt sich weiter vermuten, daß jene starken Naturen unter den Gefangenen – hätte man sie nur lange genug ›bearbeitet‹ – schließlich ebenfalls kapituliert hätten und zur gemeinsamen Sache mit dem Feinde bereit gewesen wären. Sie hätten dann sehr wahrscheinlich mit weit größerer Hartnäckigkeit die ihnen eingeimpften Thesen verteidigt als die leicht Beeinflußbaren, die nach der Rückkehr in die Heimat bald wieder ›umschwenkten‹. Der Verfasser erinnert sich, daß es im Koreakrieg tatsächlich einige solcher Fälle gegeben hat: Gefangene, die als überzeugte Kommunisten heimkehrten und allen Anstrengungen zum Trotz eingeschworene Kommunisten blieben.

Natürlich erfordert es einiges Geschick, ›Gehirnwäschen‹ erfolgreich durchzuführen. Welche Mittel werden dabei angewandt? Unbestritten profitieren die Gehirnwäscher auch hier von den Versuchsergebnissen Pawlows, indem sie ihre Opfer körperlich und seelisch foltern und ihnen zugleich neue Überzeugungen einzuimpfen versuchen mit dem Hinweis darauf, daß alle Qual sofort ein Ende hätte, sobald der Gefangene anderen Sinnes geworden sei. Allgemein bekannt ist, daß unser körperlich-seelisches Wohlbefinden von einer befriedigenden Beziehung zu unserer Umwelt abhängt. Wir brauchen eine angemessene Umgebungstemperatur, den Wechsel von Arbeit und Ruhe, eine geeignete Ernährung, Luft- und Flüssigkeitszufuhr und einen harmonischen Kontakt zu unseren Mitmenschen. Wenn einer dieser Faktoren – natürlich gibt es deren noch mehr – gestört ist, wenn ein Mensch beispielsweise längere Zeit am Schlafen gehindert wird, dann entstehen zunächst Gefühle des Unbehagens. Später, je nach dem Ausmaß der Störung, kommt es zu körperlichen und seelischen Krankheitszeichen, die auch die Persönlichkeit verändern können.

Diese unsere ›Verwundbarkeit‹ wissen sich nun die ›Gehirnwäscher‹ geschickt zunutze zu machen. Gewöhnlich gehen sie so vor, daß sie ihre Opfer zunächst körperlich quälen. Durch gelegentliches Entgegenkommen oder Hafterleichterungen, denen dann um so drastischere Peinigungen folgen, wird ein unerträglicher Spannungszustand erzeugt. Man verspricht den Gefangenen, daß sie befreit würden, sobald das schon aufgesetzte ›Geständnis‹ unterschrieben oder ein Gesinnungswandel erwiesen sei. So wird versucht, den Widerstandswillen zu brechen. Während der Haft müssen außerdem ›Selbstbekenntnisse‹ abgelegt und die Vergangenheit muß in allen Einzelheiten geschildert werden, denn Gesprächigkeit ist oft der erste Schritt zur Kapitulation [102].

Meist beginnt die Prozedur damit, daß der Kontakt des Opfers mit seiner Umwelt so vollständig wie möglich unterbrochen, also eine weitgehende Desorientierung herbeigeführt wird. Die moderne Technik bietet dazu ein nicht geringes Arsenal von Möglichkeiten: Enge, dunkle Zellen oder Tag und Nacht hell erleuchtete Räume, unregelmäßig gehende Uhren, völlige Stille und regellos gebrachte Mahlzeiten, die keine Anhaltspunkte für die Tageszeit liefern. Diese Isolierung hält ein normaler Mensch gewöhnlich nicht lange aus, und wenn sie mit Folterungen verbunden wird, so führt sie meist rasch zur Krise. Der Zusammenbruch aber verhilft den Inquisitoren dazu, ihre Ziele zu erreichen.

Wie sicher diese Methoden in den weitaus meisten Fällen

sind, zeigten nicht zuletzt die Selbstversuche amerikanischer Weltraumfahrer und Studenten, die sich freiwillig auf einige Tage in experimentelle ›Dunkelhaft‹ begaben und dabei das zermürbende Erlebnis grenzenloser Einsamkeit kennenlernten. Der amerikanische Ballonpilot Simons berichtete von qualvollen Angstgefühlen, die ihn in seiner einsamen Gondel 34000 Meter über der Erde befielen. Die vollständigste Isolierung, bei der auch die Schwerkraftreize auf den Körper noch ausgeschaltet sind, wird erreicht, wenn die Versuchsperson mit verdeckten Augen und Ohren und einem Atemgerät in einem schwingungsfrei gelagerten Tank unter Wasser in der Schwebe gehalten wird. Das Wasser bleibt gleichmäßig temperiert, jeder mechanische, optische oder akustische Reiz wird ferngehalten. Auf diese Weise gelang es im Medical Center der Universität von Oklahoma, einen Menschen schon nach einer Viertelstunde in einen Zustand völliger Verwirrung zu versetzen. Das vollständige Vakuum an Sinneseindrücken ließ ihn halluzinieren und nur mühsam wieder in die Wirklichkeit zurückfinden.

Eine vergleichsweise milde Form von Gehirnwäsche hat sich dagegen der Chefpsychiater J. C. Baker vom Sheldon-Hospital der englischen Stadt Shrewsbury ausgedacht. Er hofft, sie überall dort erfolgreich anwenden zu können, wo es gilt, von ihrer Ehefrau abirrende Männer wieder auf das rechte Gleis zu bringen. Baker nennt sein Verfahren treffend ›Aversionstherapie‹. Dabei geht es um folgendes: Der einsichtige Ehemann, der sich zwar von seiner Geliebten wieder lösen möchte, nicht aber die nötige innere Kraft dazu aufbringt, wird zur Behandlung in einen verdunkelten Projektionsraum geführt. Dort zeigt man ihm nun abwechselnd Farbdias von seiner Frau und seiner Geliebten. Jedesmal, wenn das Bild der Geliebten erscheint, erhält er am Handgelenk einen schmerzhaften elektrischen Schlag von 70 Volt. Außerdem hört er einen Tonbandvortrag, der die Folgen seines Dreiecksverhältnisses für seine eigene Ehe als auch für die seiner Geliebten schildert. Im Falle eines 33jährigen Ehemannes führte Baker diese Behandlung für je eine halbe Stunde an sechs aufeinanderfolgenden Tagen durch. Mit dem Erfolg konnte er zufrieden sein. Sein Patient brach völlig zusammen, entwickelte ein tiefes Schuldgefühl und kehrte reumütig zu seiner Ehefrau zurück, während ihn die einstige Geliebte bis zum Zeitpunkt des Berichtes schon ein halbes Jahr lang ›kalt‹ gelassen hatte. Wie es heißt, gibt Bakers ›Aversionstherapie‹ zu weiterem Optimismus Anlaß.

Der bekannteste Fall einer ›erfolgreichen‹ Gehirnwäsche ist wohl der des ungarischen Fürstprimas, des Kardinals Mindszenty, dem vor dem ungarischen Volksgerichtshof im Februar 1949 der Prozeß wegen Hochverrats, Spionage und umstürzlerischer Verschwörung gegen die Regierung gemacht worden ist. Nach den Ermittlungen des amerikanischen Buchautors Stephen K. Swift [172] habe der Kardinal laut Augenzeugenberichten ein insgesamt 84stündiges ›Verhör‹ stehend vor einer grell beleuchteten weißen Wand erdulden müssen. Seine Inquisitoren, die ihn pausenlos mit bis zu zweihundertmal wiederholten Fragen quälten, hätten sich in Dreiergruppen abgelöst. Man habe dabei alle Register gezogen. Unter anderem sollen Mindszenty zwei Nonnen und sein Sekretär, Pater Andras Zakár, mit furchtbar zugerichteten Körpern vor Augen geführt worden sein. Man habe den Kardinal zudem sowohl mit einem aufputschenden als auch zugleich mit einem persönlichkeits-spaltenden Medikament behandelt (angeblich Meskalin), um ihn für das ›Geständnis‹ gefügig zu machen, das er schließlich unterschrieb.

»Dieser einst so streitbare Kirchenfürst«, schreibt Swift, »für seinen Mut und die Unverblümtheit seiner Rede bekannt, war der unnachgiebigste Gegner der Regierung gewesen. Vor Gericht stand jetzt nur noch ein Schatten seiner selbst. Mühsam schleppte er sich mit kleinen, unsicheren Schritten vorwärts, und nur selten hob er den Blick vom Boden. Seine Sprache, ehemals leidenschaftlich und dramatisch, war ein stockendes Murmeln, sein Benehmen fast unterwürfig. Er war kaum noch wiederzuerkennen.«

V.

DIE MANIPULIERTE SEELE

Liebesgefühle auf Kommando

Mit den erwünschten oder erzwungenen Eingriffen ins Gehirn geraten wir auf ein Gebiet, das zu ebenso fragwürdigen Aussichten wie kühnen Zukunftshoffnungen berechtigt. Um was es geht, könnte man ›Drucktastensteuerung des Verhaltens‹ nennen. Schon heute zeichnet sich die Möglichkeit ab, körperliche und psychische Reaktionen des Menschen durch gezielte elektrische Reize in seinem Gehirn zu beeinflussen, ja sogar zu lenken.

Der Gedanke an die Zukunft einer derart weitgehenden ›Machtergreifung‹ wird uns beunruhigen. Man stelle sich das einmal vor: Menschen, die mit feinen Drähten im Gehirn leben, Drähten, die auf der Schädeldecke in kleinen Kapseln enden, wo sie Radiowellen empfangen. Und irgendwo steht ein Sender, der genormte Programme ausstrahlt. Die elektrischen Impulse reizen die Gehirnzellen, steuern unser Tun und Lassen, steuern unsere Gefühle, unsere Liebe und unseren Haß: Willensbildung durch eine zentrale Aufsichtsbehörde, durch George Orwells ›Big Brother‹.

Alle Spekulationen zur Manipulierung menschlichen Verhaltens werfen natürlich auch religiöse und ethische Probleme auf, die wir hier jedoch nicht behandeln können. Auf die technischen Aspekte dagegen wollen wir noch etwas näher eingehen.

Unerhörte Gedanken dazu hat unlängst der Biophysiker Otto Schmitt von der Universität von Minneapolis geäußert. Nach Schmitt sind Elektronik und Medizin heute schon soweit fortgeschritten, daß sie einen Menschen in seinen Gefühlen und Stimmungen, ja in seiner ganzen ›Antriebslage‹ fernsteuern und damit eine Art ›Verhaltenskontrolle‹ über ihn ausüben könnten. Das Verfahren bestehe einfach darin, kleine Kapseln in den Körper zu verpflanzen, die mit bestimmten Chemikalien gefüllt und mit einem Miniatur-Empfänger kombiniert seien. Auf einen Funkimpuls hin, den ein beliebig weit entfernter Sender ausstrahlt, flössen dann aus den Kapseln wohldosierte Mengen bestimmter Substanzen in den Körper. Das könnten Hormone sein oder andere Stoffe; bei Verwendung von Elektroden im Gehirn genügten auch elektrische Reize. Kampferschöpfte Soldaten könnten auf diese Weise nochmals zur Höchstleistung angespornt werden. »Es ist gar keine Frage«, versicherte Schmitt, »daß wir das menschliche Verhalten damit in der Hand haben. Wir könnten einen Menschen brutal und angriffslustig machen, oder ihn sanft und geduldig stimmen ...«

Wie weit wir in der Tat schon sind, offenbarte ein in Amerika durchgeführtes Experiment. Man hatte einem Affen eine Elektrode im Gehirn an jener Stelle eingepflanzt, wo die Wissenschaftler das sogenannte ›Wonnezentrum‹ vermuten. Wurde der Strom eingeschaltet, dann schien der Affe ein nie gekanntes Glücksgefühl zu empfinden, dem er unwiderstehlich verfiel. Der stromliefernde Mechanismus wurde nun mit einer Fotozelle gekoppelt, die dem Affen nur so lange Lustempfindungen verschaffte, wie er einen bestimmten, vom Sonnenstand abhängigen Weg ging. Wich er vom Weg ab oder blieb er stehen, so lieferte die Fotozelle keinen Strom mehr und die ›Belohnungen‹ blieben aus. Der Affe marschierte ohne Unterlaß. Nach langem Gang durch wildes, ihm unbekanntes Gelände erreichte er wohlbehalten eine Zielstation. Dort wurde der Mechanismus für den Rückweg eingestellt, und das Tier fand wie von einem Kompaß gesteuert zurück, ohne Mithilfe einer Funkstation.

Auch beim Menschen ist die ›elektrische Stimulation‹ des Gehirns schon durchgeführt worden, und zwar nicht zuletzt deshalb, um auch medizinisch-therapeutische Anwendungsmöglichkeiten zu erforschen. Die Praxis dieser Verfahren sieht ungefähr so aus: Zunächst wird der Kopf des Patienten wie zu einem psychochirurgischen Eingriff in einer Haltevorrichtung fixiert, so daß er sich nicht bewegen kann. Unter Narkose bohrt der Chirurg dann ein kleines Loch in die Schädeldecke. Daraufhin werden zwei isolierte, haarfeine Drähtchen ins Gehirn eingeführt. Zwischen den blanken Drahtenden, den beiden Elektroden, fließt später der Strom. Oben auf der Schädeldecke enden die Drähtchen in einer kleinen Kapsel. Wenn die Elektroden unter Spannung gesetzt werden, täuscht der zwischen ihnen fließende Strom eine mehr oder weniger heftige Nerventätigkeit vor. Das Verfahren kann so präzise und zugleich schonend für das benachbarte Gewebe durchgeführt werden, daß es gelingt, einzelne Nervenzellen zu reizen, ohne die normalen Stoffwechselvorgänge in ihnen zu stören. Die Elektroden können an ihrem unteren Ende sogar gegabelt sein, um gleichzeitig verschiedene Hirnteile zu erreichen. Sie können entweder direkt von einer Stromquelle gespeist oder mit einem Radioempfänger verbunden werden, der seine Impulse von einem entfernten Sender bekommt.

Während sich Menschen für diese Art von Verhaltenssteuerung trotz aller technischen Fortschritte vorerst nur vereinzelt zur Verfügung gestellt haben, ist man im Tierversuch schon weiter vorgestoßen. Das bestätigt ein ganzes Arsenal verschieden geformter Elektroden mit den zugehörigen Befestigungskapseln für die Schädeldecke, die als einer der ersten der amerikanische Techniker William E. Wetzel aus Michigan zur Verwendung bei Tieren geschaffen hat und die inzwischen bei Tierversuchen in aller Welt benutzt werden. Wie es heißt, könnten diese Elektroden ebenso auch zur Kontrolle des menschlichen Verhaltens eingesetzt werden [26].

Die elektrische Manipulierbarkeit eines Lebewesens scheint außerordentlich weit zu gehen. Das umriß der amerikanische Neurophysiologe Prof. José M. R. Delgado [116]:

»Unter dem Einfluß elektrischer Reizung des Gehirns verhalten sich Katzen und Affen wie elektrische Spielzeuge. Je nachdem, welchen Knopf die Experimentatoren drückten, wurde eine von einer großen Zahl motorischer Reaktionen ausgelöst. Sie umfaßten Bewegungen aller Körperteile: Vorder- und Hinterfüße, Schwanz, Rumpf, Kopf und Ohren... Manchmal lehnte sich ein Tier offensichtlich gegen die elektrisch geforderte Reaktion auf und die betreffende Bewegung unterblieb; wurde der Reiz dann verstärkt, so schwand der Widerstand und das Tier reagierte wie ›befohlen‹. Wenn wir die Tiere festhielten, um sie an einer bestimmten Reaktion zu hindern, so kämpften sie sich frei, um dem Befehl der Hirnreizung zu folgen.«

Weitere Tierversuche auf dem Weg zur ›ferngelenkten Seele‹ sprechen für sich. Sie zeigen nicht nur eine schon erschreckend zu nennende Beeinflußbarkeit des körperlichen und seelischen Verhaltens, sie sind auch eine unmißverständliche Warnung an alle Verantwortlichen: Die neuentdeckten Mittel zu Eingriffen in das Gemüt und Gefühlsleben eröffnen heute noch unübersehbare Möglichkeiten, eines Tages auch das menschliche Verhalten in größerem Umfange zu steuern. Es muß daher an uns sein, die weitere Entwicklung dieser Praktiken aufmerksam zu verfolgen. Nicht, daß die Arbeit der Wissenschaftler in dieser Richtung künftig kontrolliert werden müßte. Was aber die praktische Anwendung ihrer Ergebnisse betrifft, so werden die Verantwortlichen darüber zu wachen haben, daß jeder Mißbrauch ausgeschlossen ist. Die Wissenschaft hat jetzt einen Punkt erreicht, an dem die psychologische, die pharmakologische, die chemisch-physikalische Forschung nicht mehr isoliert arbeiten. Alle diese Wissensgebiete berühren sich heute. Ihre Vertreter sehen sich in der Lage von Bergarbeitern, die in ihren Gängen tief in der Erde nach Jahren einsamen Suchens von überallher das Pochen ihrer Kameraden hören. So kommt es zu gegenseitiger Befruchtung, ein Prozeß, der den ohnehin rasanten wissenschaftlichen Fortschritt noch weiter beschleunigt. Eine Folge davon ist, daß auch die einst mehr spekulativen Bereiche der Verhaltensforschung (Lern- und Erinnerungsvermögen, Triebe, Bewußtsein usw.) jetzt in die Reichweite des exakten Experimentes gerückt sind.

Ein Beispiel dazu aus der Verhaltensforschung: Paviane leben normalerweise in Horden unter dem Gesetz einer streng beachteten Rangordnung zusammen. Durch Elektrostimulation gelang es José Delgado, die ›Machtdemonstrationen‹ des rangobersten Tieres soweit zu unterdrücken, daß dieser Pavian von den übrigen nicht mehr als Hordenführer anerkannt wurde. Ließ Delgado den elektrischen Reiz durch einen Hebel von einem rangniederen Tier bedienen, so sah sich dies in die Lage versetzt, die Angriffe des ›big boss‹ nach eigenem Gutdünken ›an- und abzuschalten‹. Merkwürdig genug, daß der rangniedere Pavian dabei selbst nie zum Gegenangriff überging, sondern sich mit dem Anblick des besänftigten Hordenführers zufrieden gab.

In einem anderen Fall gelang es Delgado, den Pupillenreflex eines Versuchsaffen durch elektrische Hirnreizung zu kontrollieren. Jeder Augenarzt würde einem solchen Experiment gebannt beiwohnen: Wie wir wissen, wird die Pupille im Dämmerlicht weit, im Hellen dagegen verengt sie sich. Der elektrogereizte Affe reagierte völlig unabhängig von den Lichtverhältnissen. Delgado konnte seine Pupillen sich beliebig öffnen oder schließen lassen, wie die Blende eines Fotoapparates. Wie leicht nachzuweisen war, stellten sich die Pupillen sogar unabhängig voneinander ein. Damit aber nicht genug: Katzen, Hunde und Affen hoben und senkten ihre Pfoten auf elektrischen Befehl, öffneten ihre Mäuler und schlossen sie wieder, drehten sich um, liefen davon oder lagen still. Andere Tiere reagierten mit Wutausbrüchen, sträubten die Haare und zeigten die Krallen, obwohl ihre Umgebung keinen Grund zur Aufregung lieferte. Ein zehn Sekunden dauernder Elektroreiz ins Mittelhirn eines weiblichen Versuchsaffen hatte zur Folge, daß das Weibchen sein Junges zwanzig Minuten lang völlig unbeachtet ließ.

In einem nicht ungefährlichen Versuch verpflanzte der Experimentator eine Elektrode in das Hirn eines Kampfstieres. Anschließend nahm er einen kleinen Sender in die Hand und erwartete den Angriff des Tieres in einer Kampfarena. Wutentbrannt stürmte der Stier auf das geschwenkte rote Tuch zu und senkte die Hörner zum Stoß. Im selben Augenblick tat der eingeschaltete Strom seine Wirkung: Der Stier bremste seinen Angriff mit steif vorgestreckten Vorderläufen, drehte sich um und trottete davon, als wäre er das friedlichste Wesen auf der Erde.

Noch bemerkenswerter sind die Wirkungen der Hirn-Stimulation im sexuellen Bereich. Eines der Affenpärchen Delgados kopulierte mit elektrisch gereizten Hirnen nicht weniger als einundachtzigmal innerhalb von neunzig Minuten. Eindeutig verhielt sich auch eine bis dahin als sehr zurückhaltend bekannte junge Frau. Als man ihre entsprechenden Gehirnabschnitte reizte, gab sie ihre Vorbehalte auf, ergriff im Gespräch die Hände ihrer Ärzte, flirtete mit ihnen und wünschte sich, verheiratet zu sein.

Ein elfjähriger, wortkarger und häufig deprimierter Junge erschien nach einer Hirnstimulation wie umgewandelt. Aufgeschlossen nahm er an allem teil, was um ihn herum vorging. Ganz im Gegensatz zu seinem sonstigen Verhalten zeigte er sich gesprächig und optimistisch. In einem anderen Experiment wurde das Gegenteil erreicht: Das Denkvermögen der Versuchsperson schien wie blockiert, Bewegungen und Sprache wirkten wie eingefroren. Statt dessen traten Angst und Einsamkeitsgefühle, Halluzinationen und Störungen der Sinnesempfindungen auf.

Dem früheren Direktor der Nervenklinik von Montreal, Wilder Penfield, waren schon Ende der fünfziger Jahre überraschende Dinge aufgefallen. Bei Versuchen, die Schläfenlappenregion des Gehirns elektrisch zu reizen, hatte er bei seinen Patienten längst vergessene Erinnerungen wachgerufen. Die Leute sahen das Tapetenmuster ihres einstigen Kinderzimmers, sie spürten wieder den Harzgeruch ihrer heimatlichen Wälder und hörten alte Melodien.

Bei allen Verhaltensweisen, Stimmungen, Körperbewegungen, Glücks- oder Wonnegefühlen, die durch elektrische Gehirnreizung ausgelöst werden, muß man sich einmal den vielleicht unheimlichsten Tatbestand all dieser Eingriffe vergegenwärtigen: Der Betreffende kann nämlich absolut nicht unterscheiden, ob das, was er empfindet, was er tut oder läßt, das Ergebnis eines künstlich gesetzten Zwanges ist, oder ob es ganz natürlich ›über ihn kommt‹.

Das hindert die Nervenärzte natürlich nicht, sich von solchen Eingriffen therapeutischen Nutzen zu versprechen. Elektroden – in die Hör- und Sehzentren blinder und tauber Patienten versetzt – könnten diesen Menschen vielleicht einmal helfen, sich wieder besser in ihrer Umgebung zurechtzufinden. Die Elektroden würden mit Mikrophonen oder Fotozellen verbunden sein und dem Gehirn optische oder akustische Eindrücke vermitteln, die den verlorenen Sinn dann zum Teil ersetzen.

Über einen bemerkenswerten therapeutischen Erfolg berichtete der schon erwähnte Neurologe Robert D. Heath von der Tulane Universität in New Orleans. Einer seiner Patienten, ein 28jähriger Mann, litt an einer Narkolepsie. Das ist die lästige Neigung, ein paarmal am Tage plötzlich und unwiderstehlich in tiefen Schlaf zu fallen. Jetzt kann der Patient seine Anfälle verhindern. Sobald ihn die lähmende Müdigkeit überkommt, betätigt er einfach einen Druckknopf an einem kleinen Transistorgerät, das er stets bei sich führt. Dadurch wird über eine Elektrode, die Heath in das Gehirn verpflanzt hat, ein Impuls ausgelöst, der den Kranken sofort wieder munter werden läßt. Der bis dahin arbeitsunfähige Patient hat inzwischen eine Beschäftigung aufnehmen können.

Wut- und Wonnezentren im Gehirn

Wichtige Gemüts- und Seelenregungen haben ihren Sitz im Thalamus und Hypothalamus des Zwischenhirns nahe der Verbindungsstelle beider Großhirn-Hemisphären. Diese Hirnregion, die man das ›Tor zum Bewußtsein‹ nennt, entscheidet unter anderem darüber, ob uns ein Sinneseindruck sympathisch ist oder nicht. Reizt man bestimmte Punkte dieses Gebietes bei einer Katze, so kann das zuvor friedliche Tier unverhofft zur wütenden Furie werden. Es kratzt, faucht, beißt um sich und greift dann selbst solche Käfiginsassen an, mit denen es früher verträglich zusammengelebt hat. Wird der Strom abgestellt, so beruhigt sich die Katze augenblicklich: Ihre Wut läßt sich an- und abschalten. Dem Experimentator ist dieses Verhalten erklärlich, die übrigen Käfiginsassen dagegen befremdet es im höchsten Maße. Es ähnelt dem des unheimlichen Mister Hyde aus der Stevensonschen Novelle ›The Strange Case of Dr. Jekyll and Mr. Hyde‹, und Delgado hat denn auch –

ähnlich wie in der Phantasie des Dichters – ein tiefes und anhaltendes Mißtrauen zwischen einer jungen und einer älteren Katze hervorrufen können, zwei Tieren, die ihren Stall zuvor friedlich miteinander geteilt hatten.

Merkwürdig ist, daß schon eine geringfügige Versetzung der Elektrode in die nächste Umgebung dieses ›Wut-Zentrums‹ den gegenteiligen Effekt haben kann. Ein derart stimuliertes Tier ist gegenüber seinen Käfiggenossen ausgesprochen kontaktfreudig, es nähert sich ihnen mit allen Zeichen der Zuneigung und Vertrautheit. Wohnen aus demselben Grunde auch beim Menschen Liebe und Haß so nah beieinander?

Ratten, Hunde, Katzen und Affen lassen sich darauf abrichten, daß sie einen Hebel bedienen, wenn sie zu ihrem Futter oder einem anderen begehrten Ziel kommen wollen. Mit derart dressierten Tieren hatte im Jahre 1954 auch der amerikanische Physiologe James Olds gearbeitet, als er einer Lustempfindung auf die Spur kam, die bei der Reizung eines bestimmten Punktes im ›Sehhügel‹ auftritt.

In der Folge seiner Versuche stellte Olds fest, daß es nicht nur einen, sondern mehrere solcher lusterzeugenden Reizpunkte im Gehirn gibt. Manche von ihnen vermitteln ganz spezielle Reizqualitäten. Da gibt es einen Punkt, der die Befriedigung des Durstlöschens hervorruft, einen, der den Hunger stillt und andere, die sexuelle Lustempfindungen auslösen. Die interessanteste Entdeckung war eine Region, die, wenn man sie reizt, offenbar ein universales Glücksgefühl auslöst. Diese Empfindung scheint sozusagen alle nur denkbaren Reizqualitäten in sich zu vereinen und an Stärke alle anderen zu übertreffen. Ratten mit Elektroden an dieser Stelle, denen man einen Hebel zum Einschalten des Stromes gezeigt hatte, stimulierten sich viele Stunden lang pausenlos. Ja, sie nahmen sogar erhebliche elektrische Schläge in Kauf, die ihnen der Glückshebel zuvor als ›Lösegeld‹ abverlangte.

Bis in die letzte Zeit hinein ist über einen Hirnbezirk wegen seiner versteckten Lage nur sehr wenig zu erfahren gewesen. Diese Region befindet sich auf einer gedachten Linie, die vom Hirndach zum Rückenmark hinabzieht und in deren Verlauf unter anderem Teile des Sehhügels liegen. Auch das sogenannte Riechhirn liegt hier, der ›Hippocampus‹. Da in ihm auffällig viele Nervenfasern aus dem Körper zusammenlaufen, vermutete Olds, daß seine Aufgabe nicht allein im Empfangen und Beantworten von Geruchsreizen bestehen könne. Schon im Jahre 1937, schreibt er in einem Bericht [143], habe sein Kollege James W. Papez von der Cornell-Universität vermutet, daß das Riechhirn vielleicht Gefühlsregungen kontrolliere. Papez war auf diesen Verdacht gekommen, weil bei tollwütigen Tieren Teile des Riechhirns angegriffen sind. Nach der Theorie des amerikanischen Neurologen W. Ross Adey wiederum soll der Hippocampus eine Art Oberbefehl über unser Gedächtnis haben und darüber entscheiden, wann eine Erinnerung wieder ›hervorgeholt‹ wird.

Der Verdacht, daß die Riechhirn-Region auch mit dem Gedächtnis in Beziehung steht, hat sich in letzter Zeit erhärtet. So konnten hochgradig epileptische Kranke, denen man in der Hoffnung auf Hilfe beide Hippocampushälften herausoperiert hatte, unter anderem keine Erinnerungen mehr speichern. Es gelang ihnen nicht, selbst starke neue Eindrücke festzuhalten, mochten diese auch noch so kurze Zeit zurückliegen.

Olds verdankte es purem Zufall, daß er einem weiteren Geheimnis des Riechhirns auf die Spur kam. Bei seinen Versuchen mit Ratten verfehlte eine der üblicherweise ins Retikular-System eingeführten Elektroden ihr Ziel und stieß versehentlich ins Riechhirn vor. Das betreffende Tier befand sich in einem viereckigen Versuchskäfig, in dem seine Vorgänger (mit Elektroden im Retikular-System) stets dann einen leichten elektrischen Schlag erhalten hatten, wenn sie in eine mit ›A‹ bezeichnete Käfigecke laufen wollten. Bei der neuen Ratte hatte die ›Bestrafung‹ nicht die erwartete Wirkung. Im Gegenteil: Der Schock schien sie eher noch zu ermuntern, die Ecke A aufzusuchen. Olds und seine Mitarbeiter standen vor einem Rätsel. Sie vermuteten zunächst, daß der Reiz die Neugier des Tieres wecke. Spätere Versuche, bei denen die Ratte den Reiz durch Drücken eines in der Käfigwand montierten Hebels selbst auslösen konnte, belehrten sie eines anderen: Was die Ratte empfand, konnte nicht Neugier, sondern mußte eine starke Lustempfindung sein, denn das Tier betätigte den Hebel rasch aufeinanderfolgend immer wieder, bis zu zweihundertmal in der Stunde.

Noch stärkere Anziehungskraft schien der Elektroreiz an jenen Stellen des Hypothalamus und des Zwischenhirns zu besitzen, wo der Schweizer Physiologe Professor W. R. Hess Zentren für die Verdauungstätigkeit und für sexuelle Vorgänge entdeckt hatte. »Tiere mit Elektroden in diesem Bereich«, schreibt Olds, »stimulieren sich fünfhundert- bis fünftausendmal in der Stunde. Die elektrische Stimulation in einigen dieser Regionen scheint tatsächlich weit begehrenswerter für die Tiere zu sein als eine der üblichen Befriedigungen, wie sie etwa die Nahrungsaufnahme bereitet. Zum Beispiel liefen hungrige Ratten schneller zum elektrischen Stimulator als zu ihrem Futter. Ja, häufig ignorierte ein hungriges Tier sogar die vor ihm liegende Nahrung zugunsten des Genusses, sich elektrisch zu reizen. Einige Ratten mit Elektroden in diesen Hirnbezirken stimulierten ihre Hirne mehr als zweitausendmal in sechzig Minuten, und das für die Dauer von 24 aufeinanderfolgenden Stunden.«

Olds kam durch diese Versuche zu dem Schluß, daß eine elektrische Reizung des Hirns nicht in jedem Fall eine schmerzhafte oder zumindest unangenehme Sache sei, sondern Wollustgefühle auslösen könne, wenn nur die Elektroden in die richtigen Hirnbezirke eingeführt worden sind.

Wie kommen die Wonnegefühle zustande? Eine Theorie besagt, daß die Reizpunkte für einzelne Lustempfindungen, etwa Hungerstillen oder Durstlöschen, im Gehirn so eng beieinanderliegen, daß eine Elektrode in diesem Bereich leicht alle auf einmal zu reizen vermag. Sicheres wissen wir aber nicht. Jedenfalls läßt der Reiz, den das Wonnezentrum vermittelt, selbst einen so starken Trieb wie den Hunger vergessen. Ein Affe, der nach längerem Fasten gierig in einen Apfel gebissen hatte, stellte das Weiterkauen sofort ein, als er merkte, daß sein ›Glückshebel‹ unter Strom stand. Mit dem Bissen im Maul stimulierte er sich jetzt pausenlos solange, bis der Strom wieder abgeschaltet wurde. Und nun erst kaute er weiter.

Inzwischen sind zahlreiche ähnliche Versuche angestellt worden. Einige von ihnen zeigten, daß es möglich ist, auf die

Elektroden überhaupt zu verzichten und statt dessen starke elektromagnetische Felder auf die betreffenden Hirnteile wirken zu lassen. In der Sowjetunion sind Hunde mit eingepflanzten Elektroden durch Funk ›ferngesteuert‹ worden, nachdem man auf den Köpfen der Tiere kleine Empfänger befestigt hatte. An der Yale-Universität hat man vier Rhesusaffen in einen Käfig gesperrt und einen von ihnen, ein starkes, aggressives Männchen namens ›Ali‹, mit einer Elektrode versehen, die das Tier häufig sofort beruhigte, wenn ein dazu vorgesehener Hebel im Käfig den Strom einschaltete. ›Ali‹ zeigte sich gegenüber einem gleichfalls im Käfig befindlichen Weibchen namens ›Elsa‹ wiederholt angriffslustig. Elsa lernte jedoch in kurzer Zeit, wie sie die Angriffe ihres Peinigers auf elegante Weise abwehren konnte: Sie brauchte dazu nur den Hebel an der Käfigwand umzulegen. So gelang es ihr ähnlich wie den unterjochten Pavianen Delgados, die Gewalttätigkeiten des Angreifers durch einen elektrischen Reiz im Keim zu ersticken. Ließ man mit dem Hebeldruck zugleich ein akustisches Signal ertönen, so spielte sich bei dem Affenmännchen sogar ein bedingter Reflex ein: Nach einiger Zeit konnte der Elektroreiz ganz wegfallen. Der wütende Ali beruhigte sich schon, wenn er nur den Ton hörte.

Mit der funktionellen Struktur des Zentralen Nervensystems beschäftigten sich auch die Wissenschaftler des Deutschen Max-Planck-Instituts für Verhaltensphysiologie in Seewiesen, unter ihnen der inzwischen verstorbene Professor Erich von Holst und Ursula von Saint Paul. Als Versuchstier diente das Haushuhn, das den Forschern »mit seinem Reichtum an Gebärden und Lauten, seinen auffallenden Geschlechtsunterschieden und seiner sozialen Struktur« besonders geeignet erschien. In ihrem Bericht [88; 94] heißt es, daß den Hühnern »isolierte Silberdrähte von 0,2 mm Durchmesser und 0,3 bis 0,5 mm langer blanker Spitze durch eine im Schädel fest verankerte Schraubvorrichtung in meßbaren Schritten in das Hirn geschoben« wurden. Weiter wird berichtet: »Von den vier (manchmal acht) Elektroden werden je einige als indifferente im ›stummen‹ Hirndach gelassen (›Stumme Zonen‹ sind solche, bei deren Reizung das Tier keine Reaktion zeigt,

Anm. d. Verf.), während die differenten wirksame Reizfelder in der Tiefe suchen.«

»Die intakten und unbehelligten Tiere«, schreiben die Verfasser, »die durch Jahre immer wieder, ohne jede Schädigung, verwendet werden können – bewegen sich frei auf einem Tisch. Aus dem ... Stammhirn lassen sich dabei nahezu alle bekannten Bewegungen, die der Orientierung und den Körperbedürfnissen dienen, die sich auf Feinde, Rivalen, Geschlechtspartner und Nachkommen beziehen, mit allen zugehörigen Lauten aktivieren.«

Bei früheren Versuchen in Seewiesen wurden sowohl die drahtlose Fernreizung mit kleinen, am Körper der Hühner angebrachten Empfängern, als auch die direkte Drahtübertragung der elektrischen Reize angewandt. Bei der drahtlosen Methode bewährten sich sehr kurze Wellen aus dem Zentimeter-Bereich, die ein Magnetronsender ausstrahlte (16-cm-Welle, etwa 1800 Megahertz, Senderöhre vom Typ Turbator MF 100/2000 der BBC). Als Antenne diente ein Dipol in einem Parabolspiegel von 1,80 Meter Durchmesser. Die Antennen-Ausgangsleistung betrug rund 100 Watt. Das Empfangsgerät am Versuchstier enthielt zwei 35 mm lange, abgestimmte Dipol-Antennen, einen Ladekondensator und eine Germanium-Kleinst-Diode. Bei Vorversuchen wurden kleine Stahlkanülen beiderseits des Schädels eingeführt. Nachdem diese ohne Störungen eingeheilt waren, wurden die Elektroden mit jeweils zwei versilberten Enden durch sie hindurch in den zu reizenden Hirnbezirk geschoben. Auf die 16-cm-Trägerwelle wurde ein konstanter Gleichstrom im Spannungsbereich zwischen 1,3 und 1,8 Volt aufmoduliert. So ließen sich eine Anzahl Bewegungen am Tier fernauslösen, darunter Picken, Kopfdrehen, Zungenbewegungen und seitliches Beugen.

Bei ihren Versuchen mit einer direkten Drahtverbindung arbeiteten von Holst und von Saint Paul ebenso wie der Amerikaner Olds mit 50-Hertz-Wechselstrom, der auf niedrige Spannungswerte transformiert wurde. Ein Radio-Lautstärkeregler diente zum Verändern der Spannung zwischen einem und fünf Volt. Da der elektrische Widerstand zwischen den Elektroden-Enden annähernd 12000 Ohm betrug, ergab sich ein wirksamer Strom von 0,000083 bis 0,000420 Ampere.

Von Holst und von Saint Paul fanden, daß die Reaktionen ihrer elektrisch gereizten Versuchstiere wesentlich von der Ausgangsstimmung abhingen. Die ›innere Situation‹ des Tieres mußte vor Versuchsbeginn richtig eingeschätzt und dann konstant gehalten werden, wollte man nicht zu falschen Schlüssen kommen. Beinahe noch wichtiger aber war es, mit den normalen und natürlichen Verhaltensweisen der Versuchstiere vertraut zu sein, denn nur dann war es den Experimentatoren möglich, ein vom normalen abweichendes Verhalten auch als solches zu erkennen.

Sicher ist, daß Hirnzentren für Gemüts- und Gefühlsregungen auch beim Menschen existieren. Verschiedene Ärzte, darunter der Norweger C. W. Sem-Jacobsen, haben dies bei neurochirurgischen Eingriffen bestätigt gefunden. Ihre Patienten berichteten von Schreck- und Angstgefühlen, von Ruhelosigkeit, Wut- und Lustempfindungen verschiedener Art und Stärke.

Damit wird zugleich offenbar, daß der Schritt von der segensreichen Anwendung der Elektro-Stimulation des Gehirns – also von der Erforschung, der Diagnose, der Therapie und der Narkose – bis zu ihrem Mißbrauch theoretisch nur klein ist. Wir haben uns ein neues, zweischneidiges Instrument zur Behandlung des kranken ebenso wie zur Kontrolle des gesunden Menschen geschaffen, dessen abgründige Verwendbarkeit am drastischsten der Physiker C. R. Schafer in einem Vortrag im Institut für Technologie von Illinois zum Ausdruck brachte.

Man könnte, sagte Schafer, ein Kind wenige Monate nach seiner Geburt ›elektrodisieren‹ und das Wesen zum billigsten aller Roboter machen. Die Kosten für den Bau auch nur eines einfachen Maschinenmenschen – etwa des ›mechanischen Mannes‹ der Westinghouse-Corporation – seien wahrscheinlich etwa zehnmal so hoch zu veranschlagen wie die Kosten für das Aufziehen eines solchen Kindes bis zum 16. Lebensjahr...

VI.

CHEMIE DER SEELE

Hunger und Durst auf chemischen Befehl

Zu Recht feiert die Wissenschaft ihre minutiösen Verfahren als Triumph, mit denen es ihr gelingt, die Hirnfunktionen eines Lebewesens elektrisch zu beeinflussen. Um Haß und Zuneigung, Sanftmut, Zorn oder beliebige Körperbewegungen auszulösen, dazu bedurfte es weder der Hypnose noch geheimnisvoller Zauberformeln. Der unwiderstehliche Zwang, mit dem Tiere und selbst der Mensch dem Befehl winziger Elektroden im Gehirn gehorchen müssen, mutet zwar unheimlich an. Dennoch können wir uns erklären, warum all diese Reaktionen eintreten müssen: Weil nämlich das Gehirn zur Lösung seiner Aufgaben ebenfalls die Elektrizität benutzt.

Es wäre darum nicht erstaunlich, wenn spätere Forscher-Generationen die Rolle der Elektrizität im Gehirn immer genauer zu ergründen suchen und umgekehrt elektrische Verfahren ausgearbeitet werden, um in psychische Not geratenen Menschen zu helfen. Kommt es doch bei bestimmten Krankheiten geradezu darauf an, die elektrischen Vorgänge im Gehirn durch wohlerwogene Maßnahmen wieder zu normalisieren. Ein extremes Beispiel dafür ist die Epilepsie. Das Gehirn des Epileptikers erlebt während der Anfälle vergleichweise elektrische Gewitter. Die beständig fließenden elektrischen Ströme in seinem Gehirn geraten durcheinander und verleiten seine ›Befehlszentrale‹ zu ganz unsinnigen Anweisungen an die verschiedenen Körperteile. Das Ergebnis ist jener furchtbare Bewegungssturm, der den Betroffenen im großen epileptischen Anfall hinstürzen läßt, und von dem der französische Dichter Gustave Flaubert einmal sagte, er empfinde ihn jedesmal wie ein ›Erdbeben‹: Das elektrisch überreizte Gehirn entlädt sich, es braucht eine Ableitung, und die schafft es sich durch die schrecklich anzusehende Verkrampfung des ganzen Körpers.

Aber die Elektrizität ist es nicht allein, die unser Gehirn in guten wie in bösen Zeiten arbeiten läßt. Unser Nervensystem ist nicht einfach ein kompliziertes Elektronengehirn aus Nervendrähten und gedruckten Schaltungen. Wohl laufen elektrische Vorgänge in ihm ab, aber je mehr die Gehirnforscher über das ›Meistergewebe des Körpers‹ lernten, um so mehr haben sie auch über die Rolle der Chemie in ihm erfahren. So kamen sie auf die Idee, kleine Mengen chemischer Substanzen ins Gehirn einzuträufeln und zu beobachten, welche Folgen dies für den Organismus hätte.

Zwei Verfahren boten sich dazu an: Entweder die Substanz wurde während einer Hirnoperation direkt ins Gehirn injiziert, oder man leitete sie in die Blutbahn. Im letzteren Fall konnte man allerdings nur solche Chemikalien verwenden, die die Wände der das Gehirn versorgenden Blutgefäße durchdringen konnten. Es mußten fettlösliche Stoffe sein, die – wie man sagt – die Blut-Hirn-Schranke durchbrachen, um die Nervenzellen zu erreichen. Das gestaltete sich – um es vorwegzunehmen – oft problematisch.

Der Gedanke, auch chemische Substanzen auf die Nervenzellen wirken zu lassen, erschien aus zwei Gründen naheliegend: Einmal deshalb, weil die Elektro-Stimulation ihre Grenzen hat. Zweitens, weil im Gehirn auch chemische Umsetzungen stattfinden. Das ist namentlich an den ›Synapsen‹ der Fall, jenen Stellen, an denen die Nervenerregung von einer Nervenfaser auf die andere überspringt.

Wir wollen versuchen, diese Vorgänge ganz einfach zu schildern. Zunächst: Wie sind die ›Synapsen‹ gebaut, die Koppelungs- oder Verbindungsstellen zwischen den verschiedenen Nervenzellen? Ballen wir eine Hand zur Faust und nähern wir die Faust der gekrümmten Innenfläche der anderen Hand bis auf einen schmalen Spalt, so hätten wir ein grobes Modell. Unsere Arme wären die Nervenfasern, die Faust der synaptische Endkolben und die hohle Hand die Zelloberfläche der den

Reiz empfangenden Nervenfaser. Der Zwischenraum wäre der ›synaptische Spalt‹.

Synapsen (von griechisch synapto = sich fest umklammern) sind Kontaktbezirke zwischen den Nerven. Es gibt sie in verschiedenen Größen und Formen, doch das soll uns hier nicht beschäftigen. Nur soviel noch, daß in den Nervenzellen mit ihren Ausläufern ein extrem intensiver Stoffwechsel stattfindet: biochemische Prozesse und Reaktionen laufen hier mit äußerster Schnelligkeit und Vielfalt ab dank zahlreicher spezialisierter Enzymsysteme, deren Ineinandergreifen die Wissenschaftler noch lange nicht in allen Einzelheiten durchschaut haben.

Gehen wir jetzt einen Schritt weiter: Um einen Nervenimpuls von einem Nerven zum anderen zu übertragen, sind an den Synapsen Überträgerstoffe oder Neurotransmitter notwendig. Wenn ein Nervenimpuls den synaptischen Endkolben erreicht, wird dessen Außenhaut, die synaptische Membran, für diese Stoffe durchlässig, und sie können blitzschnell durch den synaptischen Spalt hindurchwandern. Auf der Empfängerseite treffen sie auf chemische Strukturen, die man Rezeptoren nennt. Wie Schlüssel ins Schloß müssen die Transmitter-Substanzen dort hineinpassen, um ihren Zweck zu erfüllen. In einer äußerst kurzen Zeit erfolgt dann eine chemische Reaktion, die den chemischen Impuls wieder in einen elektrischen umwandelt, und dieser elektrische Impuls kann dann, als neuer Nervenreiz, in der Empfänger-Nervenzelle weiterlaufen, bis er an ein ›ausführendes Organ‹ oder wieder an eine Synapse gelangt.

Was sind das nun für merkwürdige Stoffe, die die Übertragungsfunktion erfüllen? Die Neurotransmitter gehören zur Gruppe der ›biogenen Amine‹, und man weiß inzwischen auch, daß etwa das Noradrenalin (NA), das Adrenalin, das Serotonin und das Dopamin zu ihnen gehören. Biochemiker und Neurologen haben auch herausgefunden, welche speziellen Wirkungen von diesen Stoffen ausgehen. Es stellte sich heraus, daß die Ausschüttung von Noradrenalin an den Synapsen zu Blutdruckerhöhung oder Angst führen kann, daß das Serotonin die Darmperistaltik anregt und das Dopamin für die unwillkürlichen Körperbewegungen und den Spannungszustand der Muskeln zuständig ist.

Welche Vorgänge in den Nerven (welche elektrischen Impulsfolgen zum Beispiel) es letztlich sind, die zur Freisetzung der Überträgerstoffe führen, ist heute noch ebenso unbekannt wie die Frage nach der Gestalt und Arbeitsweise der ›Rezeptoren‹. Beides interessiert aber vor allem die Pharmakologen. Denn wenn man erst einmal weiß, welcher Stoff in welcher molekularen Struktur welche Wirkungen an den Synapsen auslöst, hätte man den Schlüssel dafür in der Hand, solche Moleküle im Labor zu ›schneidern‹ und die gewünschten Wirkungen dann medikamentös hervorzurufen. Vorerst sei festgehalten, daß es nicht allein elektrische Vorgänge sind, die etwa zum Zusammenzucken einer Muskelfaser, zu Angst oder freudiger Stimmung führen, sondern daß auch Chemikalien daran beteiligt sind.

Ein anderer Grund, die psychischen Regungen mit chemischen Mitteln zu erforschen, ergab sich daraus, daß der elektrischen Stimulierung des Gehirns letztlich Grenzen gesetzt sind. Bei allem Respekt vor ihren Entdeckern ist die elektrische Gehirnreizung eben doch ein recht grobes Mittel, wenn es etwa gilt, bestimmte psychische Effekte hervorzurufen. So war im Experiment oft nicht schlüssig nachzuweisen, welches Verhalten nun auf welchen elektrischen Reiz zurückging, oder welche Nervenzellen im einzelnen daran beteiligt waren. Auch verwirrte es, daß der elektrische Reiz zwar scharf begrenzte Punkte im Gehirn treffen konnte, für die beobachtete Wirkung aber außer den getroffenen auch andere Nervenzellen verantwortlich sein konnten, Nerven, die abseits vom Reizpunkt in ganz anderen Teilen des Gehirns lagen. Mit einem Wort: Ursache und Wirkung verschwammen, wenn man die Elektrizität als ›Reizmittel‹ einsetzte.

Darum war die Suche der Neurologen nach einer Methode verständlich, die es erlaubte, bestimmte Zentren des Gehirns auch wirklich kontrollierbar zu beeinflussen. Von dieser Methode sollte man etwa sagen können: Wenn soundso viel Milligramm einer Substanz in die Blutbahn gelangt, so erreicht soundso viel von diesem Stoff die und die Nervenzellen und löst die und die Wirkung aus.

Die teils erstaunlichen Wirkungen unserer modernen Medikamente sind uns allen geläufig. Hätte man uns aber vor dreißig Jahren weismachen wollen, daß es einst gelingen würde, einen satten Menschen durch winzige Mengen eines chemischen Stoffes heißhungrig zu machen und einen anderen durstig, obgleich er seinen Durst gerade gelöscht hat – dann hätten wir über diese Prognose vermutlich gelächelt. Heute bezeugen Tierversuche noch viel weitergehende Möglichkeiten. Ein Beispiel sind die Experimente des amerikanischen Psychologen Professor Alan E. Fisher von der Pittsburgh-Universität [57]. Sie lassen keinen Zweifel daran, daß nicht nur Stimmungen wie Tatendrang oder Ruhebedürfnis, sondern auch elementare Triebe wie Hunger, Durst und sexuelle Betätigung ›auf chemischen Befehl‹ hin ausgelöst werden können. Daß es dabei um Versuche an bestimmten Tierarten ging, begrenzt die Ergebnisse natürlich – streng genommen – zunächst auf eben diese Tiere. Die Erfahrungen beim Menschen mit der Elektrostimulation lassen aber den Schluß zu, daß der ›chemische Eingriff ins Gehirn‹ auch bei uns prinzipiell zu den gleichen Ergebnissen führen würde. Und das sollte nachdenklich machen.

Aber zur Sache selbst. Was hat Fisher untersucht und wie ist er vorgegangen? Seine Versuchstiere waren Ratten, denen er verschiedene Chemikalien in geringen Mengen ins Gehirn injizierte. Um sicherzugehen, daß die Spitze der verwendeten Injektionskanüle auch genau dort endete, wo der Experimentator es wünschte, benutzte Fisher eine Art Zielgerät, wie wir es schon im Zusammenhang mit den Operationen am menschlichen Hirn kennengelernt haben. In ihm wurden die Köpfe der zuvor narkotisierten Tiere fixiert. Mit Hilfe einer dreidimensionalen ›Gehirnkarte‹ und einem Arsenal feinmechanischer Manipuliervorrichtungen gelang es Fisher, die feinen chirurgischen Instrumente so präzise zu handhaben, daß die Kanülen auf den Bruchteil eines Millimeters genau jene Stellen im Gehirn trafen, an denen die Wirkung der Chemikalien erprobt werden sollte. »Durch die feinen Kanülen«, erklärt Fisher, »können wir Chemikalien in kristalliner Form in Mikrogramm-Mengen oder in gelöster Form in der Größenordnung von Tausendsteln eines Milliliters ins Gehirn einführen.« (Mikrogramm = millionster Teil eines Gramms, auch ›Gamma‹ genannt, Anm. d. Verf.)

Fisher war zu seinen Versuchen durch eine Beobachtung des schwedischen Psychologen Bengt Andersson angeregt worden, der Ziegen künstlich durstig gemacht hatte, indem er ihnen eine fünfprozentige Kochsalzlösung ins Zentrum des ›Hypothalamus‹ injizierte. In diesem Hirnbezirk, so nimmt man an, werden unter anderem die Triebhandlungen und die unbewußten, vom Willen unabhängigen Vorgänge in unserem Körper gesteuert.

Fisher arbeitete zunächst mit männlichen Ratten. Er injizierte ihnen das männliche Hormon Testosteron ins Zentrum des Hypothalamus in der Hoffnung, die Tiere dadurch zu einem verstärkten männlichen Sexualverhalten zu bewegen. Das trat jedoch nicht ein. Überraschenderweise gebärdeten sich die Männchen alles andere als männlich. Statt sich einem im Käfig befindlichen Weibchen sexuell zu nähern, zerrte das eine der so behandelten Männchen das Rattenweibchen am Schwanz in eine Käfigecke. Sobald das Weibchen die Ecke wieder verließ, rannte ihm das Männchen nach, packte es an der Nackenhaut wie ein Jungtier und schleppte es mit sanfter Gewalt in die Ecke zurück. Als Fisher daraufhin ganz junge, soeben geborene Ratten in den Käfig ließ, schleppte das Männchen auch diese in die Ecke. Schließlich baute es dort sogar ein Nest aus Papierschnitzeln. Damit war klar: Das Männchen verhielt sich wie ein Weibchen. Fisher hatte nicht übertrieben männliches Verhalten in ihm wachgerufen, sondern die Instinkte der Mutter – Nestbau und Sorge um die Jungtiere!

Es kam aber noch merkwürdiger: Wurde das männliche Hormon in relativ hoher Dosis zwischen den mittleren und seitlichen Abschnitt des Hypothalamus injiziert (so daß es in beide Teile eindringen konnte), dann zeigten die Ratten eine Mischung aus weiblich-mütterlichem und männlichem Sexualverhalten. Es kam zum Beispiel vor, daß ein derart behandeltes Männchen sich mit einem Weibchen zu vereinigen suchte, während es zugleich eine junge Ratte zum Abtransport ins Papierschnitzelnest im Maule trug. Wie war das zu erklären?

Offensichtlich widersprach das Verhalten der Tiere jener Theorie, nach der ein Bezirk im Gehirn, dem die Steuerung eines bestimmten Verhaltens obliegt, stets auch nur auf eine bestimmte chemische Substanz anspricht. Wie konnte es sonst sein – das war die Frage –, daß sowohl männliches als auch weibliches Verhalten von ein und demselben Stoff ausgelöst wurde? Fisher selbst weiß dafür noch keine verläßliche Erklärung, er vermutet aber folgendes: Es könnte sein, daß sich das Testosteron ›doppelwertig‹ verhält. Wußte man doch aus früheren Versuchen, daß Testosteron unter bestimmten Bedingungen und bis zu einem gewissen Grade das weibliche Hormon ›Progesteron‹ ersetzen kann. Die Erklärung dafür liegt möglicherweise in dem Umstand, daß im männlichen und weiblichen Körper beide Hormone vorkommen, jedoch in geschlechtsbedingter, unterschiedlicher Mengenverteilung. Die Theorie von der ›Ambivalenz‹ genannten Doppelwertigkeit der Hormone könnte also erklären, warum bei der männlichen Ratte ein verhältnismäßig hoher Stoß des männlichen Sexualhormons in jene Zellen, die normalerweise für das weibliche Hormon empfindlich sind, das weibliche Verhalten bewirkt hat. Man könnte mit Fisher vermuten, daß der Testosteron-Stoß in den Hypothalamus auch genügend ›Progesteron-Aktivität‹ entfaltet hat, um das weibliche Verhalten auszulösen.

Bei seinen Versuchen fand Fisher nicht nur bestätigt, daß die Ratten auf Chemikalien reagieren, die er ihnen ins Gehirn spritzte; er entdeckte auch, daß die Wirkung dieser Chemikalien viel genauer vorherzusagen war als die des elektrischen Reizes einer Elektrode.

Neben dem Sexualbegehren zählen Hunger und Durst zu den stärksten Trieben, die das Verhalten eines Lebewesens beeinflussen. Auch für Hunger und Durst gibt es Zentren im Gehirn, und auch sie liegen im Hypothalamus. Reizt man sie elektrisch, so stürzt sich ein sattes Versuchstier heißhungrig von neuem auf sein Futter oder es trinkt große Mengen, selbst wenn es seinen Durst gerade gestillt hat.

Ob und wie man Hunger- und Durstgefühle auch chemisch auslösen kann, das herauszufinden hatte sich ein junger Nachwuchs-Wissenschaftler der Yale-Universität, Sebastian P. Grossmann, zur Aufgabe gemacht. Grossmann machte eine jener seltenen Entdeckungen, auf die das Sprichwort paßt: ›Alles Große ist einfach.‹ Er benutzte für seine Versuche zwei

Stoffe, von denen man weiß, daß sie am Vorgang der Übertragung von Nervenerregungen beteiligt sind: Noradrenalin und Azetylcholin. Injizierte er einer Ratte Noradrenalin unmittelbar oberhalb des Hypothalamus, so entwickelte das Tier augenblicklich einen rasenden Appetit, auch dann, wenn es sich zuvor sattgefressen hatte. Injizierte er Azetylcholin an die gleiche Stelle, nachdem die Ratte ihren Durst gelöscht hatte, so fing sie sofort gierig zu trinken an. Schließlich konnte Grossmann die durstig oder hungrig machende Wirkung unterbinden, wenn er Chemikalien injizierte, die dafür bekannt sind, daß sie die Wirkung von Azetylcholin beziehungsweise Noradrenalin an den Synapsen, den ›Nahtstellen‹ der Nervenfasern, aufheben.

Fisher schloß daraus folgendes: Wenn die Nervenbahnen, die die Triebhandlungen vermitteln, auf bestimmte Chemikalien reagieren, wenn sie also nur bei der Anwesenheit bestimmter Stoffe die ihnen zugeordnete Triebhandlung auslösen, so müßte es möglich sein, eine Substanz auch ungezielt zu verwenden und sie sozusagen aufs Geratewohl irgendwohin in die Umgebung verschiedener benachbarter Nervenbahnen zu plazieren. Auch in diesem Fall dürfte immer nur die eine, für die Substanz ›empfindliche‹ Nervenbahn angeregt werden und die zugehörige Triebhandlung ablaufen lassen. Genügend zahlreiche Experimente dieser Art müßten schließlich das Material für eine ›chemische Gehirnkarte‹ liefern, auf der sich die Reaktionen der verschiedenen Nervenbahnen auf bestimmte Chemikalien ablesen ließen.

Dieses wissenschaftliche Fernziel vor Augen, stellten sich Fisher und sein Mitarbeiter J. N. Coury in ihrem Labor an der Pittsburgh-Universität zunächst eine näherliegende Aufgabe: Sie wollten diejenige Nervenbahn im Gehirn ausfindig machen, die das Durstgefühl vermittelt. Dazu injizierten sie – wiederum dank der schmerzlos angebrachten Vorrichtungen an der Schädeldecke ihrer Versuchstiere – verschiedene durstauslösende Chemikalien (Azetylcholin oder Muscarin) in verschiedene Gehirnabschnitte und beobachteten die Wirkung.

Um bei solchen Versuchen einwandfreie Ergebnisse zu erhalten, muß man natürlich auch mit Kontrolltieren arbeiten.

Auch Fisher und Coury taten dies. Sie injizierten einer Gruppe von Ratten solche Chemikalien, die an der Übermittlung von Nervenimpulsen nicht beteiligt sind. Andere Ratten, deren Verhalten ebenfalls beobachtet wurde, erhielten keine Injektionen. Alle Ratten konnten fressen und trinken soviel sie wollten, doch wurden die aufgenommenen Mengen genau registriert.

Einige mit Azetylcholin oder Muscarin behandelte Ratten entwickelten nach etwa zehn Minuten großen Durst. Innerhalb einer Stunde tranken sie das Doppelte der für Ratten normalen Tagesration von 25 bis 35 Millilitern. Und tatsächlich zeigte sich, daß der Durst nicht nur an der von Grossmann gefundenen Stelle oberhalb des Hypothalamus ausgelöst werden konnte, sondern auch an anderen. Fast alle diese Punkte lagen innerhalb einer Gruppe von Nervenzentren, die man das ›Limbische System‹ nennt. Dieses System ist – stammesgeschichtlich gesehen – aus dem primitiven ›Riechhirn‹ der Fische und anderer niederer Wirbeltiere hervorgegangen. Tiere, in deren Leben der Geruch und Geschmack – also die chemischen Sinne – eine bedeutende Rolle spielen. Das Herzstück des Limbischen Systems ist der Hypothalamus mit der Hirnanhangdrüse oder Hypophyse. Weiterhin gehören zu ihm Nervenzentren mit so poetischen Namen wie Hippocampus (›Seepferdchen‹), Amygdala (›Mandel‹) und andere in der Umgebung des Hypothalamus.

Bemerkenswert war es, daß chemische Reize an irgendeiner Stelle des weitverzweigten ›Durstsystems‹ sofort das ganze System erfaßten und ›alarmierten‹. Damit erhält offenbar auch die weite Verzweigung dieses Systems ihren Sinn. Fisher wertet sie als Sicherung gegen Schäden. Nehmen wir an, das Durstgefühl entstehe unter normalen Umständen dadurch, daß im Gehirn Azetylcholin freigesetzt wird und einen oder wenige ›Durstpunkte‹ erreicht. Wenn diese Punkte nun zufällig das Opfer einer Verletzung oder einer Krankheit würden, so wäre das betreffende Lebewesen rasch verdurstet. Dank seiner universalen Ansprechbarkeit aber funktioniert das System auch dann noch, wenn es teilweise blockiert oder aus anderen Gründen ausgefallen ist.

Das ›Durstsystem‹ hat nach Fisher eine gewisse Ähnlichkeit mit dem Prinzip der Speicherung von Erinnerungen. Eine Theorie besagt, daß alles Lernen auf der Bahnung von Verbindungen der Nervenzellen im Gehirn untereinander beruhe, der sogenannten ›Engramm-Bildung‹. Je intensiver ein Erlebnis oder ein Eindruck, je leidenschaftlicher das Lernen, um so mehr Nervenzellen werden ›bemüht‹, um so mehr ›Gedächtnismoleküle‹ werden gebildet, um so tiefer wird das Engramm eingeprägt, um so nachhaltiger ist später die Erinnerung. (Darum erinnern wir uns an manche Dinge sehr lebhaft, an andere kaum oder gar nicht.) Wird zum Beispiel ein zu lernender Sachverhalt, eine Vokabel oder ein Gedicht, sehr häufig wiederholt, so verstärkt oder vertieft sich gewissermaßen das zunächst nur provisorisch angelegte Engramm. Es verankert sich fester und kann, je nachhaltiger wir lernen, immer weniger leicht wieder ausgelöscht (vergessen) werden.

So ähnlich, meint Fisher, verhalte es sich auch mit dem so leicht nicht ›auslöschbaren‹ Durstsystem. Der einzige Unterschied liege darin, daß seine Nervenbahnen schon bei der Geburt vorhanden sind und nicht erst geschaffen werden müssen wie die als Folge der Lernvorgänge entstehenden Engramme.

Der Umstand schließlich, daß wir im Durstsystem eine ›kurzgeschlossene‹ Bahn vor uns haben, deren Anfang und Ende miteinander in Verbindung stehen, erklärt zwanglos, warum das Durstgefühl nicht gleich wieder verschwindet, sondern andauert, bis der Durst gestillt ist. Man könnte sich vorstellen, daß der chemische Reiz den Nervenimpuls auslöst und der Impuls solange im System weiterkreist, bis der Durst gelöscht ist.

Aus den Erfahrungen Fishers und seiner Kollegen läßt sich schließen, daß außer dem Durst auch andere Triebe ›chemisch stimuliert‹ werden können. So wenig aber über die Art der Chemikalien bekannt ist, die andere Triebhandlungen auslösen könnten, so wenig wissen wir noch über die zugehörigen Nervenbahnen. Wie viele Rätsel die ›Chemie der Triebe‹ noch aufwirft, ergibt sich auch daraus, daß bei der Katze durchaus keine Durstgefühle geweckt werden können, wenn man ihr Azetylcholin an die gleiche Stelle im Gehirn injiziert, an der bei der Ratte der Durst ausgelöst werden kann. Statt dessen erzeugte Fisher bei seinen Versuchskatzen Wut, Angst und einen schlafähnlichen Trancezustand.

Die gefährlichen Paradiese

Man muß keine tiefschürfenden Experimente anstellen um zu erfahren, daß bestimmte Substanzen höchst nachhaltige Wirkungen auf unser Nervensystem haben: Alkohol, Kaffee, Tee und die Rauschgifte beweisen es zur Genüge. Man muß auch kein Wissenschaftler sein, um zu wissen, daß uns die Forschung unabhängig von den kleinen und großen Giften des Alltags zahlreiche ›Seelenarzneien‹ beschert hat: Mittel, die unser Verhalten wesentlich gezielter beeinflussen lassen als jene schon fast antiquierten, wenn auch nach wie vor begehrten Genußmittel.

Welche Wirkung Substanzen wie Alkohol, Tee, Äther, Chloralhydrat und Morphin auf den Menschen haben, suchte als erster schon gegen Ende des vorigen Jahrhunderts der Begründer der Pharmakopsychologie‹ zu erfahren, der berühmte Wundt-Schüler Emil Kraepelin. Er gab seinen Versuchspersonen das jeweilige Mittel ein und stoppte dann einfach die Zeit, die sie brauchten, um etwa einstellige Zahlen zu addieren oder zwölfstellige Zahlen auswendig zu lernen. Heute, nach fast einem dreiviertel Jahrhundert, haben Kraepelins Arbeiten nur noch historischen Wert, doch ist sein Verdienst darum nicht geringer [106].

Je nach Bedarf haben wir heute die Wahl zwischen einschläfernden und schmerzlindernden Mitteln, aufputschenden ›Weckaminen‹, Appetitzüglern und beruhigenden Medikamenten verschiedener Art. Präparate wie das LSD, die die Erlebensfähigkeit erweitern, werden ausprobiert und diskutiert. Wir besitzen heute Medikamente, die geistig-seelische Verkrampfungen lösen und den Verstand schärfen können, kurz, es steht uns ein Reservoir an Drogen und Präparaten zur Verfügung, das für die Menschen unserer problembelasteten Zeit von großer und rasch wachsender Bedeutung ist. Nicht, daß uns diese Mittel instand setzen würden, unsere Probleme zu lösen; aber sie können uns doch gegebenenfalls in eine Stimmung oder Gestimmtheit bringen, in der es uns leichter fällt, mit unseren Problemen fertig zu werden.

Alkohol, Nikotin, Opium, Kaffee, Tee, Cocain, das Schnupfpulver Cohoba, Heroin und Haschisch sind nur einige aus einer großen Zahl von Anregungs- und Rauschmitteln, die uralter Besitz der Völker sind. Niemand wüßte genau zu sagen, wann das eine oder andere zum erstenmal benutzt wurde. Wenn man aber hört, daß die Menschheit alljährlich mindestens 75000 Tonnen Coffein und 40000 Tonnen Nikotin verbraucht, wenn man erfährt, daß in einem einzigen Jahr allein im Gebiet der Bundesrepublik und Westberlin 20 Milliarden D-Mark für Alkohol und Tabak ausgegeben werden und ein Drittel aller europäischen Verkehrsunfälle durch Alkohol verursacht wird – das sind jährlich rund 20000 bis 60000 europäische Verkehrstote –, dann wird deutlich, welche Verlockung und welche gefährliche Macht allein in den ›kleinen Giften des Alltags‹ verborgen liegt.

Die bekannteste Seelendroge, die uns die schlechte Laune vertreiben soll, die aus einem zurückgezogenen Menschen einen ausgelassenen Gesellschafter machen kann, ist der Alkohol. Er wird auf der ganzen Erde getrunken, wenn auch seine ›Verkleidungen‹ sehr verschieden sind. Alle alkoholischen Getränke werden durch Vergärung zuckerhaltiger Flüssigkeiten zubereitet. Hefepilze bewirken den chemischen Prozeß.

Welch teuflische Macht dem Alkohol innewohnt, schildert eine arabische Sage: Eines Tages erschien Satan einem braven Manne und kündigte ihm an, er werde sterben, es sei denn, er nähme eine der drei folgenden Bedingungen an: Entweder müsse er seine Mutter erschlagen oder seinen Vater umbringen oder – Wein trinken. Um das geringste Übel zu wählen, entschloß sich der Mann für den Wein. Er trank und berauschte sich, mißhandelte dann seine Mutter, als sie ihn ermahnte und erschlug seinen Vater, der ihn daran hindern wollte.

Die Freude, die der Alkohol für den Menschen birgt, hat ihn zum begehrten und jedermann zugänglichen ›Tröster‹ gemacht. In Maßen getrunken, ist Alkohol unbedenklich, er kann sogar ärztlich empfohlen werden. So soll ein mäßiger Alkoholgenuß (bis zu etwa 50 g Äthanol pro Tag, das sind etwa acht Schnäpse oder andere alkoholische Getränke je nach Alkoholgehalt) sogar als Bremse für die Arterienverkalkung wirken und damit die Gefahr eines Herzinfarktes vermindern können. Andererseits ist bekannt, das regelmäßiger Genuß größerer Alkoholmengen sich vor allem leberschädigend auswirkt. Die Gefahr ist um so größer, je schlechter der Betreffende allgemein ernährt ist und je rascher der Alkoholmißbrauch bei ihm zugenommen hat. Ein über lange Zeit langsam eskalierender Mehrverbrauch ist weniger gefährlich als ein Alkoholismus, der sich rasch – über ein bis zwei Jahre – gesteigert hat. Es entwickelt sich dann häufig eine Leberzirrhose (Leberschrumpfung), die zum Tode führen kann.

Immer wieder wird gefragt, wieviel Alkohol ein Mensch unbeschadet verträgt. Hierauf eine verbindliche Antwort zu geben, ist aber nicht möglich, weil die Menschen auf Alkohol unterschiedlich reagieren. Es gibt nur Faustregeln, und die lauten: Regelmäßiger Genuß von 150 bis 160 g Äthanol pro Tag (150 g entsprechen etwa 1,5 Liter deutschem Wein) birgt erhöhtes Erkrankungsrisiko. Weniger als etwa 80 g (1 Liter deutscher Wein oder 2 Liter Bier) dürften bei einem gut ernährten Erwachsenen kaum schädlich sein, während Mengen über 160 g ziemlich sicher zur Leberzirrhose führen.

Mit dem Alkohol ist es also so eine Sache. In Maßen genossen, kann er seine Reize haben, dennoch ist er eine Gefahr für alle, die sich seinem Bann nicht entziehen können. Chronischer Alkoholismus hat schon unendliches Leid über die Menschen gebracht und bringt es noch täglich. Selbst starke Persönlichkeiten, die sich gegen ihn gefeit glaubten, hat er gebrochen. Eine der gefährlichsten Auswirkungen des Alkoholrausches besteht darin, daß der Betroffene zu halluzinieren beginnt und sich dann Vorgänge einbildet, die er gar nicht wirklich erlebt. In der Nähe des Moselstädtchens Trier hat es einen Winzer gegeben, der im Alkoholrausch den Teufel mit zwei grünberockten Waidmännern auf sich zukommen sah und sprechen hörte: »Ich will dein Leben und deine Seele, oder die Finger deiner linken Hand.« Der entsetzte Mann hat sich daraufhin mit einem Beil auf einem Holzklotz einen Finger nach dem anderen seiner linken Hand abgeschlagen. Als man ihn fand, war er nahezu verblutet.

Unter den Völkern weißer Rassenzugehörigkeit werden unter den alkoholischen Getränken vor allem Wein, Bier, Sekt, Branntweine und Liköre geschätzt. Bei den Chinesen und Japanern steht der Reiswein hoch im Kurs. Die Neger trinken Palmwein; aber auch sie wissen, was der Alkohol anrichten kann. Eine Legende erzählt: Als die Palme gepflanzt wurde, bemerkte es Satan. Er schlich sich herbei und begoß sie mit dem Blut eines Affen. Als der Baum blühte, kehrte er zurück und begoß ihn mit dem Blut eines Löwen. Und als die Früchte reiften, besprengte er sie mit dem Blut eines Schweines. So nahm der Palmwein den Charakter dieser Tiere an. Wenn er den Menschen, die ihn trinken, in den Kopf steigt, dann hüpfen sie und springen wie Affen. Packt sie der Rausch, dann werden sie wild wie Löwen, und schließlich wälzen sie sich wie Schweine im Dreck.

›In vino veritas‹ – im Wein ist Wahrheit –, das Sprichwort ist in aller Munde. Es spielt einerseits auf die läuternde, dem klaren Denken dienliche Wirkung eines leichten Weinrausches an, mehr noch aber auf die Enthemmung, die Lösung von gesellschaftlicher Form und Sitte, von Äußerlichkeiten, auf das Ablegen jener ›Maske‹, hinter der das ›wahre Gesicht‹ des Menschen verborgen ist. Nicht von ungefähr tut ein Berauschter Dinge, die der Nüchterne verabscheut, sei es, daß er grundlos Streit sucht, daß er zu prahlen beginnt oder sentimental wird, daß er Geheimnisse ausplaudert oder sich sexuell gehen läßt. Was der Alkohol Böses anrichten kann, ist den meisten unter uns aus eigener Anschauung geläufig, welche Ausmaße dieses Böse aber erreicht, wird vielen unbekannt sein. Ein Beispiel dafür ist der Fall eines Alkoholsüchtigen aus der Praxis des deutschen Psychiaters Professor Bleuler.

»Ein Mann, Vater von zwei halberwachsenen Töchtern, war dem Alkohol verfallen. Eines Tages trank er Obstwein, verschärfte dessen Wirkung durch eine Flasche Schnaps und mißbrauchte dann eine seiner Töchter. Auch die zweite ließ er nicht ungeschoren, sondern versuchte auch ihr – vor den Augen der Mutter – Gewalt anzutun. Dann begann er widerlich zu prahlen: gerade am Kommunionstage habe er dem Kinde die Unschuld genommen. Die Frau, die solches wie versteinert von dem Wütenden anhören mußte, schlug er am ganzen Leibe blau, schüttete ihr heißes Wasser ins Gesicht und brachte ihr eine Kopfwunde bei. Danach wurden die Kinder gezwungen, ihre Mutter festzuhalten, damit er sie mit einem Seil prügeln konnte. Das Ganze dauerte zwei Tage, bis sich endlich die Frau, nur mit einem Hemd bekleidet, in ein Nachbarhaus flüchten konnte. Der Mann aber blieb, in den Nebel des Rausches versunken, in der Wohnung. Nach zwei Tagen wagte sich ein Nachbar zu ihm, um dem Wütenden eine Schale mit Milch zu bringen. Denn, so sagte er, es ginge doch nicht an, daß man einen Menschen so einfach verhungern ließe. Diese mitleidige Seele brachte den Säufer so sehr in Rührung, daß er in Tränen zerfloß und dem milchspendenden Nachbarn ebenfalls Tränen entlockte. Dann holte er die ganze Familie zusammen, die verprügelte Frau und die geschändeten Kinder, und ›nun weinte alles zusammen in großer Rührung‹.«

Solche grauenhaften Vorfälle sind natürlich Ausnahmen, und wer die im Alkoholrausch begangenen Taten verfolgt, der weiß, daß nur ein bestimmter Menschentyp sich zu derartigen Prügelszenen und Gewalttaten hinreißen läßt. Es gibt andere, die zu anderen Exzessen neigen, und unter ihnen sind vielleicht die die Gefährlichsten, die sich ans Steuer ihres Wagens setzen und so zu einer tödlichen Bedrohung ihrer Mitmenschen werden.

Es mag sich hier die Frage stellen, ob Alkoholismus erblich sei oder nicht. Das letzte Wort darüber ist offenbar noch nicht gesprochen. Mehr als bei einer Erbkrankheit wie etwa angeborenem Schwachsinn scheinen beim Alkoholismus aber Umweltfaktoren mitzuentscheiden, ob er zum Ausbruch kommt oder nicht. Die Anlage dazu, Alkoholiker zu werden, ist gewiß erblich. Es wäre aber gut denkbar, daß ein zum Alkoholismus neigender Mensch durch Mangel an Gelegenheit, günstige Lebensumstände, ein beruflich erfülltes Leben oder eine glückliche Ehe gar nicht erst zu trinken beginnt oder doch nur ein mäßiger Trinker bleibt – und umgekehrt.

»Tabak schädigt den Körper, greift den Verstand an und macht ganze Nationen stumpfsinnig.« So vernichtend urteilte der französische Dichter Honoré de Balzac über den ›blauen Dunst‹. Heute muß sich namentlich der Zigarettenrauch noch massivere Vorwürfe gefallen lassen. Unter ihnen wiegt der am schwersten, daß er – im Übermaß genossen – Krebs erzeugen könne.

Chemisch gesehen ist Nikotin das wichtigste Alkaloid der Tabakpflanze. Es gehört zu den gefährlichsten Giften, wenn man es rein verwendet. Schon in einer Menge von 60 Milligramm kann reines Nikotin bei einem erwachsenen Menschen tödlich wirken. Wenn der Genuß einer Zigarre von vier Gramm Gewicht oder von drei Zigaretten – die diese Nikotinmenge enthalten –, nicht zum Tode führt, so nur deshalb nicht, weil das Nikotin beim langsamen Rauchen nur zum geringen Teil in die Luftwege gelangt. Zum größten Teil verbrennt oder verdampft es im glühenden Tabak. Auf unsere Nerven wirkt Nikotin zunächst erregend, später lähmt es das vegetative System, das die unbewußten Funktionen des Körpers kontrolliert.

Über die Folgen übermäßigen Rauchens ist viel gesagt und geschrieben worden. Alle diese Mahnungen laufen darauf hinaus, auch beim Rauchen das rechte Maß zu wahren. Natürlich verträgt der Gewohnheitsraucher mehr als der Nicht- oder Gelegenheitsraucher. Der Leiter des pharmakologischen Instituts von Sassari (Italien), Nobelpreisträger Professor D. Bovet, nimmt zudem an, daß ein Mensch mit zwei bis drei Zigaretten täglich durchaus sein Denkvermögen anregen könne. Die Nichtraucher aber würden über kurz oder lang eine Pille kaufen können, meint Bovet, die ihnen die anregende Wirkung maßvoll gerauchter Zigaretten liefert, ohne daß sie dafür den verschmähten Rauch inhalieren müßten.

Zu den harmloseren ›kleinen Giften‹ des Alltags zählen Kaffee und Tee mit ihrem Gehalt an Coffein. Chemisch ist das Coffein ein Abkömmling des Purins, das seinerseits ein Bestandteil der im Kern der lebenden Zelle vorkommenden Nucleinsäuren ist. Man findet Coffein in den Samen des Kaffeebaums und den Blättern des Teestrauches. Außerdem kommt es in den südamerikanischen Matéblättern vor, in der Colanuß, der Guaraná-Liane und im Quarana-Samen.

Die Geschichte der Kaffeebohne und des Teestrauches ist ein Beispiel dafür, wie stark seit je der Wunsch des Menschen nach anregenden Getränken gewesen sein muß. Wie anders wäre sonst der Spürsinn zu deuten, mit dem unermüdliche ›Glückssucher‹ immer wieder Pflanzen fanden, die ihnen die erhofften Genüsse verschafften? Welche erstaunliche Leistung war es, daß Coffein-Verehrer schon vor Jahrhunderten die richtigen Pflanzenteile mit den begehrten Stoffen – beim Kaffee die Bohne, beim Tee das Blatt – entdeckten und deren wirksamste Zubereitung herausfanden!

Die anregende Wirkung des Coffeins beruht darauf, daß es die Nerven der Großhirnrinde aktiviert und damit die geistigen Funktionen fördert, den Denkprozeß beschleunigt, das Erinnerungsvermögen stärkt und die Aufnahme von Sinneseindrücken erleichtert. Zugleich setzt das Coffein bei den meisten Menschen das Schlafbedürfnis herab und weitet die Blutgefäße. Die gefäßerweiternde Wirkung erklärt auch den harntreibenden Effekt und den oft günstigen Einfluß auf Kopfschmerzen, von dem viele Kaffeetrinker berichten. Nicht selten können selbst beginnende Migräne-Anfälle noch im letzten Augenblick durch eine Tasse starken Kaffee abgewendet werden.

Als Heimat der Kaffeebohne wird Abessinien genannt. Von hier soll sie im 13. oder 14. Jahrhundert über den Jemen nach Arabien, von dort über Ägypten und die Türkei ins westliche Europa gekommen sein. Als ihre wunderwirkende Kraft bekannt geworden war, etablierten sich namentlich im Nahen Osten zahlreiche kleine Kaffeehäuser, in denen man den ›braunen Trank des Orients‹ aus kleinen Tassen schlürfte und seine anregende Wirkung genoß. Die Begeisterung kannte keine Grenzen. Man sang dem Kaffee Loblieder, man taufte die Kaffeehäuser ›Schulen der Weisheit‹ und ›Häuser der Erkenntnis‹. Zum Leidwesen ihrer Besucher wurde freilich die Freude über den neuentdeckten Spender geistvoller Einfälle nicht allgemein geteilt. In manchen Ländern fürchtete die

Staatsgewalt um das Wohl der Bürger, die sich allzu eifrig dem dampfenden Gebräu hingaben. In der Türkei kam es zu öffentlichen Schlägereien zwischen Anhängern und Gegnern des Kaffees. In Istanbul soll man Kaffeetrinkern die Zungen herausgerissen haben. Die hartnäckigsten Kaffeetrinker wurden in Säcke eingenäht und ins Meer geworfen. Erst später entdeckten die Finanzminister im Kaffee eine ergiebige Steuerquelle, und seither steht nicht mehr zu befürchten, daß wir unseres täglichen Mokkas wegen Kopf und Kragen riskieren.

Als die coffeinhaltigen Getränke etwa um 1650 in Westeuropa einzogen, eroberten sie rasch die Gesellschaft. Kaffee und Tee verdrängten den Alkohol zwar nicht, machten ihm aber starke Konkurrenz. Begeisterte Anhänger fanden sich besonders unter den Damen, zumal das Kaffee- oder Teetrinken mit viel Kultur betrieben werden konnte. Kaffee- und Teegesellschaften galten als vornehm im Gegensatz zu den wüsten Alkoholfesten, auf denen man sich prügelte und beschimpfte.

Im Übermaß genossen, kann das Coffein zu sehr unangenehmen Erscheinungen führen, es kann Angstgefühle, Zittern, Schlaflosigkeit und nervöse Unruhe auslösen. Sogar ›Kaffee-Allergien‹ sind beschrieben worden, die zu zahlreichen Beschwerden Anlaß geben und nicht selten vom Arzt fehlgedeutet werden. Gelegentliche Schmerzen unterhalb der linken Brust, Atemnot, Herzklopfen können auftreten, ohne daß ein organischer Herzschaden besteht. Solche Symptome verschwinden bei exzessiven Kaffee- und Teetrinkern manchmal über Nacht, wenn sie auf den Genuß der coffeinhaltigen Getränke verzichten und beispielsweise auf coffeinfreien Kaffee umsteigen. Dramatisch war der Fall eines 44jährigen Mannes, der wegen einer bestimmten Form des Bluthochdrucks behandelt wurde. Nachdem er sich längere Zeit gut gefühlt hatte, klagte er über Brustschmerzen, Schweißausbrüche, Müdigkeit, Angst- und Panikstimmungen. Man behandelte ihn mit Hypnose und brachte ihn sogar dazu, daß er einen Elektroschock über sich ergehen ließ. Doch alles war vergeblich. Nach einer Nierenoperation besserte sich zwar der Bluthochdruck, doch Angst, Spannung, Müdigkeit und Panikanfälle blieben. Schließlich stellte sich heraus, daß der ›Problempatient‹ übermäßig Tee und Kaffee trank. Innerhalb von drei Tagen war er von seinem Leiden befreit, einfach dadurch, daß er auf die Genußmittel verzichtete.

Man sollte sich also immer bewußt sein, daß gerade bei coffeinhaltigen Getränken die Dosis wichtig ist und anregende Wirkung schon bei relativ geringen Mengen erreicht wird. Im Tierversuch fehlt diese Wirkung manchmal völlig: Ratten, die in einem künstlich angelegten Irrgarten den kürzesten Weg zur Futterstelle suchten, fanden diesen Weg nach Coffeingaben nicht schneller als sonst, was ganz nebenbei beweist, daß man die Ergebnisse von Tierversuchen nie kritiklos auf den Menschen übertragen darf.

In Maßen getrunken regt Kaffee also normalerweise an. Er wird darum von geistig Tätigen, Schauspielern, Schreibtisch- und Nachtarbeitern bevorzugt, doch verführt er gerade auch sie häufig zum Mißbrauch.

Auch der Tee enthält Coffein. Die Stammpflanze des Teestrauchs ist ein in Assam beheimatetes, baumartiges Gewächs, das bis zu zwanzig Meter hoch werden und ganze Wälder bilden kann. Aus dieser Pflanze ist der Teestrauch gezüchtet worden. Seine Blattknospen und die jungen Blättchen läßt man nach der Ernte welken, anschließend werden sie gerollt, damit die Zellwände reißen und die Zellsäfte austreten können. Nach dem Fermentieren und Trocknen werden die Blätter in Kisten verpackt, die zur Erhaltung des Aromas mit Metallfolien ausgeschlagen werden.

Um die Herkunft des Tees rankt sich eine seltsame Sage. Danach habe ein gläubiger Buddhist einst lange und vergeblich über das Wesen Buddhas nachgedacht. Schließlich sei er darüber eingeschlafen. Als er erwachte, schämte er sich so sehr seiner menschlichen Schwäche, daß er seine Augenlider abschnitt und von sich warf. Dort, wo sie hinfielen, sei der erste Teestrauch erblüht.

Die Chinesen kennen und schätzen den Tee schon seit dem 6. Jahrhundert, nach Europa kam er erst um 800 nach Christus. Die anregende Wirkung geht auch bei ihm auf den Coffein-Gehalt zurück, und auch beim Tee kann es zu Gesundheitsschäden durch Mißbrauch kommen, die denen des Kaffeemißbrauches ähneln. Im Unterschied zum Kaffee ist das Coffein im Tee jedoch chemisch anders ›verpackt‹, weshalb die Wirkung beim Tee in der Regel auch allmählicher einsetzt und länger vorhält als beim Kaffee.

Anregend, aufmunternd und wachhaltend wie Kaffee und Tee wirken sowohl Maté als auch die Colanuß und die Guaraná-Liane dank ihres Coffein-Gehalts. Zu Brei vermahlen und mit Wasser und Mandiokmehl vermischt, werden die Guaraná-Samen auch als Aufputschmittel für Soldaten verwendet. Außerdem sollen sie den Sexualtrieb steigern.

Zum Kaffee, Tabak und Tee gesellen sich eine Reihe weiterer Pflanzenstoffe, die mehr oder weniger anregend wirken und schon im Altertum bekannt waren. Einigen von ihnen verdankt die moderne Pharmakologie wertvolle Ausgangsstoffe für die künstliche Herstellung von Medikamenten. Wir müssen das so verstehen, daß es gelang, die wirksamen Bestandteile aus dem einen oder anderen Naturerzeugnis zu isolieren und als aktive Substanzen bei der Zubereitung psychisch wirksamer Präparate zu verwenden. Beispiele dafür sind die indische Rauwolfiapflanze oder die ›Hexenkräuter‹, auf die wir noch zurückkommen werden. Früher blieb die Anwendung dieser Mittel den Medizinmännern, Zauberern, Kräuterweibern und Priestern vorbehalten, Leuten, die die Wirkungen dieser Pflanzen kannten und sie unter mehr oder weniger kultischem Drumherum verwendeten. Der Zweck war klar: Schon der Primitive suchte ›über sich hinauszuwachsen‹. Wenn auch nur zeitweise, wollte er übernatürliche Kräfte besitzen oder Seelenzustände erleben, in denen er seine Sorgen vergessen, schöne Träume haben, mit den Göttern sprechen, die Zukunft voraussehen oder die Schuld oder Unschuld eines armen Sünders erkennen konnte.

Opium oder das Geheimnis des Glücks

Seelische Probleme hat es zu allen Zeiten und unter allen Völkern gegeben, und eines der ältesten Mittel, seinen Kummer zu verscheuchen oder seine Neugier zu stillen, ist der Opiumrausch. Opium kann indes mehr sein als nur Glücksbringer, und das ist sein Segen und sein Fluch zugleich: es kann den Kranken von seinen Schmerzen befreien und den Gesunden süchtig werden lassen nach dem Stoff, der ihm das Paradies auf Erden schenkt. Thomas de Quincey, der berühmte englische ›Opium-Esser‹ [98], machte erste Bekanntschaft mit der Zauberdroge dank eines Londoner Apothekers, der sie ihm zur Linderung heftiger Zahn- und Kopfschmerzen gab. Was de Quincey schon nach der ersten Dosis widerfuhr, schilderte er beredt:

»... und in einer Stunde, o Himmel! welch ein Umschwung! Wie kraftvoll erhob sich mein Geist aus seinen tiefsten Tiefen! Welch eine Apokalypse der Welt war in mir! Daß meine Schmerzen verschwanden, erschien mir jetzt als eine Kleinigkeit; diese negative Wirkung ging in der ungeheuren positiven unter – in dem Abgrund himmlischen Genusses, der sich plötzlich vor mir auftat... Hier war das Geheimnis des Glückes enthüllt, über das die Philosophen aller Menschenalter gestritten. Man konnte das Glück für einen Penny kaufen und in der Westentasche bei sich führen: es war möglich, Ekstasen, in einer kleinen Flasche verschlossen, mit sich herumzutragen. Die Post konnte Gemütsruhe und Frieden in Paketen verschicken. Doch wenn ich in dieser Weise rede, wird der Leser glauben, ich scherze: ich kann ihm dagegen versichern, daß niemand viel lacht, der viel Opium nimmt, seine Freuden sind von zu ernster, feierlicher Art, und selbst in seinem glücklichsten Zustande wird sich der Opiumesser nie in dem Charakter des Allegro zeigen, selbst dann spricht und denkt er, wie es einem Penseroso zukommt.«

Armin Kesser charakterisierte Quinceys Verhältnis zum Opium treffend mit den Worten: »Die gefährliche und zaubervolle Droge steht über seinem Leben wie ein Sternbild, das alle Entzückungen auf ihn herabsenkt, alle sublimen Freuden des Rausches, aber auch die Qualen der Ernüchterung, die Plagen des leiblichen Ruins. Sein Verhältnis zum Opium bleibt von Anfang bis Ende tief zweideutig und ambivalent. Es entführt ihn aus der Haft der dreidimensionalen Existenz, um ihn desto empfindlicher auf die Erde zurückzuwerfen. es befreit und bindet ihn zugleich, macht ihn wechselweise zum Herrn und zum Knecht. Es begründet seinen Ruhm, aber auch sein physisches Verderben, er muß es segnen, wo er es doch verfluchen möchte, und haßt es bisweilen so tödlich intensiv, wie er es im Grunde liebt.« [98]

Das Ursprungsland des Opiums ist nicht China – hier fand es erst später die glühendsten Verehrer. Seine Heimat ist Vorderasien: Ägypten und Griechenland, auch die Türkei sind die Länder, in denen die Mohnpflanze schon vor dem 8. Jahrhundert nach Christus kultiviert worden ist. Von hier erst gelangte sie – vermutlich durch reisende Händler – nach dem Fernen Osten.

Mit ›Opium‹ wird der getrocknete, bitter schmeckende und betäubend riechende bräunliche Milchsaft des Schlafmohns bezeichnet. Seine wirksamen Bestandteile sind verschiedene Alkaloide, unter ihnen vor allem das Morphin. Nur eine bestimmte Mohnart, papaver somniferum, der ›Schlafmohn‹, liefert das Opium. Man gewinnt es, indem man die Mohnkapseln anritzt, sobald sie kurz vor der Reife einen bläulichen Schimmer bekommen. Der austretende Milchsaft trocknet an der Kapsel ein und wird möglichst früh am nächsten Morgen abgenommen, um die vom Sonnenlicht bewirkte Bräunung des Saftes zu vermeiden. Aus dem getrockneten Saft werden kleine Kügelchen oder Ballen geknetet und für den Versand mit Mohnblättern umwickelt. Um das Opium rauchen zu können, muß es erhitzt, geknetet, behutsam geröstet und schließlich längere Zeit in Tongefäßen fermentiert werden. Das Endprodukt ist der sogenannte Chandu oder Tschandu, ein morphinreiches, aromatisches Rauchopium, das noch etwa zwölf Prozent Alkaloide enthält und in Bambusröhren, gelegentlich auch in elfenbeinernen Pfeifen mit einem besonderen Mundstück geraucht wird.

»Wenn Chandu geraucht werden soll«, schreibt der deutsche Pharmakologe Professor Erich Hesse [77], »wird das Material in Pillenform gebracht und in den Pfeifenkopf gelegt. Nach Anbrennen der Pfeife zieht man den Rauch durch die Lungen ein. Der Opiumraucher fällt nach einem entsprechenden Quantum in einen Schlaf, in dem ihm die Phantasie herrliche, häufig erotisch gefärbte Bilder vorzaubert. Das Erwachen ist weniger schön. Ein Depressionszustand ist meist die Folge der Vergiftung. Der Orientreisende H. von Maltzahn hat einmal die schwüle Atmosphäre einer Opiumhöhle beschrieben: ›Nachdem wir uns in dem Kellerloch niedergelassen hatten, schenkte man uns lange nicht die geringste Aufmerksamkeit. Die Genießer des Opiums saßen da mit offenen, bald sehnsüchtig schmachtenden, bald wollüstig sinnlichen, bald starr vor sich hinstierenden Augen. Sie mochten sich wohl in die wonnigsten Träume gewiegt fühlen, denn die Mundwinkel vieler umflog ein süßes Lächeln, wie wenn ein unbeschreibliches Glück ihnen zuteil geworden wäre. Aber keiner von allen sprach auch nur ein Wort. Alles war still, keine Silbe verriet die wonnigen Einbildungen, die süßen Phantasien, die das Gehirn der Opiumgenießer beleben mochten. Nur hier und da entfuhr dem einen der Ruf: ‚O Allah' oder ‚Güte Gottes!' als fühlte er sich von Dank beseelt für den Schöpfer, der ihm solchen Genuß ermöglicht hatte.‹«

Mit dem Weinrausch verglichen, hält die Wirkung des Opiums viel länger und gleichmäßiger an. Baudelaire beschreibt in seinem Werk ›Die künstlichen Paradiese‹ [5] treffend, wie de Quincey die Wirkung des Opiums von der des Weines unterschied: Die freudige Stimmung des Weinrausches folge einer anfangs aufsteigenden, schließlich aber abfallenden Kurve, »während die Wirkung des Opiums, einmal erzeugt, neun bis zehn Stunden hindurch sich selber gleichbleibt; das eine ist ein akuter Genuß, das andere ein chronischer; hier ein Aufflammen, dort eine gleichmäßige, anhaltende Glut. Aber der große Unterschied liegt vor allem darin, daß der Wein die geistigen Fähigkeiten verwirrt, während das Opium ihnen die höchste Ordnung und Harmonie zuführt. Der Wein beraubt den Menschen der Herrschaft über sich selbst – das Opium macht diese Herrschaft milder und ruhiger. Jedermann weiß, daß der Wein eine außerordentliche, aber momentane Kraft verleiht: der Verachtung wie der Bewunderung, der Liebe wie dem Haß. Das Opium aber teilt den Fähigkeiten das tiefe Gefühl der Disziplin und eine Art göttlicher Gesundheit mit. Die weinberauschten Menschen schwören sich ewige Freundschaft, drücken sich die Hände und vergießen Tränen, ohne daß jemand begreifen könnte, warum; der sinnliche Teil im Menschen hat offensichtlich seinen Gipfel erklommen. Aber die Ausbreitung der menschenliebenden Empfindungen unter dem Einfluß des Opiums ist keine Fieberanwandlung; es ist einfach der ursprünglich gute und gerechte Mensch, der wiederhergestellt und in seinen natürlichen Zustand versetzt wird, erlöst von allen Bitternissen, die gelegentlich seine edle Geistesart verdorben hatten.«

Wenn man fragt, wie die betäubende und berauschende Wirkung hoher Opiumdosen zu erklären ist, so fällt die Antwort nicht leicht. Der Morphingehalt allein jedenfalls scheint kaum dafür verantwortlich zu sein. Andere Stoffe, wie das ebenfalls im Opiumrauch vorkommende Mekonin oder gar die Kombination mehrerer Alkaloide spielen vielleicht mit. Ein zweites Rätsel ist die Tatsache, daß extreme Opiumraucher überwiegend unter den Asiaten zu finden sind. Fachkenner deuten dies mit einer erblichen Anlage der asiatischen Völker und vertreten die Ansicht, daß das Opiumrauchen für sie besonders genußvoll sei.

So verlockend aber die Schilderungen der Opium-Esser und -Raucher von einst und jetzt auch klingen mögen, so viel sich mancher vom Opium als einer die hektischen Charaktere unserer Zeit besänftigenden Droge versprechen mag: Seine Gefahren überschatten all diese Hoffnungen. Denn die Sucht lauert unweigerlich selbst für die Auserwählten am Wege, und auch für sie bleiben der körperlich-seelische Verfall, die Abmagerung, die moralische Enthemmung oder die Entziehungskur meist die unrühmlichen letzten Stationen ihres Vorwitzes.

In der sich immer mehr durchsetzenden Erkenntnis dieser Gefahren liegt vielleicht auch die Erklärung dafür, daß die einst berüchtigten Opiumhöhlen Singapurs heute nahezu verschwunden sind. Auch hat das Opium für die jüngere Generation der Asiaten nicht mehr die Attraktion als Rauschmittel, wie es sie für die Älteren teilweise noch haben mag.

Was für das Opium gilt, trifft im hohen Maße auch für das Morphin zu, dem zugleich wichtigsten Alkaloid des Schlafmohngiftes. »In Morpheus Armen ist gut ruhen«, heißt die

Volksweisheit von der einschläfernden Wirkung des Morphins. Seinen Namen hat es vom Traumgott ›Morpheus‹ des Ovid; die ältere Bezeichnung ist ›Morphium‹. Entdeckt wurde das Morphin im Jahre 1803 in Paderborn von dem damals erst zwanzigjährigen Apotheker Sertürner. Geringe Mengen erzeugen beim Menschen einen Zustand des Wohlbehagens, höhere Dosen schläfern ein. Morphin wirkt stark schmerzlindernd (daher seine große Bedeutung in der Medizin), es verscheucht Unlustgefühle und Müdigkeit. Es setzt auch das Hungergefühl herab. Seelisch ausgeglichene, robuste Naturen, die zur Schmerzstillung ausnahmsweise eine Morphin-Injektion erhalten, haben außer der schmerzstillenden Wirkung normalerweise keine besonders beglückenden Empfindungen. Anders labile und nervöse Menschen. Sie fühlen sich oft schon nach wenigen Behandlungen mit kleinen Morphin-Injektionen beschwingt. Entsprechend größer ist für sie das Risiko, morphinsüchtig zu werden. Auch bei seelisch Ausgeglichenen kann es manchmal zur Euphorie kommen, wenn wiederholte Injektionen nötig werden. Auch diese Menschen unterliegen dann der Gefahr der Sucht, denn das seligmachende Erlebnis des Unbeschwertseins und die oft gleichzeitig auftretenden, starken Selbstwertgefühle sind unwiderstehlich beglückend.

Die ersten Zeichen der Sucht sind Pupillenverengung, Appetitlosigkeit, Darmträgheit und trockene Haut. Im fortgeschrittenen Stadium besteht das Verlangen nach steigenden Morphindosen, zugleich kommt es zu Intelligenzstörungen und zum Verfall des Charakters. In Extremfällen wird die ganze Persönlichkeit bis zum schwer Asozialen verändert.

Stärker noch als das Morphin wirkt sein künstlich hergestellter Abkömmling, das Heroin. Die kleinen weißen Heroinkristalle werden mit dem Zigarettentabak vermischt. Man kann sie auch mit Stanniolpapier umgeben, das Papier anbrennen und den Rauch durch ein Bambusröhrchen einziehen. In China nennt man diese Art des Heroin-Genusses ›den Drachen jagen‹. Die glücklichmachende Wirkung tritt beim Heroin schon nach wesentlich kürzerer Zeit ein als beim Morphin.

Die Hauptanbaugebiete für den Schlafmohn als Rohstoff der beiden gefährlichen Rauschgifte sind die schwer zugänglichen Gebirge Nordburmas, Nord-Thailands, Laos' und der chinesischen Provinz Yunnan. Das hier geerntete Rohopium wird von Karawanen nach Bangkok, Saigon, Rangun und Singapur gebracht. Die meisten Verarbeitungsbetriebe, in denen Morphin und Heroin aus Opium gewonnen werden, befinden sich in Bangkok.

Der Haschisch-Rausch: ein Ozean aus Tönen

›Haschisch‹ sagt man in Persien, ›Marihuana‹ in Amerika zu den getrockneten Blättern des Hanfs (Cannabis indica var. sativa). Das Rauschgift selbst wird ebenso genannt und befindet sich in einem harzartigen Sekret, das aus den Drüsenhaaren an den jungen Knospen der weiblichen Hanfpflanzen austritt. Es ist in diesem Harz jedoch nur dann enthalten, wenn der Hanf in warmen Gegenden gewachsen ist. Gewonnen wird er auf primitive Art. Die Sammler gehen mit Lederschürzen durch die blühenden Hanffelder. Das Harz bleibt dabei an den Schürzen kleben und kann später abgeschabt werden. Nach einem anderen Verfahren wird das berauschende Hanföl, ›Cannabinol‹ genannt, mit einem warmen Bügeleisen aus den Hanfpflanzen herausgepreßt. Aus der klebrigen Substanz bereitet man eine knetbare Masse, den sogenannten ›ungekochten Haschisch‹. Aus ihm wird schließlich durch Kochen und Abschöpfen der oben schwimmenden Teilchen ein hochwirksames Präparat hergestellt, das man raucht oder auch – wie es Baudelaire tat – mit dem Kaffee trinkt.

Der Haschisch-Genuß führt zu einem Dämmerzustand, einem traumverlorenen Halbschlaf mit seltsamen Empfindungen, darunter ungewöhnlichen Farbvisionen und Geräuschen. Eindrücke von grenzenlos sich ausweitenden Räumen wechseln ab mit Bildern von überirdischer Pracht. Im Gegensatz zu europäischen Haschisch-Rauchern sollen bei den Bewohnern orientalischer Länder außerdem erotische Träume eine Rolle spielen. Während die Denkfähigkeit und Auffassungsgabe unter der Wirkung des Haschischs herabgesetzt sind, werden die Sinneswahrnehmungen gesteigert. Das schließt Sinnestäuschungen nicht aus, doch ist ihr Ausmaß verschieden und von der jeweiligen Ausgangsstimmung abhängig.

Manch einer, der sich dem Haschisch-Rausch hingab, berichtete über phantastische Träume. So auch Théophile Gautier, der Gründer eines Pariser Haschisch-Clubs in den vierziger Jahren des vorigen Jahrhunderts [182]:

»In einem verschwommenen Lichte flatterten in unendlichem Gewimmel Milliarden von Schmetterlingen, deren Flügel wie Fächer rauschten. Riesenhafte Blumen mit Kristallkelchen, gewaltige Stockrosen, silberne und goldene Lilien stiegen vor mir auf und entfalteten sich mit einem Geprassel, das an das Platzen von Feuerwerkskörpern erinnerte. Mein Gehör hatte sich wunderbar entwickelt; ich hörte den Klang der Farben; grüne, rote, blaue, gelbe Töne kamen in deutlich unterscheidbaren Wellen zu mir. Das Geräusch, das ein umgeworfenes Glas verursachte, das Knistern eines Lehnstuhls, ein geflüstertes Wort dröhnten in mir wie Donnerrollen; meine eigene Stimme erschien mir so stark, daß ich nicht zu sprechen wagte, aus Angst, die Mauern könnten einstürzen oder ich könnte wie eine Bombe explodieren. Mehr als fünfhundert Pendeluhren sangen mir die Zeit in silbernen Flöten- oder strahlenden Trompetenstimmen zu. Jeder Gegenstand, den ich berührte, gab den Ton einer Glasharmonika oder einer Aeolsharfe von sich. Ich schwamm in einem Ozean von Tönen…«

Wer würde sich da nicht zu einer Probe aufs Exempel verleiten lassen? Betrüblich nur, daß der Haschisch die Neugierigen auch enttäuschen kann und damit bestätigt, was Eingeweihte längst wissen: Es kommt ganz entscheidend auf die Stimmung und die Mentalität an, ob der Rausch genußvoll verläuft oder in einem Erlebnis voller Schrecken endet. Höchst unerfreuliche Erfahrungen machten Erika und Klaus Mann in Fez, nachdem sie eine hohe Dosis Haschisch eingenommen hatten. In seinem Buch ›Der Wendepunkt‹ schreibt Klaus Mann:

»Niemals werde ich beschreiben können, was mir nun widerfuhr. Es war schaurig über alle Worte. Es war Wahnsinn. Ja, es war die Hölle. Erst flogen meine Arme davon, dann die Beine; es folgten Hals und Kopf, schließlich der ganze Körper. Ich löste mich auf, explodierte in tausend Stücke. Meine Identität zerbarst: die Fragmente meines Ichs flatterten durch den nachtschwarzen, parfümierten Garten. O meine Nase! Meine Fingerspitzen! Meine Haare! Es ist dahin, verfangen im Dornengebüsch... Ach, und mein entfremdeter, schrecklicher Mund plappert Ungereimtes vom Gipfel der Zypresse! Meine Füße, ziellos und willenlos, laufen durch feuchtes Gras, während mein Herz – ein Klumpen losgelöster, zuckender Nerven und Muskeln – irgendwo zwischen Himmel und Erde tanzt.« [131]

Besonders begehrt von den Haschisch-Konsumenten sind die Marihuana-Zigaretten, und immer wieder wird auch darauf hingewiesen, daß ihr Rauch nicht zur Sucht führe. Dabei bleibt allerdings das Risiko außer acht, das mit dem ›Hasch‹ als Einstiegsdroge für härtere Rauschgifte wie Heroin und Cocain besteht. Immerhin gab sich die bedeutende englische Ärzte-Zeitschrift ›The Lancet‹ schon dafür her, eine Lanze für den Haschisch zu brechen. Der Gesetzgeber, so regte ›Lancet‹ an, möge Marihuana von der Liste der verbotenen Rauschgifte streichen und ihm statt dessen den gleichen ›sozialen Status‹ zubilligen wie dem Alkohol. Zur Begründung hieß es: erstens werde die Zahl der begehbaren Delikte verringert; zweitens verschaffe sich der Staat eine neue Steuerquelle, und außerdem werde das, ›was Freude bereitet‹, vermehrt.

Nichts spricht indessen dafür, daß der Vorstoß der ›Lancet‹ in England oder anderen Ländern auf Gegenliebe gestoßen wäre. Im Sande verlief auch ein Appell von 64 prominenten Engländern, die mit Graham Greene in ihrer Mitte im Sommer 1967 eine ganzseitige Anzeige in der Londoner ›Times‹ veröffentlichten. Darin hieß es, das Verbot von Marihuana sei im Prinzip unmoralisch und in der Praxis unanwendbar; die ungerechtfertigte Menschenjagd beim Aufspüren des Rauschmittels müsse beendet werden. Man verlangte, daß der Genuß des exotischen Lustspenders legalisiert werde und berief sich dazu auf James Fox, den Direktor des amerikanischen Büros zur Kontrolle von Rauschgiften. Fox hatte erklärt, Marihuana führe weder zur Degeneration noch zur Schädigung der Hirnzellen oder zur Gewöhnung.

Unbestritten bleibt, daß gesetzliche Charakterstützen haltlosen Zeitgenossen gelegentlich recht gut bekommen. Aber wie schwer soll, kann und wird dieses Argument wiegen? Der englische Gesetzgeber blieb jedenfalls hart, und so wird der Dunst des indischen Hanfs weiter nur illegal die Gemüter erregen, wird sie berauschen, begeistern und in jene Welten entführen, die ihnen das Leben erträglicher machen. In den USA, wo Marihuana-Zigaretten unter Decknamen wie ›Gras‹, ›Tee‹ und ›Mary Jane‹ auf dem Schwarzen Markt zu einem Stückpreis von nur 50 Pfennigen zu haben sind, hat längst auch die Studenten der Hochschulen eine geheime Zuneigung ergriffen. Wie es heißt, rauche jeder vierte Student an den Universitäten Harvard, Yale, Columbia, Stanford und Berkeley vor Prüfungen und auf Partys Marihuana. Die meisten dieser jungen Leute werden übrigens bestätigen, daß nach dem Genuß solcher Zigaretten keine Gewöhnung oder gar Abhängigkeit (Sucht) eintritt im Gegensatz etwa zum Morphium. Darum entbehren auch Berichte über katastrophale Folgen nach dem Rauchen von Marihuana-Zigaretten jeder Grundlage. In solchen Fällen ist meist noch ein anderes Rauschgift im Spiel.

Die Zunahme des Haschisch-Rauchens muß jedoch bedenklich stimmen wegen der erwähnten Gefahr des Umsteigens auf härtere Drogen bei einem gewissen Prozentsatz der Konsumenten. Nach Auffassung der Weltgesundheitsorganisation ist Cannabis ein Abhängigkeit erzeugender Suchtstoff, der gesundheitliche und soziale Probleme aufwirft und dessen Kontrolle fortgesetzt werden muß. Wie groß der Personenkreis ist, für den diese Gefahren gelten, darüber sind die Meinungen freilich noch geteilt.

Coca vertreibt die Müdigkeit

Überschaut man das Sortiment der klassischen Rauschgifte, so fehlt eigentlich ein Stoff, der vergleichsweise wirklich harmlos ist und dem geplagten Zeitgenossen dennoch das geben kann, was etwa der Yogi durch seine Selbstversenkung erreicht: das seelische Gleichgewicht, die Entspannung, den Frieden mit sich selbst. Es müßte ein Stoff sein, der ihm nicht eine Traumwelt voll irrealer Eindrücke vorgaukelt (die gewiß ihre Werte hat), der ihm nicht Erlebnisse mit abnormen sinnlichen Reizen verspricht, sondern der ihn einfach immun macht gegen die entnervende Hast seiner Tage, eine Droge, die er bedenkenlos nehmen kann und die ihm das Glück innerer Ausgeglichenheit schenkt. Wieviel würde manch einer für ein solches Mittel heute geben?

Alles andere als die Befriedigung seiner Seele erreicht auch der Coca-Kauer, wenngleich es die Erinnerung an unbeschreibliche Traum-Erlebnisse sein muß, die ihn zum leidenschaftlichen Anhänger des Cocains werden lassen. Auch er riskiert das gerade Gegenteil: Seine Haut verfärbt sich graugelb, sein Gang wird schwankend, sein Atem beginnt zu stinken, er bekommt grünliche Zähne und einen dunklen Rand um die Mundwinkel. Sein ganzes Wesen stumpft ab, seine Augen sinken tief in die Höhlen, und er altert nicht nur rascher als normal, sondern oft umnachtet sich auch sein Geist.

Der Cocastrauch gedeiht in den südamerikanischen Anden. Weitere Anbaugebiete sind Java und Sumatra. Das wichtigste Alkaloid der Cocablätter ist das Cocain. Die Eingeborenen Südamerikas schätzen es, weil es, mäßig genossen, die Müdigkeit vertreibt. Nach Meinung der Südamerikaner sättigt es außerdem den Hungrigen und läßt den Unglücklichen seine Sorgen vergessen.

Nur zwei Arten des Cocastrauches von insgesamt zweihundert werden für die Cocagewinnung genutzt. Sie entwickeln sich am besten im feuchtwarmen Klima in einer Höhenzone zwischen 600 und 1000 Metern. Man löst die Stiele und Rippen aus den Blättern und kaut die übrigen Blatt-Teile langsam zwischen den Zähnen. Wem der Geschmack widerstrebt, der kann Pflanzenasche und Kalk mitkauen. In Südamerika soll es üblich sein, daß die Indios kleine Beutel mit trockenen Cocablättern bei sich tragen und mehrmals täglich zur Auffrischung der geistigen und körperlichen Kräfte auf den Blättern herumkauen. Man sagt, Coca könne einen Menschen befähigen, tagelang ohne Nahrung und mit nur ganz wenig Schlaf auszukommen – was daran wahr ist, wissen wohl nur die Eingeweihten.

Allein in Bolivien sollen jährlich rund 5000 Tonnen Cocablätter geerntet werden, von denen nur ein Zehntel exportiert wird. In der Medizin ist Cocain früher als äußerliches Schmerzbetäubungsmittel verwendet worden. Im Jahre 1884 entdeckte der österreichische Augenarzt Koller die günstige schmerzlindernde Wirkung des Cocains bei Augenoperationen. Bald zeigte sich, daß das Cocain nicht durch die normale Haut hindurch wirkt, sondern nur die Nervenendigungen der Schleimhäute empfindungslos macht. Besonders auffällig ist die nervenbetäubende Wirkung auf der Zunge. Bei Tieren hat man einen Einfluß auf den Gleichgewichtssinn festgestellt. Hunde und Vögel verloren die Kontrolle über ihre Bewegungen und torkelten mit seltsam unberechenbaren Bewegungen umher.

Die erste Kunde von Cocainsüchtigen in Europa stammt aus Paris: Um das Jahr 1910 fanden sich im Montmartre Künstlerkreise zusammen, die regelmäßig Cocain einnahmen oder schnupften. Damals begann das ›Koksen‹, der Deckname für den Coca-Genuß. Wie bei den meisten Rauschgiften muß man beim Cocain unterscheiden zwischen der geistig anregenden Wirkung kleiner, zum Beispiel geschnupfter Mengen, die auch die Müdigkeit verscheuchen und die Arbeitsfreude erhöhen – und der mit Dauerschäden verbundenen mißbräuchlichen Anwendung. Im letzteren Fall kann es geschehen, daß der Süchtige halluziniert und in einem Zustand äußersten Wohlbefindens farbige Visionen erlebt, gelegentlich aber auch Angst empfindet.

Häufiges Schnupfen von Cocain verändert ähnlich wie Opium die Persönlichkeit. Außerdem enthemmt es den Menschen. In schweren Fällen treten Bewußtseinstrübungen auf, Umwelt und Lebensumstände werden völlig verkannt und in den trügerischsten Farben gesehen. Nicht selten wird der Süchtige gegen seine Mitmenschen aggressiv und muß dann – zumindest während des Rausches – als gemeingefährlich gelten.

›Harmloser‹ – wenn man hier überhaupt Unterschiede machen will – ist da schon die zauberische Wirkung der Kawa-Kawa-Pflanze (Piper methysticum Forster). Sie wächst auf den Südsee-Inseln, vor allem auf Samoa, und wird ›Rauschpfeffer‹

genannt. Ihre Wirkstoffe befinden sich in einer harzigen Substanz in den Wurzeln, ohne daß man bis heute den eigentlichen rauscherzeugenden Wirkstoff chemisch analysieren konnte. Die Eingeborenen gewinnen dieses Harz und bereiten daraus ein berauschendes Getränk, das bei Feierlichkeiten unter allerlei kultischen Handlungen die Runde macht. Nach dem Kawa-Trank fühlt man sich geistig und körperlich immer wohler, bis eine ausgesprochen glückliche Hochstimmung eintritt. Dann erschlafft der Berauschte und fällt in einen zwei- bis achtstündigen, von erotischen Träumen erfüllten Schlummer.

Als der Münchner Pharmakologe Bräuer im Frühjahr 1967 von einem Kongreß über psychoaktive Drogen aus Kalifornien zurückkehrte, berichtete er sogar, daß der Rauschpfeffer Angst und Haß in Wonne umwandeln könne. Mag dies auch noch bestätigt werden müssen, sicher ist, daß der häufige Genuß auch dieser Pflanze zur Sucht führt. Wer Samoa kennt, wird sich der abgemagerten, um Kawa bettelnden Eingeborenen erinnern, die man dort manchmal von Hütte zu Hütte wanken sieht. Diese Menschen sind wandelnde Beweise dafür, daß auch das vom Rauschpfeffer erzeugte Glück ein Danaergeschenk ist, für das der Willensschwache einen hohen Tribut bezahlen muß.

Von den brasilianischen Waika-Indianern kommt die Kunde von einem rauscherzeugenden Pulver namens Epena, das aus der Rinde der Epena-Bäume gewonnen wird. Epena wird geschnupft, doch ist eine andere Methode wirksamer. Dazu bedarf es eines Helfers, der ein Blasrohr zur Hand nehmen muß. Während sein Gegenüber sich das Blasrohrende an eine der beiden Nasenöffnungen hält, bläst der Helfer das Pulver kräftig hinein. Auf der empfindlichen Nasenschleimhaut tut das Pulver rasch seine Wirkung. Der Berauschte beginnt in heiterster Stimmung, lachend und selbstbewußt umherzustolzieren. Bald läßt ihn ›Epena‹ alle Dinge enorm vergrößert sehen. Pflanzen und Tiere gewahrt er in gigantischer Gestalt. Auch er selbst kommt sich als Riese vor, dessen Kopf hoch in den Wolken verschwindet. Nach dem Epena-Rausch berichten die Indianer, sie hätten mit ihren Göttern gesprochen.

Ähnliche Selbstwertgefühle vermittelt das Gift des Fliegenpilzes Amanita muscaria und das des Pantherpilzes Amanita panthera. Bei dem letzteren muß man sich vor Verwechslungen mit dem Knollenblätterpilz Amanita phalloides und den Arten Amanita vena und virosa hüten, deren Genuß wegen des in ihnen enthaltenen Haemolysins tödlich ist. Das Fliegenpilzgift wird als Ekstasemittel in Sibirien und von den Nomaden auf der Halbinsel Kamtschatka benutzt. Seine wirksame Substanz ist (wahrscheinlich gemeinsam mit anderen Stoffen) das auch in der Cohoba-Bohne enthaltene und von der Haut einiger Krötenarten abgesonderte Bufotenin.

Schwere Vergiftungen mit dem Fliegenpilz-Wirkstoff sind mit Erregungszuständen, Umsichschlagen, sinnlosem Daherreden und religiösen Wahnvorstellungen verbunden. Historisch interessant ist der offenbar vom gleichen Wirkstoff ausgelöste ›Berserkergang‹, über den auch Professor Hanscarl Leuner berichtet. Der Berserkergang hat vor allem in der Saga-Zeit Islands und der skandinavischen Länder in den Jahren 870–1030 nach Christus unheimliche Berühmtheit erlangt. Mit ›Berserker‹ bezeichnete man Männer, die zeitweise im Besitz übermenschlicher Kräfte waren und sich wilden Tieren gleich gebärdeten, ohne jedes Mitgefühl auf Freund und Feind einschlugen und auf Kriegszügen gefürchtete Wüteriche waren.

In der Ynglinga-Saga heißt es von ihnen: »Sie bissen in ihre Schilde und waren stark wie Bären oder Stiere. Sie erschlugen das Menschenvolk, und weder Feuer noch Stahl konnten ihnen etwas anhaben.« Also eine Form von ›Doping‹ schon damals.

Der Erregungszustand der Berserker soll jeweils etwa einen Tag gedauert haben. Anschließend schwanden den Rasenden die Kräfte, sie wirkten wie ausgepumpt und kümmerten sich um nichts mehr. Als dann im Jahre 1123 das isländische christliche Gesetz jedem drei Jahre Verbannung androhte, der ›als Berserker geht‹, soll die Unsitte recht unvermittelt wieder verschwunden sein.

Dagegen ist das Fliegenpilzessen in Sibirien und auf Kamtschatka anscheinend noch immer beliebt. Stammesheilige, Schamanen und Zauberer finden Gefallen daran, in ihrem

Rauschzustand hellseherische Fähigkeiten zu entfalten und Zwiesprache mit den Göttern zu führen. Gewöhnlich werden drei bis sieben Fliegenpilzhüte verzehrt. 21 Pilze werden laut Volksmund der Irtysch-Ostjaken für das Äußerste gehalten, das ein Mensch sich noch zumuten könne. Da der Wirkstoff des Pilzes den Körper passiert, ohne sich chemisch zu verändern, kann er theoretisch mehrmals verwendet werden. Tatsächlich sei es in manchen Gegenden üblich, daß der Urin der Berauschten von anderen Stammesgenossen getrunken wird und auf diese Weise sich nacheinander bis zu fünf Personen in die Pilz-Ekstase versetzen [155].

Die Sucht oder die Flucht aus der Wirklichkeit

Nicht alle, denen ein Rausch auch nur ein einziges Mal Vergessenheit oder Verzückung schenkte, sind stark genug, es beim einmaligen Versuch zu belassen. Das gilt besonders für das Morphin, mehr oder weniger aber auch für die meisten anderen Rauschmittel. Viele kommen nie oder nur sehr schwer wieder von ihnen los – bei ihnen wird der Rausch zum Vater der Sucht.

Man muß unterscheiden zwischen der Alkohol-, der Nikotin-, der Rauschgift- und der Arzneimittelsucht. Weiter muß man bedenken, daß nicht jeder ›Süchtige‹ sein Laster allein auf die Neugier zurückführen kann. Sucht kann entstehen aus sozialem Notstand, aus Wohlstand und als Folge einer ärztlichen Behandlung. Immer jedoch leidet der Süchtige an einer seelischen Fehlhaltung. Darum geht der Begriff ›Sucht‹ auch nicht auf das ›Suchen‹ nach etwas zurück, sondern kommt von Siechtum, also von Kranksein. Wenn von Sucht die Rede ist, so muß immer zweierlei gegeben sein: der seelisch kranke Mensch und der Suchtstoff.

Nach einer Begriffsbestimmung der Weltgesundheitsorganisation für Suchtstoffe aus dem Jahre 1957 ist Sucht »ein Zustand periodischer oder chronischer Vergiftung durch wiederholtes Einnehmen eines natürlichen oder synthetischen Stoffes«. Die charakteristischen Merkmale sind [67]:

- ☐ der übermächtige Wunsch oder das Verlangen (Zwang), den Stoff immer wieder einzunehmen und unter allen Umständen in dessen Besitz zu gelangen;
- ☐ die Neigung, die Dosis zu erhöhen;
- ☐ die psychische und im allgemeinen auch physische Abhängigkeit von den Wirkungen des Stoffes;
- ☐ die schädliche Wirkung für den Betroffenen wie für die Gesellschaft.

Wie wird ein Mensch süchtig? Durchaus nicht dadurch, daß er einen suchtgefährlichen Stoff einmal oder mehrmals einnimmt. Selbst so starke Rauschgifte wie Morphin oder Cocain finden nicht sofort ihre Opfer. Das ist ein wichtiger Punkt: Während etwa beim Morphin für den gesunden Menschen erst etwa nach der dreißigsten Injektion oder Einnahme der Droge die Suchtgefahr beginnt, kann es beim krankhaft Veranlagten schon nach der ersten Spritze zum unwiderstehlichen Verlangen nach einer neuen Dosis kommen. Eine langanhaltende Verabfolgung von Morphin in chronischen Schmerzfällen ist also nie harmlos, sie kann auch beim sonst Gesunden zur Sucht führen.

Nur der Süchtige selbst weiß natürlich, was ihn persönlich zum Rauschgift treibt. Nur er kann ermessen, was ihm das Paradies bedeutet, in das er sich begibt. Darum wird man süchtige Menschen auch nicht leichthin verurteilen können, solange sie ihr Laster mit sich selbst ausmachen und ihre Mitmenschen nicht belästigen oder gefährden. »Man muß sich vorstellen«, schreibt L. Gerweck in einer Arbeit über die Rauschgiftsucht [66], »daß ebenso wie alle großen und kleinen Schmerzen auch alle sonstigen lästigen Leibgefühle verschwinden, daß im seelischen Ablauf alle ›innere Reibung‹, alle dranghaften Regungen, unbestimmte Spannungen und Hemmungen, alle ›nervösen Reizzustände‹ gelöst werden. Der Morphinist... fühlt sich innerlich frei, abgedämpft, abgeschirmt gegen ungünstige Wirkungen von außen, in der Stimmung ausgeglichen. Er ist mit sich und der Welt in Frieden. Abgewogene feinsinnige Gedanken von seltener Klarheit, wie er meint, fließen ihm zu, und er kann sie in nie erlebter Gewandtheit und besonderer Gesprächigkeit von sich geben. Die Kontaktfähigkeit mit Fremden ist erleichtert, seine Überzeugungskraft gesteigert. Aber hier schon zeigt sich, daß die durch den Morphinrausch erzeugte Lockerung des seelischen Gefüges erstes Zeichen der Desintegration der Persönlichkeit ist. Seine ursprüngliche Charakterstruktur kann er spielerisch – schauspielerisch – umfügen, wie er es will, wie er es braucht.«

Welche furchtbaren Folgen der unablässige Mißbrauch haben kann, ist dem Süchtigen im ersten Stadium seiner Sucht gewöhnlich nicht bewußt. Vielleicht wiegt er sich auch in der trügerischen Hoffnung, die Beherrschung über sein Ich und sein Tun wiederzugewinnen. Aber je fester ihn das Gift in den Griff bekommt, um so mehr schwindet diese Beherrschung dahin, und schließlich kann er sich aus eigener Kraft nicht mehr von ihm lösen. Der geistige und körperliche Verfall schreitet fort, und in immer kürzeren Abständen muß er nun zum Rauschgift greifen.

Dem hemmungslosen Wunsch etwa nach dem Morphin steht die Schwierigkeit entgegen, es zu erwerben. »Rücksichtslos gegen menschliche Würde, Ansehen und Ruf sucht sich der Morphinist das Mittel zu verschaffen«, schreibt Gerweck. »Er wendet alles auf an List, alles an heimtückischer Methode, um es zu erlangen. Der magere Körper ist bald mit Injektionsstellen bedeckt, die nicht selten vereitert sind, weil der Süchtige in seiner Gier die Injektionen mangelhaft steril, oft durch die Kleider macht. Bei intravenöser Anwendung, die man in letzter Zeit wegen der ungemein raschen Wirkung häufiger kennenlernte, sieht man Anstiche der Venen und Narben entlang den Venen in den Armbeugen, an den Armen und Oberschenkeln, manchmal vor der erwarteten ärztlichen Untersuchung gepudert, um das Ausmaß der Sucht zu verschleiern. Die allgemeine Empfindlichkeit, insbesondere gegenüber Schmerzen, die Hautempfindlichkeit überhaupt, nimmt enorm zu. Alles wird als Schmerz bezeichnet, schon die Berührung als geradezu ›unerträglich‹, als ›wahnsinnig‹. Und bezeichnenderweise ist jedes andere Mittel wirkungslos dagegen, nur nicht das Suchtmittel. Es allein ›hilft‹ dem Süchtigen. Im Kampf um die Spritze lamentiert und tobt er. Es kommt zu dramatischen, widerlichen Szenen, die sich in Wohlgefallen auflösen, sobald die

Spritze gegeben ist. Das Lamento, die ganze Misere, die drohende Katastrophe sind sofort vergessen.«

Neben ausgesprochen süchtigen Menschen gibt es freilich andere, die im ›Vorfeld der Sucht‹ leben oder die – ohne je eigentlich süchtig zu werden – sich an einen bestimmten Stoff gewöhnt haben, den sie immer wieder begehren. Die typischen Merkmale einer solchen ›Gewöhnung‹ sind: der Wunsch (aber nicht das zwanghafte Verlangen), den Stoff immer wieder einzunehmen, um zu erhöhtem Wohlbefinden zu gelangen, die fehlende oder nur geringe Neigung, die Dosis zu erhöhen und eine gewisse psychische Abhängigkeit von der Wirkung des Stoffes. Die körperliche Abhängigkeit, welche die bei Entzug des Stoffes auftretenden Ausfallserscheinungen hervorruft, fehlt jedoch.

Hierher gehören auch die mäßigen, aber regelmäßigen Alkohol-Trinker, die ›social drinkers‹, denen es bei aller Kontrolle über sich selbst doch schon Unmutgefühle wachruft, wenn sie nicht ihr tägliches Quantum Alkohol bekommen.

So wenig sich die Menschen in ein Schema pressen lassen, so schwierig ist es natürlich auch, mit den Begriffen von Sucht und Gewöhnung einen Maßstab etwa zur Beurteilung suchtverdächtiger Personen aufzustellen. Was ist noch Gewöhnung, wo fängt die Sucht an? Was ist krankhaft, was nur Ausdruck eines eigenwilligen oder bewußt ausschweifenden Lebens, wie es zahlreichen unkonventionell lebenden Menschen eigen ist?

Um das Problem der Klassifizierung zu umgehen, wird neuerdings empfohlen, statt ›Sucht‹ und ›Gewöhnung‹ nur noch den Ausdruck ›Abhängigkeit‹ anzuwenden. Doch sollte dann stets auch der betreffende Suchtstoff-Typ hinzugefügt werden, um den es im Einzelfall geht. Also etwa: Abhängigkeit vom Morphin-, Cocain-, Cannabis-, Barbiturat- oder Amphetamin-Typ.

Um dem Arzt die Arbeit leichter zu machen, hat die Welt-Gesundheitsorganisation für Suchtstoffe die Symptome zusammengestellt, die bei der Abhängigkeit von den wichtigsten suchtgefährlichen Medikamentengruppen auftreten. Typisch dafür sind jeweils bestimmte Krankheitszeichen, die sich eine gewisse Zeit nach der Einnahme der letzten Dosis als sogenannte Abstinenz-Syndrome einstellen (unter Syndrom versteht man eine Gruppe gemeinschaftlich auftretender Krankheitszeichen). Nach dieser Zeit verlangt der Körper von neuem – häufig stürmisch – nach dem Mittel und reagiert krankhaft, wenn es ausbleibt. Ein paar Beispiele zeigen am besten, was gemeint ist:

Zum Abstinenz-Syndrom bei Abhängigkeit von Drogen des Morphin-Typs gehören Gähnen, Tränenfluß, Nasenkatarrh, Transpirieren, Pupillenerweiterung, Zittern, Gänsehaut, Appetitlosigkeit, Angstzustände, Unruhe, Übelkeit, Erbrechen, Durchfall, Hitzegefühl, Anstieg der Körpertemperatur, beschleunigte Atmung, Ansteigen des systolischen Blutdrucks, Magen- und Muskelkrämpfe und Wasser- sowie Gewichtsverlust. Diese Zeichen erreichen ihren Höhepunkt etwa zwölf Stunden nach der letzten Dosis und klingen innerhalb einer Woche ab. Bekommt der ›Süchtige‹ von seinem Arzt ein geeignetes Gegenmittel, so verschwinden seine Beschwerden meist innerhalb weniger Minuten.

Fortgesetzte oder periodische Einnahmen von Cocain oder Stoffen ähnlicher Eigenschaften führt nach plötzlichem Entzug der Drogen nicht zu körperlichen Störungen, die den eben beschriebenen vergleichbar wären. Der Betreffende hat zwar den unbändigen Wunsch, die Mittel immer wieder zu nehmen, aber es tritt lediglich eine psychische Störung auf, die durch das Verlangen nach dem Stoff gekennzeichnet ist. Ein eigentliches Abstinenz-Syndrom fehlt.

Auch der vom Haschisch Abhängige (Marihuana-Raucher) braucht keine Dosis-Steigerung, um das so begehrte erhöhte Selbstwertgefühl zu erleben. Auch er hat freilich den Wunsch, die Droge immer wieder einzunehmen oder zu rauchen. Da nicht nur das Haschen, sondern auch der Genuß härterer Drogen in den letzten Jahren in der Bundesrepublik Deutschland stark zugenommen hat, wollen wir an dieser Stelle einen Fachmann für Rauschgiftfragen zu Wort kommen lassen, dessen sachliche Darstellung beherzigenswert für alle Gefährdeten sein sollte. Mit freundlicher Genehmigung des Autors und des Deutschen Ärzte-Verlages übernehme ich Ausschnitte aus dem Beitrag von Gert Gruenwaldt: ›Wechselnde Trends auf dem Drogensektor‹ aus dem Deutschen Ärzteblatt Nr. 12/ 1973:

»Ob Haschisch oder Marihuana harmlos oder gefährlich sind, wird nach wie vor diskutiert. Die Gefahren des Haschisch-Konsums werden meist mit folgenden – zutreffenden – Argumenten bagatellisiert:

- ☐ Haschisch hat bei kurzdauerndem Gebrauch keine schwerwiegenden körperlichen Nebenwirkungen (jedoch mehren sich die Hinweise auf ernst zu nehmende Schäden durch chronischen Mißbrauch).
- ☐ Tödliche Zwischenfälle, die mit Sicherheit allein auf den Gebrauch von Haschisch zurückzuführen sind, wurden bisher nicht bekannt.
- ☐ Es entsteht keine körperliche Abhängigkeit.
- ☐ Körperliche Entziehungserscheinungen sind – wenn überhaupt vorhanden – geringfügig.
- ☐ Ein Zwang zur Dosissteigerung besteht nicht.

Dennoch kann Haschisch nicht als harmlos angesehen werden, sondern birgt folgende Gefahren:

Bei regelmäßigem Konsum von Haschisch oder Marihuana droht die psychische Drogenabhängigkeit, die definiert wird als ein ›unbezwingbares, gieriges seelisches Verlangen, mit der Einnahme der Drogen fortzufahren, und dem Bedürfnis, sich die Drogen um jeden Preis zu beschaffen‹. Die Gefährlichkeit dieser Abhängigkeit darf nicht unterschätzt werden. Während einer Entziehungskur kann man zwar die körperliche Abhängigkeit innerhalb einiger Wochen durchbrechen, die psychische Abhängigkeit bleibt aber jahrelang bestehen; sie birgt für einen langen Zeitraum die Rückfallgefahr.

Allerdings: Nicht jeder, der gelegentlich aus Neugierde ›hascht‹, wird zwangsläufig abhängig. Wenn eine ausgeglichene, psychisch und körperlich gesunde Person hier und da einmal Haschisch raucht, ist das Risiko offenbar relativ gering.

Die Gefahr, eine psychische Abhängigkeit zu entwickeln, besteht aber besonders für diejenigen, die psycholabil, verhaltensgestört, neurotisch oder durch Konflikte mit ihrer Umwelt belastet sind – und an Konflikten mit Elternhaus, Schule oder Lehrstelle leidet heutzutage ein hoher Prozentsatz der Jugendlichen. Im Rausch vergessen viele für einige Stunden ihre Probleme und Konflikte; durch ein überhöhtes Selbstwertgefühl erscheint die Harmonie mit der Umwelt hergestellt.

Um so brutaler ist dann aber das Erwachen in der Phase der Ernüchterung. Die Probleme sind inzwischen natürlich nicht gelöst worden, die Auseinandersetzungen mit Eltern und Schule bleiben nicht erspart – die Neigung, erneut in den Rausch zu flüchten, wird von ›trip‹ zu ›trip‹ stärker, bis schließlich die psychische Abhängigkeit entsteht, aus der die Gefahr des sozialen Abgleitens bis zur völligen Verwahrlosung oder zu Suizidversuchen droht.

Zu den Risiken ist weiter die Verkehrsgefährdung zu rechnen, vor allem aber die Möglichkeit des Umsteigens auf Morphium, Cocain oder Heroin. Es ist schwierig, den Kausalzusammenhang zu beweisen, viele statistische Erhebungen und Erfahrungen sprechen aber eindeutig dafür, daß Haschisch die ›Einstiegsschwelle‹ zu den Opiaten erniedrigt. Manche Jugendliche, die zunächst vor dem Gebrauch von ›harten‹ Drogen zurückschrecken, nehmen ohne zu zögern das angeblich so ›harmlose‹ Haschisch. Als relativ schwaches Rauschmittel ist Haschisch aber geeignet, den Wunsch auf das Nirwana der Sucht zu wecken, ohne ihn auf die Dauer erfüllen zu können. Der ›user‹ sucht nach weitergehenden Erfahrungen und folgt schließlich den Verheißungen gewissenloser Rauschgifthändler, die das ›ganz große Erlebnis‹ nach einem Schuß Heroin versprechen.

Der Entschluß dazu wird dadurch erleichtert, daß regelmäßiger Haschisch-Konsum offenbar die Kritikfähigkeit herabsetzt und daß die ersten Heroindosen oft kostenlos angeboten werden.

In einer Hamburger Feldstudie vom August 1971 wurde beispielsweise festgestellt:

Für rund 80 Prozent der Rauschgift-Konsumenten war Haschisch das erste Rauschmittel, aber nur für die Hälfte von ihnen blieb es das einzige. Diese Zahlen beweisen natürlich noch nicht, daß Haschisch zum Heroin führen muß, sie stützen aber die dargelegten Erfahrungen ebenso wie eine Berliner Studie, aus der hervorgeht, daß jedem dritten bis vierten ›user‹ Opiate offeriert worden sind. Etwa die Hälfte lehnte aus Angst vor Sucht, Krankheit oder der Spritze ab. 16 Prozent der befragten jugendlichen ›user‹ besaßen bereits eigene Erfahrungen mit Opiaten, sieben Prozent waren als süchtig anzusehen.

Umstritten ist noch, welche Rolle dem Haschisch beigemischtes Opium spielt. Gelegentlich geben Süchtige an, durch ›Hasch mit O‹ zum ›Fixer‹ geworden zu sein. Unter den von der Polizei beschlagnahmten Rauschgiften befand sich aber nur selten mit Opium versetztes Haschisch.

Die Käufer auf dem Drogenschwarzmarkt wissen aber nie genau, was sie einhandeln. Häufig werden völlig wirkungslose Mixturen als LSD oder Hasch angeboten; es kommt aber auch vor, daß bewußt oder irrtümlich Giftstoffe als vergleichsweise harmlose Mittel offeriert werden. So wurde aus München berichtet, daß dort Natrium-Cyanid als Heroin und 60prozentige Schwefelsäure als LSD-Lösung (›Acid‹) angeboten wurden.

Eine große Rolle beim Übergang zu den ›hard drugs‹ spielt schließlich das Bestreben vieler Jugendlicher, innerhalb der Gruppe nicht als ›feige‹ zurückstehen zu wollen; hinzu kommen Neugierde und der oft unstillbare Reizhunger...

Durch gelegentliche Meldungen über einen Rückgang des Rauschgiftkonsums in Deutschland sollte man sich nicht in Sicherheit wiegen lassen. Der Höhepunkt der Haschisch-›Epidemie‹ mag überschritten sein, weil inzwischen eine ›Durchseuchung‹ stattgefunden hat. Fast jeder Jugendliche hat inzwischen Gelegenheit gehabt, sich mit Haschisch oder Marihuana auseinanderzusetzen. Etwa die Hälfte aller Schüler über 24 Jahren hat diese Droge versucht; ein Teil ist wieder davon losgekommen. Viele der Dauerkonsumenten gehen später zu ›harten‹ Drogen über und werden schließlich im engeren Sinne süchtig.

Die Schätzungen, wie viele ›user‹ auf die Dauer abhängig werden, divergieren sehr stark, sie liegen zwischen 2,5 und 50 Prozent; realistisch dürfte ein Wert zwischen fünf und zehn Prozent sein. Der Eindruck, daß nach der ›Durchseuchung‹ die Rauschgift-›Infektion‹ abklinge, ist irreführend. Tatsächlich bleibt das Kernproblem in Form der jetzt ›chronisch infizierten‹ suchtgefährdeten Jugendlichen bestehen.

Dafür, daß auch bei uns eine Heroinwelle droht, sprechen die Erfahrungen der USA (allein in New York soll es 200000 Heroinsüchtige geben) sowie die Tatsache, daß Deutschland einen geradezu idealen Nährboden für den Rauschgifthandel darstellt:

Der Weg ist durch Haschisch und LSD gebahnt, Drogen sind ›in‹; die Bereitschaft, Rauschgifte kritiklos zu konsumieren, ist weitgehend vorhanden; die Händler-Organisationen funktionieren; entsprechend der allgemeinen Prosperität verfügen viele Jugendliche über ungewöhnlich hohe Geldmittel, und die Strafverfolgung ist in der Bundesrepublik Deutschland immer noch milder als in vielen andern Ländern.

Die in Deutschland bisher beschlagnahmten Heroin-Mengen sind noch relativ klein, steigen aber von Jahr zu Jahr an. Während 1968 nur zwei Milligramm konfisziert wurden, waren es 1969 und 1970 rund 500 Gramm und 1971 2,9 Kilogramm, eine Menge, ausreichend für fast 600000 Dosen zu je fünf Milligramm.

Franke (Bundeszentrale für gesundheitliche Aufklärung) hat errechnet, daß bei Weiterbestehen des Problems im gleichen Umfang in den kommenden Jahrzehnten ein Aufwand von 250 Milliarden Mark für süchtige Frührentner erforderlich wird. Das würde bedeuten, daß jeder der heute 15- bis 25jährigen während seines Arbeitslebens einen Betrag von mindestens 50000 Mark für die Süchtigen aufzubringen hätte; eine Summe, die, mit Zinsen, dem Gegenwert einer Eigentumswohnung entspricht. Infolgedessen ist für die berufstätige Bevölkerung ein noch größerer Leistungsdruck zu erwarten. Aus dieser Sicht gibt es keine ›Nicht-Betroffenen‹; das Drogenproblem geht alle an.

Den Gefährdeten muß man immer wieder vor Augen halten: Wenn man einmal in die sich unaufhaltsam schneller drehende Spirale von Sucht – Entziehung – Rückfall hineingeraten ist, geht es nicht mehr um einen Gewinn an Harmonie und Glück, sondern nur noch darum, der unerträglichen Qual der Abstinenz wenigstens kurzfristig zu entrinnen.

Man spricht hier mit Recht von einer ›biochemischen Falle‹: Da der Süchtige vom Opiat körperlich abhängig ist, kann er es nicht absetzen, ohne sich den Entziehungserscheinungen auszusetzen. Und wenn er das Mittel weiternimmt, muß er die Dosis immer wieder erhöhen, weil die Toleranzgrenze sich unbarmherzig verschiebt.

Verheerend wirkt sich vor allem die Unkenntnis der Jugendlichen aus: Viele halten Morphium und Heroin für nicht mehr gefährlich als Haschisch. Weil sie nach gelegentlichem Hasch-Konsum auch noch ohne diesen Stoff leben konnten, glauben sie, auch mit einer Opiat-Sucht fertig werden zu können. Die klinische Erfahrung zeigt demgegenüber, daß höchstens für zehn Prozent der Heroinsüchtigen eine Chance auf Heilung besteht. Entziehen kann man zwar die meisten Süchtigen, über 90 Prozent werden aber wieder rückfällig.

Die meisten gefährdeten Jugendlichen haben auch keine Ahnung, daß Heroin außer der Suchtgefahr noch andere Risiken birgt, die zum Teil durch die Anwendungsweise bedingt sind. Im allgemeinen wird Heroin-Pulver in unsterilem Wasser gelöst, kurz in einem Kronenkorken erhitzt und durch Watte filtriert. Die Lösung wird ohne vorherige Hautreinigung, meist mit einer Spritze, die von Hand zu Hand geht, intravenös injiziert. In den USA ist eine Methode verbreitet, bei der eine Injektionsnadel senkrecht in eine Vene gestochen und das Heroin mit einer Pipette in den Kanülenhals getropft wird. Die unsterile intravenöse Applikation führt häufig zu Serumhepatitiden (Leberentzündungen, Anm. d. Verf.)...

An den Folgen einer Heroin-Überdosierung sterben in New York jährlich mehr als ein Prozent der Süchtigen; 1970 gab es dort 1100 Heroin-Todesfälle. Ein Viertel der Todesopfer war jünger als 18 Jahre; es befanden sich auch neun- bis vierzehnjährige Kinder darunter. Ähnliche Berichte liegen aus anderen Städten der USA vor: 1971 betrug die Zahl der Straßenverkehrsopfer in Philadelphia 162, die der Heroin-Toten aber 260. (Anm. d. Verf.: Auch in Europa greift das Heroin um sich. Im August 1978 starben an dem Rauschgift allein in Amsterdam innerhalb einer Woche sieben Menschen. Alarmierend ist auch die Lage in Berlin.)

Diese hohe Mortalitätsquote hat verschiedene Gründe. Süchtige haben meist keine Möglichkeit, die Konzentration des verwendeten Heroins abzuschätzen. Nach einer Entziehungskur nehmen sie oft die gleiche Dosis wie vor der Behandlung, die wegen der nun fehlenden Gewöhnung zu hoch und damit tödlich sein kann. Ähnlich ist die Situation, wenn Anfänger zur Injektion der gleichen Dosis verführt werden, die von langjährig Süchtigen ohne weiteres vertragen wird.

Tödliche Heroin-Überdosierungen gehen meist mit Atemlähmung und akutem Lungenödem einher. Die Süchtigen sind entweder stupurös (körperlich und geistig völlig regungslos, Anm. d. Verf.) oder bewußtlos mit unregelmäßiger, langsamer, schnappender Atmung und engen Pupillen. Der Tod tritt mitunter so schnell ein, daß der Tote noch mit liegender Nadel aufgefunden wird.

Abgesehen von der Tendenz zu den harten Drogen und zur Polytoxikomanie (Sucht nach zahlreichen Rauschgiften, Anm. d. Verf.) wird man sich auf ständig wechselnde Trends einstellen müssen: Neunjährige gelten heute schon als gefährdet, die Zahl der drogenabhängigen Mädchen nimmt zu, die Probleme verlagern sich immer mehr in die Berufs- und Volksschulen, weder Betriebe noch Landgemeinden und Kleinstädte bleiben verschont.

Es ist damit zu rechnen, daß die Rauschgift-Konsumenten immer wieder neue Mittel suchen und finden werden. Schon länger bekannt ist das ›Schnüffeln‹ an organischen Lösungsmitteln, die in bestimmten Klebstoffsorten, Fleckenwassern oder Haarsprays enthalten sind. Für viele Kinder und Jugendliche ist dies die billigste Möglichkeit, sich einen kurzen Rausch zu verschaffen. Wird das längere Zeit praktiziert, können Leber, Nieren und blutbildende Organe geschädigt werden; auch Todesfälle sind vorgekommen.

Niemand ist bisher in der Lage, die Folgen anderer ausgefallener Methoden abzuschätzen: Was passiert, wenn Muskatnußpulver teelöffelweise geschluckt, oder, mit Tabak vermischt, geraucht wird? Auf diese Weise kann ein Zustand erzeugt werden, der dem Haschisch-Rausch vergleichbar ist. Hinzu kommt das Gefühl einer motorischen Blockade, die für kurze Zeit jede körperliche Bewegung erschwert oder unmöglich macht. Auch speziell aufbereitete Bananenschalen sollen – geraucht – zu kurzdauernder Euphorie führen...

Weiter gibt es Berichte von koronarerweiternden Mitteln (wie Amylnitrit), die als sexuelle Stimulation verwendet werden. In Vietnam mußte sogar ein Plastiksprengstoff als Rauschgiftersatz herhalten...«

Soweit der Bericht Gert Gruenwaldts aus dem Jahre 1973, der in seiner Eindringlichkeit für sich spricht. Inzwischen hat sich die Drogenszene weiter bereichert und auch wieder verschoben. Während im Jahre 1966 in der Bundesrepublik Deutschland ein krimineller Drogenmißbrauch ›nur‹ in 1080 Fällen registriert wurde, lag die Ziffer zehn Jahre später schon bei mehr als 35000 Delikten, wobei seitens der Kripo eine Dunkelziffer nicht erfaßter Straftaten von 315000 angegeben wurde. Das entspräche einer Steigerungsrate von 3000 Prozent in zehn Jahren! Der Mißbrauch von Drogen vor allem durch Jugendliche und Heranwachsende nimmt also deutlich zu. Allein die Zahl jugendlicher Drogenabhängiger (zwischen 14 und 25 Jahren) wurde 1978 in der Bundesrepublik auf 40000 geschätzt, und alles deutet darauf hin, daß sich das Schwergewicht des Mißbrauchs von Haschisch auf die harten Drogen Cocain und Heroin verlagert hat. Ein Schlaglicht: Allein in Baden-Württemberg starben im ersten Halbjahr 1978 nicht weniger als 36 Menschen an Drogenmißbrauch, das war mehr als doppelt so viel wie im gleichen Zeitraum 1977. Die Zahl der von der Polizei gefaßten Drogen-Straftäter erhöhte sich um über 20 Prozent auf 2627 Personen. Das Erschreckendste: Gegenüber dem ersten Halbjahr von 1977 wurde die sechsfache Menge von Heroin sichergestellt, ein Quantum, das für etwa 300000 Einzeldosen ausgereicht hätte.

Neben dem wachsenden Konsum harter Drogen bahnt sich in letzter Zeit eine gefährliche Entwicklung mit einem Stoff an, den die Amerikaner ›angel dust‹ (Engelsstaub) nennen. Dieses Mittel war als Phencyclidin (PCP) bisher nur als tierärztliches Medikament zur Schmerzlinderung oder Ruhigstellung von Schlachttieren gebräuchlich, nachdem es sich in der Humanmedizin als ungeeignet erwiesen hatte.

Bemerkenswert am PCP ist seine lange vorhaltende Wirkung, die nach dem Konsum von nur einem halben Gramm für einen viele Stunden dauernden Rauschzustand sorgen soll. Die

Droge ist in Pulver- oder Pillenform relativ einfach von Chemikern zuzubereiten, und sie läßt sich auch mit hohem Gewinn unter die Leute bringen. In Pulverform kann PCP geschnupft, mit gehackter Petersilie vermischt auch geraucht werden.

Der ›Engelsstaub‹-Rausch vermittelt vor allem Kraftgefühle und Fieberphantasien. Eine New Yorker Ärztin, Beatrice Kresky, gab folgende Schilderung: »Für die Konsumenten verwandeln sich Krankenschwestern in Hexen aus dem Märchen, die Eltern der Jugendlichen erscheinen als Monster, Polizeiwagen nehmen die Form von Drachen an...« David Smith, der Begründer einer Drogenklinik in San Francisco, bezeichnete PCP als die derzeit giftigste Straßendroge. Die durch den Stoff ausgelöste Psychose beginnt mit Hochstimmung, dann folgt eine Verwirrtheitsphase. Damit einher gehen Muskelkrämpfe, die die Leute nicht mehr normal gehen, sondern umhertorkeln lassen mit einem Gang, der an den der Astronauten auf dem Mond erinnert.

Schmerz und Wehleid

Gäbe es kein seelisches Leid und keinen körperlichen Schmerz, so bliebe nur die Neugier auf noch unbekannte seelische Erlebnisse, die einen Menschen in die Sucht – genauer: in die Abhängigkeit von einer Droge oder einem Medikament geraten lassen kann.

Was aber ist der Schmerz? Darf man in ihm etwas Krankhaftes an sich sehen, das so rasch wie möglich, notfalls mit schmerzstillenden Mitteln, beseitigt werden muß? Sicher ist der Schmerz nicht eine Krankheit an sich, sondern nur ein Symptom, ein Zeichen dafür, daß im Körper etwas nicht stimmt.

Man sagt vom Schmerz, er sei ein ›Hüter der Gesundheit‹: Würde ein kranker Zahn nicht weh tun, so würden wir den Zahnarzt viel seltener aufsuchen, und hätten wir keine Leibschmerzen, so würde uns eine Blinddarmentzündung vielleicht den Tod bringen.

Grundsätzlich gilt diese Weisheit freilich nicht, denn bei einer Reihe von Krankheiten wie Krebs, Blut- und Nierenleiden stimmt sie nicht. Manche Krankheiten verursachen zumindest anfänglich keine Schmerzen.

Wenn man vom Schmerz spricht, meint man gewöhnlich den körperlichen Schmerz. Er kann verschiedene Ursachen haben, darunter mechanische, chemische und Temperatur-Reize. Auch elektrische Schläge lösen Schmerzen aus, ferner ungenügende Sauerstoffversorgung, Muskelspannungen und krankhafte Veränderungen in Körpergeweben. Endlich gibt es noch einen Schmerz besonderer Art, den ›Phantomschmerz‹. Er entsteht, obgleich eigentlich gar kein Grund für ihn da ist – zum Beispiel durch ein anscheinend schmerzendes Bein, das wegen einer Verletzung schon vor längerer Zeit amputiert werden mußte.

Man unterscheidet zwei Hauptformen des Schmerzes: den peripheren und den zentralen oder, anders ausgedrückt, den Schmerz, den eine angestoßene Zehe oder ein verbrannter Finger bewirken, und den, der im Rückenmark oder im Gehirn entsteht, zum Beispiel als Folge eines Tumors, durch Rückenmarksverletzungen oder einen Schlaganfall. Der Schmerz auf der Haut wird von bestimmten ›Schmerzpunkten‹ ausgelöst; sie liegen so eng beeinander, daß man zum Beispiel an der Innenkante des Unterarms rund 200 je Quadratzentimeter zählen kann. Werden die Schmerzpunkte von einem Schmerzreiz getroffen, so machen sie dem Gehirn davon ›Meldung‹. Das heißt, sie leiten ihm einen Nervenimpuls zu. Das geschieht durch zwei verschiedenartige Nervenfasern: die markhaltigen A-Delta-Fasern und die marklosen C-Fasern. Bei Schmerzen im Körperinnern beteiligen sich außerdem die Bahnen des vegetativen Nervensystems an der Schmerzleitung. Über die beiden Nervenfaserbündel zu beiden Seiten des Rückenmarks werden die Schmerzimpulse in den Hirnstamm und den Thalamus und weiter in die Rindenbezirke des Gehirns geleitet, wo sie als mehr oder weniger intensive Schmerzerlebnisse bewußt werden.

Um auf gefährliche Situationen rasch reagieren zu können, stehen die Verbindungsstellen der schmerzleitenden Nervenzellfasern mit den motorischen Nerven in Verbindung, und diese lösen dann augenblicklich eine Abwehrmaßnahme aus wie das Zurückzucken einer verbrannten Hand vor dem Feuer. Die Wehenschmerzen der Frau bei der Geburt eines Kindes beweisen übrigens, daß der Schmerz durchaus nicht immer als etwas Krankhaftes empfunden werden muß, sondern sogar erwartet und gern ertragen werden kann.

So segensreich der Schmerz vielfach als Alarmsignal ist, so störend und lästig kann er sein, wenn seine Ursache entdeckt ist und der Arzt die Behandlung übernommen hat. Der Schmerz hat seine Aufgabe dann gewissermaßen erfüllt. Jetzt muß alles geschehen, um den Patienten schmerzfrei zu machen.

Die drastischste Form der Schmerz-Beseitigung ist die Narkose. Sie ist schon lange bekannt. Die Araber und Inder benutzten als Narkosemittel sogenannte Schlafschwämmchen, die mit Mohnsaft, mit dem Saft der Alraune und dem des Haschischs getränkt waren. Die wirksamen Bestandteile in diesen Schwämmchen konnten damals freilich noch nicht richtig dosiert werden. Deshalb gab es auch hin und wieder ›Betriebsunfälle‹. Wie es heißt, sollen die Schlafschwämmchen jedem zehnten Patienten einen Schlaf bereitet haben, aus dem er nicht mehr erwachte.

Erstmals im 19. Jahrhundert gelang es, dosierbare Narkosemittel herzustellen und gefahrlos anzuwenden. Unter ihnen waren Morphin, Lachgas, Äther und Chloroform; zur örtlichen Betäubung dienten Cocain und Novocain. Heute, da eine Fülle weiterer ›humaner‹ Mittel bekannt sind (erwähnt sei nur das Evipan-Natrium), und seit darüber hinaus zahlreiche Sicherheitsvorrichtungen wie Narkoseapparate, künstliche Beatmungsgeräte usw. zur Verfügung stehen, ist die Narkose auch in problematischen Fällen kaum noch ein Risiko.

Die Medikamente zur Schmerzbekämpfung nennt man ›Analgetica‹ (vom griech. ›Analgesie‹ = Schmerzlosigkeit).

Worauf die medikamentöse Schmerzbetäubung eigentlich beruht, ist nicht ganz geklärt. Wohl kann man sagen: Dies oder jenes Mittel in der und der Dosierung schaltet den Schmerz aus oder verringert ihn, aber man weiß noch nicht hundertprozentig, wie die Wirkung zustande kommt.

Wahrscheinlich greifen die Schmerzbekämpfungsmittel an den ›Synapsen‹ an, den Verbindungszonen zwischen den Nerven. Morphin, so sagt man, hemme an den Synapsen die Bildung von Azetylcholin, ein Stoff, der vermutlich an der Übermittlung von Schmerzreizen beteiligt ist. Viel für sich hat auch die Theorie, nach der die schmerzlindernde Wirkung der morphinähnlichen Arzneien die Folge davon ist, daß diese Mittel eine starke Adrenalinausschüttung bewirken. Adrenalin ist ein Hormon der Nebennierenrinde. Man kann es indirekt ebenfalls mit der Schmerzentstehung in Verbindung bringen, denn bei Versuchstieren, denen man die Möglichkeit genommen hat, Adrenalin zu produzieren (indem man ihnen die Nebenniere operativ entfernte), ist die Wirkung der morphinartigen Mittel wesentlich geringer.

Fortschritte auf dem Gebiet der Schmerzbekämpfung verspricht die Entdeckung amerikanischer und schwedischer Forscher, die an den Synapsen, den Kontaktstellen zwischen den Nervenfasern, bisher unbekannte ›Rezeptoren‹ entdeckt haben. Sie fanden auf der Oberfläche der Nervenfasern von Versuchstieren Strukturen, die wie dazu geschaffen sind, Moleküle einer Substanz aus der Gruppe der Opiumalkaloide aufzunehmen, obwohl bisher nicht vermutet werden konnte, daß solche Stoffe vom Körper selbst hergestellt werden.

Daß es für Opiumalkaloide Rezeptoren gab, ließ nun darauf schließen. Man weiß von diesen Substanzen, daß sie unter anderem schmerzstillende Wirkung haben. Forschern der Sandoz AG gelang es tatsächlich nach langem Suchen, die richtigen Deckel zum Topf, sprich die passenden Moleküle für die Opiatrezeptoren an den Nervenzellen zu finden. Sie erwiesen sich als chemisch weniger den Überträgersubstanzen an den Synapsen verwandt (den Neurotransmittern) als vielmehr einer hormonähnlichen Stoffklasse zugehörig. Man nannte sie ›Endorphine‹ und ›Enkephaline‹, und es gelang auch, einige von ihnen synthetisch herzustellen. Die Möglichkeiten, die diese künstlichen Hormone bieten, werden derzeit intensiv untersucht. Mit dem Enkephalin-Abkömmling ›FK 33-824‹ konnte im Tierversuch bereits eine über sieben Stunden anhaltende schmerzdämpfende Wirkung erzielt werden. Und wenn sich auch beim Menschen bisher eine eindeutig schmerzstillende Eigenschaft der hormonellen Kunstprodukte noch nicht erwiesen hat, so berechtigen die Tierversuche doch zu großen Hoffnungen. Wir dürfen gespannt sein, was die Zukunft der Schmerzbehandlung hier noch bringt.

Zu den häufigsten Schmerzen, mit denen sich die zivilisierte Menschheit herumquälen muß, gehört das Kopfweh. Auch Kopfschmerzen sind keine Krankheit an sich, sondern nur ein Symptom für einen Krankheitsherd im Körper. Beispiele sind der klopfende Schmerz neben den äußeren Augenwinkeln bei Stirnhöhlen-Katarrhen, der Druckschmerz im seitlichen Hinterkopf bei Mandelentzündung oder der Schmerz vorn über den Ohrmuscheln bei Leber- und Gallenkrankheiten. Auch ernstere Leiden kündigen sich durch Kopfschmerzen an oder werden von ihnen begleitet. Dazu gehören der Hirntumor, Hirnhautentzündung und Gehirnblutungen. Häufige Kopfschmerzen sollte man daher nie als unbedeutend abtun, auch wenn ein Hirntumor nur bei drei von tausend Patienten die Ursache ihrer Kopfschmerzen ist.

Häufige Opfer der Kopfschmerzen-Plage sind Menschen mit einem empfindlichen vegetativen Nervensystem und Kreislaufkranke. Nicht zuletzt leiden ehrgeizige Leute unter ihnen. Den typischen Kopfschmerz-Patienten beschrieb der New Yorker Arzt Harold Wolff einmal als einen Menschen, der den Beifall seiner Umgebung sucht, indem er mehr arbeitet und alles besser machen will als seine Kollegen, eine Haltung, die ihm zwar wachsende Verantwortung und Bewunderung einbringt, aber wenig Liebe.

›Kopfschmerz-Kandidaten‹ sind neben wetterempfindlichen Menschen der junge Familienvater, der sich um eine wachsende Kinderschar sorgt und zugleich einer unbefriedigenden Arbeit nachgehen muß. Gefährdet ist der Zeitungs-, Funk- und Fernsehredakteur und alle Leute, die unter Zeitdruck arbeiten müssen. Bedroht ist der Feinmechaniker, der mit winzigen Werkzeugen, die lupenbewehrten Augen auf ein punktförmiges Arbeitsfeld gerichtet, den Kopf lange Zeit stillhalten muß. Schließlich gehört die nervöse Hausfrau zu dieser Gruppe, wenn sie sich nach arbeitsreichem Tag noch einer lärmenden Kinderschar und dem hungrigen Gatten gegenübersieht, der unerwartet noch Gäste mitbringt.

Kopfschmerzen können durch Zahnkrankheiten, Parodontose oder Aufregungen und Ärger entstehen, und zwar gleichwohl durch akute Verstimmungen wie durch langdauernde seelische Belastungen. Die Beschwerden, um die es dabei hauptsächlich geht, nennt man ›vasomotorische‹ Kopfschmerzen. Sie werden durch Spannungsänderungen in den Kopfgefäßen ausgelöst, doch treten sie weder örtlich begrenzt noch anfallweise auf. Vasomotorisches Kopfweh ist ein dumpfer, diffuser Schmerz, dessen Ursache oft schwer herauszufinden ist. Besteht eine Schwäche des vegetativen Nervensystems wie bei wetterempfindlichen Menschen, so helfen manchmal Wechselbäder, Kneipp-Kuren und Kopfmassagen.

Die Möglichkeit, den Kopfschmerz durch eine Tablette fürs erste zu beseitigen, leistet leider jener Laxheit Vorschub, die sich nicht weiter um vielleicht ernstere Ursachen kümmert. Dabei kann selbst die Tabletten-Einnahme gefährlich werden. Wie unzweckmäßig es ist, häufig wiederkehrende Kopfschmerzen etwa mit phenacetinhaltigen Kopfschmerzmitteln zu bekämpfen, ist leider nur wenig bekannt. Die Mittel helfen zwar vorübergehend, können den Kranken aber bei chronischem Gebrauch auch in einen unheilvollen Teufelskreis hineinziehen. Professor Bay von der Neurologischen Klinik in Düsseldorf begründet dies so: »Phenacetin, einer der Hauptbestandteile der unzähligen Kopfschmerzmittel, führt bei chronischem Gebrauch zu vasomotorischen Kopfschmerzen, das heißt, es produziert geradezu die Beschwerden, gegen die man es gewöhnlich nimmt. Nicht etwa nur bei Kranken, die ohnehin an Kopfschmerzen leiden, sondern auch bei solchen, die ursprünglich die phenacetinhaltigen Mittel aus anderen Gründen genommen haben. Bei der allerorten verbreiteten Tablettensucht liegt es auf der Hand, was für ein verhängnisvoller Mechanismus hier ausgelöst wird. Daß phenacetinhaltige ›Kopfschmerzmittel‹ keine geeignete Behandlungsmethode darstellen, braucht wohl nicht mehr betont zu werden, obwohl sie nicht nur bei der Selbsthilfe der Kranken, sondern leider auch in der ärztlichen Verordnung bei weitem dominieren.« [6]

Mit dem Verschreiben von Medikamenten, sagt Bay, sei es gewöhnlich nicht getan. Die Kranken seien nur allzugern bereit, jedes Mittel zu schlucken und, wenn es nicht sofort den gewünschten Erfolg habe, zum nächsten Medikament – oder zum nächsten Arzt – überzugehen. Nicht wenige, zumal in der Großstadt, seien gleich bei mehreren Ärzten in Behandlung und ergänzten deren summierte Therapie noch freigiebig aus dem Vorrat in der Handtasche. In solchen Fällen sei es wichtiger, den Patienten über die Gefahren des Medikamentenmißbrauches aufzuklären und ihm verständlich zu machen, daß ein gelegentliches körperliches Mißempfinden seit der Vertreibung aus dem Paradiese zum normalen Ablauf des menschlichen Lebens gehört und nicht sofort den Griff nach der Tablette erforderlich mache.

Chronische Kopfschmerzen, erläutert Bay, brauchten keineswegs auf eine einzige Ursache zurückzugehen. Häufig seien mehrere Faktoren beteiligt, darunter auch psychische. Darum sollte der Arzt auch nicht allein das Symptom behandeln, sondern müsse die ganze Persönlichkeit sehen. Das gelte auch für viele jener Fälle, in denen Kopfschmerzen angeblich durch eine Alterserscheinung der Halswirbelsäule entstehen. Man sagt, die Verengung der Zwischenwirbellöcher sei schuld an diesen Kopfschmerzen. Der hindurchziehende Sympathicus-Nerv werde gereizt, und auf diesem Umweg würden die Schmerzen ausgelöst. Niemand habe sich jedoch bisher die Mühe gemacht, sagt Bay, die Theorie zu beweisen. Statt dessen habe er bei vielen Patienten, die mit dieser Diagnose in seine Klinik kamen, lebenslange neurotische Fehlentwicklungen der Persönlichkeit gefunden. Die Kopfschmerzen waren einfach rheumatische oder vasomotorische. Die Wirbelsäule hatte keine Schuld.

Weitgehend unbekannt war bisher, welcher Mechanismus jene Gefäßverengungen und -erweiterungen auslöst, als deren Folge die meisten Kopfschmerzen gedeutet werden. Einen Fingerzeig scheinen jetzt die Versuche Harold Wolffs zu geben. Wolff und seine Mitarbeiter isolierten aus dem Gewebe eines Migräne-Patienten im akuten Anfallstadium eine Substanz, die sie ›Neurokinin‹ nannten. Sie fanden diesen Stoff auch beim gesunden Menschen überall dort, wo Nerven gereizt waren. Offenbar bewirkt Neurokinin eine Gefäßerweiterung und eine stärkere Durchblutung des Gewebes. Beim Migräne-Leidenden scheint jedoch die Neurokinin-Produktion außer Kontrolle geraten zu sein. Bei ihm werde bedeutend mehr Neurokinin produziert als normal. Wolff fand acht- bis 35mal höhere Werte im Gewebe von Migräne-Leidenden als bei Patienten mit gelegentlichem Kopfschmerz. Seine Vermutung geht dahin, daß zuviel Neurokinin auch häufig Migräne-Anfälle auslöse, so wie die Übersäuerung des Magensaftes zu Magengeschwüren führen kann.

Dies sieht nach einer wichtigen Entdeckung aus. Bevor wir jedoch Genaueres wissen, werden wir weiter Pillen schlucken – bis auf die wenigen, die eine gründliche Untersuchung und eine gezielte Behandlung nicht scheuen.

Leider verführt jedoch der bequeme Griff zur Tablette auch immer wieder zum Mißbrauch, und dieser Mißbrauch, die massenweise und auch wahllose Einnahme von Schmerzmitteln und anderen Medikamenten, hat in manchen Ländern bedenkliche Ausmaße angenommen. Eindringliche Worte dazu hat der Zürcher Pharmakologe Professor P. G. Waser gefunden. Zwar bezog sich Waser vorwiegend auf die Situation in der Schweiz, doch gilt seine Klage prinzipiell auch für andere westliche Länder.

Die Öffentlichkeit, gab Waser zu bedenken, werde heute mit zahlreichen gleichartigen Mitteln überschwemmt, und es werde ihr damit ein schlechter Dienst erwiesen. Früher sei es das Privileg des Arztes und Apothekers gewesen, Medikamente abzugeben. Heute würden die Mittel schon in Drogerien, Hotels, an Tankstellen und Kiosken offen oder unter der Hand vertrieben. Untersuchungen in der Schweiz über die Art der Mittel hätten ergeben, daß 63 Prozent der ›Medikament-Süchtigen‹ Schmerz- und Beruhigungsmittel verwenden, 23 Prozent nehmen Schlafmittel, 10 Prozent Weckamine und 4 Prozent andere. »Dazu kommen beinah täglich neue auf die Psyche wirkende Stoffe«, sagte Waser, »die in außerordentlichen Mengen gekauft werden. Gefährlich sind vor allem Kombinationspräparate, welche Schmerz- und Schlafmittel und eventuell Coffein enthalten.«

Allein von phenacetinhaltigen Analgetica sollen alle über 20 Jahre alten Schweizer im Jahr ungefähr je 90 Tabletten einnehmen. Ein Süchtiger verkonsumiere in seinem Leben durchschnittlich dreizehn Kilogramm Phenacetin, das in hohen Dosen Blut- und Nierenschäden bewirken kann, oder 52000 Schmerztabletten – für etwa 5000 Schweizer Franken. Es könne aber auch viel mehr sein: bis zu 65 Kilogramm Phenacetin. Es sei vorgekommen, daß in der Verpflegungspause regelmäßig mit Tabletten vollständig belegte Butterbrote verzehrt wurden [183].

Professor Paul Kielholz, Direktor der psychiatrischen Universitätsklinik Basel, prangerte im März 1967 auch die Ärzte an: »Den vorherrschenden Zeitströmungen – bis zur Hetze gesteigertes Lebenstempo und materielle Tendenz – erliegen nicht nur die Kranken, sondern auch wir Ärzte. Wir verschreiben aus Zeitdruck – bedingt durch die Zahl der im Wartezimmer harrenden Kranken –, ohne die Art der Schlafstörungen zu klären, Schlafmittel.« Kielholz fordert härtere Bestimmungen für angeblich harmlose Schmerz-, Schlaf- und Aufputschmittel, da die Zahl der Süchtigen in allen Ländern erschrekkend zunehme [173].

Schmerzen empfindet der Bastler, wenn er sich in den Finger schneidet, und Schmerzen hat der Soldat, wenn ihm ein Granatsplitter den Arm abreißt. Aber es sind verschieden starke Schmerzen, der eine leicht und schneidend, der andere wühlend und so heftig, daß der Betreffende die Besinnung verliert. Schmerz und Schmerz ist nicht dasselbe, und wenn man will, kann man den körperlichen Schmerzen auch die seelischen noch gegenüberstellen. Auch sie gehen nicht spurlos an einem Menschen vorüber, namentlich dann nicht, wenn sie empfindsame Naturen treffen.

Wenn es darum geht, den Schmerz durch Medikamente zu lindern, so hängt der Erfolg natürlich auch von psychischen Faktoren ab. Wichtig für den Grad eines empfundenen Schmerzes ist nicht allein der betroffene Körperteil und die Art der Verletzung, sondern auch die Vorstellungswelt, die Phantasie dessen, der den Schmerz erleidet. Wenn das ganze Denken eines Menschen auf einen erwarteten Schmerzreiz gerichtet ist, wenn er sich alle Einzelheiten dieses Ereignisses schon vorher ausmalt, sei es den Einstich der Injektionsnadel beim Zahnarzt oder – um ein Beispiel aus dem Mittelalter zu nennen – die Wirkung der Folterinstrumente in einem ›Hexenprozeß‹ – dann reagiert er im Augenblick des Schmerzes viel stärker als einer, den der Schmerz ohne ›Erwartungsspannung‹ überfällt, für den der Schmerz ohne ›theatralische Vorbereitung‹ einsetzt.

Soldaten im Kampfeinsatz sind durch die innere Anspannung gewöhnlich so abgelenkt, daß sie leichtere Verwundungen erst nach dem Abflauen der Kämpfe wahrnehmen. Von den fanatischen Mönchen und Nonnen, sie sich im Vietnam-Krieg scheinbar ohne Schmerzempfindung selbst verbrannten, haben wir schon gesprochen [129].

Mit dem Fortschritt der Zivilisation ist auch der Mensch schmerzempfindlicher, um nicht zu sagen weichlicher geworden. Das muß solange kein Unglück sein, wie wir unsere ärztliche Kunst immer parat haben, was freilich im Katastrophenfall nur selten der Fall ist. Es muß auch solange kein Unglück sein, wie wir die Warnfunktion des Schmerzes auch wirklich als solche respektieren, also seine Ursachen herauszufinden suchen und sie behandeln. Unser Wehleid wird uns aber dann zum Verhängnis, wenn wir mit den hochwirksamen Medikamenten das tun, was jeder mittelalterliche Burgherr zu tun sich gehütet hätte: Seinen Wächtern vor den Toren den Mund zu verbieten, wenn sie das Herannahen eines Feindes verkünden wollten.

VII.

ÜBER SICH HINAUSWACHSEN

›Psycho-Energizer‹

Immer wieder haben es Menschen in den verschiedensten Lebenslagen versucht, mehr aus sich ›herauszuholen‹, als ihnen gegeben schien. Sie taten und tun es, weil sie an die Existenz verborgener Kräfte in sich glauben, Kräfte, die es nur aufzuspüren und zu aktivieren gelte. Gibt es solche Kräfte wirklich?

Es gibt sie zweifellos. Über einige von ihnen haben wir schon im zweiten Kapitel gesprochen. Jetzt soll von einigen mehr die Rede sein und davon, wie sie mit Hilfe von Drogen, Arzneien und anderen Methoden entwickelt werden können.

Noch ganz in den Anfängen steckt ein Verfahren des südafrikanischen Frauenarztes Ockert S. Heyns von der Witwatersrand-Universität in Johannesburg, mit dem ein vorgeburtlicher Einfluß auf die geistigen Gaben des Menschen möglich erscheint. Es handelt sich um eine Unterdruck-Behandlung der werdenden Mutter, durch die Heyns der Frau ursprünglich nur die Geburt selber hatte erleichtern wollen: Sobald die Wehen einsetzten, umgab er den Leib der Schwangeren mit einer Kunststoffkuppel und einer luftdicht schließenden Plastikhaut, aus der er die Luft absaugte. Auf diese Weise wurde die Gebärmutter vom Druck der Bauchmuskulatur entlastet und konnte sich für die Ausstoßung des Kindes leichter zusammenziehen.

Mit der Unterdruck-Methode konnte aber nicht allein der Geburtsschmerz erheblich verringert werden, sondern es zeigte sich auch namentlich dann, wenn die Behandlung in den letzten Schwangerschaftswochen wiederholt durchgeführt worden war, daß bemerkenswert aufgeweckte Kinder zur Welt kamen. Die ›Unterdruck-Babys‹, so heißt es, seien schon am zehnten Lebenstage so weit entwickelt, als wären sie einen vollen Monat alt. Heyns nimmt an, daß sein Verfahren eine bessere Durchblutung von Gebärmutter und Mutterkuchen ermögliche, was wiederum der Entwicklung der Frucht zugute komme. Das noch ungeborene Kind erhalte mehr Nährstoffe und ein größeres Sauerstoff-Angebot. Es könne seine Anlagen daher besser entfalten. Unter den derart geborenen Kindern sei eines, das schon mit eineinhalb Jahren über einen Sprachschatz von 200 Wörtern verfügte. Ein anderes Kind konnte mit sieben Monaten laufen, mit zwei Jahren selbständig Telefonnummern wählen und mit drei den Reifendruck von Autos überprüfen. Ein drittes Kind sei mit zweieinhalb Jahren in der Lage gewesen, Radios sachgerecht auseinanderzunehmen und einfache elektrotechnische Experimente durchzuführen.

Wie groß die Verlockung ist, sich durch Alkohol, Kaffee oder Tee geistig in Hochform bringen zu lassen, dafür haben große und kleine Geister in den Jahrhunderten ungezählte Beweise geliefert. Ein Beispiel für viele ist E.T.A. Hoffmann, dessen Erzählungen mit ihren geisterhaften Gestalten zum guten Teil Produkte des Weinrausches sind, dem sich der Dichter wieder und wieder hingab. In dem Roman ›Die Elixiere des Teufels‹ hat Hoffmann seinem bewährten Stimulans geradezu ein Denkmal gesetzt: Der Kapuzinermönch Medardus entdeckt eines Tages eine verstaubte Flasche mit einem alkoholhaltigen Elixier, das der heilige Antonius dem Teufel abgerungen haben soll. Medardus, der zur Zeit des Fundes als Prediger keinen Erfolg mehr hatte, trinkt aus der Flasche und spürt sofort neue Kräfte in sich wachsen. Nach einem weiteren Schluck wächst er vollends über sich hinaus: Mit nie gekannter Wortgewalt und Überzeugungskunst fesselt er seine Zuhörer. Das Ende vom Lied ist, daß Medardus seinem Gelübde untreu wird, das Kloster verläßt und zu einem ungezügelten, abenteuerlichen Leben in die Welt hinauszieht. Wie es heißt, sind ›Die Elixiere des Teufels‹ ein Schlüsselroman für das Leben Hoffmanns, der seine Leidenschaft mit manchem Berufsgenossen teilte, darunter so bedeutenden Schriftstellern wie Edgar Allan Poe und Jack London [114].

Von dem Russen Jewtuschenko sagt man, er habe seine schönsten Gedichte im Krimsekt-Rausch geschrieben. Arthur Miller, der amerikanische Dramatiker, soll die schöne Marilyn Monroe in volltrunkenem Zustand um ihre Hand angehalten haben. Später habe ›M. M.‹ viel unter der Trinkgewohnheit ihres Mannes zu leiden gehabt. »Wenn ich abends heimkomme und Art ist total betrunken«, soll sie einmal gesagt haben, »schleiche ich mich in mein Schlafzimmer und sperre die Tür zu. Denn wenn er ›voll‹ ist, wird er brutal und übersinnlich.«

Flaubert, der Franzose, trank Rotwein, Dumas und Hemingway schwörten auf Champagner. Von allen aber wurde der Rausch, in dem sie ihre unvergessenen Werke hervorbrachten, immer wieder auch teuer bezahlt. Katzenjammer, Nachlassen der schöpferischen Kraft, ja Selbstmorde wie der von Jack London waren der Preis für das begehrte Stimulans.

Das im Kaffee wirkende Coffein ist auch für die anregende Eigenschaft des Tees verantwortlich. Der Tee, so heißt es, fördere nicht nur den Geistesflug; er sei auch, zumindest was die Engländer betrifft, für deren gute Nerven verantwortlich. Aber das ist wohl nur ein Gerücht. Immerhin wissen die Engländer als ›Volk der Teetrinker‹ ihr kleines Alltagsgift zu schätzen. Was ihnen die Tee-Pausen während der Arbeitszeit bedeuten, zeigt die Tatsache, daß die britischen Gewerkschaften dafür den Streik auszurufen bereit wären.

Welchem Gebräu der Vorzug zu geben sei – dem Kaffee oder dem Tee –, läßt sich nicht grundsätzlich entscheiden. Es ist eine Frage der persönlichen Bekömmlichkeit und der Erfahrung.

Schiller, so heißt es, habe nicht nur von Apfeldüften aus der Schreibtisch-Schublade profitiert und die Füße in kaltes Wasser getaucht, ›um dem Gehirn möglichst viel Blut zuzuführen‹ – er trank auch Kaffee in unmäßigen Mengen – bis zu 24 Tassen täglich.

Schwerer, öliger Kaffee war das Lebenselixier Honoré de Balzacs, dessen nächtliches Arbeits- und Trinkzeremoniell Stefan Zweig in seiner Balzac-Biographie meisterhaft geschildert hat:

»Manchmal droht die Maschine zu stocken. Auch der maßloseste Wille vermag nichts gegen das natürliche Maß der Kräfte. Nach vier, nach sechs Stunden ununterbrochenen Schreibens und Schaffens spürt Balzac, daß er nicht weiterkann. Die Hand erlahmt, die Augen beginnen zu tränen, der Rücken schmerzt, das Blut pocht drohend an die überhitzten Schläfen, die Spannung in den Nerven versagt. Ein anderer würde jetzt aufhören, würde ausruhen, würde mit so vollwichtiger Leistung sich dankbar bescheiden. Aber Balzac, dieser Dämon des Willens, gibt nicht nach. Das vorgesetzte Ziel muß erreicht werden, und wenn der Renner darüber zu Schanden geritten wird! Die Peitsche her, wenn der träge Kadaver nicht vorwärts will! Balzac steht auf – es sind dies seine einzigen knappen Pausen inmitten der Arbeit –, tritt an den Tisch und entzündet die Cafetière.

Denn Kaffee ist das schwarze Öl, das allein diese phantastische Arbeitsmaschine immer wieder in Gang bringt, und darum für Balzac, dem nur die Arbeit etwas bedeutet, wichtiger ist als Essen, Schlafen und jeder andere Genuß. Während er den Tabak haßt, weil er nicht stimuliert, nicht zu jenem Übermaß führt, das für ihn das einzige Maß ist, hat er dem Kaffee den schönsten Hymnus eines Dichters gesungen:

›Der Kaffee gleitet hinab in den Magen, und dann gerät alles in Bewegung: die Ideen rücken an wie die Bataillone der großen Armee auf dem Schlachtfeld; der Kampf beginnt. Erinnerungen treffen im Sturmschritt ein als Fähnriche des Aufmarsches. Die leichte Kavallerie entwickelt sich in einem prachtvollen Galopp. Die Artillerie der Logik braust heran mit ihrem Train und ihren Kartuschen. Die geistreichen Einfälle greifen als Tirailleurs ins Gefecht ein. Die Gestalten kostümieren sich, das Papier bedeckt sich mit Tinte, die Schlacht hebt an und endet unter Strömen schwarzer Flut, so wie die wirkliche Feldschlacht in schwarzem Pulverrauch ertrinkt.‹

Ohne Kaffee keine Arbeit, oder wenigstens nicht jene unablässige Arbeit, der sich Balzac verschworen hat. Nebst Papier und Feder nimmt er überallhin als drittes Arbeitsutensil seine Kaffeemaschine mit, an die er gewöhnt ist wie an seinen Tisch, wie an seine Kutte.« [188]

Balzac bereitete sich seinen Kaffee immer selbst aus drei

Sorten Bohnen: Bourbon, Martinique und Mokka, und ein Statistiker schätzt, daß er während der Arbeit an seinem vielbändigen Romanwerk, der ›Comédie humaine‹, rund fünfzigtausend Tassen hochkonzentrierten Kaffees getrunken habe.

Ähnlich anregend, doch von anhaltenderer Wirkung als das Coffein, ist eine Gruppe synthetisch erzeugter Verbindungen mit der chemischen Bezeichnung Phenylalkylamine. Ihre Hauptvertreter sind Benzedrin und Pervitin. Sie werden auch ›Amphetamine‹, ›Weckamine‹, ›Aufputschpillen‹, ›Psycho-Energizer‹, in Amerika ›Westcoast-turn-arounds‹ und ›Pep-pills‹ genannt. Die chemische Zusammensetzung dieser Substanzen war schon um die Jahrhundertwende bekannt – der Pharmakologe weiß, daß es sich um eine Untergruppe der Phenylpropylamine handelt –, ihren körperlich und geistig stimulierenden Effekt entdeckte man aber erst gegen Ende der dreißiger Jahre. Wie so oft bei derartigen Entdeckungen versuchten auch Politiker und Militärs Kapital aus der Sache zu schlagen. So kam es, daß die Weckamine im Zweiten Weltkrieg als ›Kampfdrogen‹, ›Durchhalte-Tabletten‹ und ›Mutpillen‹ bei den Soldaten fragwürdigen Ruhm gewannen.

Die körperlich anregende Wirkung der Weckamine beweist der Tierversuch: Gibt man Ratten oder Mäusen kräftige Dosen Pervitin oder Benzedrin, so reagieren sie mit rastlosem Umherlaufen, Putzen, Nagen und Schlaflosigkeit. Außerdem gelingt es, narkotisierte Tiere mit Hilfe von Weckaminen aus der Narkose aufzuwecken oder die Narkosezeit erheblich abzukürzen. Ein Beispiel: Eine mit Chloralhydrat (0,3 g/kg intravenös) injizierte Ratte erwacht normalerweise nach rund 102 Minuten aus der Narkose. Gibt man ihr 10 mg/kg Pervitin, so wird die Narkosedauer um rund 60 Prozent abgekürzt, das heißt, die Ratte erwacht nun schon nach etwa 40 Minuten.

Auch beim Menschen wirkt Pervitin der Müdigkeit entgegen und narkoseverkürzend. In körperlicher und geistiger Hinsicht hat es einen ausgesprochen leistungssteigernden Effekt. Spritzt man einer Versuchsperson 15 mg Pervitin unter die Haut und läßt sie auf einem festmontierten Fahrrad – einem ›Fahrrad-Ergometer‹ – fahren, so kann sie länger und kräftiger in die Pedale treten als unter normalen Umständen. Ein weiterer interessanter Test über die Wirkung von Pervitin und Benzedrin läßt sich anstellen, wenn man Versuchspersonen auf einer Projektionswand für wenige Sekunden eine einfache Zeichnung zeigt, die sie anschließend wiedergeben sollen. Unter 174 Personen konnten in einem solchen Fall 59 die Zeichnung naturgetreu nachvollziehen. Hatte man den Teilnehmern vorher Pervitin gegeben, so erhöhte sich die Zahl auf 73, bei Benzedrin auf 70. Da bei diesem Versuch auch die Konzentrationsfähigkeit der Beteiligten eine Rolle spielt, läßt sich sagen, daß Mittel vom Benzedrin- und Pervitin-Typ wahrscheinlich auch die Konzentrationsfähigkeit steigern.

Man hat aber noch mehr wissen wollen. Zehn bereits ermüdeten Sportlern wurde Pervitin gegeben, um zu prüfen, wie es mit den Kraftreserven, der manuellen Geschicklichkeit, dem Distanzgefühl, der Konzentration und Reaktionsgeschwindigkeit, der Rechengenauigkeit und Schießgenauigkeit unter dem Einfluß des Mittels bestellt ist. Es ergab sich, »daß vor allem bei den mehr geistigen Leistungen nicht nur die Ermüdung ausgeglichen wurde, sondern eine Steigerung darüber hinaus auftrat« [78]. Aus einem anspruchsvollen Rechentest ließ sich »ohne weiteres die Verbesserung der Leistung durch 6–9 Milligramm Pervitin ablesen, darüber hinaus die Aufhebung der sich um die Mittagszeit einstellenden Ermüdung, sowie der leistungsverschlechternden Wirkung des Alkohols. Dabei war überall nicht nur die Leistungsquantität erhöht, sondern auch die Zahl der Fehler verringert« [78]. (Daraus darf nicht geschlossen werden, daß die Folgen übermäßigen Alkoholgenusses mit einer Dosis Pervitin aufgehoben, also etwa die Fahrtüchtigkeit eines betrunkenen Verkehrsteilnehmers durch Pervitin wiederhergestellt werden könnte.)

Wie das Pervitin auf das Gehirn wirkt und wie es dort seinen leistungssteigernden Einfluß entfaltet, ist noch weitgehend unbekannt. Man weiß lediglich, daß es nicht in die Nervenzellen eindringt, sondern an deren Außenseiten bleibt, den Zellmembranen. Im Gegensatz zu manchen suchterzeugenden Stoffen führt die Pervitin-Einnahme nicht dazu, daß der Betreffende immer größere Dosen nehmen muß, wenn er den aufmunternden und wachhaltenden Effekt erreichen will.

Leute, die häufig Pervitin nehmen, tun dies im allgemeinen aus anderen Gründen als Morphinisten, wenn diese zum Morphin greifen. Einmal wissen sie, daß Pervitin nicht oder nur selten zur Abhängigkeit führt im Gegensatz zu anderen, etwa aus dem Opium gewonnenen Mitteln wie dem Morphin. Dies spielt jedoch die geringste Rolle. Wichtiger ist: Der Morphinsüchtige sucht die Euphorie, die seelische Verzückung, und er verfällt anschließend in dumpfes Dahindämmern. Die Pervitin-Anhänger sind dagegen meist ehrgeizige Leute, aktive Handlungstypen, die ihren Lebenserfolg zu steigern suchen. Sie nehmen das Mittel nicht, um aus ihrem Dasein zu fliehen, sondern um ihr Dasein erfolgreicher zu gestalten. Häufig sind darum Studenten, Examenskandidaten, Schauspieler, Schriftsteller und Manager unter den Pervitin-Konsumenten. Natürlich müssen sie das hochtourige Laufen ihrer Lebensmaschine später mit Erschöpfungszuständen und um so längerem Schlaf bezahlen.

Höchst merkwürdig in diesem Zusammenhang ist die Tatsache, daß für den Grad des Ehrgeizes eines Menschen offenbar der Harnstoffgehalt in seinem Blut mitverantwortlich ist. Von drei Medizinern der Michigan-Universität wird festgestellt, »daß die Harnsäure Antrieb, Ehrgeiz und Leistung eines Menschen positiv zu beeinflussen vermag, wenngleich sie mit der allgemeinen Intelligenz nichts zu tun hat«. Zu diesem Schluß sei man nach eingehenden Untersuchungen an 138 höheren Schülern männlichen Geschlechts gekommen, ohne freilich den Mechanismus ergründen zu können, durch den die Harnsäure ihre Wirkung entfaltet [150].

Die Gedächtnispille

Halb Zukunftsmusik, halb schon Wirklichkeit ist eine Arznei gegen die Vergeßlichkeit, ein Mittel, von dem man zudem sagt, es verbessere auch das normale Erinnerungsvermögen. Der Stoff heißt ›Magnesium-Pemolin‹, und enthält zwei Bestandteile: Pemolin, eine schon 1913 in Deutschland hergestellte Substanz mit leicht anregender Wirkung, und Magnesiumhydroxid. Magnesium-Pemolin erleichtert nicht nur den Lernprozeß, sondern fördert auch die Erinnerungsfähigkeit, wenn diese aus dem einen oder anderen Grunde nachgelassen hat. Man erklärt seine Wirkung damit, daß es die Bildung einer für die Gedächtnisleistungen wahrscheinlich mitverantwortlichen Substanz im Gehirn anregt, die man ›Ribonukleinsäure‹ oder kurz RNS nennt. Magnesium-Pemolin, der ›Gedächtnisverstärker‹, erhöht vermutlich die Aktivität eines Enzyms, das seinerseits für die RNS-Synthese im Gehirn verantwortlich ist.

Wissenschaftler aus den amerikanischen Abbott-Laboratorien (wo das Mittel entwickelt wurde) beobachteten im Tierversuch Erstaunliches: Ratten, die Magnesium-Pemolin mit dem Futter erhalten hatten, lernten schon nach zwei bis drei ›Lektionen‹, wie sie in ihrem Käfig einem elektrischen Schlag entgehen konnten, während sich normal gefütterte Kontrolltiere schwerer von Begriff zeigten: sie mußten acht- bis zehnmal üben, ehe sie die Methode beherrschten. Darüber hinaus behielten die Versuchsratten das erlernte Verhalten sechs Monate lang im Gedächtnis, die unbehandelten Tiere vergaßen es schon nach wenigen Tagen.

Was der Tierversuch vermuten ließ, bestätigte sich beim Menschen: Ewen Cameron, einem amerikanischen Psychiater, hatten sich 24 Patienten im Alter zwischen 49 und 85 Jahren zur Verfügung gestellt. Sie alle litten an starkem psychotischen oder altersbedingtem Gedächtnisschwund. Eine Gruppe der Versuchsteilnehmer erhielt Blindtabletten ohne Wirkstoff (= Placebos). Unter den strengen Bedingungen des doppelten Blindversuchs (bei dem weder Patient noch Versuchsleiter wissen, wer das Präparat mit dem Wirkstoff bekommt), erwies sich schon nach etwa zehn Tagen, daß die mit Magnesium-Pemolin behandelten Versuchsteilnehmer besser lernten als die Kontrollen. Sie konnten beispielsweise Strichzeichnungen, die man ihnen zuvor kurz gezeigt hatte, rascher und genauer wiedergeben als die Placebo-Patienten.

Um Gedächtnisleistungen in Zahlen ausdrücken zu können, benutzt man in den USA eine Skala von 1 bis 100, auf der ›100‹ die normale Erinnerungsfähigkeit bedeutet, ›60‹ dagegen schon für schwere Gedächtnisschwäche steht. Bei den behandelten Patienten Camerons entsprach die Steigerung der Erinnerungsfähigkeit rund zehn Punkten, in einem Fall stieg sie von 74 auf 89 an. Außerdem ließen die Ergebnisse darauf schließen, daß der Wirkstoff das Gedächtnis um so stärker aktiviert, je schlechter es schon war. Doch galt dies nur für Patienten, deren ›Erinnerungsquotient‹ noch nicht unter 60 lag. Denjenigen mit einem Erinnerungsquotienten unter 60 war auch mit der ›Gedächtnispille‹ nicht zu helfen. Inzwischen ist das Magnesium-Pemolin auch in der Bundesrepublik Deutschland und anderen Ländern im Handel.

Chemische Siebenmeilen-Stiefel

Allen Warnungen zuwider lassen sich erfolgsbesessene Sportler oder Berufstätige immer wieder dazu hinreißen, ihrem Körper mit Hilfe von Aufputschmitteln Leistungen abzufordern, die er unter normalen Umständen nicht vollbringen würde. Die Möglichkeit dazu ist leider nur allzu bekannt, und so schrecken gelegentlich selbst Arbeitgeber nicht davor zurück, aus ihren Angestellten im Geschäftsinteresse ›Übermenschen‹ zu machen. Im badischen Ort Walldürn nutzte ein Unternehmer einmal eine besonders fleißige Büglerin aus, indem er sie laufend mit Pervitin versorgte. Die Angestellte geriet in einen förmlichen Arbeitsrausch. »Immer, wenn ich müde wurde, bekam ich eine Tablette«, sagte sie später vor Gericht aus, nachdem der Fall ruchbar geworden war, »aber es konnte ja nicht gutgehen!«

Stoffe, die heute zur Leistungssteigerung eingenommen werden, gehören gewöhnlich einer von zwei Gruppen an. Zu der ersten zählen die eigentlichen Dopingmittel (vom englischen dope = aufpulvern, künstlich anreizen) – wir kommen gleich auf sie zurück. In die zweite Gruppe gehören Substanzen wie Traubenzucker, Vitamine und Hormone [43], Alkalien oder Phosphate. Der Körper braucht sie auch unter normalen Umständen, nur führt man sie ihm vor der erwarteten Kraftanstrengung reichlicher zu. Abgesehen von den Nebennierenrinden-Hormonen, die die Ausdauer steigern, und dem Testosteron als Leistungsverstärker sind diese ›physiologischen‹ Stoffe jedoch kaum leistungsfördernd. Ihre Einnahme ist eher ein Kult: Wer an sie glaubt, dem mögen sie auch helfen. Dopingmittel im eigentlichen Sinne sind es nicht.

Einen besonderen Platz unter den leistungssteigernden Hormonpräparaten nehmen die sogenannten anabolen Steroide ein, die chemisch mit dem männlichen Sexualhormon verwandt sind. Sie fördern den Aufbaustoffwechsel, insbesondere den Eiweißaufbau im Körper, außerdem regen sie beim jungen, gesunden Menschen die Bildung der roten Blutkörperchen an. Damit erscheinen sie – ärztliche Kontrolle vorausgesetzt – geeignet, die Anpassung des Leistungssportlers in großen Höhen zu erleichtern, dort also, wo die Atemluft weniger Sauerstoff enthält und eine erhöhte Anzahl roter Blutkörperchen dem Sauerstoff-Transport in die Körperzellen zugute kommt. Die mit der Anabolika-Forschung besonders vertraute Berliner Ärztin Eva Bonacker verwies dazu auf gute Erfahrungen, die beim Anstieg auf einen 7000 Meter hohen Berg in den Anden mit diesen Mitteln gemacht worden sind. Die Expeditionsteilnehmer erhielten 24 Milligramm Mentenolonazetat pro Tag zusammen mit Vitaminen [3].

Inzwischen haben die Anabolika oder ›Bizepspillen‹ ihren zweifelhaften Siegeszug unter den Kraftsportlern der ganzen Welt angetreten. Bis vor kurzem waren diese Mittel vor allem deshalb so begehrt, weil sie sich – rechtzeitig vor dem Wettkampf abgesetzt – bei Dopingkontrollen nicht nachweisen ließen. Diese Praxis war möglich, weil die Anabolika ihre Schuldigkeit schon während der Trainingszeit tun, indem sie die Muskeln wachsen lassen.

Besonders beliebt sind die Anabolika bei Gewichthebern, Ringern, Kugelstoßern, Diskus- und Hammerwerfern. Bei den Schnellkraft-Disziplinen dagegen, bei Übungen mit komplizierten Bewegungsabläufen wie den Sprüngen, beim Turnen und bei Ausdauerübungen wie den Langstreckenläufen sind sie eher unbeliebt. Unter ihrem Einfluß wird vor allem das Wachstum der Skelettmuskulatur stimuliert, die sich beim Mann stärker entwickeln läßt als bei der Frau. Voraussetzung ist, daß der Betreffende tüchtig trainiert und seinen Körper zugleich mit tierischem Eiweiß reichlich versorgt.

Ganz ungefährlich ist die Sache jedoch nicht. Was schwächlichen Leuten oder Kindern auf ärztlichen Rat zuweilen gut bekommt, kann beim Sportler ein Mißverhältnis zwischen den mächtig wachsenden Muskeln und den nicht mitwachsenden Sehnen und Knochen erzeugen. Sehnenzerrungen und -risse, auch Knochenbrüche können die Folgen sein. Der österreichische Doping-Experte und Sportarzt Professor L. Prokop von der Sportphysiologischen Forschungsabteilung der Universität Wien warnte daher schon vor Jahren: »Die Muskelpillen verhelfen zwar dazu, primitive Kraftakte zu vollbringen, nicht aber führen sie zu einer harmonischen Kräftigung des ganzen Körpers. Außerdem können sie bei Frauen eine unerwünschte Vermännlichung bewirken: Bartwuchs, Regelstörungen, tiefe Stimme...«

Inzwischen sind weitere Befürchtungen laut geworden. Das amerikanische Magazin ›Sports World‹ berichtet: »Ein vierzehnjähriger Sportler aus Connecticut verlor alle Haare. Ein Diskuswerfer aus Texas wußte nicht mehr, ob er ein Mann oder eine Frau war. Ein Kugelstoßer aus Arkansas starb an den Folgen einer Nierenentzündung.«

Ob die Anabolika unter die Dopingmittel gehören (was die meisten Experten heute bejahen) oder nicht: fest steht, daß sie der Unfairneß Tür und Tor geöffnet haben. Denn wer sie nimmt unter den Sportlern, ist den redlichen, auf jede Manipulation verzichtenden Konkurrenten überlegen. Sein Sieg ist ein Sieg der Chemie, nicht der eines natürlich gestählten Körpers und des dazugehörenden Willens.

Die Frage, was nun wirklich Doping ist, läßt sich keineswegs leicht beantworten. Der Deutsche Sportärztebund hat es mit einem salomonischen Urteil versucht und grundsätzlich jedes Medikament – ob wirksam oder nicht – als Dopingmittel eingestuft, wenn es mit der Absicht einer Leistungssteigerung vor Wettkämpfen verabreicht wird. Professor H. Reindell, der Vorsitzende des Sportärztebundes, hält eine exakte Definition des Doping-Begriffes für gar nicht möglich. Woran soll man sich also halten? Versuchen wir es mit Professor Prokop: »Man versteht... unter Doping jeden Versuch einer Leistungssteigerung mit Mitteln, die normalerweise überhaupt nicht oder zumindest nicht in solchen Dosen dem Körper zugeführt werden... Der Begriff des Doping trifft dann nicht zu, wenn es sich um reinen Ersatz fehlender oder verlorengegangener Stoffe handelt, zum Beispiel Traubenzucker, Phosphate, Kalzium, Lezithin, bestimmte Eiweiß-Verbindungen und Vitamine in physiologischen Mengen.«

Das bedeutet: Ein zuckerkranker Sportler dürfte unbeanstandet Medikamente vor Wettkämpfen nehmen, die für einen Gesunden schon als Dopingmittel gelten müßten. Oder: Wer normalerweise Teetrinker ist, könnte auch vor Wettkämpfen Tee trinken, nicht aber dürfte er sich mit ein paar Tassen starken Kaffees aufputschen.

Verallgemeinernd kann man sagen, daß ›Doping‹ jeder Versuch ist, mit künstlichen Mitteln eine dem Körper normalerweise nicht erreichbare Leistungssteigerung zu erzielen. Solche Mittel sind beispielsweise Coffein, Morphin und Cocain; sie sollen von Schwerathleten und Radfahrern bevorzugt werden. Dazu gehören auch die Weckamine vom Benzedrin- und Amphetamin-Typ, also etwa Pervitin. Diese Mittel lassen den Sportler weniger rasch ermüden und aktivieren seine letzten Kräfte – sie sind vergleichsweise Nachschlüssel für jenen ›Safe‹ des Organismus, in dem seine Leistungsreserven ruhen. Werden diese Reserven geweckt und völlig aufgebraucht, so kommt es hinterher allerdings zu wesentlich stärkeren Ermüdungsgefühlen, wenn nicht zum Zusammenbruch. Diese Gefahr ist in der dünnen Luft großer Höhen besonders stark.

Zu den Dopingmitteln zählen weiterhin Arsen- und Phosphatverbindungen, ferner auch Strychninpräparate, die bei Gewichthebern und Sprintern beliebt sein sollen. Im Schießstand sollen Beruhigungsmittel benutzt werden, die dem Schützen die begehrte ›ruhige Hand‹ verschaffen. Schließlich müssen noch die Sexualhormone vom Östrogen-Gestagen-Kombinationstyp genannt werden. Sportlerinnen nehmen sie nach ärztlicher Weisung vor wichtigen Wettkampf-Terminen ein, um ihre Monatsregel zu verschieben.

Unbekümmert um ihre körperliche Gesundheit, unbekümmert auch um die Regeln der sportlichen Fairneß wird auch im Radsport gedopt: Was das Training nicht schafft, soll die Pille erzwingen. Die Kehrseite der Medaille kann düster sein: Viele unter uns werden sich noch des mysteriösen Todes von Knud Jensen erinnern, der nach seinem Radrennen in Rom im Jahre 1960 tot zusammenbrach. Dopingmittel hatten dazu beigetragen, daß ihn die Strapazen des Rennens ins Jenseits beförderten.

Durch solche Vorfälle wachsam geworden, haben die Rennleitungen strenge Sicherheitsmaßnahmen erdacht, deren Durchführung bei den fair Kämpfenden verständlicherweise nicht immer auf Gegenliebe stößt. So wies der französische Tour-de France-Abgott Jacques Anquetil einst in Lüttich einen Arzt zurück, als dieser mit einem Uringlas in der Hand in der Umkleide-Kabine auf ihn wartete. Anquetil hatte gerade die Radrundfahrt Lüttich–Bastogne–Lüttich mit fünf Minuten Vorsprung gewonnen. Das belgische Staatsgesetz vom 5. Mai 1965 befugt die belgischen Sportärzteverbände zu solchen Kontrollen, Anquetil jedoch fühlte sich gekränkt. Er füllte das dargebotene Glas nicht und erklärte, er sei dazu im Augenblick nicht in der Lage. Man strich ihn daraufhin von der Siegerliste und verurteilte ihn zu einer Strafe von etwa 800 Mark. Zwei andere Fahrer, der Belgier Noel Foré und der Italiener Adriano Durante, wurden dagegen beim Dopen erwischt, während es der deutsche Fahrer Rudi Altig beim ›Fleche-Wallone‹-Rennen vorzog, sich wie Anquetil der Doping-Kontrolle zu entziehen – und wie dieser bestraft wurde.

Heute ist Doping vor sportlichen Veranstaltungen zu einem hohen Risiko geworden, und zwar nicht nur wegen der gesundheitlichen Gefahren, die es birgt. Rigorose Doping-Kontrollen werden bei allen größeren Wettkämpfen durchgeführt, und jeder Vorwitzige läuft Gefahr, disqualifiziert zu werden, wenn er sich erwischen läßt. Auch wird der erreichbare, leistungssteigernde Effekt meist überschätzt. So hat die Amerikanische Medizinische Gesellschaft im Mai 1959 einen Bericht veröffentlicht, demzufolge ein Sportler seine Leistung durch Benzedrin-Präparate um höchstens vier Prozent steigern kann. Dem Bericht lag eine zweijährige Studie zugrunde: 57 Athleten der Harvard-Universität hatten insgesamt 800 Wettbewerbe im Gewichtheben, Laufen und Schwimmen durchgeführt; einige Sportler hatten zur Kontrolle Blindtabletten erhalten. Das Ergebnis war: Geringe Dosen von Benzedrin beziehungsweise Amphetamin lassen keine merkliche Wirkung erkennen. Erst bei Dosen von 14 bis 21 Milligramm je 70 Kilogramm Körpergewicht der Versuchsperson, zwei bis drei Stunden vor dem Wettkampf genommen, änderte sich das Bild. »Was das Ausmaß der Leistungssteigerung betrifft«, heißt es in dem Bericht, »so schnitten die Gewichtheber am besten ab. Es ergab sich ein Leistungszuwachs von drei bis vier Prozent.« Die Läufer zeigten nur eine Leistungssteigerung von etwa 1,5 Prozent, die Schwimmer eine solche zwischen 0,59 und 1,16 Prozent. Da erheischt – nach neuestem Ondit – eine andere Methode zur sportlichen Leistungssteigerung mehr Aufmerksamkeit: die Eigenblut-Behandlung vor dem Wettkampf.

Was Fußballern, Radfahrern und Leicht- oder Schwerathleten Vorteile verschafft, muß sich auch im Autosport bewähren. Es gibt wohl kaum einen Ralley-Teilnehmer, der nicht wenigstens einmal ausprobiert hätte, wie sich der Griff in den Arzneischrank auf die Fahrleistung auswirkt. Viele freilich haben es beim einmaligen Versuch gelassen.

Der deutsche Rennfahrer Richard von Frankenberg berichtet von dem Fahrer einer ›sehr bekannten Mannschaft‹, daß dieser bei der Ralley Lüttich–Sofia–Lüttich auf den letzten Etappen Pervitin genommen habe, am Ziel einen Willkommenstrunk bekam und dann bewußtlos zusammengebrochen sei. Frankenberg glaubt jedoch sagen zu können, daß viele der ihm bekannten Aktiven aufputschende Mittel nicht nähmen, sondern höchstens Vitamin-C-Tabletten oder Karotten zur besseren Sicht bei nächtlichen Fahrten. Er selber habe Hühnerbeine, gelegentlich rohe Karotten und einzelne Stücke bitterer Schokolade gegessen. Dazu habe er Tee mit sehr viel Zitrone getrunken.

»Die Mercedes-Mannschaft«, schreibt Frankenberg, »hat natürlich auch ihr ›Geheimrezept‹ gehabt, wie man sich auf diesen gnadenlosen Langstreckenfahrten nicht nur wach, sondern auch leistungsfähig hält. Nicht mit Drogen, nicht mit dem, was man als Doping bezeichnen würde, sondern: Wenn der

Ermüdungspunkt kommt und man will oder kann keinen Fahrerwechsel vornehmen (weil der Fahrer Nummer eins die folgende Spezialetappe schneller bewältigen wird als der gerade am Steuer sitzende Fahrer Nummer zwei), dann trinkt man ein Glas warme bis heiße Milch mit Traubenzucker und – einem Schuß Rum! Dieses Mittel hatte Fangio den Mercedes-Leuten empfohlen. Das hatte er schon in den vierziger Jahren bei den argentinischen Langstreckenrennen ausprobiert.« Der Verfasser dieses Buches konnte die Wirksamkeit des Fangioschen Rezeptes nicht bestätigt finden, doch ist Bücherschreiben schließlich etwas anderes als Autofahren. Eine gewisse – aber vielleicht nur subjektiv empfundene Leistungssteigerung stellte er dagegen nach der Einnahme von Traubenzucker und Vitamin B 1 fest.

Gern wird zu den leistungssteigernden Mitteln auch Glutaminsäure gerechnet, deren ›intelligenzfördernde Wirkung‹ für zurückgebliebene Schüler empfohlen wird. Genauere Untersuchungen haben jedoch ergeben, daß diese Säure lediglich in bestimmten Fällen von Unterernährung dank ihrer Nährfunktion eine günstige Wirkung auf die geistige Regsamkeit ausüben kann [125].

Was immer dazu dienen mag, einen Menschen ›über sich hinauswachsen zu lassen‹ – nie wird man von den zahlreichen bewährten oder heimlichen Praktiken mehr als eine geringe ›Steigerung des Ichs‹ erwarten dürfen. Vielmehr werden wir mit dem deutschen Philosophen Karl Jaspers sagen müssen: »Der Mensch, der seinem Wesen nach über sich hinausgreift, gerät im Transzendieren an Grenzen, an denen er scheitert.«

Die Leistung steigt im elektrischen Feld

Außer den aufputschenden Mitteln stehen noch eine Reihe von Kunstgriffen in dem Ruf, die menschliche Leistungsfähigkeit zu begünstigen. Dazu gehört die Sauerstoff-Beatmung der Sportler in den Wettkampfpausen. Geistig Tätige nutzen für ihre wichtigsten Arbeiten jene Tageszeit aus, zu der sie erfahrungsgemäß am leistungsfähigsten sind. Manche schwören auf tagsüber eingeschaltete kurze Schlafperioden von nur wenigen Minuten Dauer. Andere wenden Gymnastik, ›autogenes Training‹ oder Entspannungsübungen an. Diese Methoden gehören jedoch nicht unmittelbar zum Thema des Buches. Etwas ausführlicher wollen wir dagegen über ein Verfahren sprechen, das zum guten Teil auf den deutschen Biophysiker H. Kritzinger zurückgeht. Es handelt sich dabei um die Nutzanwendung der Elektrizität [25; 110].

Kritzinger pflegte mit seiner eigenen körperlichen Frische und geistigen Regsamkeit bis ins hohe Alter zu demonstrieren, wie gut sein Verfahren ›funktioniert‹. Er schrieb seine Erfolge winzigen Trägern negativer Elektrizität in der Atemluft zu, für deren Nachschub an seinem Arbeitsplatz eine sinnreiche Vorrichtung sorgte.

Die belebende Wirkung dieser sogenannten ›Anionen‹, sagte Kritzinger, sei schon über zweihundert Jahre bekannt. Nur hätten wir unser Wissen noch nicht recht nutzbringend anzuwenden gewußt. Etwa einen Meter über seinem Kopf befand sich unter der Zimmerdecke ein positiver elektrischer Pol, ein ›Feldträger‹ oder eine ›Anode‹, die von einem Hochspannungsgenerator ununterbrochen mit 2000 Volt aufgeladen wurde. Der negative Pol des Generators war geerdet, als negativer Pol, als ›Kathode‹, diente das Haus.

»Bei eingeschaltetem Gerät«, faßte Kritzinger die Wirkung seiner Apparatur zusammen, »ermüde ich weit weniger rasch als unter normalen Umständen.« Nach dem Geheimnis befragt, verwies er auf einen ebenfalls nicht neuen Tatbestand. Die erfrischende Wirkung gehe von genügend hoch ionisierten Sauerstoff-Atomen aus. (Ionen sind elektrisch geladene Atom- oder Molekül-Bruchstücke – wir kommen gleich auf sie zurück.) Sie gelangten laut Kritzinger mit Hilfe des Generators vermehrt in die Atemluft und damit in die Lunge, förderten die Sauerstoff-Versorgung des Blutes und steigerten die Stoffwechselvorgänge in den Zellen.

Was hinter all dem steckt, ist im Grunde nichts weiter als die Nutzanwendung der Tatsache, daß viele Menschen sich in frischer Bergluft wohler fühlen als beispielsweise in einem stahlarmierten Betonhaus oder in der Ebene, also dort, wo – wie man sagt – lediglich schwache oder gar keine elektrischen Felder bestehen.

Wenn wir dem römischen Geschichtsschreiber Tacitus glauben dürfen, so haben schon die alten Germanen ihre Kranken auf hohe Berge getragen, um sie rascher wieder gesund werden zu lassen. Vielleicht ging dieser Brauch auf eine schon damals gemachte Erfahrung zurück: Der Aufenthalt in großen Höhen wirkt belebend, die müde gewordenen Lebensgeister werden in der Höhenluft wieder munter. Vom Einfluß der Luftelektrizität wußten die Germanen vor 2000 Jahren allerdings noch nichts. Heute weiß jeder Geophysiker, daß der Erdboden normalerweise negativ, die Luft darüber positiv geladen ist. Das heißt, die Luftteilchen mit negativer Ladung überwiegen am Erdboden, die mit positiver höher oben in der Luft. Mit geeigneten Meßgeräten läßt sich dieses ›elektrische Feld‹ leicht messen. Das Maß für die Feldstärke ist das Spannungsgefälle je Meter.

Wir wissen auch, daß starke elektrische Felder einen günstigen Einfluß auf die Gesundheit haben können und das elektrische Feld mit zunehmender Höhe stärker wird. Während es am Erdboden nur rund 100 bis 200 Volt pro Meter beträgt, erreicht es auf hohen Bergen manchmal bis zu 5000 Volt und mehr je Meter Höhenunterschied.

Was es mit der Elektrizität in der Luft auf sich hat, das ist in den letzten Jahren zu einem vielbeachteten Forschungsgegenstand geworden. Zahlreiche Beobachtungen und Messungen haben interessante Zusammenhänge offenbart. Gewöhnlich ist es so, daß in reiner Luft je Kubikzentimeter etwa 1500 bis 4000 elektrisch geladene Teilchen – positive wie negative Ionen – enthalten sind, wobei das Verhältnis zwischen beiden in den erdnahen Luftschichten etwa 1,2: 1 beträgt. An diesen normalen ›Ionisierungsgrad‹ der Luft ist das Leben auf der Erde gewöhnt. Wird er erheblich verändert, so kommt der Stoffwechsel von Pflanzen, Tieren und Menschen in Unordnung.

Ungünstig auf die Gesundheit – für den einen mehr, den anderen weniger – ist der Aufenthalt in Gebäuden oder Räumen, in denen nur wenige elektrische Ladungsträger in der Luft sind. Hierzu gehören – leider – die vielen stahlarmierten Betonbauten, die mit ihrer unsichtbar in den Wänden eingelassenen Armierung aus Stahlgeflecht regelrechte Käfige darstellen: ›Faradaysche Käfige‹, in denen elektrische ›Nullfelder‹ und Ionenarmut herrschen. Die metallene Hülle wirkt wie ein abschirmendes Gitter gegen die Luftelektrizität, daran können auch noch so gute Klimaanlagen nichts ändern.

Allgemein gilt: Ionenarme Luft führt zu Stoffwechselträgheit und Erschlaffung, ionenreiche wirkt belebend. Bei Versuchen mit Gerste, Hafer, Salat und anderen Pflanzen hat der amerikanische Physiker A. Krueger von der Universität von Californien rascheres Wachstum beobachtet, wenn er der Luft des Gewächshauses mehr Ionen zuführte, als sie bereits enthielt. Wenn er die Ionenzahl auf 10000 Teilchen pro Kubikzentimeter erhöhte, wuchsen seine pflanzlichen Zöglinge um die Hälfte rascher, ohne daß dadurch der relative Gehalt an Zucker, Eiweiß und Chlorophyll in ihnen zurückging. Und merkwürdig: dieses Ergebnis erzielte er sowohl dann, wenn er die negativen, als auch, wenn er die positiven Ionen vermehrte. Umgekehrt verzögerte sich das Wachstum in ionenarmer Treibhausluft.

Ähnlich verhalten sich Versuchstiere. Viele Ionen in der Luft veranlassen die Seidenspinner-Raupe, größere Kokons zu spinnen und früher mit dem Spinnen anzufangen als üblich. Die Larven schlüpfen eher und wachsen schneller. Wenig Ionen in der Luft scheinen diese Tätigkeiten eher zu bremsen.

Je höher ein Lebewesen im Stammbaum der Arten entwikkelt ist, um so wichtiger für sein Befinden scheint jedoch der Unterschied zwischen den positiven und negativen Teilchen zu werden. Immer deutlicher zeigt sich, daß die negativen Ionen einen günstigen, die positiven einen ungünstigen Einfluß haben. Bei Ratten und Mäusen läßt sich dies anhand von Funktionsprüfungen einzelner Organe nachweisen. Läßt man Mäusen die Wahl, sich in einem Raum mit viel negativen oder in einem solchen mit überwiegend positiven Ionen aufzuhalten, so bevorzugen sie den Raum mit dem Überschuß an negativen Ionen. Ratten lernen im Dressurversuch besser unter dem Einfluß negativer Ionen und sind weniger ängstlich. In positiv ionisierter Atmosphäre sind Mäuse anfälliger gegen Infektionskrankheiten der Atemorgane.

Auch beim Menschen benehmen sich die gegensätzlichen Ladungsträger in der Luft gleichsam wie Konkurrenten. Die positiv geladenen ›Kationen‹ wirken, wenn sie besonders zahlreich sind, hemmend auf die Lebensvorgänge ein. Sie machen schlapp und können sogar Kopfschmerzen und Depressionen hervorrufen. Die negativ geladenen ›Anionen‹ dagegen beeinflussen das körperliche und geistige Befinden günstig. Das Krankheitsbild der Menschen, die unter luftelektrischen Störungen leiden, ähnelt damit dem der Wetterempfindlichen. Gemeinsam ist die Abgeschlagenheit, sind Kopfweh und Katerstimmung, ist das verringerte Reaktionsvermögen beispielsweise im Straßenverkehr.

Natürlich hat man sich überlegt, ob diese Erkenntnisse nicht für eine Art Ionentherapie auszunutzen wären, ob nicht bestimmte Krankheiten mit der Zufuhr zusätzlicher, geladener Luftteilchen behandelt werden könnten oder beim Gesunden eine allgemeine Leistungssteigerung erreichbar sei. Es sind auch Geräte dafür entwickelt worden mit so schönen Namen wie ›Bio-Ionisatoren‹, ›Luftionen-Generatoren‹, ›Vita-Ion‹ und andere. Es sind Apparate, die man an die Steckdose anschließt und deren Eigenschaften verlockend gepriesen werden. In einem Prospekt heißt es, das betreffende Modell beseitige aus der Luft sämtliche Staub- und Schmutzteilchen. Es sorge für ein ›luftelektrisches Gleichgewicht‹, ohne dabei das gefährliche Ozon zu erzeugen. Es schaffe ›mikroklimatische Verhältnisse‹, wie sie nur an klimatisch begünstigten Orten anzutreffen seien. Es steigere die Abwehrkräfte gegen Erkrankungen. Wer wetterempfindlich sei, fühle sich wieder wohler. Schlaflose könnten wieder schlafen, Konzentrationsschwache leisteten wieder mehr und so weiter.

Inzwischen ist ein heftiger Streit um diese Geräte entbrannt, von denen manche Wissenschaftler meinen, sie seien reiner Hokuspokus. Tatsächlich sind widersprüchliche Erfahrungen mit dem ›Elektroklima aus der Steckdose‹ veröffentlicht worden, so daß die Skepsis wohl berechtigt ist. Zuverlässiger als die ›Ionen-Generatoren‹ sollen dagegen sogenannte Impulsfeld-Anlagen wirken. Sie erzeugen beispielsweise elektrische Gleichfelder von 100 bis 200 Volt pro Meter Höhenunterschied, denen niederfrequente Impulse von 10 Hertz, also ›Wechselfelder‹, überlagert sind. Wie es heißt, lassen sich Leistungs- und Konzentrationsfähigkeit unter der Wirkung solcher Systeme verbessern, so daß sie auch schon in Autos eingebaut worden sind.

Bei den vielfältigen Erfahrungen mit elektrischen Feldern hat man natürlich auch hausbauliche Überlegungen angestellt. In den stahldrahtarmierten Betonbauten zahlreicher moderner Hochhäuser leben und arbeiten die Menschen heute wie in Faradayschen Käfigen. Das heißt, sie befinden sich unter den ungünstigsten Bedingungen elektrischer Nullfelder. Für die Erhaltung der Spannkraft sei aber ein natürliches elektrisches Gefälle in der Atemluft wichtig, sagt Kritzinger, weil es wie in der freien Natur die negativ geladenen Sauerstoff-Ionen in die Atemluft bringt und für deren laufenden ›Nachschub‹ sorgt. Kritzinger lobt in diesem Zusammenhang die Vorzüge des Holzhauses, dessen elektrische Verhältnisse den Menschen zuträglicher seien als die in den Stahlbetonbauten.

Über sich hinauswachsen – auch sexuell?

Nach Aphrodite, der griechischen Liebesgöttin, ist eine Drogengruppe benannt, die sinnesfrohe Zeitgenossen seit je faszinierte: Die sexuell anregenden Mittel, die ›Aphrodisiaca‹.

Zu ihnen gehören einerseits solche, die in den äußeren Geschlechtsorganen gefäßerweiternd wirken, sie also mit Blut überfüllen. Das bekannteste Mittel dieser Art ist das Yohimbin. Richtig dosiert ist seine Macht unwiderstehlich, weil es zugleich die Erregbarkeit derjenigen Nerven steigert, die für den Geschlechtstrieb verantwortlich sind. Yohimbin wird aus der Rinde des in Westafrika heimischen, zu den Labkrautgewächsen gehörenden Yohimbe-Baumes (Corynanthe Yohimbe) gewonnen. Es ist ein Alkaloid und muß mit Vorsicht angewendet werden, denn neben seiner triebsteigernden Wirkung senkt es auch ganz erheblich den Blutdruck.

Eine zweite Gruppe sind hormonhaltige Mittel, wie sie zur Behandlung geschlechtlicher Kälte verwendet werden. Bei der Frau haben sich dazu männliche Sexualhormone bewährt. Ärzte wissen um die Wirkung der Testoviron-Tabletten, die eine erregende Wirkung auf die Klitoris-Nerven haben.

Auch den Weckaminen und dem Appetitzügler Preludin werden eine Steigerung des Sexualtriebes zugesprochen. Weckamine, so heißt es, verhelfen dazu, den Orgasmus zugunsten der Vorlust hinauszuschieben. Nach längerem Gebrauch kann sich jedoch eine Potenz-Minderung einstellen, die dann wieder unerwünscht ist.

Wie beliebt Preludin in einschlägigen Kreisen ist, erwies eine im Februar 1966 im Hamburger Vergnügungsviertel St. Pauli durchgeführte Razzia, in deren Verlauf die Beamten unter dem Rücksitz eines österreichischen Kraftwagens 10600 Tabletten des Mittels fanden. Das Preludin sollte, wie der Hauptbeschuldigte später zugab, zum Preise von zwei Mark pro Stück auf dem Schwarzen Markt vertrieben werden. Den bisherigen Schmuggel-Rekord halten jedoch eine Französin und ein Deutscher, die im Frühjahr 1967 vom schwedischen Zoll in Hälsingborg gestellt werden konnten. In dem geliehenen Auto der beiden fanden die Beamten 100000 Preludin-Tabletten im Schwarzmarkt-Wert von 200000 Mark.

Was das Preludin so begehrt gemacht hat – es steht heute in der Bundesrepublik unter Rezeptzwang –, ist neben seiner appetitzügelnden und aufputschenden Wirkung eine unverkennbare, wenn auch individuell unterschiedliche Anregung im sexuellen Bereich. Die Gefahr mißbräuchlicher Anwendung wird jedoch überschätzt. So schrieb ein deutsches Nachrichten-Magazin:

»Hamburgs Gesundheitsbehörde beobachtet denn auch die Aktivität der Schwarzhändler, die den Preludin-Bedarf der rund 3000 ortsansässigen Liebedienerinnen mit Kurpackungen (Ganoven-Jargon: ›Bomben‹) decken, ohne Nervosität. Und auch der Psychiater Dr. W. Lindner hält Preludin ›nicht für das eigentliche Berufsrisiko der Reeperbahn-Damen‹.«

Dem widerspricht, was W. Schmitt von der Nervenklinik Homburg (Saar) und G. Quadbeck vom Institut für Pathochemie in Heidelberg über das Preludin in Erfahrung gebracht haben [166]. Danach kann es nach chronischem Preludin-Mißbrauch zu einem typischen seelischen Krankheitsgeschehen kommen. Die folgende Krankengeschichte spricht für sich:

»Fünfunddreißigjährige, körperlich gesunde Hausfrau, nimmt seit drei Jahren regelmäßig täglich sechs Tabletten Preludin, anfänglich zur Appetitzügelung. Nach einem Jahr erstmals Verfolgungsangst und unbegründete Eifersucht. Nach kurzer Zeit wieder unauffällig, jedoch achtzehn Monate später massive Bedeutungserlebnisse: bezog Zeitungsanzeigen auf sich selbst und hörte im Rundfunk versteckte Nachrichten über ihre Familie; fühlte sich unter Hypnose und bestrahlt; zerschlug deshalb die Hauptsicherung mit dem Beil, um den elektrischen Strom auszuschalten. Passanten trügen häßliche Gesichter, Bekannte zeigten häufig wechselnden Gesichtsausdruck. ›Ich bin nicht, wie ich wirklich bin.‹ Nach Entzug des Präparates allmählich Rückbildung der psychotischen Erlebnisweisen. Auch bei einer späteren Nachuntersuchung frei von psychopathologischen Auffälligkeiten.«

Um die Gefahr mißbräuchlicher Verwendung zu bannen, hat die deutsche Herstellerfirma dem Preludin inzwischen ein harmloses Abführmittel beigefügt, dessen Wirkung bei der Einnahme höherer Preludin-Dosen unwiderstehlich sein soll.

Nur indirekt auf den Geschlechtstrieb wirken die enthemmenden Mittel wie der Alkohol. In der Tat haben sie nur dort Erfolg, wo ein normal ausgebildetes Sexualbegehren durch Konventionen, Minderwertigkeitsgefühle oder zwischenmenschliche Probleme eingeengt ist.

Von Viktor Reko wissen wir Einzelheiten über eine in Mexiko heimische Pflanze, den Zompantli-Baum (Erythrina), dessen korallenrote Samen – Colorines oder ›Rote Bohnen‹ genannt – beträchtliche Wirkungen im Genitalbereich entfalten sollen. Auf die Geschlechtsteile gebracht, soll ein aus Colorines bereitetes Pulver einen stundenlangen erotischen Reiz verursachen. Allerdings wird die Wirkung zumindest von Leuten, die an hohem Blutdruck leiden, mit einem Risiko erkauft: Die Roten Bohnen steigern den Blutdruck derart, daß es schon wiederholt zu Schlaganfällen gekommen sein soll:

»Im September 1738«, schreibt Reko, »hat ein ehrbares junges Mädchen durch Zufall von den Roten Bohnen gegessen und kurz darauf den Verstand verloren. Sie lief, gräßlich lachend, mit aufgehobenen Röcken durch die Gassen, sehr zum Ärgernis der Weibsbilder und zum Gespött der Männer. Nachbarsleute schafften sie nach Hause, wo sie in ein hitziges Fieber verfiel, all ihr Bettzeug zerriß und am dritten Tage danach verstarb.«

»Auch 1742 hat eine Magd die Roten Bohnen probiert und davon gegessen. Man fand sie bald darauf auf einem Felde mit entblößtem Bauche, in Krämpfen wie eine, die gebären will... Als man die Wehfrau rief, um nach dem Rechten zu sehen, lachte das Frauenzimmer wie eine Trunkene, und, da Vermahnungen nichts nutzten und sie immer mehr Unsinn schwatzte, brachte man sie ins Spital, wo sie bald einschlief. Zwei Tage nach dem unheiligen Essen starb sie mit feuerrotem Kopfe.«

»Erst etwa um 1800 herum dürfte die Giftwirkung der Colorines dem Volke allgemein bekannt gewesen sein. Denn bei einem weiteren Vergiftungsfalle, 1811, als die Jungfer Maria Escadon aus Puebla aus bloßer Neugierde Rote Bohnen zu sich nahm, heißt es bereits, daß es diejenigen waren, ›die bei Hexen und Hebammen bekannt sind, daß sie wie Feuer auf die Weiber wirken‹. Die besagte Jungfer bekam einen Rausch, als ob sie unmäßig Wein getrunken, vergaß alle Ehrbarkeit und gab sich am selbigen Abend den jungen Männern hin, jedem, der nach ihr verlangte. Auch sie entging ihrem Schicksal nicht. Am nächsten Morgen hatte sie Hitzefieber, war am ganzen Körper rot wie eine, die an Scharlach krank ist, und redete irre. Ins Spital gebracht, verfiel sie in einen tiefen Schlaf, in dem sie auch verstarb.« [154]

Über die wollustspendenden Wirkstoffe der Zompantli-Samen ist noch wenig bekannt, wahrscheinlich handelt es sich um verschiedene Alkaloide. Zu ihnen gehören nach Reko das Erythrin, das Erythroidin, das Corallin, das Coralloidin und das Erythro-Coralloidin.

Mit den Roten Bohnen ist in der Neuen Welt viel leichtfertiger Unfug getrieben worden. Geschäftstüchtige Leute haben sie als Lockmittel für Vergnügungssüchtige zu nutzen gewußt.

So soll um die Jahrhundertwende in Oklahoma ein Chinese namens Li Hung Tschu eine Kneipe betrieben haben, deren Hauptattraktion die Roten Bohnen waren. Bei Li Hung Tschu trafen sich junge und ältere Pärchen, und statt Opium zu rauchen, verzehrte man Colorines. Beim Betreten des Lokals, so berichtet Reko, setzte man sich rote Masken auf, um inkognito zu bleiben; nach dem Genuß der Bohnen standen separate Räume zur Verfügung, in die man sich zurückziehen konnte. Bei vielen Frauen sollen die Roten Bohnen auch deshalb begehrt gewesen sein, weil sie stark erotische Träume erzeugten, in deren Verlauf sich die Liebe auch ohne Mann genießen ließ.

Eine besondere Rolle unter den sexuell erregenden Stoffen haben im Mittelalter die Hexensalben gespielt, Gemische aus den Säften giftiger Nachtschattengewächse, darunter dem der Tollkirsche (Atropa belladonna), des Bilsenkrautes (Hyoscyamus niger) und des Stechapfels (Datura stramonium). Auf die Haut, besonders die Schleimhäute der Genitalgegend, auf die Stirn oder in die Achselhöhlen gerieben, bewirken solche Salben aufregende Träume: Die Betreffenden erleben sexuelle Ausschweifungen von ungewöhnlicher Wirklichkeitsnähe, nachdem sie zuvor, häufig auf einem Besen reitend, durch die Luft geflogen sind.

›Teufelsbuhlereien‹ mit Hexensalben waren gegen Ende des 15. Jahrhunderts für den damaligen Papst Innozenz VIII. der Anlaß, seine berüchtigte ›Hexenbulle‹ herauszugeben und dem ›Hexenunwesen‹ den Kampf anzusagen. Er beauftragte zwei Dominikaner-Priester, im deutschen Land nach Personen zu forschen, die ›mit dem Teufel im Bunde‹ waren, auf Besen ritten, Lastern frönten und Verbrechen begingen und damit ›vom katholischen Glauben abirrten‹.

Auf Denunziationen, Anzeigen und allerlei abenteuerliche Beschuldigungen hin wurden damals ungezählte Frauen als ›Hexen‹ bezeichnet, auf bestialische Weise gefoltert und zu ›Geständnissen‹ gezwungen. So gaben sie ihren ›Bund mit dem Teufel‹ schließlich zu. Wie es heißt, sollen allein im Kurfürstentum Trier nicht weniger als sechseinhalbtausend Menschen ihre ›Sünden‹ genannten Privatvergnügungen mit dem Tode auf dem Scheiterhaufen bezahlt haben.

Mit Bezug auf die im Jahre 1484 herausgegebene ›Hexenbulle‹ des Papstes Innozenz VIII. veröffentlichten die beiden päpstlichen Inquisitoren Jakob Sprenger und Heinrich Institoris fünf Jahre später die nicht minder berüchtigte Schrift ›Malleus maleficarum‹ (*Der Hexenhammer,* deutsch von J. W. R. Schmidt, 3 Teile, 1922/ 23). Darin wurde das Hexenwesen in allen Einzelheiten dargestellt, Foltermethoden wurden beschrieben und detailreich angegeben, wie die ›Hexen‹ schließlich zu verbrennen seien: Eine Schrift, die bis zum Jahre 1669 nicht weniger als 29mal gedruckt wurde und die bis zur Mitte des 18. Jahrhunderts eine Flut von Hexenverfolgungen und -verbrennungen ausgelöst hat.

Das berühmteste Beispiel eines Traumzaubers mit Hilfe von Hexensalben war der ›Hexensabbat‹ auf dem Blocksberg oder Brocken im Harz in der Walpurgisnacht am 1. Mai. ›Hexen‹ und ›Teufel‹ aus ganz Deutschland ritten an diesem Tage der Sage nach auf Besen, Heugabeln oder Ästen durch die Luft zum Blocksberg, wo ein wildes, spukerfülltes Treiben losbrach, berauschende Getränke die Runde machten und sexuelle Orgien gefeiert wurden. Das ging so die ganze Nacht. Erst mit dem Morgengrauen kehrte die Schar in ihre heimatlichen Gefilde zurück, wo sie sich gewöhnlich mit bohrenden Kopfschmerzen in den Betten wiederfand.

Irgendwann in der Zeit des 16. oder 17. Jahrhunderts soll es im Rheinland einmal einen neugierigen Priester gegeben haben, der den Hexenspuk entlarven wollte. So tat er zwar nicht das Nächstliegende und reiste zum Brocken (wo er festgestellt hätte, daß es dort zwar Geröllhalden, Nebel und windzerzauste Bäume, nicht aber Hexen gibt) – er folgte vielmehr einem alten Weibe aus seiner Gemeinde in deren Hütte, um persönlich Zeuge einer Fahrt zum Blocksberg zu werden. Der Priester habe dann zunächst mit angesehen, wie das Weib die Hexensalbe auf mehr oder weniger intime Körperstellen strich und sich anschließend aufs Bett legte. Nicht lange danach habe sie begonnen, sich mit wilden und unzüchtigen Bewegungen hin und her zu wälzen und stöhnende Laute auszustoßen. Schließlich sei sie von ihrem Lager gefallen und habe den am Fenster sitzenden Geistlichen bedrängt, er möge doch an ihrer Reise zum Brocken teilnehmen. Der Priester soll den Anträgen der Alten jedoch widerstanden haben. Als sie endlich wieder bei Sinnen war, soll er ihr erklärt haben, alles sei nur ein Traum gewesen – er hätte es mit eigenen Augen gesehen. Ob das Erlebnis den Priester bewogen hat, bei seiner Obrigkeit ein klärendes Wort einzulegen und zur Einstellung der ›Hexenprozesse‹ beizutragen, ist nicht überliefert.

Aus der jüngeren Vergangenheit sind zwei Selbstversuche mit Hexensalben durch S. Ferckel (1954) und W. E. Peuckert (1960) bekannt. Ferckel hatte ein Hexensalben-Rezept zufällig aus zweiter Hand erhalten, sich die Salbe zubereitet und auf die Brust gerieben. Er berichtet [55]:

»Es vergingen nun keine fünf Minuten, bis mein Herz wie rasend zu schlagen anfing und mich ein starkes Schwindelgefühl überkam. Als ich zufällig in den Schlafzimmerspiegel blickte, erschrak ich fast; denn mein Gesicht war vollkommen entstellt: die Pupillen fast so groß wie die ganzen Augen, die Lippen bläulich und dick geschwollen und das ganze Gesicht kreideweiß mit abgegrenzten hochroten Backen. Jede Bewegung erhöhte mein Schwindelgefühl ins Unerträgliche. Um diese Empfindung nicht noch zu erhöhen, verhielt ich mich ganz still. Eine unheimliche Spannung erfaßte mich, und ich strengte mich vergebens an, mich genau zu kontrollieren. Keines meiner Glieder ließ sich mehr bewegen. Für einen Moment schloß ich die Augen und begann nun, zuerst langsam, dann immer schneller zu fallen. Ich konnte nicht schnell genug die Augen öffnen; denn irgendwie fühlte ich mich macht- und hilflos. Plötzlich begannen die Wände und die Zimmerdecke sich wellenförmig zu bewegen und mit lautem Knall zusammenzuschlagen. Die harmlosesten Gegenstände nahmen etwas Drohendes und Drückendes an, und aus den Bilderrahmen starrten mich böse Gesichter an, die sich mit unheimlicher Lautlosigkeit und Tücke bewegten. Ich mußte es aufgeben, einen klaren Gedanken zu fassen.«

»Aus dem Dunklen strebten mir Gesichter zu, die erst verschwommen auftauchten, um dann Gestalt anzunehmen. Das ganze Zimmer war von einem rot-violett-bläulichen Licht erfüllt, und ich hörte einen seltsam brummenden Pfeifton. Langsam wurde es vollkommen dunkel um mich, und ich schwebte mit großer Geschwindigkeit aufwärts. Es wurde wieder hell, und durch einen rosa Schleier erkannte ich verschwommen, daß ich über der Stadt schwebte. Die Gestalten, die mich schon im Zimmer bedrückt hatten, begleiteten mich auch auf diesem Flug durch die Wolken. Immer mehr kamen hinzu und fingen an, um mich herum Reigen zu tanzen. Die Zeit kroch im Schneckentempo dahin, und jede Minute währte eine Ewigkeit.«

»Am nächsten Morgen, als das erste Licht in mein Zimmer kam, meinte ich, zu neuem Leben zu erwachen. Den ganzen Tag über schlug mein Herz noch sehr rasch, und es war mir unmöglich, etwas klar zu sehen.«

Peuckert verwendete ein Hexensalben-Rezept aus dem im Jahre 1568 erschienenen Werk ›Magia naturalis‹. Gemeinsam mit einem Freund rieb er sich das Mittel auf die Stirn. Er schreibt [132]:

»Wir hatten wilde Träume, vor meinen Augen tanzten zunächst grauenhafte verzerrte Gesichter. Dann plötzlich hatte ich das Gefühl, als flöge ich meilenweit durch die Luft. Der Flug wurde wiederholt durch tiefe Stürze unterbrochen. In der Schlußphase schließlich das Bild eines orgiastischen Festes mit grotesken sinnlichen Ausschweifungen.«

Unterschiedlich lauten die Berichte über eine angeblich sexuell anregende und ›lustverlängernde‹ Wirkung des Haschischs. Bei den Orientalen, so heißt es, werde Haschisch als Liebesmittel geschätzt. Anatole France pflichtet dem bei, wenn er schreibt: »Haschisch ist natürlich ein positives Aphrodisiacum, das nicht nur die Dauer des Liebesaktes verlängert, sondern auch seine Wiederholung fördert.« – Und Alexander Dumas schildert in seinem Roman ›Der Graf von Monte Christo‹ einen Haschisch-Traum, der dem recht zu geben scheint [46]:

»Hierauf schien alles wegzuschweben, und er blieb allein im Gemache mit den Statuen, von einer jener matten Lampen erhellt, die in der Nacht über den Schlummer oder die Wollust wachen. Es waren dieselben Statuen mit ihren üppigen Formen, glühenden Blicken, aufregenden Stellungen, zündenden

Augen, herausforderndem Lächeln und bezauberndem Haarschmuck, die er vorher gesehen: Es waren Phryne, Kleopatra und Messalina, die drei unsterblichen Buhlerinnen. Hierauf schien es ihm, als würden diese drei Statuen ihr dreifaches Liebenssehnen auf einen einzigen Sterblichen vereinen, und dieser Sterbliche war er. Sie näherten sich seinem Lager, auf dem er einen Traum im Traum träumte, die Füße in ihren langen wallenden Gewändern verloren, den schneeigen Busen unverhüllt, ihr Haar gelöst, das die göttlichen Gestalten wie Wellen umfloß.«

»Sie nahten sich ihm in Stellungen, denen selbst Götter und Heilige nicht zu widerstehen vermochten, und mit jenem glûhenden unbeweglichen Blick, mit dem die Schlange den Vogel bezaubert. Es schien ihm jetzt, als müßte er sich diesen Blikken, die schmerzhaft wie eine Umschlingung und wonnevoll wie wollüstige Küsse waren, hingeben. Nun genoß er eine Wonne, eine Liebe ohne Ende, wie die, welche der Prophet seinen Auserwählten versprach.«

Andere Beobachter wollen den Haschisch nie als sexuell stimulierend, eher als abstumpfend empfunden haben. Wie so oft, kommt es offenbar auch hier auf die persönliche Reaktion des Menschen an, auf seine Stimmung und das Maß seiner Phantasie.

Mit manchen Drogen, die der Liebe nachhelfen sollen, ist nicht zu spaßen. Wie nah Wollust und Tod beeinanderwohnen, zeigen nicht allein die ›Roten Bohnen‹ des Zompantli-Baumes. Eindringlicher noch bestätigt es ein kürzlich bekanntgewordener Fall von fahrlässiger Tötung in einer Chemikalien-Großhandlung im Nordwesten Londons. Die Tragödie trug sich Anfang der sechziger Jahre zu und das verwendete Mittel war ein stark hautreizender Stoff, der aus den in Spanien beheimateten ›Spanischen Fliegen‹ stammt: Kantharidin. Man gewinnt es, indem man die betreffenden Insekten fängt, tötet, trocknen läßt und dann zu Pulver verreibt (ungefähr 200 Insektenarten sind bekannt, die Kantharidin produzieren).

Vorsichtig dosiert, kann Kantharidin beim Menschen zwar sexuelle Erregung bewirken, die sich in Blutüberfüllung und Erektion der Geschlechtsorgane äußert. Diese Wirkungen werden auch einigen ätherischen Ölen zugeschrieben, darunter dem Petersilienöl und dem Liebstöckelöl. Sie treten aber häufig erst dann auf, wenn die Dosis so hoch ist, daß sie bereits zu einer Nierenschädigung führt – wenn nicht zu Schlimmerem. Allein diese Tatsache sollte zeigen, wie gefährlich das Spiel mit den ›Spanischen Fliegen‹ und ähnlichen Mitteln ist. Aber zu unserem Fall:

In dem besagten Chemie-Betrieb wurden eines Tages zwei Sekretärinnen, taumelnd und von Kollegen gestützt, in den Tagesraum gebracht. Sie litten starke Brust- und Bauchschmerzen und mußten auf ein Ruhesofa gebettet werden. Beide hatten von einem männlichen Kollegen je eine Tüte mit Kokosnuß-Eis als ›kleine Aufmerksamkeit‹ geschenkt bekommen. Eine der beiden erbrach sich, kaum daß sie auf dem Sofa lag. Anschließend ging es ihr besser, so daß sie ein Taxi nehmen und nach Hause fahren konnte. Aber noch während der Fahrt erbrach sie sich erneut – es kam fast reines Blut. Man brachte sie daraufhin in ein Krankenhaus, wo jedoch weder Blut-Transfusionen noch Beruhigungsmittel und gefäßverengende Arzneien ihren Zustand besserten. Am nächsten Morgen war sie tot.

Die Leicheneröffnung ergab umfangreiche Blutergüsse im oberen Verdauungskanal – von der Zunge über die Speiseröhre bis zum Magen. Das gleiche Bild boten Nieren, Harnleiter, Ovarien und Blase. Alles deutete auf ein stark hautreizendes Mittel, und schließlich wußten die Ärzte seinen Namen: Kantharidin. Auch dem zweiten Mädchen war nicht mehr zu helfen, es starb 24 Stunden später.

Wie die polizeiliche Untersuchung ergab, hatte der Übeltäter am Morgen des Unglückstages unter dem Vorwand, die Kaninchen seines Nachbarn gebärfreudiger zu stimmen, beim Lagerverwalter eine kleine Menge Kantharidin erbeten. Er war jedoch abgewiesen worden. Als sich dem Enttäuschten dann im Laufe des Tages eine Gelegenheit bot, stahl er die Substanz, kaufte das Eis und präparierte zwei Portionen, indem er mit einer Schere jeweils kleine Mengen des Giftes dazumischte. Die benutzte Schere fanden die Beamten später neben Kantharidin-Kristallen auf seinem Schreibtisch. Sie war fleckig geworden, die Flecken erwiesen sich als eingetrocknete Mischung aus Kantharidin und Kokosnuß-Eis.

Der Angestellte, der sich wegen einer Hautreizung im Gesicht ebenfalls ins Krankenhaus begeben mußte, soll insgesamt acht Eisportionen gekauft haben. Nur zwei davon hatte er aber mit dem Kantharidin versehen. Dann hatte er das Eis an seine Kollegen verteilt. Dem Mädchen, dem er die eine der beiden präparierten Portionen geschenkt hatte, wollte er sich nach Feierabend anscheinend sexuell nähern. Das zweite Mädchen wurde nur zufällig das Opfer des Giftes [175].

Der Angestellte wurde wegen fahrlässiger Tötung zu fünf Jahren Gefängnis verurteilt. Seinem Fall haftet insofern eine gewisse Tragik an, als der Mann offenbar nicht wußte, wie gering beim Kantharidin die Spanne zwischen der sexuell erregenden und der tödlichen Dosis ist. Dabei gibt es schon aus der Zeit der Renaissance eine ganze Reihe von Beweisen dafür. Die ›Spanischen Fliegen‹ wurden damals mit großem Erfolg als unauffällige Mordwaffe bei höfischen Ränken benutzt. Man gab vor, seinem Gast einen Liebestrank zu brauen und würzte das Getränk statt dessen mit einer Überdosis Kantharidin. Besonders raffinierte Hausherren sollen es fertiggebracht haben, dem Gast das Gift mit dem Tranchiermesser zuzuteilen. Sie ließen dazu einen Braten servieren und schnitten das Fleisch persönlich auf, nachdem sie die giftigen Kristalle unbemerkt auf die eine Seite der Klinge gestreut hatten. Seelenruhig aßen sie dann die von der sauberen Klingenseite berührte Bratenscheibe, während für den Gast die letzte Stunde geschlagen hatte.

Wesentlich harmloser, aber durchaus wirksam ist da schon ein ›Liebesmittel‹, das jeder leicht selbst zubereiten kann: Unwiderstehlich, so heißt es, seien Mann und Weib der Sinneslust verfallen, wenn sie ein Gebräu folgender Zusammensetzung zu sich nähmen: 1 Liter Rotwein, knapp 1 Kilogramm Streuzukker, 30 Gramm Zimt, 30 Gramm Ingwer, 8 Gramm Gewürznelken und 8 Gramm Vanillezucker [10]. Feinschmecker schließlich, die ihren Urlaub in einem Seebad verbringen, können die Wirkung der Miesmuscheln auf ihre Mannbarkeit erfahren, ein Ondit, das dem französischen Schriftsteller Emile

Zola als Motiv für seine köstliche Novelle ›Die Muscheltiere des Herrn Chabre‹ diente [187].

Die Liebe ist, wie man sieht, nicht unbedingt auf exotische Mixturen angewiesen, wenn sie nicht mehr funktionieren will.

Liebe im LSD-Rausch

Entgegen anderslautenden Berichten soll auch die bewußtseinsweitende Droge Lysergsäure-diäthylamid (LSD) eine außerordentliche Wirkung auf die sexuellen Empfindungen haben. Dazu äußerte sich sehr offen der ehemalige Harvard-Professor und amerikanische ›LSD-Prophet‹ Timothy Leary in einem 1966 gegebenen Interview [118].

Über die Person Learys und die sonstigen LSD-Wirkungen werden wir im Kapitel ›Das geweitete Bewußtsein‹ noch sprechen. Hier soll uns die Droge nur beschäftigen, soweit sie nach Learys Darstellung die Sexualsphäre beeinflußt.

Unter der Wirkung des LSD, sagte Leary, würden in jeder Faser des Körpers enorme Energien freigesetzt, und zwar vor allem sexuelle Energie. Es sei keine Frage, daß das LSD das mächtigste Aphrodisiacum sei, das vom Menschen je entdeckt worden wäre.

Zum Zeitpunkt seines Interviews im Herbst 1966 konnte Leary auf nicht weniger als 311 persönliche LSD-Sitzungen – also Selbstversuche oder ›Reisen‹ mit dem LSD – zurückblikken, die er entweder allein, zu zweit oder im Kreise seiner Anhänger unternommen hatte.

Auf die Frage, ob die vom LSD bekannte Steigerung der Sinnesempfindungen auch die erotischen Gefühle betreffe, wies Leary zunächst auf den intensiven zwischenmenschlichen Kontakt hin, der sich im LSD-Rausch unter bestimmten günstigen Umständen zwischen Mann und Frau einstelle. Wenn sich beide zum Beispiel in einem Raum gegenübersäßen, spüre der Mann ›Tausende chemischer Botschaften‹ von der Frau durch den Raum auf sich zuströmen. Es sei eine Symphonie von Düften: der Duft ihres Haares, ihres Parfums, ihres Körpers, der Geruch ihrer Kleider und ihrer intimen Körperpartien. Auch der Tastsinn vermittle intensive erotische Empfindungen. Als Learys Frau sich während einer Sitzung über ihn beugte und mit ihren Fingerspitzen leicht die Innenfläche seiner Hand berührte, habe er erlebt, was allein schon der Tastsinn im Menschen auszulösen vermag: »Augenblicklich entluden sich hunderttausend Nervenfasern meiner Hand in sanftem Orgasmus.« Anschließend habe Learys Arme eine ›ekstatische Energie‹ durchpulst und sei in sein Gehirn gelangt, wo wiederum Hunderttausende von Nervenzellen mit einem unbeschreiblichen Glücksgefühl reagierten. Welle auf Welle solcher Glücksgefühle sei von den Fingerspitzen der Frau in seinen Körper übergegangen und wieder zurückgeflutet zu ihr.

Man dürfe sich das sexuelle Erleben im LSD-Rausch nicht als bloße Triebsteigerung im Sinne einer erhöhten geschlechtlichen Potenz vorstellen, sagte Leary. LSD steigere nicht einfach die sexuelle Leidenschaft, es führe auch nicht automatisch zu länger anhaltender Erektion der Genitalien. Vielmehr wirke es auf dem Umweg über die gesteigerten Empfindungen aller Sinnesorgane und ermögliche so einen unbeschreiblichen Genuß. Normalerweise schlösse ja die sexuelle Begegnung alle unsere Nerven ein. Augen und Nase seien ebenso mitbeteiligt wie der Tastsinn beim Austausch intimer Berührungen an den sogenannten ›erogenen Zonen‹, den für sexuelle Empfindungen besonders empfänglichen Reizpunkten des Körpers. Die dabei geweckten Empfindungen seien im Vergleich zu dem geschlechtlichen Rausch unter LSD-Einfluß jedoch geradezu banal. Unter der Wirkung der Droge vermähle sich buchstäblich jede Zelle des männlichen Körpers mit jeder Zelle des weiblichen. Die Hand des Mannes berühre nicht einfach die Haut der Frau, sie sinke vielmehr in diese ein, sie verschmölze mit dem ewig-weiblichen Zauber ihres Leibes.

Leary gab unumwunden zu, daß bei den damals so häufigen ›LSD-Partys‹ ein Hauptziel der Teilnehmer die sexuelle Vereinigung gewesen sei. Je intensiver die vom LSD bewirkte Bewußtseinsweitung erlebt werde (siehe im Kapitel ›Das geweitete Bewußtsein‹), um so intensiver und erfüllter verlaufe auch die geschlechtliche Begegnung.

Als Leary gefragt wurde, ob es stimme, daß sich Liebespaare

unter LSD-Einfluß stundenlang dem Sexualgenuß hingegeben hätten ohne zu ermüden, bestätigte er das. Für die Beschreibung eines Orgasmus im LSD-Rausch fehlten ihm jedoch die Worte. Er konnte nur vergleichen: »Was würden Sie einem Kinde antworten, wenn es fragt, was Liebe sei? Wenn es zum Beispiel wissen möchte, ob die Liebe wie das Vergnügen sei, im Zirkus zu sitzen? Sie würden vielleicht sagen: Ja, so ungefähr, aber doch nicht ganz so... Und wenn das Kind fragt, ob die Liebe schön sei wie Schokoladeneis – dann würden Sie vielleicht antworten: Ja, so ungefähr, aber noch viel, viel schöner...« So also, meinte Leary, gehe es auch mit dem Orgasmus im LSD-Rausch: Man könne ihn nicht beschreiben, weil er vollkommen anders sei als irgend etwas, das ein Mensch je erleben könne. Es gebe keine Worte, um es dem verständlich zu machen, der es nicht selbst erlebt habe.

Ob Frauen, denen der Orgasmus unter normalen Umständen versagt geblieben sei, mit Hilfe des LSD wiederholt sexuelle Höhepunkte erlebt hätten, wollte der Interviewer wissen. Leary antwortete, das sei in einer sorgfältig vorbereiteten Zusammenkunft unausbleiblich. Unter günstigen Umständen könne eine Frau sogar mehrere hundert Orgasmen erleben. Auf die skeptische Nachfrage seines Gegenübers hin wiederholte Leary: »Ja, mehrere hundert.«

Er fügte allerdings hinzu, daß er die Frage nach der Zahl der Orgasmen als abstoßend empfinde. Sie sei im Vergleich zu dem, was eine vom LSD beeinflußte sexuelle Gemeinschaft für die Beteiligten bedeute, so banal wie die Frage danach, was die Reizwäsche der Partnerin gekostet habe.

Die sexuellen Möglichkeiten im LSD-Rausch seien das öffentlich bisher zwar immer verschwiegene, aber eigentliche Geheimnis der Droge, erklärte Leary. Er sage das frei heraus, und er wisse auch, daß die sexuelle Ekstase, die das LSD ermögliche, der tiefere Grund für den LSD-Boom in den Vereinigten Staaten sei. Wenn Dr. Goddard, der Chef der amerikanischen Arzneimittel-Aufsichtsbehörde (FDA), in einem Hearing vor dem amerikanischen Senat erklärt habe, daß zehn Prozent aller amerikanischen College-Studenten regelmäßig LSD nähmen, so verwundere ihn das nicht.

Es sei auch nicht zufällig, erklärte Leary, daß unter seinen Versuchsteilnehmern Vertreter der Kirchen die stärksten sexuellen Reaktionen gezeigt hätten. Dies seien mehr als 200 Geistliche, Priester, Theologiestudenten und Nonnen gewesen. Von den Angehörigen zweier Keuschheit und Ehelosigkeit predigenden Religionsgemeinschaften seien zahlreiche abtrünnig geworden. Mönche und Nonnen hätten nach einigen LSD-Sitzungen ihre religiösen Bindungen aufgegeben und geheiratet.

Abgesehen von den sexuellen Reizen, die der LSD-Rausch verheißt, soll die Droge auch die geradezu hexenhafte Fähigkeit besitzen, zwei Menschen, die sich zuvor nur flüchtig oder gar nicht kannten, unwiderstehlich aneinander zu binden. »Vom Beginn unserer Forschung an«, berichtete Leary, »bin ich auf der Hut gewesen vor den ungeheuren zwischenmenschlichen Kräften, die das LSD zu wecken vermag.« Man müsse sehr vorsichtig sein und dürfe LSD nur mit solchen Partnern gemeinschaftlich nehmen, die man wirklich gut kenne. Denn es sei nahezu unvermeidlich, daß eine Frau sich in den Mann verliebt, mit dem sie eine gemeinsame ›LSD-Reise‹ unternimmt. Wenn die Umstände danach seien, würden sich Gefühlsbindungen einstellen, die ein Leben lang andauern.

Leary zieht daraus einen bedeutsamen Schluß für die künftige Praxis der Ehescheidungen. Nach seiner Meinung werde als Scheidungsgrund künftig weniger die Tatsache anzusehen sein, daß eine Frau »mit einem anderen Mann ins Bett gegangen ist«. Viel schwieriger werde es sein, wenn die Frau mit diesem Mann eine gemeinsame ›LSD-Reise‹ unternommen habe – so selten dies auch vorkommen mag –, denn die dabei entstandenen Bindungen seien ungleich stärker als solche, die aus einer sexuellen Begegnung erwüchsen.

Timothy Leary, ein in der amerikanischen Wissenschaft umstrittener Außenseiter, tritt dafür ein, daß LSD weit mehr Menschen zugänglich gemacht werden sollte, als es heute der Fall ist. Zur Zeit steht die Droge in fast allen Ländern unter scharfem Verschluß. In der Bundesrepublik fällt sie wie das Meskalin, das Psilocin und das Psilocybin mit seinen Abkömmlingen unter die Vorschriften der Betäubungsmittel-Gesetzgebung (Opiumgesetz). Das heißt, ihre Herstellung, der Erwerb und jede Art der Abgabe werden streng überwacht. Wer diese Stoffe zu wissenschaftlichen oder therapeutischen Zwecken erwerben oder anwenden will, braucht dazu eine besondere Genehmigung der Bundesopiumstelle im Bundesgesundheitsamt. In den Apotheken ist das LSD also nicht erhältlich; auch nicht auf Rezept – denn Rezepte dürfen gar nicht erst ausgestellt werden [178].

VIII.

SEELENARZNEI UND LEGALITÄT

Mittel, die die Zunge lösen

Verstockte Sünder oder seelisch Kranke zum Sprechen zu bringen, kann für verschiedene Leute aus mancherlei Gründen wichtig sein: Für den Untersuchungsrichter, wenn ihm ein hartnäckig schweigender Angeklagter gegenübersitzt; für den Seelenarzt, wenn er meint, sein Patient müßte sich über ein qualvolles Erlebnis aussprechen, das die Ursache seiner Niedergeschlagenheit sein mag, für den Offizier im Krieg, der von seinem Gefangenen wissen will, wo der Feind steht, wie stark er ist und was er vorhat; und für den Geheimdienstler, der seinen Häftling anderen Sinnes machen oder ein Schuldgeständnis von ihm erpressen will.

Es gibt mehrere Verfahren, einen Menschen gesprächig zu machen. Eines davon ist die Folter, ein anderes der Alkohol. Weitaus besser geeignet sind die modernen medikamentösen Zungenlöser wie etwa das Pentothal – ein Barbitur-Präparat. Sie sind zuverlässiger im Gebrauch, und ihre Anwendung ist humaner als die Daumenschraube. Außerdem ersparen sie viel Zeit.

Die Praxis, Menschen unter dem Einfluß von Medikamenten zum Sprechen zu bringen oder sie gar zu zweifelhaften Aussagen zu verleiten, hat eine juristische Seite: Darf man das überhaupt? Wird durch solche Machenschaften nicht das Persönlichkeitsrecht verletzt, wird der Mensch nicht seiner Entscheidungsfreiheit und seiner Verteidigungsfähigkeit beraubt? Ist es nicht schon vorgekommen, daß Angeklagten solche Mittel mit List oder Gewalt einverleibt wurden, um sie zu Aussagen zu bewegen, die sie normalerweise nie gemacht hättten?

Und darf man einen Menschen dann auf Grund solcher Aussagen verurteilen? Muß nicht auch gefragt werden, ob diese sogenannten ›Wahrheitsdrogen‹ wirklich die Wahrheit ans Licht bringen oder nur etwas, das der Betreffende in seinem Zustand vorübergehend für die Wahrheit hält?

Um darauf antworten zu können, muß man sich über den Begriff des ›Bewußtseins‹ im klaren sein. ›Bewußtsein‹ wird heute etwas umständlich als eine ›Qualität seelischer Vorgänge‹ verstanden, mit dem noch schwerer verständlichen Zusatz, daß ›bewußte Akte des Wahrnehmens und Denkens sich vom Gegenstand oder Inhalt des Bewußtseins unterscheiden lassen‹. Dem Unbefangenen sagt das wenig. Darum soll es uns genügen, wenn wir unter ›Bewußtsein‹ im weiten Sinne das verstehen, was uns das Gefühl für die Existenz unseres eigenen Ichs vermittelt.

Gibt es aber nur *ein* Bewußtsein? Sind vielleicht mehrere Bewußtseinsebenen von unterschiedlicher Qualität denkbar, die uns gleichrangig, jedoch zu verschiedenen Zeiten beseelen können? Der Amerikaner William James hat darüber nach Selbstversuchen mit Lachgas einmal folgendes gesagt:

»Unser normales waches Bewußtsein – das rationale Bewußtsein, wie wir es nennen – ist nur *ein* Bewußtseinstyp, neben dem in unmittelbarer Nachbarschaft völlig andere Bewußtseinsformen liegen. Wir können unser ganzes Leben zubringen, ohne deren Existenz auch nur zu ahnen. Verstehen wir aber, sie zu wecken, so sind sie uns wie auf ein Zauberwort gegenwärtig.«

Sollten auch die ›Wahrheitsdrogen‹ eine von diesen wunderlichen, normalerweise unbewußten Bewußtseinsformen in uns wachrufen? Sehen wir sie uns daraufhin einmal an.

Pentothal und Amytal, die beiden wichtigsten, führen zu einer Art Halbschlaf, solange man sie nicht überdosiert – dann wirken sie wie Schlafmittel. Dieser Halbschlaf – wie kann man sich ihn vorstellen? Wir alle wissen, was normalerweise geschieht, wenn wir zur Ruhe gehen: Der Schlaf überfällt uns nicht plötzlich, sondern vorgeschaltet ist eine Art Übergangsstadium. Wir erkennen es daran, daß der Wille allmählich die Herrschaft über uns verliert. Was wir tun und denken, wird mehr und mehr unserer Kontrolle entzogen. Vor den geschlossenen Augen folgen sich die Bilder nur noch zufällig, sie werden schemenhaft; es ist, als spiele eine ganz sich selbst überlassene Phantasie mit uns in diesem Reich zwischen Wachen und Träumen, das Marcel Proust in seinem Roman ›Combray‹ so anschaulich beschrieben hat.

Aber dieses allabendlich durchschrittene Zwischenreich ist nicht eigentlich der Zustand, den das Medikament bewirkt. Denn unmittelbar vor dem natürlichen Einschlafen sind wir normalerweise nicht besonders redselig, und dieses Symptom gilt ja nicht für die ›Wahrheitsdrogen‹. Mittel wie Pentothal oder Amytal rufen zwar auch solche ›Übergangsstadien‹ hervor, doch halten sie den Betreffenden dabei in einer Stimmung, in der er ausgesprochen gern plaudert. Und das ist das Merkwürdige: Er plaudert besonders gern über Dinge, die er sonst wahrscheinlich verschweigen würde. Er beschäftigt sich mit ihnen sogar um so unbefangener, je stärker er im Leben mit seelischen Konflikten belastet ist, je mehr ungelöste Probleme er mit sich herumschleppt. Weiter ist merkwürdig, daß die künstlich erzeugte Plauderlust kaum durch den Verstand gesteuert werden kann. Es erhebt sich also nur selten eine warnende ›innere Stimme‹, wenn der Redefluß an einen heiklen Punkt kommt.

Auf die Eigenschaft bestimmter Stoffe, einen Menschen gesprächiger und gelöster zu stimmen, wurde man zum erstenmal im Jahre 1916 in Amerika aufmerksam. Damals fanden Wissenschaftler der Wisconsin-Universität unter Leitung von A. S. Loevenhart heraus, daß bestimmte Präparate, die die Atmung teilnahmsloser und verkrampfter Patienten beleben sollten, bei einigen der Behandelten einen merkwürdigen Nebeneffekt hatten. Die Leute entspannten sich, sie begannen zu sprechen und antworteten den Ärzten auf Fragen – ein Verhalten, das im Widerspruch zu ihrer sonstigen Verschlossenheit stand und in jeder Beziehung verblüffte. Später, vor allem während der Versuche E. Lindemanns vom Massachusetts-Hospital, zeigte sich, daß die gleichen Präparate bei eigenbrötlerischen Kranken offenbar eine Art Wesensverwandlung herbeiführten. Die Leute wurden aufgeschlossener, sie gaben ihre innere Abwehr auf und wurden zu freundlichen und mitteilsamen Zeitgenossen. Machte Lindemann gleiche Versuche mit psychisch Gesunden, so konnte er erleben, daß sie übernormal gesprächig und gesellig wurden, manche fühlten sich in ausgesprochener Hochstimmung [59].

Genaugenommen kann man diese Versuchsergebnisse in den ersten Jahrzehnten unseres Jahrhunderts jedoch nicht als die Geburtsstunde der ›Wahrheitsdrogen‹ feiern. Die damals benutzten Substanzen hatten aus Pflanzen gewonnene, wenn auch anders zubereitete Vorgänger schon in viel früherer Zeit. Von den Nachtschattengewächsen wußten schon unsere Vorfahren, daß sie zu allerlei narkotisierenden oder die Seele beschwingenden Säften und Getränken verarbeitet werden konnten. Beispiele dafür sind die Alraunenwurzel (Mandragora, Podophyllum peltatum), die Tollkirsche (Atropa belladonna), das Bilsenkraut (Hyoscyamus niger) und der Stechapfel (Datura stramonium). Heute wissen wir auch, daß diese Pflanzen Alkaloide wie Scopolamin, Hyoscyamin und Atropin enthalten, und daß ihre Wirkungen auf diese Stoffe zurückgehen. Scopolamin, der Wirkstoff des Bilsenkrautes, erwies sich später in Verbindung mit Morphin und Chloroform auch als geeignet, Müttern die Geburt ihrer Kinder zu erleichtern. Die Frauen fühlten sich in einen Dämmerschlaf versetzt, der sie die Ereignisse nur verschwommen wahrnehmen ließ, außerdem lief die Geburt viel weniger schmerzhaft ab.

Auf die Idee, mit dem Scopolamin festzustellen, ob jemand lüge oder die Wahrheit spreche, verfiel nach der Überlieferung zum erstenmal der amerikanische Arzt Robert House aus Dallas im Staate Texas. House soll im Jahre 1922 zwei Inhaftierte aus dem Gefängnis von Dallas nach Scopolamin-Injektionen verhört haben, weil man annahm, daß sie die Unwahrheit gesagt hätten. Obgleich beide auch unter dem Einfluß des Scopolamins ihre Unschuld beteuerten und der ganze Aufwand sozusagen umsonst gewesen war, kam damals der Begriff ›Wahrheitsdroge‹ auf. Scopolamin hat sich im Laufe der Jahre dann allerdings nicht als Idealmittel bewährt, denn es war nicht frei von unangenehmen Nebenwirkungen. Zum Beispiel kann es Halluzinationen erzeugen. Heute verwendet man vorwiegend die barbitursäurehaltigen Präparate Amytal und Pentothal. Einer der Prominenten, denen man Pentothal injizierte, war der 25jährige amerikanische Versicherungsagent Perry Russo. Er gehörte in den Kreis der Verdächtigen, die im Frühjahr 1967 im Zusammenhang mit der Ermordung Präsident Kennedys verhaftet worden waren.

Als zusätzliches Hilfsmittel mit dem Zweck, die Wahrheit ans Licht zu bringen, benutzt die Polizei in manchen Ländern gern den ›Lügendetektor‹ oder Polygraphen (= Vielschreiber), so genannt, weil das Gerät verschiedene Körperfunktionen gleichzeitig registriert. Seine Anwendung beruht auf der Erfahrung, daß psychische Erregungen, wie sie bei einer Lüge häufig auftreten, bestimmte Körperfunktionen verändern können. Daß dies so ist, wußten schon die arabischen Beduinen. Um aus einer Gruppe verdächtiger Stammesgenossen den wahren Täter herauszufinden, ließen sie alle an einem heißen Eisen lecken. Derjenige, der sich die Zunge verbrannte (weil seine Speichelabsonderung vermindert war), galt als überführt. Weniger drastisch verfuhren die Chinesen. Sie ließen die Verdächtigen gemahlenen Reis kauen und den Brei dann ausspucken. Anschließend untersuchten sie, wessen Reismehl am wenigsten eingespeichelt worden war.

Der moderne ›Lügendetektor‹ registriert zwar nicht die Speichelabsonderung, dafür aber um so unbestechlicher den Herzschlag, die Atemfrequenz, den Blutdruck und den Feuchtigkeitsgehalt der Haut. Der zu Verhörende muß sich dazu auf einen Stuhl setzen und bekommt nun verschiedene ›Sensoren‹ angelegt: Blutdruckmesser, Pulszähler, eine Brustbandage – gegebenenfalls werden auch die Gehirnströme aufgenommen. Die gewonnenen Meßwerte übertragen Schreibstifte auf ein abrollendes Papiejband, ähnlich wie es bei der Messung von Bodenerschütterungen in den Erdbebenwarten geschieht [165; 170].

Vor dem eigentlichen Verhör ermittelt der Beamte im belanglosen Gespräch zunächst die Normalwerte seines Gegenübers. Später – während die Unterhaltung weitergeht – streut er die eine oder andere ›Fangfrage‹ ein; oder er erwähnt unvermittelt Dinge, die mit der Tat in Beziehung stehen, z.B.

eine aufgebrochene Tür. Zeigen die Kurven an diesen Stellen ungewöhnliche Erregung an, so kann er mit einigem Vorbehalt annehmen, daß er den Täter vor sich hat.

Unzulänglich ist der Lügendetektor deshalb, weil die Schwankungen der Meßwerte nicht unbedingt auf die von einer Lüge ausgelöste innere Erregung des Angeklagten zurückgeführt werden dürfen; es können auch andere Ursachen dafür in Frage kommen. Daher ist der Lügendetektor auch in zahlreichen Ländern verboten, unter anderem in der Bundesrepublik Deutschland, in Österreich und der Schweiz.

In der Absicht, einen Verdächtigen möglichst wenig durch den Anblick von Meßgeräten, Anlegen von Blutdruck-Manschetten usw. zu irritieren, sind von zwei amerikanischen Firmen neuerdings Verfahren entwickelt worden, mit deren Hilfe nahezu sämtliche der erwähnten Körperfunktionen auch aus einer Entfernung bis zu zehn Metern zuverlässig registriert werden können [55]. Der Betreffende sitzt dazu auf einem Stuhl, der außer einem unsichtbar unter der Sitzfläche angebrachten Meßgerät für die Herztätigkeit nichts Besonderes zeigt. Während des Gespräches oder Verhörs wird er jedoch von einer Reihe für ihn unsichtbaren ›Augen‹ in den Wänden des Untersuchungszimmers beobachtet. Um Veränderungen seiner Atemfrequenz festzustellen, verfolgt ein optisches Gerät die leichten Profiländerungen seiner Brust, die sich beim Ein- und Ausatmen ergeben. Mit Hilfe von infrarotempfindlichem Film und einer geeigneten Kamera ermittelt man Unterschiede seiner Körpertemperatur, die sich bekanntlich durch infrarote Ausstrahlungen verrät. Um das Ausmaß seiner Schweißabsonderung festzustellen, wird die Intensität des von der Haut reflektierten, polarisierten Lichtes überprüft. Schließlich kann der Blutdruck aus der Entfernung gemessen werden, indem man zum Beispiel eine Hautstelle am Hals anpeilt und die mehr oder weniger hervortretenden Blutgefäße optisch ›abtastet‹.

Ein derartiges Instrumentarium, erklärte der wissenschaftliche Direktor der ›Foundation for Medical Technology‹ in New York, Carl Berkley, würde nicht nur bei der Zeugen-Vernehmung in der Kriminalistik gute Dienste leisten. Es würde sich auch in der Politik bewähren, also etwa bei Gesprächen zwischen Diplomaten in den Empfangsräumen der Ministerien, in der Spionage und bei Wirtschaftsverhandlungen aller Art.

Aber zurück zu den ›Wahrheitsdrogen‹. Es gibt abenteuerliche Berichte darüber, was sie alles leisten sollen. Solche Schilderungen sind jedoch mit Vorsicht zu lesen. Die Behauptung, die Medikamente brächten ›die Wahrheit‹ mit Sicherheit ans Licht, läßt sich auch deswegen anfechten, weil ein unter dem Einfluß solcher Mittel stehender Mensch leicht suggestiven Einflüssen nachgibt. Wer könnte garantieren, daß er in seiner Trance nicht auch solche Gedanken für seine eigenen hält, die ihm der Verhörende einredet? Ein geschickter Inquisitor kann da viel erreichen. Wie es heißt, soll auf diese Weise seinerzeit auch der ungarische Kardinal Mindszenty in seiner Haltung gegenüber dem Kommunismus beeinflußt worden sein (siehe Seite 101).

Wie sehr Skepsis am Platze ist, wenn es um die Wirkung von ›Wahrheitsmitteln‹ geht, offenbaren auch Berichte über die angeblich Wunder wirkenden Samen der in Mexiko heimischen Ololiuqui-Pflanze. Hernando Ruiz de Alarcón erzählt von ihr in einer Abhandlung über den Aberglauben der mexikanischen Indianer [154]:

»Der sogenannte Ololiuqui, das ist ein Same, kleiner als eine Linse oder Erbse. Eingenommen beraubt er des Verstandes. Es ist verwunderlich, welches Vertrauen die einfältigen Indios zu ihm haben. Sie schreiben ihm Wunderkräfte zu. Sie befragen ihn wie ein Orakel und halten Zwiesprache mit ihm um zu erfahren, was sie zu wissen begehren, oft Sachen, die man mit dem menschlichen Verstande gar nicht zu erkennen vermag, wie Verlauf ihres zukünftigen Lebens oder den Ort, wo sich verlorene oder gestohlene Gegenstände befinden.

Sie glauben, daß in dem Samen ein Dämon steckt, der dann, wenn man ihn eingenommen hat, herauskommt und dem Fragenden aufdeckt, was immer er zu wissen wünscht. Im Verlaufe dieses Zustandes, dieser Art von Trunkenheit und Halbschlaf, dieses Verlustes allen klaren Verstandes und Urteilsvermögens, hört er dann allerhand Stimmen und Tausende von großartigen Lügen, die ihm nur der Teufel einblasen kann. Darunter sind aber merkwürdigerweise manchmal ein paar Körnchen Wahrheiten.«

Der Name ›Ololiuqui‹ ist in Mexiko heute kaum noch gebräuchlich. Statt dessen hat sich die Bezeichnung ›Piule‹ eingebürgert, ein aztekisches Wort, das soviel heißt wie ›kleines berauschendes Mittel‹. Man benennt damit ein ololiuquihaltiges Getränk, das ähnliche Benommenheitszustände hervorrufen soll, wie sie sich durch Mittel wie das Pentothal erzeugen lassen.

»Es scheint«, schreibt Viktor A. Reko, »daß im Piulerausche gewisse psychische Hemmungen wegfallen und wahllos alles ausgeplaudert wird, was der Ausfragende zu erfahren wünscht. Das Volk glaubt daher, daß die unter Piule Stehenden einfach nicht lügen können. Leute, die etwas gestohlen haben, führen den Ausfragenden im Piulerausche wie Hypnotisierte auf den Platz, wo sie die gestohlenen Sachen versteckt haben.« [154]

Wie zu allen Zeiten, so haben fragwürdige Existenzen auch in Mexiko die Wirkung des berauschenden Trankes zu nutzen gewußt. Reko berichtet von einem amerikanischen Räuber-General namens Brena, der mit einer Bande loser Gesellen durchs Land zog und den Bewohnern entlegener Dörfer sonderbare Schaustellungen lieferte. Mit einiger Phantasie kann man sich ein Bild davon machen, wie Brenas Leute vorgingen: Wer bestohlen oder betrogen worden war, benannte dem General Verdächtige. Diese wurden dann von Brena mehr oder weniger freiwillig dazu gebracht, sich der ›Piule-Probe‹ zu unterziehen. Man flößte ihnen den Piule-Trank ein, und im willenlosen Zustand waren sie dann den Suggestiv-Fragen der Bandenmitglieder ausgeliefert. Auf diese Weise kam die ›Wahrheit‹ ans Licht. Auch wer sich krank fühlte oder Liebesprobleme hatte, erhielt von den Piuleros Rat. In diesen Fällen wurden wahrscheinlich ›Medien‹ trunken gemacht und ihre zusammenhanglosen, gelallten Reden von den Piuleros für wahr erklärt oder auf eine ihren Zwecken entsprechende Weise gedeutet.

Was die modernen Medikamente für den Psychotherapeuten so nützlich macht, ist neben ihrer ›zungenlösenden‹ Wirkung die Tatsache, daß sie bei den meist langwierigen und anstrengenden ›Explorationen‹, also den zur Diagnose dienenden ›Sitzungen‹ mit dem Patienten, viel Zeit sparen. In Deutschland hat sich das Pentothal bewährt, wenn es darauf ankommt, eine zuverlässige Unterscheidung zwischen Neurose, Psychopathie und Psychose zu treffen, Krankheitsbildern, deren Eigenarten jeweils bestimmte Behandlungsweisen erfordern. Auch eine seelisch bedingte, organische Krankheit (Organ-Neurose) offenbart sich bei der Anwendung des Pentothals normalerweise rasch.

Für den Kranken bedeutet es oft einen Schritt zur Wiedergesundung, wenn er sich so offen wie möglich mit seinem Arzt aussprechen kann. In der Hand des Erfahrenen leistet das Pentothal besonders in solchen Fällen gute Dienste, in denen die Persönlichkeit des Patienten durch das Krankheitsgeschehen noch nicht allzu stark gelitten hat. Der Arzt kann schließlich noch ein übriges tun, wenn er die Unterhaltung auf Tonband aufnimmt. Sobald die Wirkung des Medikaments abgeklungen ist, läßt er das Band vor dem Kranken ablaufen und konfrontiert ihn so mit seinen eigenen Worten, an die er sich hinterher vielleicht nicht mehr erinnern will oder kann.

Einen dramatischen Akzent erhielt die Frage, ob ein Angeklagter unter der Wirkung von Pentothal verhört werden darf, als vor einigen Jahren in Zürich ein mysteriöser Mordfall aufgeklärt werden sollte. Das damalige Opfer war die zwanzigjährige Dirne Liliane Rod, und die nähere Untersuchung am Tatort hatte ergeben, daß das Mädchen anscheinend von einem sexuell abnorm veranlagten Menschen umgebracht worden war – einem Woll-Fetischisten.

Die Schweizer Polizei hatte seinerzeit den Luzerner Fritz Stuckmann als der Tat dringend verdächtig verhaftet. Stuckmann war als Woll-Fetischist bekannt, und man wußte auch, daß er häufiger das Zürcher ›Milieu‹ besuchte. Aber so sehr sich der Untersuchungsrichter auch mühte, Stuckmann blieb dabei, er habe mit dem Mord nichts zu tun. Zwar konnte er kein lückenloses Alibi für die Tatnacht vorlegen, doch gelang es der Polizei auch nicht, eine geschlossene Indizienkette beizubringen.

Was in dieser Situation geschah, löste später eine empfindliche Kritik an der Schweizer Polizei aus, die erst nach einem Machtwort des Zürcher Staatsanwaltes verstummen sollte: Stuckmann wurde in die kantonale Heil- und Pflegeanstalt Rheinau eingewiesen, wo er sich unter der Obhut von Professor Hans Binder einer psychiatrischen Untersuchung unterziehen mußte. Auch in Rheinau leugnete er die Tat hartnäckig weiter. In immer wiederholten Verhören widersprach er sich nicht ein einziges Mal. Er ging auch nicht in die zahlreichen ›Fallen‹, die ihm die Polizei stellte.

Staatsanwalt Lüthy und Professor Binder entschlossen sich daraufhin zu einem außerordentlichen Schritt. Sie wollten eine ›Narko-Analyse‹ versuchen, das heißt, sie hofften, Stuckmann mit Pentothal die Zunge zu lösen.

Das Ergebnis überraschte jedoch nicht schlecht, denn Stuckmann gab auch im Pentothal-Rausch die Tat nicht zu. »Obwohl wir uns die größte Mühe gaben, den Exploranden (den zu Untersuchenden, Anm. d. Verf.) auf alle mögliche Weise von seiner Darstellung abzubringen«, kommentierte Binder den enttäuschenden Versuch, »erhielten wir von ihm keinerlei für seine Schuld verräterische Antworten oder auch nur verdächtige Reaktionen.«

So konnte gegen Stuckmann letzten Endes keine Anklage erhoben werden. Er wurde entlassen, allerdings bald darauf wegen seiner abwegigen Veranlagung in eine Anstalt eingewiesen.

Die Vorgänge um den Mord an der Zürcher Dirne und die ›Verhöre‹ des Verdächtigten haben die Schweizer Öffentlichkeit lebhaft beschäftigt. Anlaß zu massiver Kritik war die Pentothal-Injektion. Man fragte sich, ob so etwas mit den Schweizer Gesetzen vereinbar sei; unausgesprochen drängten sich Parallelen zu östlichen Praktiken auf, zu Seelenfolter und Gehirnwäsche. Demgegenüber bemühte sich Professor Binder, die Pentothal-Methode ins rechte Licht zu rücken:

»Wo die Absicht besteht, von Menschen falsche Geständnisse zu erreichen und ihre Suggestibilität bis zur völligen Widerstandslosigkeit zu steigern, wie das bei gewissen politischen Schauprozessen der Fall ist, ist Pentothal nicht das geeignete

Mittel. Dort werden dann ganz andere Mittel angewendet, etwa Scopolaminderivate und Weckamine. Die Pentothal-Methode kann keine falschen, sondern nur wahre Geständnisse erbringen. Sie ist auch keine östliche Erfindung, sondern wurde 1932 in den USA erfunden und seitdem öfters in Amerika, aber auch in England, Frankreich und seit 1945 auch in Westdeutschland zu forensischen (Gerichts-)Zwecken angewendet.«

Was den Fall Stuckmann betrifft, betonte Binder, so habe es sich um eine Ausnahme gehandelt. Stuckmann sei vor der Behandlung eingehend über die Wirkung des Pentothals aufgeklärt worden. Schließlich hätte er aus eigenem Entschluß – nicht etwa unter Zwang – eingewilligt.

Gerade dieser Hinweis entpuppte sich freilich als Angelpunkt neuer Kritik. Die Schweizer fragten, ob man denn von ›freiwilliger‹ Entscheidung sprechen könne, wenn sie ein Angeklagter nach neunmonatiger, zermürbender Untersuchungshaft treffe. Würde ihm unter solchen Umständen nicht jedes Mittel recht sein, um endlich aus dem Gefängnis herauszukommen? Würde er nicht blindlings jeden Vorschlag begrüßen, der ihn diesem Ziel näherbringt?

Aber selbst wenn man unterstellen wollte, Stuckmann habe ›freiwillig‹ in das Experiment eingewilligt, so bliebe ein Widerspruch. Schweizer Journalisten waren pfiffig genug, ihn aufzudecken. Sie hielten Professor Binder vor, daß man von der Intaktheit der Stuckmannschen Persönlichkeit offenbar wenig überzeugt gewesen sei, denn sonst hätte man ihn ja nicht in eine Anstalt eingewiesen. Konnte also erwartet werden, daß er seine Einwilligung in vollem Bewußtsein von deren Tragweite gab?

Das allgemeine Unbehagen über diesen Fall veranlaßte denn auch den Staatsanwalt Lüthy zu einer exemplarischen Maßnahme. »Aus eigener Machtkompetenz«, ließ er verlauten, »habe ich vor einigen Tagen an sämtliche Bezirksanwaltschaften des Kantons Zürich Weisung erteilt, daß Narko-Analysen zu forensischen Zwecken inskünftig nicht mehr durchgeführt werden dürfen.« [177]

Was in einem freien Land wie der Schweiz wie eine Selbstverständlichkeit erscheint, das gibt es in Diktaturen gewöhnlich nicht. Hier werden Drogen auch ganz gezielt dazu benutzt, unliebsame Bürger psychisch zu zermürben und zu zerbrechen, Geständnisse von ihnen zu erpressen oder ihre Persönlichkeit zu verändern. Einen Bericht über die dabei angewendeten Methoden hat ein besonderer Kenner der Materie, Claus Einar Langen, am 27. Dezember 1977 in der Frankfurter Allgemeinen Zeitung veröffentlicht.

Das bevorzugte Mittel für die ›Behandlung‹ etwa von Regimekritikern in den psychiatrischen Sonderkliniken der UdSSR ist das Haloperidol oder Haldol. Es gehört zu den Neuroleptika, also einer Gruppe von Arzneimitteln, die normalerweise bei Patienten mit Psychosen angezeigt sind. Solchen psychisch Kranken verhilft das stark wirkende Haloperidol zu einer Linderung ihrer oft qualvollen Leiden, indem es ihre Wahnvorstellungen verdrängt und Halluzinationen auflöst. Seine Wirkung ist so segensreich, daß dafür Nebenwirkungen in Kauf genommen werden (soweit diese nicht durch andere Medikamente wieder gemildert werden können). Zu den Nebenwirkungen gehören ein schlurfender, kleinschrittiger Gang, Muskelverspannungen und Zittern der Hände. Der Körper der Kranken ist nach vorn abgewinkelt und die Finger vollführen rhythmische Bewegungen wie beim Münzenzählen oder Pillendrehen. Die Mimik ist ausdrucksarm, die Sprache undeutlich, leise und gleichförmig (›Parkinson-Syndrom‹).

»Bisher«, schreibt Langen, »haben die Kritiker der sowjetischen Praktiken in allen bekanntgewordenen Fällen, in denen Menschen aus politischen oder religiösen Gründen in psychiatrischen Kliniken interniert wurden, die geistige Gesundheit der Betreffenden belegt. Vor diesem Hintergrund sind die Anklagen gegen den Mißbrauch der Psychopharmaka zu bewerten.«

Wenn nämlich ein Gesunder unter dem Zwang einer psychiatrischen Behandlung dem Haloperidol ausgesetzt wird, stellen sich die Nebenwirkungen – also das Parkinson-Syndrom – schon bei relativ niedriger Dosierung ein. Das wurde unter anderem durch den Bericht von Tatjana Schitnikowa-Pljuschtsch bestätigt, den sie nach einem Klinikbesuch ihres verhafteten Mannes am 22. Oktober 1973 gab. Ihr Mann stand zu diesem Zeitpunkt seit zwei Monaten unter der Wirkung des Mittels:

»Als sie Leonid Iwanowitsch in den Besucherraum brachten, war er nicht wiederzuerkennen. In seinen Augen standen Schmerz und Elend, er sprach mühsam und stockend. Häufig stützte er sich auf die Sessellehne, um Halt su suchen. Sein Bemühen um Selbstkontrolle war offensichtlich, wenn er von Zeit zu Zeit die Augen schloß, um das Gespräch fortzusetzen und Fragen beantworten zu können. Aber seine innere Kraft war erschöpft, am Ende. Leonid Iwanowitsch begann schwer zu atmen, ungeschickt seine Jacke aufzuknöpfen...; sein Gesicht zuckte und er bekam Krämpfe in Händen und Beinen... Es war deutlich, daß er von Zeit zu Zeit das Gehör verlor.«

Ein zweiter, der Öffentlichkeit bekanntgewordener Bericht über die Wirkung des Haloperidols stammt von dem russischen Dissidenten Wladimir Gerschuni, der in die psychiatrische Sonderklinik von Orjol verbracht worden war. Claus Einar Langen läßt auch ihn zu Wort kommen:

»Dieses Medikament macht mich elender, als ich mich je gefühlt habe. Kaum legst du dich nieder, möchtest du aufstehen, kaum machst du einen Schritt, möchtest du dich niedersetzen, und wenn du sitzt, möchtest du wieder gehen.«

Die Absicht, die hinter solcher ›Medikamentenfolter‹ steht, ist klar: Man will die Gefangenen mürbe machen, so daß sie ihre Kritik widerrufen oder eine ihnen vorgeworfene Schuld bekennen.

Um ›Abweichler‹ willenlos und fügsam zu machen, werden hier und da auch andere Mittel verwendet, so das Sulfonamid Sulfazin, das nach der Injektion rasch Fieber und mehrere Tage anhaltende Schmerzen entstehen läßt. Auf diese Weise wird einerseits die psychische Abwehrbereitschaft herabgesetzt, aber auch die Gesundheit der Betreffenden geschädigt. Bei einem weiteren Neuroleptikum, dem Aminozin, fällt der Behandelte in einen Dauerschlaf, er wird total inaktiv und nimmt kaum noch an dem Geschehen seiner Umgebung teil.

Alle diese zur Gruppe der Neuroleptika gehörenden Mittel führen beim Gesunden zu einem allmählich schwerer werdenden Krankheitsbild, das mit Interesselosigkeit und Mattigkeit beginnt, mit wachsender Angst und Gedächtnisschwäche sich fortsetzt und schließlich in einer Persönlichkeitsveränderung endet: Der Betroffene vegetiert in diesem Stadium nur noch dahin, seine Sprech- und Schreibfähigkeit gehen ihm mehr und mehr verloren.

Haloperidol, Aminozin, Sulfazin und ähnliche Medikamente haben gemeinsam, daß sie sich meist gut dosieren lassen. Das heißt, die beabsichtigte Wirkung kann verhältnismäßig gut kontrolliert werden. Viel weniger – wenn überhaupt – kontrollierbar dagegen sind die Folgen, wenn es durch kombinierten Arzneimittel- und Alkoholgenuß zu Bewußtseinsveränderungen kommt – ein Problem, über das jetzt zu sprechen sein wird.

Gefährliche Kombination: Arznei und Alkohol

Immer häufiger sehen sich Polizeibeamte und Ärzte heutzutage Menschen gegenüber, die nicht Herr ihrer selbst sind, weil sie unter der Nachwirkung von Medikamenten, Kurznarkosen oder der Kombination von Arznei und Alkohol stehen. Es ist das gefürchtete ›hang over‹, ein rauschähnlicher Zustand, in dem es zu Verkehrsuntüchtigkeit und nicht selten zu Verkehrsunfällen mit umstrittener Schuldfrage kommt [49].

Wenn ein Arzt durch eine Narkose oder Arznei den Bewußtseinszustand seines Patienten verändert hat, so daß es diesem an der nötigen Einsicht in sein Tun fehlt, so kann auch der Arzt in den Kreis der Verantwortlichen geraten, falls es zu einem Unfall kommt. Diese Gefahr besteht zum Beispiel bei den beliebten Kurz- und Ultra-Narkosen mit Thiobarbituraten bei kleinen chirurgischen Eingriffen in der ambulanten Praxis. Selbst dann, wenn der Behandelte nach dem Erwachen erklärt, er fühle sich wieder wohl, muß dies nicht unbedingt heißen, daß er auch verkehrstüchtig ist.

Er mag dann vielleicht zwar ›gehfähig‹ sein, also gewöhnlich bald zum Nachhausegehen aus dem Sprechzimmer entlassen werden können. Die Gehfähigkeit ist aber etwas anderes als die ›Verkehrstüchtigkeit‹. Diese ist als ›Zustand der maximalen, individuellen konditionellen und situationsgerechten Leistungsfähigkeit‹ umschrieben worden und wird oft erst Stunden später wieder erreicht.

Der Hamburger Gerichtsmediziner E. Osterhaus schildert folgenden Fall: Eine junge Frau fährt mit ihrem Auto zum Arzt, um sich in Hexobarbital-Narkose einem gynäkologischen Eingriff zu unterziehen. Anschließend bleibt sie noch eine halbe Stunde auf einer Couch liegen. Sie verläßt die Praxis, nachdem sie dem Arzt versichert hat, sie fühle sich wohl. Als sie vor dem Hause ihren Wagen wendet, verursacht sie einen Verkehrsunfall, durch den ein Sachschaden von etwa 1000 Mark entsteht. Sie kümmert sich aber nicht um den Geschädigten, sondern fährt nach Hause und legt sich ins Bett. Zwei Stunden später wird sie von der Polizei in ihrer Wohnung zur Rede gestellt. Sie erklärt, sie habe von dem Unfall nichts bemerkt; allerdings wohne ihr Arzt in der Nähe, der sie gerade in Narkose operiert habe. Eine Urinprobe ergab Spuren des Hexobarbitals, und der Sachverständige räumte ihr zur Entlastung den Paragraphen 51 ein. Die Frau blieb straffrei, weil sie von den Nachwirkungen der Narkose nichts gewußt hatte.

In einem anderen Fall beobachten Polizisten einen Personenkraftwagen, der Schlangenlinien fährt. Die Beamten vermuten einen Betrunkenen, stellen den Fahrer und sind überrascht, daß er nicht nach Alkohol riecht. Der Fahrer seinerseits wundert sich, daß er nicht ordentlich gefahren sei. Schließlich räumt er ein, seine Fahrweise sei vielleicht auf eine Spritze zurückzuführen, die er gerade von seinem Arzt bekommen habe. Nachforschungen bestätigen, daß der Mann seinen Arzt wegen starker Schmerzen aufgesucht und eine Ampulle Levorphanol injiziert bekommen hatte. Bald darauf war er in sein Auto gestiegen. Auch dieser Patient blieb straffrei, weil ihn der Arzt nicht auf die Nachwirkungen des Medikamentes hingewiesen hatte [144].

Ein dritter, besonders schwerwiegender Fall: Ein Arzt verschreibt einem Kaufmann ein nervenstärkendes Mittel, in dem unter anderem Veronal und Bromsalz enthalten sind. Er weist ihn an, ›1 Eßlöffel bei Bedarf‹ zu nehmen. Nach dem Motto

›viel hilft viel‹ trinkt der Kaufmann das Medikament jedoch in großen Mengen aus der Flasche. Die Folgen bleiben nicht aus. Bei einer Autofahrt verursacht er einen schweren Verkehrsunfall und macht sich obendrein der Fahrerflucht schuldig. Die Polizei kann ihn später stellen, als er den sinnlosen Versuch unternimmt, seinen total ruinierten Wagen »mit bloßen Händen wieder fahrfähig zu machen«. Die Beamten vermuten Trunkenheit, doch die Blutprobe ergibt null Prozent. Erst als der Kaufmann eingehend befragt wird, stellt sich der wahre Sachverhalt heraus: Veronalvergiftung. Der Leichtfertige hatte das Medikament für ein harmloses Stärkungsmittel gehalten [61].

Wie gefährlich der Alkohol für den Verkehrsteilnehmer und seine Mitmenschen ist, braucht nicht geschildert zu werden. In der Bundesrepublik Deutschland macht sich jeder strafbar, der mit einem Blutalkoholgehalt von mehr als 0,8 Promille am Steuer sitzt, hierbei riskiert er schon seinen Führerschein. Das ist zwar ein ziemlich willkürlicher Wert, der die persönliche Reaktion des Fahrers auf den Alkohol unberücksichtigt läßt, doch brauchen die Behörden eine praktikable Handhabe für eine eventuelle Strafverfolgung. Die Routine-Maßnahme der Polizei ist daher die Blutprobe, wenn sie einen Fahrer auf seine Fahrtüchtigkeit hin untersuchen will. Der damit verbundene Eingriff in die persönliche Freiheit stützt sich auf den § 81a der Strafprozeßordnung. In ihm heißt es:

»Eine körperliche Untersuchung des Beschuldigten darf zur Feststellung von Tatsachen angeordnet werden, die für das Verfahren von Bedeutung sind. Zu diesem Zweck sind Entnahmen von Blutproben und andere körperliche Eingriffe, die von einem Arzt nach den Regeln der ärztlichen Kunst zu Untersuchungszwecken vorgenommen werden, ohne Einwilligung des Beschuldigten zulässig, wenn kein Nachteil für seine Gesundheit zu befürchten ist. Die Anordnung steht dem Richter, bei Gefährdung des Untersuchungserfolges durch Verzögerung auch der Staatsanwaltschaft und ihren Hilfsbeamten zu.« Danach kann die Polizei bei Verkehrsunfällen Unfallbeteiligte zur Blutentnahme vorführen, wenn der Verdacht auf Trunkenheit besteht.

Wie fragwürdig die Blutprobe sein kann, zeigen indes zwei

Situationen, in denen die Verkehrstüchtigkeit selbst dann nicht gewährleistet ist, wenn der Betreffende einen Blutalkoholspiegel unter dem gesetzlichen Grenzwert hat.

Fall eins: Wenn ein Fahrer Alkohol trinkt, so entwickelt sich sein Rauschzustand rascher, als der Alkoholspiegel seines Blutes steigt. Trinkt er also noch kurz vor Fahrtantritt und verursacht unmittelbar darauf einen Unfall, so kann ihn sein Blutspiegel noch als fahrtüchtig ausweisen, obwohl er es seinem Verhalten nach schon nicht mehr ist. Dieser Erkenntnis folgend, verurteilte ein deutsches Gericht einen Kraftfahrer ungeachtet dessen, daß die Polizei bei ihm nur 1,48 Promille Blutalkohol festgestellt hatte, obgleich damals (vor Dezember 1966) noch 1,5 Promille als Grenzwert galt. Dem tückischen Umstand, dem dieser Mann zum Opfer fiel, lagen Forschungsergebnisse des Bonner Gerichtsmedizinischen Instituts zugrunde: »Beim Eindringen von Alkohol in die Blutbahn hat der Alkohol eine wesentlich größere Wirkung als in der Abbau-Phase. Hat der Fahrer vor Fahrtantritt so viel Alkohol getrunken, daß sein Blutalkoholspiegel den Grenzwert von 1,5 Promille erst zum Fahrt-Ende erreichen würde, so ist er dennoch schon für die Zeit des Fahrens als absolut fahruntüchtig zu betrachten.«

Fall zwei betrifft die Kombination von Alkohol mit Medikamenten. Aufschlußreiche Untersuchungen darüber hat der Münchner Narkose-Spezialist A. Doenicke von der Chirurgischen Universitäts-Poliklinik angestellt. 52 seiner freiwilligen Versuchsteilnehmer – meist junge Leute – hatten sich folgender Probe unterzogen: Zunächst nahmen sie je 200 Milligramm des Narkosemittels Butabarbital ein. Nach sechs Stunden tranken sie im Lauf von etwa 20 Minuten je einen halben Liter Bier (Gehalt: 11,5 bis 12,0 Prozent Stammwürze, 17 bis 19 Gramm Aethylalkohol). Verschiedene Tests, Gehen auf weißem Strich, Zeigefinger-Nasenversuch, Zahlenschreiben nach Zeit usw., gaben über den Zustand der Teilnehmer Auskunft. Es erwies sich, daß nach sechs Stunden bei den meisten noch Butabarbital-Spuren im Blut nachweisbar waren, und fast alle fühlten sich trotz der geringen Biermenge verkehrsuntüchtig.

Bei einem ähnlichen Versuch Doenickes erhielten die Versuchspersonen je ein Gramm eines Thiobarbiturates, einem Mittel für Kurznarkosen, intravenös injiziert. Nach sechs Stunden tranken sie wiederum je einen halben Liter Bier. Sechs der Freiwilligen empfanden noch nach 24 Stunden eine gesteigerte Wirkung des Alkohols; zwei hatten das Gefühl, nicht eine, sondern mindestens sechs bis acht Flaschen Bier getrunken zu haben.

Doenicke faßte zusammen: »Die Verkehrsfähigkeit nach jeder ambulant durchgeführten intravenösen Kurznarkose mit Thiobarbituraten ist in den darauffolgenden 24 Stunden eingeschränkt; Aufklärung und entsprechende Überwachung des Patienten sind unbedingt erforderlich. Geringe Mengen Alkohol können durch vorherige Gaben von Butabarbituraten – wie sie zum Beispiel in Schlaftabletten vorkommen – zu schwerer Trunkenheit führen.« [42]

Das gibt zu denken, zumal es nicht allein Narkose- und Schlafmittel sind, die solche Nebenwirkungen haben. Viele Menschen nehmen heute bis zu zwanzig und mehr Pillen täglich ein – oft Arzneien verschiedener Art –, und obendrein trinken sie. So kommt es zu chemischen Wechselwirkungen im Körper, die für den Mediziner ein noch rätselvolles und teilweise unheimliches Neuland sind. Was die Barbiturate betrifft, so glaubt man auch bereits erkannt zu haben, was dahintersteckt. Nach einer Studie des amerikanischen Biochemikers J. Wallace behindern die barbitursäurehaltigen Mittel den Abbau des Alkohols im Körper – ein Kombinationseffekt, der sogar tödlich wirken kann [186].

Auch barbiturfreie Schlafmittel können es jedoch in sich haben, wenn sie mit Alkohol kombiniert werden. Eines dieser Mittel, dessen Verkauf in den sechziger Jahren in Westdeutschland ein extremes Ausmaß erreicht hatte, dessen Name hier jedoch aus begreiflichen Gründen nicht genannt werden kann, wurde im Januar 1966 zu einem Bubenstück benutzt, das der Phantasie eines Edgar Wallace Ehre gemacht hätte:

An einer Tankstelle erscheint nachts um halb ein Uhr ein Mann mit einem Kanister und bittet den Tankwart, ihm einen Liter Benzin zu verkaufen, damit er seinen in der Nähe stehengebliebenen Wagen wieder flott bekäme. Der Tankwart ahnt nichts Böses und zapft die gewünschte Menge ab. Für seine Hilfsbereitschaft erhält er ein kleines Fläschchen Underberg-Magenbitter, das er – fröstelnd vom Nachtdienst – auch sogleich austrinkt. Bald darauf wird er von bleierner Müdigkeit übermannt und fällt für mehrere Stunden in tiefen Schlaf, den der nächtliche Kunde dazu ausnutzt, 35 Liter Diesel-Treibstoff und einige Büchsen Motorenöl zu entwenden. Eine Untersuchung der Restmenge in dem Underberg-Fläschchen ergab, daß in dem Magenbitter das besagte Schlafmittel aufgelöst worden war [146]. Wenig später sah sich die Herstellerfirma veranlaßt, den Verkauf der Tropfenform ihres Mittels einzustellen. Der Grund: Die ›umwerfende‹ Kombinationswirkung des Hypnotikums hatte sich herumgesprochen und war anderen kriminellen Elementen ruchbar geworden, die das Präparat als ›K.-o.-Tropfen‹ zum Schaden ihrer ahnungslosen Opfer auch am Bartisch mißbrauchten.

Mit einer Potenzierung der Alkoholwirkung muß auch jeder rechnen, der zu den Konsumenten der heute so weit verbreiteten Psychopharmaka – und zwar speziell der Tranquilizer (Ataraktika) – gehört. Wer etwa Valium oder Librium, Adumbran oder Miltaun, Atarax, Masmoran oder ähnliche Präparate einnimmt, sollte sich hüten, auch noch Alkohol zu trinken, bevor er sich ans Steuer setzt. Kreislaufstörungen, die mit Blutdruckabfall einhergehen, Schwindel, Übelkeit, Müdigkeit, Einschränkung des Konzentrations- und Denkvermögens können die Folgen sein.

Überschlagsweise existieren heute 1000 Medikamente, die mit oder ohne zusätzlichen Alkoholgenuß die Fahrtüchtigkeit beeinflussen können. Zum Glück warnen in den meisten Fällen besondere Hinweise auf den Beipackzetteln vor dieser Gefahr, und auch der Arzt wird meist darauf aufmerksam machen. Entscheidend bleibt jedoch, daß die Benutzer selbst die Risiken bedenken und sich entsprechend verhalten.

Gefährliche Kombinationseffekte entfalten manche Medikamente schließlich in gegenseitiger Wechselwirkung, aber auch mit anderen Chemikalien im Körper, und man muß wohl in diesem Zusammenhang den steigenden Arzneimittel-Verbrauch ganz allgemein anprangern. Die massenweise Einnahme verschiedenartiger Medikamente erhöht die Gefahr unerwarteter Wirkungen. Die Präparate reagieren miteinander, sie beeinflussen sich, ihr Effekt wird vermindert oder verstärkt.

Noch ein Beispiel dazu: Unsere Stimmungslage wird mit gutem Grund als abhängig von der jeweiligen Menge bestimmter Sympathicus-Wirkstoffe (Amine) im Mittelhirn angesehen. Sind viele Amine anwesend, so überwiegt der ›Antrieb‹, und der Blutdruck ist erhöht. Sind wenige vorhanden, ist der Blutdruck herabgesetzt und der Betreffende erscheint teilnahmslos, entspannt. Wie viele Amine jeweils im Mittelhirn vorhanden sind, kontrollieren wiederum Enzyme, die man Monaminoxydasen (MAO) nennt. Je mehr Monaminoxydasen im Mittelhirn wirken, desto mehr Sympathicus-Wirkstoffe werden inaktiviert. Das heißt: Hemmt man die Tätigkeit der Monaminoxydasen durch sogenannte ›MAO-Hemmer‹, dann resultiert ein Ansteigen des Amin-Bestandes im Gehirn, und der Patient fühlt sich aktiver. Allerdings tritt auch eine gewisse Blutdruck-Erhöhung ein. Patienten, die mit MAO-Hemmern behandelt werden, müssen sich darum hüten, zuviel von solchen Speisen zu verzehren, die reich an Aminen sind. Dazu gehören bestimmte Käsesorten und Salzheringe, auch Rotweine. Andernfalls kommt es zu einem starken Reiz auf den Sympathicus. Kopfschmerzen, gefährlicher Blutdruck-Anstieg, auch Hirnblutungen können die Folgen sein. In England hat es einen Selbstmordversuch mit Käse gegeben, der nur darum fehlschlug, weil die mit MAO-Hemmern behandelte Patientin zufällig an eine aminarme Käsesorte geraten war.

Mitverantwortlich an dem gegenwärtigen Medikamenten-Mißbrauch ist die enorme Laienpropaganda der Herstellerfirmen. Entschieden beklagen dies zwei Mainzer Ärzte: »Die Laienpropaganda«, schreiben H. Kreuscher und F. Frey, trage auch dazu bei, »den Konsum sogenannter ›harmloser‹ Schmerzmittel zu fördern. Nun wissen wir aber, daß die meisten dieser Mittel ... auch sedative und euphorisierende Eigenschaften haben ... Die Wirkung auf die Straßenverkehrstüchtigkeit, insbesondere die Fahrtüchtigkeit, dürfe vor allem in rascher Ermüdbarkeit, Störungen der Antriebssteuerung und Konzentrationsfähigkeit zu finden sein.«

Für den praktischen Arzt sind die Untersuchungsergebnisse Kreuschers und Freys insofern wertvoll, als sie konkrete Anhaltspunkte für die Verwendung von Narkosemitteln liefern:

☐ »Narkosemittel vom Barbiturat-Typ sind wenig geeignet, wenn innerhalb weniger Stunden eine Straßenverkehrstüchtigkeit wieder erreicht werden soll.

☐ Nach einer Inhalations-(= Einatmungs-, Anm. d. Verf.) Narkose mit Lachgas und Sauerstoff kann mit einer Wiedererlangung der Straßenverkehrstüchtigkeit nach etwa einer Stunde gerechnet werden, vorausgesetzt, daß vorher keine anderen Medikamente verabfolgt wurden.

☐ Nach einer Cyclopropan-Narkose, ebenso nach einer Halothan-Lachgas-Narkose kann mit einer Wiedererlangung der Straßenverkehrstüchtigkeit nach drei Stunden gerechnet werden, wenn die Narkose nicht länger als 4–5 Minuten gedauert hat.« [109]

Viele Leute meinen, sie könnten ihren Rausch nach einer durchzechten Nacht ohne weiteres durch Beruhigungsmittel oder sogenannte Weckamine wieder ausnüchtern. Sie muten sich beispielsweise zu, nach ein paar meprobamathaltigen Tabletten das Steuer ihres Kraftwagens wieder in die Hand zu nehmen. Wie falsch diese Meinung ist, zeigten Versuche in den Hamburger Instituten für Psychologie und Pharmakologie. Diese Tests ergaben nebenbei, daß es für Frauen meist noch gefährlicher ist als für Männer, nach Alkoholgenuß Meprobamat-Tabletten zu schlucken. Lediglich psychisch stabile Frauen verzeichnen einen günstigen Einfluß solcher Mittel nach Alkohol, indem sie beschwingter, kontaktfreudiger und aktiver werden. Bei allen anderen konnte die durch den Alkohol herabgesetzte Funktionstüchtigkeit durch Meprobamat nicht wiederhergestellt werden [138].

Es ist überhaupt eine – leider weitverbreitete – Fehleinschätzung, mit Tabletten irgendwelcher Art, mit starkem Kaffee oder Tee die Wirkung des Alkohols aufheben oder seinen Abbau in der Leber beschleunigen zu können. Die Abbaugeschwindigkeit des Alkohols, daran muß immer wieder erinnert werden, läßt sich nicht beeinflussen, sie beträgt allen noch so raffinierten Manipulationen zum Trotz 0,1 bis 0,2 Promille in der Stunde.

Eine weitere Gefahr liegt darin, allzu sorglos sogenannte Grippemittel mit Antihistamin-Zusätzen zu verwenden. Obgleich keine Beruhigungsmittel, wirken diese Medikamente doch oft einschläfernd. Autofahrer, die sie wegen einer beginnenden Erkältung auf längeren Fahrten nehmen, sollten sich dessen bewußt sein.

Umgekehrt haben Aufputschmittel wie Kaffee, Weckamine und selbst Schmerztabletten mit anregenden Zusätzen schon verhängnisvolle Rollen gespielt. Besonders Lastwagen-Fahrer, die oft tage- und nächtelang unterwegs sind, nehmen sie gern. Die Merck-Forschungslaboratorien in Darmstadt haben dazu eine interessante Studie ihres Mitarbeiters H. G. Kraft veröffentlicht [107].

Das Alkaloid Coffein, schreibt Kraft, das im Kaffee, Tee, in Colanuß-Extrakten usw. enthalten ist, wirke anregend auf bestimmte Gebiete der Hirnrinde. Es erleichtere das Denkvermögen und die Fähigkeit, vernünftige Schlüsse zu ziehen. Es wirke sich auf die höheren geistigen Funktionen fördernd aus. Aber nicht alle Menschen reagierten so auf Coffein. Wer etwa an niedrigem Blutdruck oder Arteriosklerose leide, könne durchaus das Gegenteil erleben; solche Menschen würden eher müde als wach. Bei höheren Dosen von Weckaminen entstehe ein ›überwacher‹ Zustand, in dem sich leicht Herzklopfen, Unruhe, Kopfschmerzen und Verwirrtheit – der sogenannte Kaffeeschwips, einstellten. Die Verkehrstüchtigkeit sei dann erheblich herabgesetzt.

In den USA, führt Kraft aus, seien aufpeitschende und leistungssteigernde Mittel als ›pep-pills‹, ›co-pilots‹ oder ›west-coast-turn-arounds‹ viel verbreiteter als bei uns. Als wirksame Substanzen enthielten sie meist Amphetamin oder Methamphetamin. Neben der anregenden Wirkung hätten sie oft appetitzügelnde Eigenschaften.

Nicht eindringlich genug kann vor einer Überdosierung solcher Mittel gewarnt werden. Es gibt Statistiken, die zeigen, daß Lastwagen-Fahrer häufiger Verkehrsunfälle verursachen, wenn sie Weckamine eingenommen haben. »Wie groß die Gefährdung der Autofahrer ist«, schreibt Kraft, »schilderte vor kurzem nochmals in aller Deutlichkeit die Food and Drug Administration (FDA) in den USA anläßlich einer Verurteilung von Amphetamin-Schwarzhändlern zu 1–3 Jahren Gefängnis, von denen einer an Tankstellen und Lastwagen-Haltestellen in kurzer Zeit 6 Millionen Tabletten verkauft hatte. Der Gesamtumsatz dieses Schwarzhändler-Syndikats hätte ausgereicht, alle ›drugstores‹ von North Carolina bei normalem Gebrauch für 12 Jahre zu versorgen.«

Psychopharmakon und Strafrecht

Den Juristen interessiert natürlich die rechtliche Behandlung von Straftaten, die unter dem Einfluß von psychisch wirksamen Medikamenten begangen worden sind. Der Richter beispielsweise wird vor der Frage stehen: Kann man einem Menschen die Schuld an einem Delikt geben, wenn er unter dem Einfluß eines solchen Arzneimittels handelte? Muß man ihn in dieser Zeit nicht als beschränkt zurechnungsfähig betrachten? Weiter wird er sich fragen müssen, ob das schuldhafte Verhalten in solchen Fällen nicht zurückdatiert werden muß auf den Zeitpunkt der Einnahme des Mittels, von dem der Betreffende schließlich wissen mußte, daß es ihn psychisch verändert.

Bleiben wir einmal beim Straßenverkehr.

Die Schwierigkeiten, um die es hier geht, lassen sich nicht auf einen einfachen Nenner bringen, wie etwa: Alkohol steigert die Wirkung von Psychopharmaka, also lasse man die Hände von Wein, Bier und Kognak, wenn man solche Mittel genommen hat – und vice versa. Oder: Man nehme grundsätzlich keine psychisch wirksamen Mittel ein, wenn man sich ans Steuer eines Kraftfahrzeuges setzen will.

Was das Medikament betrifft, so ist seine Wirkung durchaus nicht immer im voraus berechenbar. Selbst ein und derselbe Patient kann unterschiedlich reagieren. Mit anderen Worten: Jeder von uns spricht auf die ›Seelendrogen‹ je nach Stimmung mal stärker, mal schwächer an. Auch Menschen untereinander verhalten sich ganz verschieden. Darum beginnt ja auch der Arzt die Behandlung stets mit niedrigen Dosen; er ›schleicht sich‹, wie man sagt, in die richtige Dosierung ›ein‹.

Um das schwer Meßbare des Arzneieffekts greifbarer zu machen, hat der Verkehrsunfall-Experte K. Wagner einmal die Faktoren zusammengestellt, die nach seiner Meinung einen ›Quotienten der Verkehrssicherheit‹ ermitteln lassen. Wagner geht davon aus, daß es stets verschiedene Einflüsse sind, die das Verhalten eines Menschen in einer gegebenen Verkehrssituation bestimmen. Er stellt das ›Leistungsvermögen des einzelnen‹ den ›Anforderungen‹ an ihn gegenüber. Zu den Faktoren, die das Leistungsvermögen bestimmen, rechnet er ungewöhnliche Belastungen wie Ermüdung, Erkrankungen, Medikamente, Alkohol, ferner vorgegebene Fähigkeiten wie Erfahrung und Wissen, außerdem die gesundheitliche Verfassung. Zu den Anforderungen auf der Nennerseite des Quotienten zählt er äußere Faktoren wie Tag oder Nacht, Witterung, Verkehrsdichte, Straßenzustand und das Fahrzeug.

Aus Wagners Überlegungen läßt sich folgern, daß psychisch wirksame Arzneien keineswegs immer die Verkehrssicherheit eines Menschen beeinträchtigen müssen. Das Gegenteil kann eintreten, wenn das Mittel hilft, innere Verkrampfungen zu lösen oder Erregungszustände zu beseitigen. Natürlich darf die Wirkung nicht über dieses Ziel hinausschießen. Wenn ein Patient soweit enthemmt ist, daß er seinen Wagen im Rückwärtsgang aus der Garage hinauskatapultiert, ohne sich zu vergewissern, ob die Straße frei ist – wie vorgekommen –, dann ist das Unglück meist rasch geschehen. Wagners ›Quotient‹ läßt auch erkennen, daß es fast schon irreführend zu nennen ist, wenn die Herstellerfirma auf ihren Packungen vermerkt, bei einer bestimmten Dosis sei noch keine Beeinträchtigung der Verkehrssicherheit zu erwarten. Da stets die individuelle Reaktion entscheidet, müssen auch solche scheinbar ›abgesicherten‹ Mittel vorsichtig angewendet werden. Die Verantwortung für den Patienten trägt hier hauptsächlich der Arzt. Seine Pflicht ist es, den Patienten aufzuklären und ihm gegebenenfalls vom Führen eines Kraftfahrzeuges abzuraten.

Komplizierte Rechtsprobleme entstehen, wenn es unter

dem Einfluß psychisch wirksamer Arzneien – mit oder ohne Alkohol – zu einem Verkehrsdelikt oder einer anderen strafbaren Handlung kommt.

Man sollte meinen, daß es in solchen Fällen für die Rechtsfindung genügen müsse, Blut- und Urinproben zu verlangen, um festzustellen, ob der Täter zur Tatzeit unter dem Einfluß psychisch wirksamer Medikamente stand. Der Richter könnte ihm oder seinem Arzt dann anlasten, daß er von der Wirkung des Mittels hätte wissen müssen. Leider liegen die Dinge jedoch so einfach nicht. Der Kölner Psychiater Professor W. de Boor wies einmal anläßlich eines Gutachtens darauf hin, daß es mit dem ›Wissen-Müssen‹ durchaus problematisch stehe. Es gäbe zahlreiche Fälle, in denen Psychopharmaka über längere Zeit regelmäßig eingenommen werden. Mittel, die beim einmaligen Einnehmen völlig harmlos sind, können auf die Dauer zu schweren Vergiftungszuständen führen, in denen der Betreffende dann nicht mehr als schuldfähig gelten kann. Die Schuldfrage wird also dann schwierig, wenn der Täter zur Tatzeit in einem fortgeschrittenen Stadium der Einnahme solcher Medikamente war. Im ersten Stadium, meint de Boor, sei der potentielle Täter strafrechtlich voll verantwortlich. Er müsse auch die Benutzung psychotroper Substanzen voll verantworten. Im weiteren Verlauf sei verminderte Schuldfähigkeit anzunehmen, in einem noch späteren Stadium sei die strafrechtliche Verantwortlichkeit mit Sicherheit aufgehoben.

»Eine strafbare Handlung«, schreibt de Boor, »ist im Zeitpunkt des Deliktes überhaupt nicht vorhanden. Trotzdem erhebt unser Staat zuweilen ... einen aus einer Schuldfeststellung sich ergebenden Strafanspruch. Er wird damit begründet, daß der Täter ... hätte bedenken können und müssen, daß er unter Umständen in einen Zustand erheblich verminderter und aufgehobener Verantwortlichkeit geraten könne. Er hätte ferner bedenken können und müssen, daß er in diesem Zustand möglicherweise eine mit Strafe bedrohte Handlung begehen werde.«

»Nehmen wir aber an, daß der betreffende Mensch an einer Krankheit mit erheblichen Schmerzen litt, die die Verordnung psychotroper Medikamente (psychotrop = psychisch wirksam, Anm. d. Verf.) mit – variablen – psychischen Nebeneffekten durchaus richtig erscheinen läßt, so überrascht es, wenn etwa die Fortführung einer ärztlichen Praxis in diesem Stadium der durchaus noch legitimen Schmerzbekämpfung mit psychotropen Substanzen bereits als ›fahrlässiges Handeln‹ bezeichnet wird; denn durch die Medikamente erzielt der Betreffende – bei zunächst nahezu ungestörter Psyche – weitgehend Beschwerdefreiheit und damit die Möglichkeit, seine Tätigkeit – etwa als Arzt – fortzusetzen, seine Patienten zu versorgen und seiner Unterhaltspflicht gegenüber seiner Familie zu genügen.«

Ausschlaggebend ist es offenbar, daß der Angeklagte durch die Medikamenten-Einnahme *unmerklich* für ihn und seine Umgebung in ein Stadium verringerter Kritikfähigkeit hineingleitet, ein Stadium, in dem er zwar Routinearbeiten noch nach den Regeln der ärztlichen Kunst ausführen kann, die eigene Situation aber doch nicht mehr genau übersieht. Später erst fällt er seiner Umgebung auf, und schließlich kommt es zum Delikt.

Ein Schuldvorwurf kann jedoch nur für ›Taten‹ erhoben werden, die eine intakte Persönlichkeit aus freier Entscheidung begangen hat. In unserem Fall fängt der künftige Täter aus durchaus legitimen Gründen mit der Einnahme der Arznei an und läßt sich dabei vielleicht sogar noch ärztlich überwachen. Da es kein Gesetz gibt, das die Fortführung ärztlichen Handelns unter diesen Umständen verbietet, liegt nach dem Grundsatz ›nulla poena sine lege‹ – keine Strafe ohne Gesetz – auch keine strafbare Handlung vor.

»Wir sind der Auffassung«, schreibt de Boor, »daß es für die im Zeitabschnitt A–B (dem ersten Stadium der Einnahme; Anm. d. Verf.) getroffenen ›Entscheidungen‹, die später für den oft über Jahre zurückdatierten Schuldvorwurf der Strafverfolgungsbehörde bedeutsam werden können, ... Schuldvorwürfe überhaupt nicht geben kann. Es mutet vielmehr wirklichkeitsfremd an, zum Beispiel den Schuldvorwurf für eine 1956 erfolgte fahrlässige Tötung mit der Einnahme psychotroper Substanzen konstruieren zu wollen, die erstmals, medizinisch zu Recht, 1946/47 erfolgte.«

Vorsätzliches Handeln scheidet also in diesen Fällen nach de Boor aus. Aber auch die Frage, ob Fahrlässigkeit vorliege, ist schwierig zu beurteilen. Typisch ist ein Fall, in dem ein Angeklagter im Wiederaufnahmeverfahren nach Paragraph 51, I, freigesprochen wurde:

Der Arzt X. wurde 1955 wegen Abtreibung in 41 Fällen zu 3½ Jahren Zuchthaus verurteilt. 1946 war er als Oberstabsarzt aus dem Wehrdienstverhältnis entlassen worden, 1922 Heirat, zunächst kinderlose Ehe, 1935 Verdacht auf Untreue der Frau, der sich 1946 verstärkte und dann bestätigte. Die drei nach 1937 in der Ehe geborenen Kinder stammten von einem Hausfreund, der seine Beziehung zur Frau des Arztes bis dahin unter Berufung auf seine Korpsstudentenehre geleugnet hatte. X. will von einer Scheidung zunächst nichts wissen, beginnt aber angesichts der zerrütteten Ehe zu trinken. 1949 und 1952 Alkohol-Entziehungskuren. 1947 beginnt er, Phanodorm und andere Schlafmittel zu nehmen. Um anderntags wieder arbeitsfähig zu sein, nimmt er morgens Pervitin. Die Scheidung erfolgt im Juli 1953, danach bricht er jeden Medikamentenmißbrauch ab. Unmittelbar nach der Scheidung wird er auf Grund einer ›Indiskretion‹ seiner geschiedenen Frau wegen Abtreibungen verhaftet – die er übrigens auf Grund früherer, legaler Eingriffe in einem Ostarbeiterinnenlager sachgerecht ausgeführt hat. Er wird verurteilt und verbüßt bis zur Wiederaufnahme 1½ Jahre Zuchthaus.

In seinem Abschlußgutachten aus dem Jahre 1959 faßte de Boor die Ergebnisse der Untersuchung zusammen:

»Es ist nicht auszuschließen, daß X. in der fraglichen Zeit zurechnungsunfähig war. Positive Aussagen über eine möglicherweise vorübergehend gegebene Zurechnungsfähigkeit im fraglichen Zeitraum sind nicht möglich.« X. wurde daraufhin im Wiederaufnahmeverfahren freigesprochen.

»In der Urteilsbegründung«, schreibt der Gutachter, »wurde zur Frage der Sucht ausgeführt: Infolge der starken Zerrüttung seiner Ehe nahm der haltlose und willensschwache Angeklagte, der eine klare Entscheidung scheute, seine Zuflucht zu Alkohol und anderen Rauschgiften... Dieser über Jahre dauernde Mißbrauch ... hatte den völligen Verfall seiner körperlichen und seelischen Kräfte zur Folge. Auch ohne eine jeweils akute Einwirkung von Alkohol und Opiaten sei X.

nicht zurechnungsfähig gewesen: seine Persönlichkeit war durch den vor der hier in Rede stehenden Deliktzeit jahrelang betriebenen Alkohol- und Medikamentenmißbrauch völlig entartet, so daß ihm das notwendige Einsichtsvermögen fehlte und er Wert und Unwert seines Tuns nicht zu erkennen vermochte. Außerdem war er nicht mehr in der Lage, seinen Willen zu steuern. Er handelte nicht einmal mehr schuldhaft, wenn er weiter Alkohol und Opiate zu sich nahm und sich auf diese Weise erneut in einen Rauschzustand versetzte.«

Als Weg aus dem Dilemma dieser Rechtsfragen empfiehlt de Boor, die Anwendung des undogmatischen Maßnahmen-Strafrechts zu erwägen. Dies sei gegenüber dem Schuld-Strafrecht praktikabler und wirklichkeitsnäher. Es könnte in Fällen wie dem von X. beispielsweise mit dem rechtzeitigen Entzug der ärztlichen Approbation angewandt werden und ein mögliches Unheil verhüten [17].

Auf einen nicht weniger interessanten Fall weist die ADAC-Zeitschrift ›Motorwelt‹ in ihrer Ausgabe vom April 1972 hin. Ein Autofahrer war frühmorgens einer Polizeistreife durch Schlangenlinienfahren aufgefallen. Er reagierte weder auf das Blaulicht noch auf die Haltezeichen, schließlich fuhr er den Streifenwagen auch noch an und verletzte einen der Beamten. Die Blutprobe ergab einen Vollrausch von 2,3 Promille.

So einfach dieser Fall zu liegen schien, als so kompliziert erwies er sich. Es stellte sich heraus, daß der Mann am Nachmittag zuvor wegen einer Fußverletzung zwei Dolviran-Schmerztabletten eingenommen hatte. Anschließend war es zu einem heftigen Streit zwischen ihm und seiner Ehefrau gekommen. Diese gab ihm später drei Beruhigungstabletten (Valium 5) aus ihrem eigenen Bestand. So ›präpariert‹ hatte sich unser Autofahrer in eine Bierstube begeben, wo er noch ›wenige Glas Bier‹ trank, bis sein Erinnerungsvermögen aussetzte.

Die Richter stellten sich auf den Standpunkt, der Mann sei bereits vor dem Alkoholgenuß zurechnungsunfähig gewesen und verurteilten ihn denn auch nicht wegen Trunkenheit am Steuer, sondern deshalb, weil er vor der Tabletteneinnahme ›etwa warnende Hinweise‹ auf den Beipackzetteln nicht beachtet hatte.

Auch das zuständige Oberlandesgericht erblickte einen Straftatbestand, doch bemängelte es, daß die Vorinstanz keine Feststellungen darüber getroffen hätte, ob die Beipackzettel mit den ›etwa warnenden Hinweisen‹ auch tatsächlich in den Packungen gewesen wären. Sollte dies nicht der Fall gewesen sein (worauf sich vermutlich auch die Berufung stützte), so hätte sich der Angeklagte entweder auf andere Weise Gewißheit verschaffen oder aber den Alkoholgenuß vermeiden müssen.

Schuldhaftes Verhalten war also in jedem Fall gegeben, und man sieht gerade an diesem Beispiel, daß die Gerichte heute auch hinsichtlich einer folgenschweren Medikamenteneinnahme nicht mehr mit sich spaßen lassen.

IX.

HILFE FÜR DIE RUHELOSEN

Der Verfolgungswahn verliert seine Schrecken

Als es die Massenmedien noch nicht gab – nicht die auflagenstarken Boulevardblätter und weder Radio noch Fernsehen –, da hatten die verschiedenen Gesellschaftsschichten eines Volkes noch ihre eigenen, wohlbehüteten Normen. Man lebte, dachte und verhielt sich ›standesgemäß‹. Im Zeitalter der informierten Gesellschaft ist dies nicht mehr so. Jeder kann sich heute leicht über alle möglichen Dinge unterrichten. Ohne daß er es merkt, wird er dabei von den Massenmedien, von Presse, Funk und Fernsehen mit einheitlichen Maßstäben versorgt, die die Unterschiede der einstigen Verhaltensnormen einebnen. Die schleichende Nötigung, mit den suggerierten neuen Maßstäben konform zu gehen, stößt freilich auf Widerstand, denn wir Menschen sind nun einmal nicht alle gleich. Und aus diesem Hin- und Hergezerrtsein – dem sanften Zwang zum Konformismus und dem Beharrenwollen in der Individualität oder einer überkommenen Verhaltensform – erwachsen vielen von uns innere Spannungen. Ihnen zu begegnen, gelingt nicht jedem: und vielen gelingt es nur halb.

Sich ›zeitgemäß‹ zu verhalten – daran scheitern viele Menschen unserer Zeit indes auch noch aus einem anderen Grund. Sie scheinen nicht mehr wie einst die nötige innere Ruhe und Ausgeglichenheit zu besitzen; sie finden immer weniger einen Sinn in ihrem Leben. Dem Einzelgänger aus Überzeugung und denen, die sich einen irgendwie gearteten Lebenssinn bewahrt haben, steht also eine wachsende Zahl solcher Menschen gegenüber, denen die ›Anpassung‹ nicht mehr gelingt. Diese ›Opfer des Massenzeitalters‹ leiden nicht nur unter ihren eigenen

Problemen, sie laden darüber hinaus ein erhebliches Existenzrisiko auf sich. Ja, sie müssen sogar mit der Einbuße ihres gesellschaftlichen Ansehens rechnen. Denn die Gesellschaft spürt sie auf und distanziert sich von ihnen, oder brandmarkt sie als Versager und Außenseiter.

Wir haben schon im Kapitel über die ›innere Leere‹ davon gesprochen, was vielen von uns das Leben heute so problematisch macht. Auch die Kirche beklagt diese Entwicklung und sieht in ihr nicht zuletzt die Folge einer weitverbreiteten Gleichgültigkeit gegenüber dem christlichen Glauben. Indessen gelingt es der Kirche selbst immer weniger, ihre Botschaft genügend attraktiv zu verkünden, um den breiten Massen noch eine Seelenheimat zu bieten. Wie es aber auch sei: Der Sinnverlust des Daseins ist zu einem schwerwiegenden Menschheitsproblem geworden, vielleicht zum schwersten überhaupt. Es lastet auf uns und ist mitverantwortlich für die Neurosenbereitschaft des Menschen in der zweiten Hälfte des 20. Jahrhunderts.

Dieser überforderte Mensch muß sich in seinem ›sinnentleerten‹ Dasein dennoch zurechtzufinden suchen. Solange ihm seine Welt jedoch weder einen neuen Sinn noch eine neue Geborgenheit geben kann, solange wird er nach einem Ersatz suchen. Er wird seine Ängste und Spannungen, seine Ruhelosigkeit und seine ›innere Leere‹ verdrängen und betäuben, er wird sich ablenken wollen oder – zu Arzneien greifen, die ihm seine Wissenschaft anscheinend gerade im rechten Augenblick darbietet.

Solche Arzneien, von denen jetzt die Rede sein soll, gehören in erster Linie in die Hand des Arztes. Das heißt, die sind vor allem zur Behandlung seelisch Kranker entwickelt worden. Je spezieller indes die erzielbaren Wirkungen dieser Medikamente werden, um so mehr weitet sich ihr Anwendungsbereich aus. So ist es nicht verwunderlich, wenn sie heute auch im Zwischenbereich von Gesund und Krank angewendet werden und dem seelisch ›angeschlagenen‹ und dem nach höherer Leistung strebenden Zeitgenossen zur Lösung seiner Probleme dienen sollen, indem sie ihm die gewünschte geistig-seelische Verfassung dafür liefern.

Wer Zierfische liebt, kennt gewiß die aufregenden Duelle eines exotischen Wasserbewohners – des ›Siamesischen Kampffisches‹. Die Männchen dieser Tiere liefern sich nicht nur blutige Kämpfe, sondern es kommt auch vor, daß sie sich gegenseitig töten. Setzt man mehrere von ihnen in ein gemeinsames Warmwasser-Aquarium, so schwimmen sie mit gespreizten Kiemen angriffslustig aufeinander los und beginnen sich zu beißen. Der Kampf der prächtig gefärbten Tiere dauert gewöhnlich so lange, bis ein Männchen verletzt davonschwimmt oder tot zu Boden sinkt. Läßt man jedoch mit einer Pipette wenige Tropfen eines modernen ›Tranquilizers‹ ins Aquarium fallen, so geschieht etwas Überraschendes: Die eben noch wild aufeinander einbeißenden Tiere werden sanft und verträglich. Sie wenden sich voneinander ab und tun, als seien sie die friedlichsten Wesen der Welt.

Das Geheimnis dieser plötzlichen Umstimmung sind hochwirksame Stoffe, die zu Beginn der fünfziger Jahre unseres Jahrhunderts eine förmliche Revolution in der ›Seelenbehandlung‹ auch des Menschen eingeleitet haben.

Am Anfang dieser Revolution stand eine dreifache Zufallsentdeckung. Die erste gelang französischen Forschern der Firma Rhône-Poulenc auf ihrer Suche nach einem neuen Medikament, das gegen allergische Krankheiten wie den Heuschnupfen helfen sollte. Das gesuchte Präparat sollte besser wirken als die bisher dazu verwendeten ›Antihistamine‹, jedenfalls sollte es nicht deren müde-machende Nebenwirkung haben. Die Franzosen stießen aber auf einen Stoff von weit größerer Bedeutung. Es war die ›Verbindung 4560‹ – das spätere ›Chlorpromazin‹ und heutige ›Megaphen‹.

Dieses Medikament verstärkte einerseits die Wirkung der herkömmlichen Beruhigungsmittel beträchtlich, zum anderen konnte man mit ihm auch die Körperfunktionen eines Patienten so weit drosseln, daß er in eine Art ›künstlichen Winterschlaf‹ verfiel und in diesem Zustand besonders günstig zu operieren war. Eine noch interessantere Eigenschaft fiel jedoch den französischen Psychiatern J. Delay und F. Deniker im Jahre 1953 auf. Sie fanden, daß das Chlorpromazin die krankhaften Erregungszustände ihrer Patienten so weit dämpfen konnte, daß die Betreffenden wieder voll ansprechbar wurden.

Die Nachricht von dem neuen Mittel lief rasch um die Welt. In den USA erwarb die Firma Smith, Kline and French die Lizenz zur Produktion des Chlorpromazins. Man brachte es als ›Thorazine‹ auf den Markt und hatte bald heraus, daß es auch gut zur Behandlung der ›Reisekrankheit‹ geeignet war, also Übelkeit im Auto, im Flugzeug oder auf dem Schiff verhinderte.

Den Durchbruch als ›Tranquilizer‹ erlebte Thorazine in den USA mit der Veröffentlichung zweier kanadischer Wissenschaftler des Verdun-Protestant-Hospitals in Montreal namens H. Lehmann und G. E. Hanrahan. Wie Delay und Deniker in Frankreich, so fanden auch sie eine geradezu spektakuläre Wirkung auf psychisch Kranke. Die Veröffentlichung ihres Erfahrungsberichtes im Jahre 1954 ebnete dem Chlorpromazin und den später aus ihm entwickelten Tranquilizern den Weg zum Welterfolg.

Kurz darauf veröffentlichte ein New Yorker Kollege der beiden Kanadier, der Psychiater Nathan Kline, eine Arbeit über ein ebenfalls neu entwickeltes Medikament, das dem Chlorpromazin ähnliche Eigenschaften aufzuweisen schien: das Reserpin.

Die Geschichte dieses Stoffes hatte in Indien begonnen. Hier wußte man schon lange von der heilsamen Wirkung eines südasiatischen Strauches aus der Familie der Hundsgiftgewächse, der Rauwolfia serpentina. Wie es heißt, haben die indischen Heilkundigen schon in der Zeit zwischen 1500 und 500 vor Christus ein aus der Wurzel der Rauwolfia-Pflanze hergestelltes Pulver als ›Mittel gegen den Wahnsinn‹ (›Pagla-kadawa‹) benutzt. Auch gegen Schlangenbisse, Fieber, Cholera und Epilepsie soll sich die Rauwolfia-Wurzel bewährt haben. Aber wie so oft, brachte die westliche Wissenschaft einer derartigen ›Volksmedizin‹ wenig Vertrauen entgegen. Das änderte sich erst, als indische Forscher im Jahre 1942 in der Rauwolfia-Wurzel eine blutdrucksenkende und zugleich psychisch beruhigende Substanz fanden.

Ihre Entdeckung griff die englische Zeitschrift ›British Heart Journal‹ auf. Sie veröffentlichte im Jahre 1949 den Artikel eines indischen Arztes namens Rustom Ja Vakil über die blutdrucksenkende Wirkung der Rauwolfia-Pflanze. Daraufhin wurde auch die amerikanische Fachwelt hellhörig. Der Artikel bewog den Bostoner Herzspezialisten Robert W. Wilkins, die Rauwolfia-Wirkung an seinen Patienten zu überprüfen – er fand sie bestätigt.

Angesprochen von den Nachrichten über die Rauwolfia-Wurzel fühlte sich damals auch der Schweizer Chemiker Emil Schlittler – ein Angestellter des Schweizer Chemiekonzerns ›CIBA‹. Schlittler ging damals daran, die eigentlich wirksamen Substanzen der geheimnisvollen Pflanze zu finden. Im Jahre 1952 hatte er Erfolg. Mit seinen Mitarbeitern Müller, Popelak und Bein isolierte er die ersten reinen Kristalle mit der Wunderwirkung der Rauwolfia-Wurzel. Die Schweizer nannten die Substanz ›Reserpin‹ nach dem Artnamen des indischen Strauches; später taufte man sie um auf ›Serpasil‹.

Die erste Probe seines Könnens lieferte das Reserpin in der amerikanischen CIBA-Niederlassung in Summit/New Jersey, als dort im Jahre 1953 eine Schiffsladung mit Versuchsaffen eintraf. Wie immer in solchen Fällen, hatte der Transport die Tiere stark erregt, so daß sie sich nur mit Mühe ausladen ließen. Angesichts der wild sich gebärdenden Affen verfiel der CIBA-Tierarzt Alfred Earl auf den Gedanken, ihnen zur Beruhigung Reserpin zu geben. »Das Ergebnis war überraschend«, begeisterte sich Earl, »die Tiere beruhigten sich, blieben aber aktiv und bei wachem Bewußtsein. Die Wirkung des Reserpins unterschied sich drastisch von derjenigen anderer Beruhigungsmittel.« (Diese machten zugleich müde.)

Earls Erfolg ermutigte zahlreiche Wissenschaftler zu ähnlichen Versuchen, vor allem aber zum Einsatz des Reserpins in der psychiatrischen Klinik. Einer der ersten unter ihnen aber war Nathan Kline, der Reserpin (in den USA ›Raudixin‹ genannt) im Sommer 1953 zusammen mit Blind-Tabletten vierhundert seiner meist schizophrenen, im Hospital untergebrachten Patienten verordnete.

Anfangs geschah so gut wie nichts. Die Pillen schienen keinerlei Wirkung zu haben. Aber dann erhöhte Kline die Dosis und hatte durchschlagenden Erfolg. Bei fast einem Viertel von zweihundert chronisch geistesgestörten Frauen besserte sich die Krankheit so weit, daß sie nach kurzer Zeit entlassen werden konnten. Auch bei den meisten anderen trat eine deutliche Besserung ein. Keiner einzigen dieser Frauen hatte Kline zuvor mit einem anderen Mittel helfen können.

Mit dem Chlorpromazin hat das Reserpin gemeinsam, daß es entspannend und beruhigend, aber nicht gleichzeitig ermüdend wirkt. Das gilt jedoch nicht unterschiedslos. Offenbar kommt es darauf an, wer diese Mittel nimmt. Ein seelisch ausgeglichener Mensch kann unter ihrem Einfluß auch schläfrig werden. Gibt man sie dagegen erregten Patienten mit abnormem Tätigkeitsdrang oder solchen, die unter Wahnvorstellungen leiden, so zeigt sich ihre segensreiche Wirkung. Die Sinnestäuschungen klingen ab, der berüchtigte ›Verfolgungswahn‹ verliert seine Schrecken und die von diesen Kranken oft gehörten ›Stimmen‹ bleiben aus.

Das dritte, zufällig gefundene Mittel dieser Gruppe ist das Meprobamat. Eng verbunden mit seiner Entdeckung ist der Name des in Pilsen geborenen, im Zweiten Weltkrieg nach England geflüchteten Wissenschaftlers Frank M. Berger. Auf der Suche nach einem Stoff, der die Haltbarkeit des Penicillins erhöhen sollte, fand Berger eine chemische Verbindung mit einer auffälligen Eigenschaft. Wenn er das Mittel Versuchsmäusen gab und die Tiere dann auf den Rücken legte, so konnten sie sich eine Stunde lang nicht aus eigener Kraft wieder aufrichten. Anscheinend waren ihre Muskeln zu entspannt, um ihren Dienst zu versehen.

Unerwartete Vorfälle während eines Versuchs lassen jeden Wissenschaftler stutzig werden und der Sache nachgehen. So auch Berger: Er stellte neue Versuche an und testete ähnliche Verbindungen. Bis zum Jahre 1946 hatte er mit seinem Kollegen W. Bradley rund 150 Stoffe vom Typ der muskelentspannenden Chemikalien untersucht. Einer dieser Stoffe erwies sich als noch stärker wirksam – Berger und Bradley nannten ihn ›Mephenesin‹.

Bald darauf ging Berger in die Vereinigten Staaten von Amerika, um seine Arbeiten im wissenschaftlichen Stab der Wallace-Laboratorien fortzusetzen. Dort gelang ihm dann zusammen mit B.J. Ludwig und E.C. Piech der große Wurf. Er synthetisierte mit dem berühmt gewordenen Meprobamat einen Stoff, der zwar weniger die Muskeln, dafür aber um so mehr die Psyche entspannte. Als Codebezeichnung für das Meprobamat wählte Berger eine Stadt im Staate New Jersey mit dem Namen ›Milltown‹. Später wurde das eine ›l‹ gestrichen, und als ›Miltown‹ (Miltaun) ging das Medikament in die Geschichte ein.

Stürmisch drängten die Tranquilizer in den fünfziger Jahren auf den Markt. Eine neue Wunderwaffe im Kampf gegen die Geisteskrankheiten schien gefunden. Mehr noch: Man hatte Mittel entdeckt, die die Menschenseele je nach Bedarf beruhigen und befrieden konnten, aus welchem Grund auch immer sie in Aufruhr geraten war.

Aus Begeisterung darüber ließen die Herstellerfirmen damals ebenso phantastische wie gemütvolle Werbedrucksachen anfertigen. Auf ihnen sah man prachtvolle Naturszenerien in farbigen Fotos, friedliche Gebirgs- und Waldlandschaften, verträumte Seen und sanft heranrollende Meereswogen, aber auch grübelnde Manager an papierüberladenen Schreibtischen, die sich verzweifelt an den Kopf griffen.

Die Ärzte fanden diese Werbesendungen schmunzelnd in ihrer Post und trauten dem ›Seelenfrieden‹ anfangs nicht so recht. Sie sollten freilich bald erfahren, daß mit den ›Tranquilizern‹ eine neue Ära in der Behandlung seelisch kranker Menschen angebrochen war.[3]

Lassen sich Verbrechen voraussagen?

Aus Chlorpromazin, Reserpin und Meprobamat wurden in den Jahren nach ihrer Entdeckung zahlreiche Medikamente mit immer gezielteren Wirkungen entwickelt. Bald waren die Ärzte in der Lage, ganz verschiedene Formen psychischer Störungen, von leichten Verstimmungszuständen bis zu schweren Neurosen, medikamentös anzugehen und immer bessere Erfolge zu erzielen. Die in schweren Fällen angewandte ›Schlafkur‹, der ›Insulin‹- und der ›Elektroschock‹ traten in den Hintergrund. Bei diesen Verfahren ging es ebenfalls darum, Patienten psychisch zu ›normalisieren‹ – allerdings auf recht drastische Weise. Bestimmte Schlafmittel zum Beispiel, die über mehrere Tage hinweg eingenommen oder injiziert werden, können einen Dauerschlaf erzeugen, der den Kranken beruhigt und damit eine heilsame Wirkung ausübt. Für die Zeit einer solchen Schlafkur fällt der Patient jedoch praktisch aus: Er braucht ein abgeschiedenes Zimmer und muß vom Arzt beobachtet werden. Eine ähnliche seelische Ruhestellung wird mit dem Insulinschock erreicht. Durch Insulin-Injektionen wird der Blutzuckerspiegel soweit gesenkt, daß der Kranke ohnmächtig wird. Versetzt man zum Beispiel Schizophrene wiederholt in solche künstlichen Ohnmachten, so unterbricht man das krankhafte Geschehen im Gehirn und findet die wieder zu sich gekommenen Patienten häufig besser mit sich und ihrer Umwelt im Einklang. Beim Elektroschock schließlich wird mit kurzen, durch das Gehirn geleiteten Stromstößen ein Krampfanfall ausgelöst, der ebenfalls auf eine Unterbrechung der krankhaften Vorgänge im Zentralen Nervensystem abzielt.

In vielen dieser Fälle bewährten sich nun die Tranquilizer. Sie wurden in kurzer Zeit so beliebt, daß in den USA schon im Jahre 1956 jede Sekunde irgendeins dieser Mittel verordnet wurde. Weil sie ›inneren Frieden‹ schenken, nannte man sie auch ›Ataraktika‹, ein aus dem Griechischen stammender Begriff, der aus den Silben ›a‹ und ›taraxis‹ gebildet ist und soviel wie ›Freisein von Aufregung‹ bedeutet. Die griechischen Philosophen verstanden unter ›Ataraxis‹ einen Zustand der Seelenruhe, in dem Eindrücke der Umwelt in völliger Ausgeglichenheit und Entspannung, ohne Gefühlsregungen aufgenommen und verarbeitet werden konnten. Tatsächlich trifft dies, was die Tranquilizer angeht, den Nagel auf den Kopf: Werden sie richtig dosiert eingenommen, so dämpfen oder beseitigen sie Spannungs- und Angstempfindungen. Seelische Erregung klingt ab, ohne daß dabei die Denk- und Urteilsfähigkeit beeinträchtigt oder gar Müdigkeit erzeugt würde.

Heute gehören die Tranquilizer mit zahlreichen anderen Präparaten zur großen Gruppe der ›Psychopharmaka‹. Die systematische Einteilung dieser Mittel ist wegen ihrer großen Zahl, ihrer oft nur geringen Wirkungsunterschiede und der sich überschneidenden Effekte allerdings außerordentlich problematisch. Wir wollen uns darum mit einer großzügigen Übersicht begnügen, die keinen Anspruch auf Vollständigkeit erhebt.

Zunächst zu den Bezeichnungen: Unter ›Psychopharmaka‹ versteht der Arzt Medikamente, die entweder anomale psychische Zustände hervorrufen (= Psychomimetika) oder solche Mittel, die anomale psychische Zustände wieder normalisieren (= Psycholytika).

Dem Wunsch nach einer systematischen Übersicht versuchen in der neueren Literatur zahlreiche Verfasser gerecht zu werden [124; 163; 164], doch haben alle diese Systeme ihre Mängel. Eine übersichtliche, stark vereinfachte Systematik sieht folgendermaßen aus [163]:

I. Psycholeptika

(Mittel mit vorwiegend dämpfender Wirkung auf die Psyche)

a) Neuroleptika (Mittel, die den psychischen Spannungsgrad herabsetzen)	b) Tranquilizer (Beruhigungsmittel)	c) Hypnotica (Schlafmittel)
Phenothiazinderivate bzw. chemisch ähnliche Verbindungen	Meprobamat	Barbitursäureabkömmlinge
Rauwolfia-Alkaloide	Bizyklische Verbindungen	Paraldehyd
Haloperidol	Chlordiazepoxyd	
Fluphenazin	Baldrian	
	Calciumbromid	
	Hopfenextrakte	

II. Psychoanaleptika

(Psychisch anregende Mittel)

a) Psychotonika (Mittel, die die psychische Leistungsfähigkeit steigern)	b) Thymoleptika (Mittel, die das krankhaft herabgesetzte vitale Potential vergrößern)	c) Euphorika (euphorisierende Substanzen)
Weckamine (Benzedrin, Pervitin)	Monoaminoxydasehemmer	Alkohol
Ritalin	Imipramin	Opium
Preludin	Nardil	Morphin
Coffein		Cocain
Vitamine		NO_2
Hormone		

III. Psychodysleptika

(Substanzen, die sog. Modellpsychosen hervorrufen können)

a) Halluzinogene Substanzen (vorwiegend Sinnestäuschungen bewirkende Mittel)	b) Depersonalisantia (vorwiegend Depersonalisationserscheinungen bewirkende Mittel)
Meskalin	Lysergsäure-diäthylamid (LSD)
Haschisch (Marihuana)	Psilocybin
DMT	

Soviel zur Systematik dieser stürmisch sich entwickelnden Medikamentengruppe, deren Präparatezahl inzwischen in die Tausende geht [149]. Wir wollen uns hier nur mit den für unser Thema besonders interessanten Stoffen, den Tranquilizern, den Neuroleptika und den Thymoleptika, beschäftigen. Von den halluzinogenen und den bewußtseinsweitenden Mitteln soll das nächste Kapitel handeln.

Dank einer Reihe von Medikamenten, die auf das Chlorpromazin, das Reserpin oder das Meprobamat zurückgehen, konnten im letzten Jahrzehnt ungezählte psychisch Kranke aus den Anstalten entlassen werden. Tranquilizer waren es, die ihnen – wie die Prothesen den Gelähmten – halfen, sich wieder als Menschen unter Menschen zu fühlen und sogar Arbeit zu finden. So konnte der Psychiater Nathan Kline vom Rockland-State-Hospital in New York im Jahre 1964 – acht Jahre nach dem ersten systematischen Einsatz der Tranquilizer bei Geistesgestörten – eine erfreuliche Bilanz ziehen: Hätte man die Tranquilizer nicht gehabt, so hätte die Zunahme an Anstaltspatienten in den USA bis zum Jahre 1964 schätzungsweise 82000 betragen. »Statt dessen«, erklärte Kline, »konnten wir 54000 Patienten entlassen.« Dank der Psychopharmaka blieben also 136000 Patienten vor dem Schicksal der Anstaltsunterbringung bewahrt. Die Pflege dieser Menschen hätte den Staat mehr als eine Milliarde Dollar gekostet, der Bau der benötigten Krankenanstalten hätte weitere zwei Milliarden Dollar verschlungen.

Solche Zahlen imponieren. Unter ihrem Eindruck dachte man natürlich auch an die Möglichkeit, die neuen Medikamente zur Abwendung von Verbrechen geistesgestörter Menschen einzusetzen. In der Bundesrepublik erinnerte man sich an die Bluttat des Oberlehrers Wagner, die in den USA nicht minder schreckliche Parallelen in dem ›Schießteufel‹ Charles Whitman und dem Mädchenmörder Richard Speck gefunden hatte.

Das Problem liegt jedoch darin, solche potentiellen Mörder schon vor ihrer Tat quasi als Träger des Kainszeichens zu erkennen und für eine Aussprache zu gewinnen. Nur dann, wenn es gelingt, ein möglicherweise kriminelles Verhalten vorauszusagen – etwa auf Grund bestimmter Züge der Persönlichkeitsstruktur oder gewisser Anomalitäten des Hirnstromkurvenbildes [18; 21] –, könnte diesen Menschen durch einfühlende ärztliche Behandlung vielleicht geholfen werden. Der Bostoner Psychiater Philip Solomon empfiehlt drei Verfahrensschritte, um diesem Ziel näherzukommen. Zuerst sollte der Verdächtige gefragt werden, ob er jemals daran gedacht habe, sich selbst oder einen anderen umzubringen. Antwortet er mit ›ja‹, so hätte man einen ersten Anhaltspunkt. Ein solches Eingeständnis muß jedoch noch kein Grund zur Beunruhigung sein, denn fast jeder von uns unterliegt zuweilen derartigen Anwandlungen. Die zweite Aufgabe bestünde nach Solomon darin, herauszufinden, ob der Patient sich auch schon eine Methode ausgedacht hat, wie so etwas am besten durchzuführen sei. Teilt er auch dazu Einzelheiten mit, so verstärkt sich der Verdacht. Aber erst, wenn feststeht, daß der Betreffende konkrete Vorbereitungen für seine Tat getroffen hat, erst dann sollte eingegriffen und der Mann entweder laufend beobachtet oder vorübergehend hospitalisiert werden.

So überzeugend nun Solomons Rezept zur Früherkennung von Mördern klingt, so viel graue Theorie haftet ihm an. Potentielle Mörder oder Selbstmörder verraten sich nicht unbedingt im voraus, und in einer Krisensituation vertrauen sich nur die wenigsten ihrem Hausarzt oder der Telefonseelsorge an.

So werden wir trotz der verfügbaren Medikamente nur in seltenen Fällen vorbeugen können, und zwar wird dies am ehesten noch bei denjenigen möglich sein, die ihren Trieb zum Töten als krankhaft empfinden und einer Behandlung zugänglich sind. Eine Vorbedingung dafür wäre, daß die Möglichkeiten der Psychopharmaka (und ihre Grenzen!) breiteren Kreisen bekannt gemacht werden: Der ›einsichtige Mörder‹, wenn man so sagen darf, muß wissen, daß ihm geholfen werden kann, wenn er sich rechtzeitig behandeln läßt.

Segen brachten und bringen die Tranquilizer aber nicht allein den Gemüts- und Geisteskranken. Auch den nervösen, gehetzten, doch nicht eigentlich kranken Menschen des zwanzigsten Jahrhunderts sind die neu entdeckten Medikamente zu einer Wohltat geworden, solange sie nicht mißbräuchlich verwendet werden. Jeder von uns erlebt gelegentlich Situationen, in denen ihm der ›Seelenfrieden aus dem Tablettenröhrchen‹ willkommen ist: der Journalist und der Politiker bei wichtigen Interviews, der Student bei einer Prüfung, der Redner vor seinem Auftritt in der Öffentlichkeit, der Schauspieler, den das Lampenfieber plagt. So manchem Stellungssuchenden haben die kleinen, unscheinbaren Pillen schon geholfen, wenn es galt, einen guten Eindruck bei einer Bewerbung zu machen. Auch Kummer, Streitigkeiten, Ärger oder die seelische Belastung eines Trauerfalles werden erträglicher mit ihrer Hilfe.

Selbst für den Tierzüchter können die Tranquilizer nützlich sein. So hat sich Chlorpromazinhydrochlorid bei Tiertransporten zur Beruhigung bewährt und geholfen, den durch die Erregung oft eintretenden Gewichtsverlust der Tiere zu vermeiden. Hier muß allerdings wieder bedacht werden, daß nach der Verabfolgung von Medikamenten ausreichend Zeit bis zur Tötung der Tiere verstreichen muß, so daß die Substanzen wieder abgebaut (›verstoffwechselt‹) werden können und nicht mit dem Fleisch der Tiere mehr oder weniger unverändert den Weg in den menschlichen Magen finden.

Ein anderes Medikament verwandelt den bissigsten und angriffslustigsten Wachhund in ein sanftes Lamm. Seit es die Tranquilizer gibt, gehört auch das federstiebende, flatternde Inferno in den großen Hühnerfarmen der Vergangenheit an – wobei wir auch hier fragen müssen, welche Probleme ein etwa ins Hühnerfutter gemischtes Beruhigungsmittel sonst noch aufwirft. In Afrika gelang es, verschiedene Exemplare des seltenen Stumpfnashorns mit Tranquilizer-Patronen anzuschießen und die Tiere vorübergehend so zu beruhigen, daß sie eingefangen und in Wildreservate gebracht werden konnten, wo sie vor dem Ausgerottetwerden sicher sind. Das bewährte Mittel ist eine Tranquilizer-Kombination mit Phentanyl, einem synthetischen Morphin mit der Bezeichnung ›M–99‹; die übliche Dosis für ein 15 bis 17 Zentner schweres Tier enthält 2,5 Milligramm Phentanyl, 4 Milligramm Azetylpromazin und 100 Milligramm Scopolamin [161]. Die ersten Erfolge mit dieser neuartigen Jagdmethode machten bald von sich reden, und heute gehören Injektionsprojektile mit Beruhigungs- oder Betäubungsmitteln zur ständigen Ausrüstung von Wildhütern und Tierfängern.

Dank der neuen Mittel, insbesondere der Neuroleptika, konnte in den letzten Jahren auch die sogenannte Leukotomie-Operation, der ›Schnitt durch die weiße Hirnsubstanz‹, fast vollständig wieder aufgegeben werden. Auf die Leukotomie hatte man in den Jahren um 1950 noch große Hoffnungen gesetzt. Schien es doch, als sei mit ihr endlich ein sicheres, wenn auch drastisches Mittel gefunden, unerträgliche Schmerzen zu beheben oder bestimmte Geisteskrankheiten zu behandeln. Leider hatte sich aber gezeigt, daß mit der Durchtrennung der Nervenstränge häufig auch tiefgreifende, nicht mehr rückgängig zu machende Persönlichkeitsveränderungen verbunden waren.

Etwa die Hälfte aller Patienten in den westlichen Ländern gehen heute zum Doktor, ohne daß sie auf körperliche Krankheitszeichen verweisen könnten. Sie fühlen sich einfach abgeschlagen, nervös, sie werden von unerklärlichen Ängsten gejagt und von Depressionen gequält. Auch dem Arzt gelingt es bei diesen Patienten trotz eingehender Untersuchungen oft nicht, irgendeine krankhafte organische Veränderung zu finden. Früher verschrieb er in solchen Fällen ein klassisches Beruhigungsmittel, doch beeinträchtigten diese Mittel meist auch die geistige Regsamkeit. Heute ist der Doktor besser dran. Mit einem geeigneten Tranquilizer kann er seinen ›Problempatienten‹ nicht nur die innere Ausgeglichenheit wiedergeben, sondern unter Umständen auch ihre geistige Leistungsfähigkeit fördern.

Was das bedeutet, erkennt man erst so recht, wenn man einmal zurückdenkt und sich erinnert, mit welchen Methoden geistig oder seelisch kranke Menschen im Mittelalter ›behandelt‹ wurden. In der Annahme, der Geisteskranke sei ›vom Teufel besessen‹ oder ein Verstockter, dem mit gutem Zureden nicht beizukommen sei, wurden die barbarischsten Folterungen angewandt. Man fesselte die Bedauernswerten auf eine ›Trülle‹ genannte Zentrifuge und ließ sie so lange herumwirbeln, bis sie ihr Bewußtsein verloren hatten – aber natürlich nicht die Krankheit. Andere sperrte man wilden Tieren gleich in Gitterkäfige und stellte sie auf dem Marktplatz zur Schau. Wieder andere wurden in Hexenprozessen verbrannt oder bei Wasser und Brot eingekerkert.

Heute sind die Geisteskrankheiten zwar weit davon entfernt, ihre Tragik verloren zu haben. Im Gegenteil, besonders die leichteren Formen der Persönlichkeitszerrüttung, die Fälle von chronischer Niedergeschlagenheit, übertriebenem Argwohn und Gefühlslabilität nehmen zu, so daß der amerikanische Sozialwissenschaftler Alexander Leighton schon von 15 bis 20 Prozent der Erdbevölkerung spricht, die er für ›in irgendeiner Form geistig gestört‹ hält. Es bleibt jedoch zu hoffen, daß die modernen Psychopharmaka sich dieser Entwicklung gegenüber segensreich auswirken.

Möglichkeiten dazu bieten sie offenbar in reichem Maße. Wenn es auch wohl übertrieben ist zu behaupten, daß eine Pille Heimweh oder Liebeskummer beseitigen könne, so ist der Wirkungsbereich dieser Mittel doch sehr groß und erfaßt selbst den sexuellen Bereich. Vom Reserpin wird berichtet, daß es bei Frauen übermäßigen Sexualtrieb dämpfen, andererseits aber auch Geschlechtskälte beheben könne. Einen bemerkenswerten Fall hat es in den USA gegeben: Ein New Yorker Internist stellte bei einem seiner Patienten eine Krebsgeschwulst im fortgeschrittenen Stadium fest. Er fühlte sich verpflichtet, den Todgeweihten auf sein Schicksal aufmerksam zu machen und riet ihm, seine Angelegenheiten zu ordnen. Um ihm die letzten Lebenswochen erträglicher zu gestalten, verordnete er ihm unter anderem einen Tranquilizer. Glücklicherweise verlief die Krankheit jedoch weniger stürmisch, so daß der Mann noch länger lebte als erwartet. Als er nach einiger Zeit wieder zu seinem Arzt kam, zeigte er keinerlei Angst vor dem Ende. Statt dessen machte er dem Doktor Vorwürfe, daß er ihm seine Zukunft in so düsteren Farben ausgemalt habe.

Die meisten von uns werden sich noch des 1948 ermordeten Mahatma Gandhi erinnern, der für seine Gelassenheit und Ruhe bekannt war und in aller Welt als Inbegriff eines ausgewogenen und weisen Staatsmannes galt. Gandhis Verdienste und seine Größe lassen sich nicht schmälern, aber es ist doch interessant zu hören, was Noah Fabricant, der Autor des Buches ›13 berühmte Patienten‹, über das Geheimnis der Gandhischen Ruhe zu berichten weiß: Der Inder, schreibt er, verdankte seine Gelassenheit zum guten Teil einer Droge. Bekanntlich litt Gandhi an hohem Blutdruck. Jahrelang nahm er dagegen Rauwolfia-Präparate ein, die ihm sein Arzt verordnete. »Es ist kaum zu bezweifeln«, schreibt Fabricant, »daß die Droge nicht nur seinen Blutdruck unter Kontrolle hielt, sondern auch für seine Besonnenheit und seine Sanftmut im höheren Lebensalter verantwortlich war.« Angeblich soll Gandhi seine erstaunliche Selbstkontrolle auch auf eine besondere Diät aus Nüssen, Früchten und Ziegenmilch zurückgeführt haben, und seine sexuelle Beherrschung pflegte er zu prüfen, indem er gelegentlich mit einer seiner jungen weiblichen Bediensteten in einem Bett schlief.

Schattenseiten

Redlicherweise müssen wir auch von den unerfreulichen Wirkungen der Psychopharmaka sprechen. So kann die Aufmerksamkeit der Autofahrer unter ihrem Einfluß nachlassen. Versuche mit Affen zeigten, daß die Tiere nach dem Eingeben von Chlorpromazin ihre Dressuraufgaben weniger ›gewissenhaft‹ ausführten. Merkwürdige Dinge wurden in den USA von einem auch bei uns beliebt gewordenen ›Breitband-Psychopharmakon‹ berichtet, das bei zahlreichen Angst-, Spannungs- und Unruhezuständen verordnet werden kann (ein Benzodiazepinderivat mit dem Wirkstoff Chlordiazepoxyd).

Anfang 1960 schickte die Herstellerfirma Proben des Medikaments in die Vereinigten Staaten von Amerika, wo sie der Veterinärmediziner Werner Heuschele vom California-Zoo in

San Diego zur experimentellen Prüfung in Empfang nahm. Heuschele stellte verschiedene Versuche an. Er fand zum Beispiel heraus, daß das Mittel einen zuvor angriffslustigen Luchs sanft und freundlich stimmte, ohne ihn zugleich schläfrig zu machen. Das war nun nicht besonders aufregend. Dagegen horchte die Fachwelt auf, als im Mai 1960 in der kalifornischen Zeitschrift ›Light‹ ein Bericht über angeblich besorgniserregende Wirkungen des Mittels auf den Menschen erschien. Da hieß es, ein Mann habe seinen Wagen bedenkenlos im Rückwärtsgang beschleunigt und sei – psychisch enthemmt – gegen einen Baum gefahren. Eine junge Frau hatte einen schweren Verkehrsunfall verursacht und ihren Wagen dabei in ein Wrack verwandelt. Obgleich die Fahrerin eine Auszeichnung für unfallfreies Fahren besaß und als friedfertig galt, zeigte sie sich bei der darauffolgenden Gerichtsverhandlung ungewöhnlich aufsässig. Angeblicher Grund: das besagte Mittel. Für diese Berichte verbürgte sich der aus Schottland stammende, in San Antonio arbeitende Psychiater Neville Murray. Andere Sachverständige werden freilich nicht so weit gehen und dem Beruhigungsmittel allein die Schuld an solchen Vorfällen ankreiden. Hatte es sich doch in ungezählten anderen Fällen bestens bewährt. Wie bei allen psychisch wirksamen Medikamenten kommt es eben auch bei ihm darauf an, ob es richtig dosiert eingenommen wird und vor allem, ob es in dem betreffenden Fall richtig gewählt war.

Immer riskant wird natürlich der allzu rasche Griff nach den modernen Beruhigungsmitteln bleiben. Man sollte nicht jede geringfügige Mißstimmung gleich mit einem Psychopharmakon bekämpfen. Auch wäre es eines guten Arztes unwürdig, wenn er die tieferen Ursachen eines geistig-seelischen Leidens nicht zunächst zu ergründen versuchte, bevor er ein solches Mittel verschreibt. Mancher Patient würde sonst vom Regen in die Traufe kommen. Das im Leben normalerweise segensreiche ›eigene Dazutun‹ zur Lösung von Schwierigkeiten würde ihm unter dem Schutz der Arznei möglicherweise unwichtig werden. Er würde sich seinen Lebensproblemen nicht mehr stellen, sondern in unbekümmerter ›Laisser-faire-Haltung‹ vor ihnen fliehen. Es hat Fälle gegeben, in denen sich bei dem Betreffenden fast völlige Lethargie einstellte, die jede verantwortliche Haltung untergrub. Von einem solchen Patienten weiß der Zürcher Psychiater A. W. Stoll zu berichten. Es handelte sich um einen Mann, der in Schulden geraten war und seine Familie damit an den Rand des Ruins gebracht hatte. Um seine Niedergeschlagenheit zu überwinden, nahm er einen stimmungshebenden Tranquilizer. Das Mittel tat ihm sichtlich gut. Sein Zustand besserte sich, und bald konnte er wieder zuversichtlich in die Zukunft blicken. Zu seiner Familie Unglück erwies sich die Tranquilizer-Therapie jedoch als zweischneidig. Die innere Entspannung, die er erkauft hatte, machte auch vor seinem Verantwortungsgefühl nicht halt. Das Ergebnis war, daß er nun auch gegenüber seinen Gläubigern gleichgültig wurde und kaum etwas tat, um seinen Schuldenberg abzutragen [2; 151].

In diesem Zusammenhang ist vielleicht eine Warnung Eduardo E. Krapfs von der Sektion ›Seelische Gesundheit‹ in der Weltgesundheitsorganisation der Vereinten Nationen interessant. Viele Ärzte, meint Krapf, werden von ihren Patienten veranlaßt, geradezu mörderische Rezepte auszuschreiben: »Allzu viele Menschen nehmen heute Anregungs- und Beruhigungsmittel wie Schokolade ein. Auf manchen Gesellschaften werden sie herumgereicht wie Erdnüsse. Es soll Leute geben, die solche Pillen in ihren Cocktails auflösen.«

Ein gewisses Risiko stellt die Dauer-Einnahme von Tranquilizern auch dann dar, wenn sie einer Präparategruppe angehören, die durch bloße Dosisverringerung aus stärker wirkenden Mitteln (Neuroleptika) hergestellt worden sind. Von den Neuroleptika ist bekannt, daß sie Krankheitserscheinungen in der Art des Parkinson-Syndroms auslösen können (siehe das Kapitel ›Seelenarznei und Legalität‹). Während die kurzfristige Einnahme von angst- und spannungslösenden Tranquilizern meist unproblematisch ist, können sich beim Dauergebrauch doch manchmal drastische Zustände entwickeln. Wer über Jahre täglich etwa zwei Tabletten solcher Mittel eingenommen hat, muß sich nicht wundern, wenn ihm der Mißbrauch eines Tages ein sogenanntes Zungen-Schlund-Syndrom beschert.

Dabei streckt der Betroffene wie unter einem Zwang seine Zunge heraus, gleichzeitig verdreht er den Kopf, und die Sprache bleibt ihm weg. Die Angehörigen sind vor diesem Anblick entsetzt, und der hinzugerufene Arzt, wenn er die Hintergründe nicht kennt, schließt dann häufig auf einen Schlaganfall. Richtig beurteilt ist die Sache allerdings kein großes Unglück, denn der gräßliche Zustand läßt sich ziemlich rasch wieder durch die Injektion einer Ampulle Kemadrin oder Akineton in die Muskulatur oder intravenös beheben.

Vorsicht ist jedenfalls geboten, gerade auch bei den Tranquilizern. Hat doch die wahllose und unbekümmerte Einnahme sogar schon die Befürchtung laut werden lassen, sie könnten als Selbstmordmittel die bisher bevorzugten Barbitursäurepräparate ablösen. Da die akute Giftigkeit der Tranquilizer sehr gering ist, kommen sie mit einigen Ausnahmen als solche zwar für Selbstmörder kaum in Betracht. Immerhin könnten sie bei bestimmten Menschen aber die Bereitschaft für einen Selbstmordversuch fördern, indem sie Gleichgültigkeit gegenüber dem Leben hervorrufen.

»Wir werden uns noch in den Tod hinein beruhigen«, charakterisierte ein sarkastischer Zeitgenosse einmal die gegenwärtige Tranquilizer-Schwemme. Die hier überspitzt formulierte, aber doch bestehende Gefahr geht Ärzte und Patienten gleichermaßen an. Müssen sich doch beide gegen die Wirkung einer geschickt betriebenen Werbung wehren, mit der die scharf konkurrierenden Herstellerfirmen ihre Produkte anpreisen. Der Zürcher Psychiater H. Kind hat dazu beherzigenswerte Worte gefunden:

»In welchen Fällen und in welchem Zeitpunkt ein Tranquilizer zu verordnen ist, läßt sich nicht generell sagen. Es steht aber fest, daß die allgemeine Tendenz dahin geht, zuviel zu verschreiben. Der Druck von seiten des Publikums in dieser Richtung ist groß. Es gibt aber auch unter den verordnenden Ärzten große Unterschiede, was sich an einem Spital oder an einer Poliklinik leicht feststellen läßt, wo einzelne Kollegen bei durchschnittlich gleichem Krankengut viel häufiger solche Mittel verschreiben als andere. Der gleiche Unterschied gilt nach meiner Erfahrung für Schlafmittel. Diese Erscheinung rührt daher, daß die Verordnung von Beruhigungs- und Schlafmitteln nur zum kleineren Teil als rationales Problem behandelt wird, daß zum größeren Teil aber affektive Momente bestimmend sind, die aus der Beziehung von Arzt zu Patient und umgekehrt stammen und den Entschluß zur Medikation beeinflussen. Es ist für viele Kollegen schwer, einen Patienten, der mit einem offensichtlich seelischen Problem in die Sprechstunde kommt, ohne Medikamente gehen zu lassen. Sie leiden dann unter dem Gefühl, nichts für diesen hilfesuchenden Menschen getan zu haben, wenn sie ihm nur zuhörten, und fühlen sich deshalb unbefriedigt und ohnmächtig. Sie erkennen aus einer eigenen Problematik heraus nicht, daß Zuhören, aufmerksame Teilnahme und verständnisvolles Mittragen der Sorgen bereits etwas sehr Wesentliches ist, das nicht durch ein Rezept ersetzt werden kann. Es besteht heute die Gefahr, daß diese Form der Psychotherapie infolge der Verkürzung durch die neuen Beruhigungsmittel zu kurz kommt. Arzt und Kranker werden durch sie gemeinsam beruhigt – aber lange nicht immer in einer heilsamen Weise. Wir sehen immer wieder Patienten, die vorher in der Sprechstunde eines Kollegen gar nicht zu Wort kommen konnten und einfach ein Mittel verordnet erhielten, wobei dann wenige Aussprachen die Situation für den Kranken einigermaßen klären konnten und den Gebrauch von Beruhigungsmitteln überflüssig machten.« [100]

Darf die Persönlichkeit verändert werden?

So wünschenswert es in bestimmten Fällen sein mag, die psychischen Schwierigkeiten eines Menschen durch Seelenarzneien erträglich zu machen – so wenig darf man freilich die juristische Seite dieser Mittel und ihre ethischen Probleme vernachlässigen. Im Gegensatz zu anderen Medikamenten verändern oder beeinflussen die modernen Beruhigungsmittel mehr oder weniger stark die Bewußtseinslage. Daher könnte ein kritischer Jurist fragen: Ist es zulässig, eine Medizin zu verschreiben oder einzunehmen, die die Persönlichkeit – wenn auch nur vorübergehend – verändert?

Offenbar kommt es hier ganz auf den Fall an. Sitzt dem Arzt ein seelisch kranker Mensch gegenüber, so wird er anders darüber denken müssen als bei einem seelisch Gesunden. Einfach ist diese Unterscheidung freilich nicht immer zu treffen. So wird es sowohl unter den Gesunden als auch unter den seelisch Kranken immer zweierlei Typen von Menschen geben: Die einen werden tatsächlich von einer Veränderung ihrer Person, ihres Ichbewußtseins oder ihrer Stimmungslage sprechen, wenn sie etwa ein stimmungshebendes Mittel eingenommen haben. Die anderen werden das gleiche Mittel durchaus nicht als ›persönlichkeitsverändernd‹ empfinden.

Abgesehen von solchen Unterschieden gilt aber dies: Ob jemand eine psychisch wirksame Arznei nehmen sollte oder nicht, hängt von seinen Beschwerden ab und davon, was er und sein Arzt sich von dem Mittel versprechen. Leidet der Patient unter chronischen Depressionen oder wahnähnlichen Vorstellungen, so wird er sich durch die Krankheit in seiner Persönlichkeit beeinträchtigt fühlen und ein Medikament begrüßen, das seine normale Persönlichkeit wiederherstellt. Dagegen wird auch der Gesetzgeber nichts einwenden. Anders in solchen Fällen, in denen ein psychisch wirksames Mittel lediglich zur Aufbesserung der schlechten Stimmung eines an sich gesunden Menschen dienen soll. Hier wird die Zulässigkeit fragwürdig.

Vom juristischen Standpunkt her darf die Persönlichkeit eines Menschen nicht angetastet werden. Die Entscheidung darüber, ob es sich um eine krankhaft veränderte Persönlichkeit handelt, muß dem Arzt – und zwar dem Facharzt – vorbehalten bleiben. Wie schwierig diese Unterscheidung sein kann, zeigen aber die gerade heute so häufigen ›Zwischenstufen‹ zwischen gesund und krank. Der Schmerz über den Tod eines geliebten Menschen zum Beispiel ist keine Krankheit – dennoch könnte der Trauernde sich berechtigt fühlen, in diesem Zustand nach einer beruhigenden Tablette zu greifen. Er möchte ganz einfach seine Verzweiflung erträglicher machen. Auch die Angst vor etwas, das sich genau beschreiben läßt, zum Beispiel vor einer schwierigen Operation, kann die Einnahme eines Psychopharmakons rechtfertigen. Es ist eine Frage des

Ausmaßes solcher Angst- oder Verzweiflungsstimmung, und es hängt von der seelischen Verfassung des betroffenen Menschen ab, ob er ihnen medikamentös begegnen soll. Dagegen steht die ›Angst an sich‹, die jemanden quält, ohne daß er sagen könnte, wo die Ursache für diese Angst läge. Hier wird der Arzt unter Umständen an eine Krankheit denken müssen. In jedem Fall sollte er den Patienten aber zuvor über wie Wirkung aufklären und insbesondere dann seine Einwilligung einholen, wenn das Mittel längere Zeit genommen werden soll.

Ein letztes Beispiel soll zeigen, daß Seelenarzneien sogar das Schuldbewußtsein beeinflussen können: Ein wegen homosexueller Vergehen mit Jugendlichen vor Gericht gestellter junger Mann hat schwere Depressionen und trägt sich mit Selbstmordgedanken. Einer eigentlichen Schuld in bezug auf seine Tat ist er sich indes nicht bewußt. Sein Anwalt erreicht eine Unterbrechung des Verfahrens, so daß der Beklagte mit einem antidepressiven Mittel behandelt werden kann. Nach etwa drei Wochen hat die Kur Erfolg. Der junge Mann bekennt sich zu seiner Tat und erklärt: »Ich sehe ein, daß ich etwas Unrechtes getan habe und dafür ins Gefängnis muß.« Kurz darauf legt der Anwalt jedoch Berufung ein und es kommt zum Freispruch wegen Mangels an Beweisen. Das Mittel wird daraufhin nicht weiter eingenommen, woraufhin die Depressionen prompt wiederkehren [2].

Wir wollen hier nicht danach fragen, ob der junge Mann, nachdem seine Depressionen wiedergekommen sind, nun eine Dauerbehandlung mit psychisch wirksamen Medikamenten erhalten müßte. Der Fall zeigt aber, daß jemand, der ohne Schuldbewußtsein Unrechtes getan hat, seine Schuld unter dem Einfluß der Medikamente einsehen kann. Das mag auf eine Eigenschaft dieser Mittel deuten, die man auch den im nächsten Kapitel beschriebenen ›Halluzinogenen‹ nachsagt. Bestimmte Menschen können unter ihrem Einfluß einen hohen Grad innerer Einsicht erreichen, der sie dann zu einer Änderung ihrer Lebensweise oder Geisteshaltung befähigt. Wir kennen diesen Grad innerer Sammlung auch als Ergebnis religiöser Exerzitien, etwa bei Anhängern des Zen-Buddhismus. Diese Menschen erreichen den Höhepunkt geistiger Selbstversenkung mit Hilfe von Konzentrationsübungen. Es scheint etwas an der Behauptung zu sein, daß ein ähnliches Sich-Konzentrieren-Können auch durch bestimmte Wirkstoffe zu erzielen ist. Auch bei dieser Zweckbestimmung löst ein solches Präparat natürlich nicht die Aufgabe selbst – beispielsweise eine beabsichtigte Wandlung der religiösen oder ethischen Haltung. Es hilft dem Ruhelosen aber, die dafür notwendige innere Einkehr zu vollziehen.

X.

DAS GEWEITETE BEWUSSTSEIN

Meskalin und die mexikanischen Zauberpilze

Zehn oder zwölf Milliarden Nervenzellen in unserem Gehirn helfen uns dabei, Buchzeilen wie diese zu lesen und zu verstehen. Als Leser nehmen wir die Worte auf und begreifen ihren Sinn, weil wir bekannte Vorstellungen mit ihnen verbinden können. Ein Dutzend Milliarden Nervenzellen helfen uns, die Botschaften unserer Sinnesorgane zu verarbeiten und, wenn erforderlich, zu beantworten. Aber unser Gehirn leistet nicht nur dies. Es übt außerdem eine Art Selbstkontrolle aus, indem es neue Gedanken und neue Erfahrungen ständig mit alten vergleicht. Was ihm dabei als überholt erscheint, wird korrigiert. So hält es ein stets einsatzbereites, ›auf dem letzten Stand‹ befindliches Arsenal von Wissen und Können für uns bereit und rüstet uns für die Auseinandersetzung mit der Umwelt.

In dieses unablässig sich selbst prüfende und korrigierende System einzugreifen, müßte schlimme Folgen haben: Wenn das Gehirn keine Möglichkeit mehr hätte, die Nachrichten, die über die Sinnesorgane zu ihm gelangen, in bewährter Weise aufzunehmen, wird es uns seinen Dienst versagen.

Eine derartige Entgleisung des Zentralen Nervensystems kann freilich auch nützlich sein, solange sie keine krankhaften Züge trägt oder hinterläßt. Denn ein Gehirn im Zustand unkontrollierter Nerventätigkeit vermittelt höchst fremdartige und erstaunliche Erlebnisse, die uns zeigen, daß es noch andere Seelenbereiche gibt als jene, die uns aus dem Alltagsleben vertraut sind.

Mittel und Wege dazu, ein Gehirn vorübergehend ›entgleisen‹ zu lassen, haben manche Völker schon früh entdeckt und zu religiösen Zwecken zu nutzen gewußt – wir werden noch darüber sprechen. Eigenartig jedoch ist, daß auch wir uns heute wieder auf diese Praktiken besinnen, sie vervollkommnen, kultivieren und zielstrebiger anwenden, als es je zuvor geschah. Vielleicht spüren wir so etwas wie Resignation vor unserer alles beherrschenden Technik und wünschen uns heimzukehren zu uns selbst, um ein Refugium zu entdecken, das uns, und nur uns allein gehört.

Wahrscheinlich schon vor drei Jahrtausenden haben die aztekischen Ureinwohner Mexikos zauberkräftige Pflanzen gekannt, deren Genuß die Sinnesempfindungen tiefgreifend beeinflußte. Drei Gewächse vor allem waren es, die bei ihnen hoch im Kurs standen:

- die Kakteenart Anhalonium lewinii, ›Peyotl‹ genannt, mit dem Wirkstoff ›Meskalin‹,[4]
- die Hutpilze Psilocybe mexicana und Stropharia cubensis, ›Teonanácatl‹ (= Gottesfleisch) genannt, in denen die Wirkstoffe ›Psilocybin‹ und ›Psilocin‹ vorkommen, außerdem
- die Windenpflanzen Rivea corymbosa L. Hall. f. und Ipomoea violacea L. Ihre ›Ololiuqui‹ (= rund) genannten Samen enthalten Gemische von Alkaloiden mit vier Wirkstoffen. Unter ihnen sind das d-Lysergsäure-amid und das d-Isolysergsäure-amid die wichtigsten [81].

Der Peyotl-Kaktus ist klein, dornenlos, hat saftiges Fleisch und eine zapfenförmige Wurzel. Weißliche Wollhaare zieren seinen Kopf. Man durchtrennt ihn am Wurzelhals, entfernt die Wollhaare und schneidet das Fleisch in Scheiben. Die getrockneten Scheiben werden ›mescal buttons‹ oder ›Peyote‹ genannt. Sie enthalten ein paar Prozent Meskalin, das Rauschmittel der Indianer Mexikos und ein Phantasie-Anreger, der in den letzten Jahrzehnten seinen Weg auch nach Europa gefunden hat.

Bevor das Meskalin ›das Gehirn entgleisen‹ läßt, vergehen normalerweise ein bis zwei Stunden, in denen Kopfschmerzen und Schwindelanfälle auftreten können. Wie der Meskalin-Rausch dann verläuft, hat im Jahre 1896 als erster der deutsche Pharmakologe Arthur Heffter ausführlich beschrieben. Heffter hatte für einen Selbstversuch 16,6 Gramm der Droge als alkoholischen Extrakt eingenommen. Zwei Stunden nach der Einnahme beginnt sein Bericht:

»Ich legte mich im verdunkelten Zimmer nieder und schloß die Augen... Es schossen farbige Strahlen von großer Helligkeit über das dunkle Gesichtsfeld, ungefähr wie Feuerwerkskörper, aber mit größerer Schnelligkeit. Es waren alle Farben vertreten. An diese Erscheinungen schloß sich eine Reihe schöner Landschaften, die sich vor allem durch wunderbare Farbeneffekte auszeichneten. So sah ich zum Beispiel die Strandpromenade von Nervi; über die Mauer hingen Bäume von einer merkwürdig satten roten Färbung. Einen Einfluß auf die erscheinenden Gegenstände konnte ich trotz aller Willensanstrengungen nicht ausüben; ebenso konnte ich meine Gedanken nicht auf irgendeinen abliegenden Punkt konzentrieren, während die Visionen blitzschnell wechselten. Rhythmische Geräusche oder Musik hatten auf die Bilder insofern Einfluß, als sie sich dann im Takt bewegten. Ich hatte dann öfters die Vorstellung, als ob größere Menschenmassen, Soldaten usw. vorbeimarschierten, ohne einzelne Individuen unterscheiden zu können. Mehrmals sah ich auf dunklem glänzendem Grunde violette, dicke, verzweigte Wurzeln und Fasern, die stark gefüllten Venen glichen. Häufig gestalteten sie sich zu einem Netz hoher gotischer Gewölbe mit wechselnden Farben. Öfters sah ich auch das Innere reich geschmückter Festsäle, deren Fries, Wände und Kronleuchter mit farbigen Edelsteinen, Opalen und Perlen geschmückt waren. Hierbei war es seltsam, daß die Decke sich bisweilen unten oder senkrecht seitwärts zu befinden schien, wodurch ein heftiges Schwindelgefühl und verstärkte Übelkeit hervorgerufen wurde. Sobald die Augenlider geöffnet wurden, verschwanden die Visionen. Ein sehr auffallendes Symptom war der Verlust des Zeitsinnes: einige Minuten wurden auf eine halbe Stunde geschätzt. Die Fähigkeit, beim Schließen der Augen Visionen zu sehen, blieb ungefähr vier Stunden lang bestehen.«

Von Heffters Seelenerlebnis inspiriert, versuchte bald darauf der englische Schriftsteller Havelock Ellis sein Glück. Auch er sah unter dem Einfluß des Meskalins rasch wechselnde, visionäre Bilder und phantastische Licht- und Farberscheinungen. Vor allem beeindruckte ihn die gesteigerte intellektuelle Leistungsfähigkeit.

In den folgenden Jahren kosteten zahlreiche andere Neugierige von dem seltsamen Gewächs, bis im Jahre 1927 der deutsche Neurologe Kurt Beringer das erste wissenschaftlich fundierte Werk über den Meskalin-Wirkstoff vorlegte [11].

Es enthält die Schilderungen von 32 Versuchspersonen, und Beringer hat mit dieser Monographie ein einzigartiges Standardwerk geschaffen, das seinen Wert auch heute noch nicht verloren hat.

Berühmter noch als Beringers Arbeit wurde der Selbstversuch des englischen Schriftstellers Aldous Huxley aus dem Jahre 1953, über den er im Jahre darauf unter dem Titel ›Die Pforten der Wahrnehmung‹ berichtete [90]. Huxley fand besonders eindrucksvoll, daß die dingliche Welt ihren gewohnten Charakter verliert: »Meskalin«, schreibt er, »verleiht allen Farben erhöhte Stärke und macht den Wahrnehmenden unzähliger feiner Abschattungen bewußt, für die er zu gewöhnlichen Zeiten völlig blind ist.« An einer anderen Stelle seines Berichts heißt es: »... Das Auge gewinnt etwas von der unbefangenen Wahrnehmungsweise der Kindheit wieder, in welcher das durch die Sinne Wahrgenommene nicht sogleich und automatisch dem Begriff untergeordnet wird.«

Die veränderte Farbempfindung allein macht den Meskalin-Rausch also nicht aus. Huxley schreibt: »Ich schluckte meine Pille um elf Uhr. Eineinhalb Stunden später saß ich in meinem Arbeitszimmer und blickte angespannt auf eine kleine Glasvase. Die Vase enthielt nur drei Blumen – eine voll erblühte ›Schöne-von-Portugal-Rose‹, muschelrosa mit einer wärmeren, flammenderen Tönung am Grund jedes Blütenblattes; eine große, magentarote und cremeweiße Nelke; und auf gekürztem Stengel die blaßviolette, sehr heraldische Blüte einer Schwertlilie. Nur zufällig und vorläufig zusammengesteckt, verstieß das kleine Sträußchen gegen alle Regeln herkömmlichen guten Geschmacks. Beim Frühstück an diesem Morgen war mir die lebhafte Disharmonie seiner Farben aufgefallen. Aber auf sie kam es nicht länger an. Ich blickte jetzt nicht auf eine ungewöhnliche Zusammenstellung von Blumen. Ich sah, was Adam am Morgen seiner Erschaffung gesehen hatte – das Wunder, das sich von Augenblick zu Augenblick erneuernde Wunder des bloßen Daseins.«

Später warf Huxley einen Blick auf die Bücher in seinem Arbeitszimmer:

»Wie die Blumen erglühten auch sie... Rote Bücher gleich Rubinen; smaragdene Bücher; Bücher in weißer Jade gebunden; Bücher von Achat, von Aquamarin, von gelbem Topas, von Lapislazuli, deren Farben alle so intensiv, so zuinnerst bedeutungsvoll waren, daß sie nahe daran zu sein schienen, die Fächer zu verlassen, um sich meiner Aufmerksamkeit noch eindringlicher bemerkbar zu machen.«

Warum das Meskalin nicht zu einem weitverbreiteten Volksstimulans geworden ist, liegt einmal daran, daß es für den gewöhnlichen Sterblichen in Europa schwer zu beschaffen ist. Zweitens geht dem Rausch meist eine Übelkeit voran, die sehr unangenehm sein kann. Die Wirkstoffe der mexikanischen Zauberpilze haben diesen Nachteil nicht, und mit ihrer Isolierung ist der Wissenschaft einer der bedeutendsten pharmakologischen Erfolge der letzten Jahrzehnte vergönnt gewesen [80]. Der Weg dahin war jedoch steinig.

Die erste Nachricht über eine Art ›Pilzkult‹ der mittelamerikanischen Indianer enthält eine Chronik des Franziskanerpaters Bernadino de Sahagún aus den Jahren 1529 bis 1590 [79]. Aus dem Dokument geht hervor, daß die Indianer die Pilze vor und während ihrer religiösen Feierlichkeiten einnahmen, um sich für den Verkehr mit ihren Göttern in einen Rauschzustand zu versetzen. Nach Meinung der Indianer durften die Pilze nur von solchen Menschen schadlos verzehrt werden, die ›rein‹ waren. Unter ›Reinheit‹ verstanden sie sexuelle Enthaltsamkeit jeweils fünf Tage vor und nach dem Pilzgenuß.

Einen Hinweis darauf, wie lange die Zauberpilze bei den Indianern schon bekannt gewesen sein mögen, liefern seltsame Steingebilde, die in Guatemala entdeckt wurden. Es sind pilzhutförmige Statuetten, deren älteste Exemplare nach Ansicht der Archäologen aus dem zweiten Jahrtausend vor Christus stammen. Ein im Zürcher Rietberg-Museum befindlicher Pilzstein aus der hohen Zeit der Maya-Kultur, dem 3. bis 6. Jahrhundert nach Christus, stellt einen solchen Hutpilz dar. In seinen Stiel ist ein Dämonenkopf einmodelliert.

Über den indianischen Pilzkult ist aus der damaligen Zeit nur wenig überliefert. Was wir jedoch erfahren haben, ist phantastisch genug. So sollen die Pilze bei den Krönungsfeierlichkeiten für den mexikanischen Aztekenherrscher Montezuma im Jahre 1502 unter das Volk verteilt worden sein, um das Schauspiel für die Zuschauer besonders eindrucksvoll zu gestalten. Vor allem dienten die Pilze dazu, die Indianerpriester von Zeit zu Zeit in eine Art Trance zu versetzen, in der sie angeblich mit den Göttern in Verbindung treten, hellsehen, Krankheiten heilen und Verbrechen auf die Spur kommen konnten.

Nach der Eroberung Mexikos durch Cortez kamen christliche Missionare ins Land. Sie bezeichneten die Pilze als ›Ausgeburten des Teufels‹, ihr Genuß schien ihnen mit der christlichen Heilslehre nicht vereinbar, und so versuchten sie, den Pilzkult mit Stumpf und Stiel auszurotten. Was dennoch der Nachwelt erhalten blieb, war so kümmerlich, daß es bis vor kurzem für Aberglauben oder Phantasie gehalten wurde. Erst dem amerikanischen Amateur-Forscherehepaar Pavlovna und Gordon Wasson gelang es, wieder mehr Licht in das Dunkel der geheimnisvollen Vorgänge um den Pilzkult zu bringen. Die beiden Wassons hatten um das Jahr 1953 von der amerikanischen Missionarin Eunice Pike gehört, daß die Pilze bei den Mazateken-Indianern in bestimmten Gegenden Mexikos noch immer gegessen würden. Sie waren daraufhin in das Mazateken-Gebiet aufgebrochen und hatten den Hinweis bestätigt gefunden. Vollständig war das Brauchtum also nicht auszurotten gewesen.

Im Herbst 1962 unternahm Gordon Wasson mit dem Schweizer Chemiker Albert Hofmann aus Basel eine erneute Expedition zu den indianischen Pilzessern, und diesmal bot sich den beiden die einmalige Gelegenheit, an einer Pilz-Zeremonie teilzunehmen. Aus Hofmanns Bericht [79] wissen wir, daß die Feierlichkeiten stets nachts und gewöhnlich in einer der ärmlichen Mazateken-Hütten stattfinden. Den Anlaß dazu geben meist einer oder mehrere Ratsuchende, die sich an eine Art Heilpriester oder eine Priesterin (Curandero oder Curandera) als den Respektspersonen der Zeremonie wenden. Die Pilze werden auf bestimmte Weise zubereitet: Man räuchert sie unter Beschwörungsformeln über einem Becken, in dem zugleich Weihrauch verbrannt wird. Daraufhin kauen alle Beteiligten lange auf den Pilzen herum und verzehren sie schließlich. Der Heilpriester erhält die größte Menge. Während er vor Heiligenbildern oder anderen Kultgegenständen betet und auf die Wirkung wartet, hocken die übrigen andächtig auf Strohmatten. Wenn den Heilpriester der Rausch überkommt, kann er Auskunft über Krankheiten, bevorstehendes Glück oder Unglück geben. So erfahren die Teilnehmer, wer dem Nachbarn den Schmuck gestohlen hat, ob der erkrankte Vater überleben wird und wie die Ernte ausfällt.

Die Pilz-Zeremonie, an der Wasson und Hofmann teilnahmen, fand im Gebiet von Huautla de Jimines in Mexiko statt. Eine alte mazatekische Curandera, Maria Sabina, zelebrierte die nächtliche Feier. »Das Anliegen«, schreibt Hofmann, »mit dem wir an die Curandera herangetreten waren, bestand in der Frage nach dem Befinden der Tochter von Herrn Wasson und ihres Neugeborenen. Das Kindlein war zwei Monate zu früh auf die Welt gekommen, kurz vor der Abreise meines Freundes von New York zu unserer Mexiko-Reise, und seither war er ohne Nachricht von Tochter und Enkelkind geblieben. Die Aussagen, welche die Curandera auf dem Höhepunkt ihrer Trance machte, lauteten beruhigend. Mutter und Kind befänden sich wohl, was, wie sich später zeigte, der Fall war. Diese zutreffende Voraussage kann und soll hier natürlich nicht als Beweis dafür angeführt werden, daß die Wahrsagungen unter dem Einfluß der Zauberpilze immer stimmen.«

Schon als Gordon Wasson Anfang der fünfziger Jahre die bewußtseinsweitende Wirkung der Pilze erfahren hatte, war er davon überzeugt, daß ein bestimmter Stoff für diese Wirkung verantwortlich sein mußte. Zunächst kam es jedoch darauf an, die Pilze botanisch zu bestimmen. Das gelang dem bekannten Pariser Pilz-Experten Professor Roger Heim. Er stellte fest, daß die Indianer etwa zwölf verschiedene Blätterpilze für ihre Zeremonien verwandten, die alle zur Familie der Strophariaceae und zum größten Teil zur Gattung Psilocybe gehörten.

Nach der wissenschaftlichen Bestimmung übergab Professor Heim die Pilze den Sandoz-Laboratorien in Basel, wo man sogleich eine Kultur der vielversprechendsten Art ›Psilocybe mexicana Heim‹ anlegte, ein Pilz, dessen Fruchtkörper eigenartigerweise die Form eines südamerikanischen Sombreros mit hochgewölbter Krempe nachahmt. Anfangs standen den Basler Wissenschaftlern nur etwa 100 Gramm der wertvollen Pilze zur Verfügung, die noch in Paris gezüchtet worden waren. Da die ersten Tierversuche mit Extrakten aus diesem Pilzmaterial keine eindeutigen Ergebnisse erkennen ließen, entschloß sich Hofmann zu einem Selbstversuch mit dem noch verbliebenen Rest. Er aß 32 mittelgroße, getrocknete Exemplare, die zusammen nur 2,4 Gramm wogen, und berichtet [80]:

»Nach einer halben Stunde begann sich die Außenwelt fremdartig zu verwandeln. Alles nahm einen mexikanischen Charakter an. Weil ich mir voll bewußt war, daß ich aus dem Wissen um die mexikanische Herkunft dieser Pilze mir nun mexikanische Szenerien einbilden könnte, versuchte ich bewußt, meine Umwelt so zu sehen, wie ich sie normalerweise kannte. Alle Anstrengungen des Willens, die Dinge in ihren altvertrauten Formen und Farben zu sehen, blieben jedoch erfolglos. Mit offenen oder bei geschlossenen Augen sah ich nur indianische Motive und Farben. Als der den Versuch überwachende Arzt sich über mich beugte, um den Blutdruck zu kontrollieren, verwandelte er sich in einen aztekischen Opferpriester, und ich wäre nicht erstaunt gewesen, wenn er ein Messer aus Obsidian gezückt hätte. Trotz dem Ernst der Lage erheiterte es mich, wie das alemannische Gesicht meines Kollegen einen rein indianischen Ausdruck angenommen hatte. Im Höhepunkt des Rausches, etwa eineinhalb Stunden nach Einnahme der Pilze, nahm der Ansturm der inneren Bilder – es waren meist abstrakte, in Form und Farbe rasch wechselnde Motive – ein derart beängstigendes Ausmaß an, daß ich fürchtete, in diesen Wirbel von Formen und Farben hineingerissen zu werden und mich darin aufzulösen. Nach etwa sechs Stunden ging der Traum zu Ende. Subjektiv hätte ich nicht angeben können, wie lange dieser ganz zeitlos erlebte Zustand gedauert hatte. Das Wiedereintreten in die gewohnte Wirklichkeit wurde wie eine beglückende Rückkehr aus einer fremden, als ganz real erlebten Welt in die alte Heimat empfunden.«

Gegenüber den unbefriedigenden Tierversuchen war in diesem Fall also der Mensch ein zuverlässigeres ›Versuchskaninchen‹ gewesen. Das Resultat ermutigte die Basler Wissenschaftler zu neuen Experimenten, und so kamen sie schließlich zum Erfolg: Die Wirkstoffe des ›Zauberpilzes‹ konnten isoliert werden. Sie erwiesen sich als farblose Kristalle zweier noch unbekannter Stoffe, die man ›Psilocybin‹ und ›Psilocin‹ nannte. Die Probe aufs Exempel ergab, daß es gleichgültig ist, ob ein Mensch dreißig Pilze der Art Psilocybe mexicana verzehrt oder nur ein hundertstel Gramm des in Wasser gelösten Psilocybin-Kristallpulvers: die Wirkung ist in jedem Fall die gleiche. Zur Freude der Entdecker ließen sich Psilocybin und Psilocin alsbald auch künstlich in der Retorte herstellen, so daß die Pilze dazu heute gar nicht mehr benötigt werden. Vor allem aber – und das ist ja der Sinn einer synthetischen Herstellung von Wirkstoffen überhaupt – konnte man jetzt Experimente mit vorher genau festgelegten Wirkstoffmengen durchführen und damit exakte, quantitative Untersuchungen über die Wirkung dieser Stoffe auf den Menschen ermöglichen.[5]

Schon lange vor jener denkwürdigen Nacht, in der Hofmann und Wasson im Halbdunkel der Mazatekenhütte auf die mystische Wirkung der Zauberpilze warteten, war die Kunde von einer anderen Rauschdroge nach Europa gedrungen. Auch der Wirkstoff dieses Mittels verbirgt sich in einer Pflanze, die den Indianern Mexikos und des südwestlichen Nordamerikas schon seit Jahrhunderten bekannt gewesen sein muß. Es sind die Samen zweier Windenarten, ›Ololiuqui‹ genannt, über die wir schon im Zusammenhang mit den ›Wahrheitsdrogen‹ gesprochen haben. Francisco Hernandez, ein spanischer Arzt, schrieb über die zugehörige Pflanze in seinem 1615 erschienenen Band ›Rerum medicarum Novae Hispaniae thesaurus‹:

»Es gibt in Mexiko ein Kraut, das heißet Schlangenkraut, eine Schlingpflanze mit pfeilförmigen Blättern, die deshalb auch das Pfeilkraut genannt wird. Der Same dient der Medizin. Zerrieben und getrunken mit Milch und spanischem Pfeffer nimmt er die Schmerzen weg, heilt allerhand Störungen, Entzündungen und Geschwülste. Wenn die Priester der Indianer mit den Geistern Verstorbener in Verkehr treten wollen, genießen sie von diesem Samen, um sich sinnlos zu berauschen und sehen dann Tausende von Teufelsgestalten und Phantasmen um sich.«

Auch die Wirkstoffe des Ololiuqui, die für diese sonderbaren Erscheinungen verantwortlich sind, isolierte Albert Hofmann mit seinen Mitarbeitern aus den Samen der Pflanze. Es sind im ganzen fünf: das d-Lysergsäure-amid, das d-Isolysergsäure-amid, das Chanoclavin, das Elymoclavin und das Lysergol. Chemisch gesehen ähneln die beiden erstgenannten Stoffe dem berühmten ›LSD‹ – das uns jetzt beschäftigen soll.

LSD – die ›Wasserstoffbombe‹ für die Seele

Eng verbunden mit der Entdeckung des Meskalins, des Psilocybins und der Ololiuqui-Wirkstoffe ist die Geschichte einer der wirksamsten ›Zauberdrogen‹, die unter dem Namen d-Lysergsäure-diäthylamid, kurz LSD, bekannt geworden ist [39].

Diese Substanz wurde im Rahmen von jahrzehntelangen Untersuchungen über die medizinisch wertvollen alkaloidischen Inhaltsstoffe des Mutterkorns in den damals von Professor Arthur Stoll geleiteten pharmazeutisch-chemischen Forschungslaboratorien der Sandoz A.G., in Basel, von Albert Hofmann im Jahre 1938 erstmals hergestellt. Das d-Lysergsäure-diäthylamid ist eine halbsynthetische Verbindung, die aus d-Lysergsäure durch chemische Umsetzung mit Diäthylamin künstlich gewonnen werden kann. Die d-Lysergsäure ihrerseits wird durch Spaltung von Alkaloiden des Mutterkornpilzes (Claviceps purpurea) hergestellt. Fast alle im Mutterkorn natürlich vorkommenden Alkaloide sind Abkömmlinge der d-Lysergsäure, so das als Migräne-Mittel bekannte Ergotamin oder das in der Geburtshilfe zur Gebärmutter-Kontraktion und zur Blutstillung verwendete Ergobasin.

Die Wirkung des LSD auf den Menschen entdeckte Hofmann allerdings erst fünf Jahre später, als er mit der Droge im Labor arbeitete. Wir können nichts Besseres tun, als ihn die historische Begebenheit aus dem Jahre 1943 selbst schildern zu lassen:

»Vergangenen Freitag, den 16. April, mußte ich mitten im Nachmittag meine Arbeit im Laboratorium unterbrechen und mich nach Hause in Pflege begeben, da ich von einer merkwürdigen Unruhe, verbunden mit einem leichten Schwindelgefühl, befallen wurde. Zu Hause legte ich mich nieder und versank in einen nicht unangenehmen rauschartigen Zustand, der sich durch eine äußerst angeregte Phantasie kennzeichnete. Im Dämmerzustand bei geschlossenen Augen (das Tageslicht empfand ich als unangenehm grell) drangen ohne Unterbruch phantastische Bilder von außerordentlicher Plastizität und mit intensivem, kaleidoskopartigen Farbenspiel auf mich ein. Nach etwa 2 Stunden verflüchtigte sich dieser Zustand.« [39]

Für den Chemiker Hofmann lag es nahe, einen Zusammenhang zwischen dem merkwürdigen Erlebnis und der Substanz zu vermuten, mit der er gerade experimentierte. Um die Probe zu machen, entschloß er sich einige Tage später zu einem Selbstversuch. Vorsichtshalber nahm er eine sehr geringe LSD-Menge ein: nur 0,25 Milligramm. Es sollte sich jedoch herausstellen, daß er mit diesem Quantum das Zehn- bis Zwanzigfache derjenigen Dosis geschluckt hatte, die beim normalen Menschen bereits den LSD-Rausch auslöst. Vierzig Minuten später kann Hofmann nur noch notieren: »Leichtes Schwindelgefühl, Unruhe, Gedanken nur schwer zu konzentrieren, Sehstörungen, Lachreiz.« Damit endet sein Laborbericht. Der Wissenschaftler muß sich wiederum nach Hause begeben. Erst später erinnert er sich:

»Die letzten Worte konnten nur noch mit Mühe niedergeschrieben werden. Ich bat meine Laborantin, mich nach Hause zu begleiten, da ich glaubte, die Sache nähme den gleichen Verlauf wie die Störung am vergangenen Freitag. Aber schon auf dem Heimweg per Rad zeigte es sich, daß alle Symptome stärker waren als das erste Mal. Ich hatte bereits größte Mühe, klar zu sprechen, und mein Gesichtsfeld schwankte und war verzerrt wie ein Bild in einem verkrümmten Spiegel. Auch hatte ich das Gefühl, nicht vom Fleck zu kommen, während mir nachher meine Laborantin sagte, daß wir ein scharfes Tempo gefahren seien...«

»Soweit ich mich erinnern kann, waren während des Höhepunktes der Krise, der bereits überschritten war, als der Arzt kam, folgende Symptome am ausgeprägtesten: Schwindel, Sehstörungen: die Gesichter der Anwesenden erschienen mir wie farbige Fratzen; starke motorische Unruhe, wechselnd mit Lähmungen; der Kopf, der ganze Körper und die Glieder dünkten mich zeitweise schwer, wie mit Metall gefüllt; in den Waden Krämpfe, Hände zeitweise kalt, empfindungslos; auf der Zunge metallischer Geschmack; Kehle trocken, zusammengezogen; Erstickungsgefühl; abwechselnd betäubt, dann wieder klares Erkennen der Lage, wobei ich zeitweise als außerhalb stehender neutraler Beobachter feststellte, wie ich halb wahnsinnig schrie oder unklares Zeug schwatzte.« [39]

Das war 1943. Inzwischen ist eine kaum noch übersehbare Literatur über das LSD erschienen, jener so heißumstrittenen Droge, die man das ›geistige Äquivalent zur Wasserstoffbombe‹ genannt hat. Welche ungeheure Fülle innerer Erlebnismöglichkeiten das Mittel für den Menschen parat hält, offenbart – um ein Beispiel herauszugreifen – der Bericht des Schriftstellers Rudolf Gelpke, der am 6. Mai 1961 0,15 Milligramm der Droge einnahm:

»15.05 Uhr: Eine Stunde nach der Einnahme – noch keine Wirkung. Schwerer Kopf, Stimmung gedämpft; arbeite an einer Übersetzung aus dem Arabischen.

15.45 Uhr: Meine Laune hat sich gebessert. Zwar Kopfschmerzen, aber ich empfinde sie jetzt als ›stimulierend‹. Während des Arbeitens muß ich mich dauernd gegen eine starke Neigung zum ›Schauen‹ wehren: wenn ich nicht achtgebe, verliere ich mich im Anblick der Rosen auf meinem Schreibtisch oder der persischen Zierschrift auf Goldgrund, die mir kürzlich ein Freund geschenkt hat. Gefühl der ›inneren Fülle‹...

15.50 Uhr: Wehre mich, noch immer am Schreibtisch, gegen die ersten ›Wellen‹ des Rausches. Große Mühe, mit dem arabischen Lexikon zurechtzukommen – die Buchstaben werden klein, sehr scharf und ›symmetrisch‹ – ›ästhetische Sensationen‹, könnte man sagen. Ihren ›Sinn‹ muß ich mir mühsam erkämpfen...

15.55 Uhr: Im Augenblick wieder normal.

16.00 Uhr: Nun hat ES mich und wiegt mich... Starkes Schwitzen um die Augen herum. Ich zwinge mich zum Schreiben. Aber meine Bewegungen erstarren, frieren ein, während ›die Dinge‹ zu atmen beginnen...

16.05 Uhr: Ich komme mir vor wie ein Schwimmer in den ›Wellen‹ (des Rausches). Meine Hand wird, wenn ich sie nicht ansehe, riesengroß – fixiere ich sie, wird sie wieder klein und brav. Es ist, als ob sich meine Sinnlichkeit über die ganze Haut und durch den ganzen Körper gleichmäßig verteilte.

16.10 Uhr: Ein kleiner Faden auf meiner Hose beansprucht meine ganze Aufmerksamkeit... Hochstimmung, Bilderflut und -flucht (wie kann man das aufschreiben?). Im Spiegel sehe ich normal aus.

16.20 Uhr: Sah nach der Sonne draußen. Sie ist ein Abgrund von Weiß...

16.25 Uhr: Kann mich fast nicht konzentrieren. Was ich da aufschreibe, ist gar nichts. Ich lebe tausend Leben zugleich. – Sucht nach Zigaretten, rauche unaufhörlich.

16.30 Uhr: Kontrolliere mich anhand der Uhr, obwohl sie für mich keinen Sinn mehr hat... Jetzt gerade befinde ich mich in einem Kristall; wie hinter Wattemauern. – Radiomusik: Lieder vom Zauberland... ›grüne Bäume singen uralte Melodien... und Nebelbilder steigen...‹

(Ich weiß nicht mehr, ob diese Worte am Radio gesungen wurden. Im Rausch waren sie für mich wie Chiffren oder Schlüssel, hinter denen sich unzählige, ganz real erlebte Verwandlungen und grenzenlose Erlebnisträume auftaten. Jedes Wort war nur mehr ein Tor zu irgendeiner Unendlichkeit...)« [65]

Nicht nur ungewöhnliche optische Effekte aber kann der

LSD-Berauschte erleben. Die kalifornische Buchautorin Jane Dunlap machte eine turbulente Seelenwanderung mit: »Ich schwebte verzückt als Engel durch den Raum, jede Zelle meines Körpers vibrierte in genußvoller Raserei... Ich werde zum chinesischen Kuli, zum fetten türkischen Sultan, zu einer Seidenraupe, einer Kobra...« [47] Und der Filmschauspieler Cary Grant sah sich nach einer Reihe ärztlich verordneter LSD-Behandlungen endlich in die Lage versetzt, eine Frau glücklich zu machen: »Jetzt endlich«, offenbarte Grant, »zum erstenmal in meinem Leben, kann ich einer Frau Liebe schenken, denn ich habe gelernt, Frauen zu verstehen...« (Siehe auch: ›Liebe im LSD-Rausch‹)

Unter den amerikanischen Studenten steht das LSD in dem Ruf, übernatürliche Kräfte zu wecken. Manche Wissenschaftler bestreiten das. Sicher ist, daß die Droge neben bestimmten segensreichen Wirkungen auch erschreckende Visionen auslösen und einen Menschen in gefährliche Panikstimmung versetzen, ja sogar zum Selbstmord treiben kann. So versuchte sich ein Klinik-Patient im LSD-Rausch umzubringen, weil er glaubte, sein Körper schmelze wie Eis unter der Sonne. Der Mann setzte seine Selbstmordversuche noch eine Woche lang fort und war von seiner Zwangsvorstellung nicht abzubringen, obwohl er nur eine einzige Dosis des Mittels eingenommen hatte.

Einige Jahre zurück liegt der Fall eines freiwilligen Versuchsteilnehmers unter den Harvard-Studenten. Dieser junge Mann glaubte, er sei Gott persönlich und darum unverletzbar. So lief er während der ›rush-hour‹, der Stunde des stärksten Verkehrs, unbekümmert auf die Bostoner Huntington Avenue und verdankt es nur einem Zufall, daß er mit dem Leben davonkam.

Was ist das Geheimnis dieser Droge? Was fasziniert uns an ihr? Erfüllt sie den uralten Wunsch des Menschen nach dem Erlebnis des Sensationell-Unerwarteten? Hilft sie uns dabei, aus unserer rationalistischen Alltagswelt zu fliehen in ein Land, das keine Grenzen mehr hat? Lockt uns der LSD-Rausch, weil uns das Leben langweilig zu werden beginnt? Glücklichsein, so scheint es, hängt zum guten Teil von einem ausgewogenen Verhältnis der nicht berechenbaren zu den voraussagbaren Dingen im Leben ab. Unser Streben nach Sicherheit verschiebt dieses Verhältnis aber ständig nach einer Seite. Wir mögen es bezweifeln, aber wir können die Sehnsucht nach dem Erlebnis des Noch-Unbekannten, des Übersinnlichen und Ungewöhnlichen, selbst des Beängstigenden nicht aus unseren Herzen reißen. Hier liegt vielleicht einer der Gründe für die Rastlosigkeit der Menschen unserer Zeit, für die erwachte Reiselust, das Jazz- und Beat-Fieber und die Demolier-Exzesse Jugendlicher, ja vielleicht für manchen Alkoholiker und Medikamentensüchtigen. LSD, so scheint es, erfüllt vielen den Wunsch, auszubrechen aus der Gesellschaft, in der sie zu leben verbannt sind. Es hilft ihnen, wenigstens für ein paar Stunden dem Fließbanddasein zu entrinnen, das mit der Geburt beginnt und mit der Erziehung, der Schule, dem Beruf so bedrückend reglementiert abläuft bis zum Tode. Freilich: der Preis dafür kann hoch sein.

Reisen in die Vergangenheit

Für den LSD-Rausch ist zweierlei typisch. Das eine: Dem Berauschten fällt es regelmäßig schwer, die Dinge seiner Umgebung noch richtig anzusprechen, also etwa einen Stuhl auch mit der Vorstellung von einem Sitzmöbel zu verbinden. Eine Uhr kann zu einem glitzernden, durchscheinenden oder opaken Gebilde von seltsamem Eigenleben werden, das mit der Zeitmessung nichts mehr zu tun hat. Das Zeitgefühl selbst ist verzerrt, das Gefühl für den Fluß des Geschehens wird bedeutungslos. Die ›Zeit‹ als solche scheint stillzustehen. Auch die Größe und die räumlichen Abstände der Dinge voneinander ändern sich. Das führt zu grotesken Vorstellungen: Körperteile schrumpfen oder wachsen ins Unermeßliche, nicht selten lösen sie sich scheinbar vom Körper ab. Es kann geschehen, daß das eigene – übrigens unheimlich wache – Bewußtsein aus dem Körper entweicht und der Betroffene das Gefühl hat, außerhalb seines Körpers zu sein, dessen Bewegungen er nur noch aus der Ferne wahrnimmt. In anderen Fällen ist der Abstand zwischen zwei Menschen nahezu ausgelöscht, das eigene Ich hat sich mit dem anderen verbunden, ein neues Doppel-Ich ist entstanden: eine Sinnestäuschung, bei der man die Gedanken des anderen zu lesen vermeint.

Die zweite Wirkung des LSD ist eine gesteigerte Einbildungskraft. Sidney Cohen, einer der besten Kenner des LSD in den USA, wies darauf hin, daß die meisten Versuchspersonen während des Rausches zu schweben glaubten [28]. Typisch ist das Gefühl, ›tot‹ zu sein, doch nimmt man diesen ›Tod‹ mit teilnahmsvollem Interesse hin, nicht als verzweifeltes Opfer. Der Gesunde verliert niemals auch nur für Augenblicke die Übersicht: Immer bleibt ihm bewußt, daß er unter dem Einfluß des LSD steht. Er ist sich auch völlig darüber klar, daß die sonderbaren Empfindungen nach einer bestimmten Zeit wieder abklingen. Inzwischen kann ihm beispielsweise ein Musikstück zu einem gänzlich neuartigen Erlebnis werden. Timothy Leary verglich: »Man hört einen Ton aus einer Bach-Sonate, und er hängt in der Luft, glitzernd, pulsierend, für eine endlose Zeitspanne hängt er da, während man selbst langsam um ihn herumschwebt. Hundert Jahre später erklingt der zweite Ton, und man umkreist beide Töne, ›beobachtet‹ ihre Harmonie...« [118]

Unter dem LSD, sagt Leary, gehen verschiedene Sinnesempfindungen ineinander über. Man höre die Musik nicht nur, man sehe sie förmlich in Gestalt einzelner, tanzender Teilchen aus dem Lautsprecher aufsteigen, wie sich windende Kringel aus einer Zahnpasta-Tube. Man sehe die Musik in vielfarbigen Mustern, während man sie hört, und zur gleichen Zeit sei man selbst körperlich eins mit ihr, werde selbst zu den Tönen, dem Klang der Geigen oder des Flügels, und jedes einzelne Organ im Körper schwinge mit und erlebe den Rhythmus.

Als geradezu unheimlich wird die Eigenschaft des LSD empfunden, alte Erinnerungen wachzurufen, und zwar auch solche, die der Betreffende bereits vergessen hatte. Die lange vergangenen Erlebnisse tauchen dabei nicht wie etwa im Traum als bloße Bilderfolgen wieder auf, sondern sie werden mit allen Sinnen wiedererlebt: Der Berauschte sieht das Vergangene nicht nur vor sich, sondern er hört auch die Geräusche wieder, er schmeckt die Speisen, seine Nase empfindet wieder die Gerüche und sein Tastsinn spürt deutlich die Formen der lebenden und toten Dinge jener Zeit.

Damit aber nicht genug. Die Erinnerungsfähigkeit unter dem LSD, erklärt Leary, sei nicht nur auf Ereignisse aus dem bewußt erlebten Leben seit der Kindheit beschränkt, sondern reiche weiter bis in den Schoß der Mutter. Leary weist darauf hin, daß wir das Erinnerungsvermögen heute immer mehr als chemischen Prozeß verstünden. Die zur Zeit eines Erlebnisses im Gehirn geprägten oder veränderten Moleküle werden nach der Theorie auf noch unbekannte Weise wieder zum ›Klingen‹ gebracht. Das LSD, meint Leary, verstärke diesen Vorgang, und es sei daher nur verständlich, daß es auch vorgeburtliche ›Erinnerungen‹ wieder wecken könne.

Leary geht sogar noch weiter und behauptet, der LSD-Berauschte wäre bei genügend hoher Dosierung des Mittels fähig, ›Reisen in die Vergangenheit‹ seiner Familiengeschichte zu unternehmen. Er selbst habe seine Herkunft an Hand der überlieferten Dokumente zurückverfolgt und wisse beispielsweise, daß seine Vorfahren in Irland und Frankreich gelebt hätten. Im LSD-Rausch begegne ihm gelegentlich ein ›französisch aussehender Mann mit einem schwarzen Schnurrbart‹; dann wieder sehe er sexuelle Szenen in irischen Bars, in Planwagen, am Meeresstrand und in Urwäldern; er sehe Augenblicke der Gefahr, in denen seine Vorfahren einer Verschwörung, dem Tod durch den Speer, der Bedrohung durch ein Raubtier, einer Überschwemmung und einer Lawine gerade noch entgingen. Ungeachtet der Tatsache, daß sich das Gedächtnis in jedem Menschen neu entwickelt, möchte Leary die schemenhaften ›uralten‹ Erinnerungen unserer Erbsubstanz zuschreiben, die sie ›biogenetisch‹ speichere. Das ist natürlich reine Spekulation, und er selbst räumt ein, daß die erlebten Vorgänge auch Phantasiegebilde sein könnten. Jedenfalls stellten sie das weitaus Erregendste von allem dar, was ihm der LSD-Rausch zu bieten vermöge.

Immer wieder wird davon gesprochen, daß mit dem LSD sowohl der ›Himmel‹ als auch die ›Hölle‹ erlebt werden kann, daß die Versuchsperson sowohl beglückende wie erschreckende, zur Panik führende Vorstellungen haben könne. Die Erklärung dafür muß man wahrscheinlich in der Ausgangsstimmung des Betreffenden suchen: Gibt er sich traurigen, pessimistischen Gedanken hin und trägt die Umgebung wenig zur Ermunterung bei, so wird das LSD seine Misere bis zur Verzweiflung treiben; unter Umständen kommt es dann zu Selbstmordversuchen. Ist seine Stimmung optimistisch, fröhlich-weltzugewandt, so wird ihn ein enthusiastischer Glücksrausch überkommen, der allerdings auch den Wunsch nach Wiederholung des LSD-Experiments wach werden lassen kann. Obgleich das LSD eine ausgesprochen süchtigmachende Wirkung nicht zu haben scheint, liegt hier eine Gefahr. Die Sucht könnte sich quasi durch die Hintertür einschleichen.

Zahlreiche Versuchspersonen, voran Aldous Huxley, haben bezeugt, daß im LSD-Rausch das Farbensehen intensiviert wird. Alle Gegenstände scheinen von innen her zu glühen in einer berauschenden, manchmal erschreckenden Farbgewalt. Zugleich erscheinen die Formen detailreicher und bedeutungsvoller. Das ist sicher ein interessanter Tatbestand: Ein neues Gefühl für die Harmonie des Gegenständlichen erfaßt den Menschen, so daß er selbst banalste Dinge wie achtlos geknülltes Papier oder Zigarettenstummel als höchst vollkommen empfindet. Der Farbenrausch und die dingliche Harmonie bleiben auch bei nur eingebildeten Gegenständen und bei geschlossenen Augen erhalten. Hier kann die Phantasie sogar noch gesteigert sein. Manch LSD-Versucher sah traumhaft prächtige Säulenhallen, andere erblickten kaleidoskopartig wechselnde geometrische Figuren von glitzernder Schönheit oder exotische Tiere, prachtvoll geschmückte Gestalten, Fabelwesen und überirdische Landschaften, wieder andere berichten von außerordentlich realistisch erlebten Vorgängen wie der Kreuzigung Christi oder Naturkatastrophen von ungeheurem Ausmaß und düsterer Farbenpracht. Übereinstimmend heißt es, daß Worte nicht genügten, um die Intensität dieses Geschehens zu schildern.

Wenn es heißt, im LSD-Rausch seien die Sinnesempfindungen gesteigert, so muß hinzugefügt werden, daß davon nicht allein die gewohnten Empfindungen betroffen sind. Beispielsweise hört man Menschen auch in fremden Sprachen sprechen, unirdische Musik erklingt, die Nase spürt sonderbare Gerüche, die Zunge empfindet bisher unbekannte Geschmacksreize. Häufig verschmelzen auch zwei oder mehrere Sinnesempfindungen zu einer neuen Kombination. Es kommt dann zu ganz irrealen Assoziationen wie einem ›blauen Windstoß‹, der eine Gardine von schwerer, sinnlicher Süße mit den Geräuschen der Meeresbrandung bewegt. Nach hohen Dosen von LSD kann sich jedoch auch ein Gefühl völliger Leere und Stille ringsherum einstellen, ein Zustand, in dem der Betreffende sich seiner Umwelt nicht mehr zugehörig fühlt: ein Gefühl völligen Ausgelöschtseins beherrscht ihn. In solchen Situationen ist es gut, wenn man nicht allein ist, sondern ein erfahrener Arzt oder Freund in der Nähe weilt.

Manchmal meint der Berauschte, es öffneten sich ihm die Tore der Erkenntnis zu großen Geheimnissen, und als stehe er unmittelbar vor der Lösung der Welträtsel oder gar dem Anblick Gottes. Nie erfüllt sich indessen diese Hoffnung für ihn ganz. Immer bleibt er nur auf der Schwelle, hält er nur einen Zipfel dessen in der Hand, das sich da offenbaren will. Das Geheimnis selbst bleibt verborgen.

Zu höheren intellektuellen Leistungen regt das LSD nur insoweit an, als diese auch wirklich in dem Betreffenden schlummern. Wunder wirken kann es also nicht, und deshalb sind auch die Hoffnungen vieler enttäuscht worden, die ihre geistigen Fähigkeiten mit dem LSD zu steigern hofften. Eine neu entdeckte Eigenschaft des LSD ist dagegen seine starke – gegenüber dem Morphin versechzigfachte! – schmerzlindernde Wirkung. Auch in dieser Eigenschaft könnte eine bisher noch nicht erkannte Suchtgefahr liegen [179].

Von den Wirkungen des LSD im sexuellen Bereich haben wir schon im Abschnitt ›Liebe im LSD-Rausch‹ ausführlich gesprochen. Auf die Möglichkeit, daß LSD auch sexuell abnormes Verhalten oder ungenügende Erlebnisfähigkeit kurieren kann, ließ bereits der Ausspruch des Schauspielers Cary Grant schließen, der sagte, er könne jetzt zum erstenmal einer Frau Liebe schenken. Über einen ähnlichen Fall – ebenfalls den eigenen – berichtet die amerikanische Autorin Constance A. Newland freimütig in ihrem Buch ›Myself and I‹ [141]. Sie schildert sich darin als stattlich gebaute, gesunde Witwe in mittleren Jahren, deren ganze Zuneigung den Kindern gilt. Ihr einziger Kummer sei eine unüberwindliche Geschlechtskälte gewesen. Um sie zu überwinden, suchte sie einen Psychoanalytiker auf, doch blieben die Sitzungen ohne Erfolg. Daraufhin unterzog sie sich im Beisein eines erfahrenen Therapeuten einer LSD-Behandlung. Mit Hilfe der Droge erlebt sie nun die Geschehnisse ihrer Kindheit nach. Eine ihrer Erinnerungen gilt einer früheren Säuglingsschwester, die ihr einmal versehentlich ein zu heißes Abführmittel mit einer Klistierspritze gegeben hatte. Nach Meinung des Therapeuten war dieses Erlebnis der Schlüssel für Mrs. Newlands spätere Frigidität und ihre Unfähigkeit, sich geschlechtlich normal zu verhalten. Der Arzt setzte die Behandlung fort und erreichte eine wachsende Normalisierung, die im LSD-Rausch schließlich ihren Ausdruck in der Vermählung mit einer visionären Davidsgestalt findet. Newland schreibt:

»Irgendwie... irgendwie wurde ich im Liebesakt eins als Frau mit David, dem Mann. Gemeinsam erreichten wir den Höhepunkt, verschmolzen in zwillingshafter Ekstase. Gemeinsam lösten wir uns in dieser Ekstase auf und verwandelten uns in reine Energie... Und hier, in der reinen Energie, fanden wir das Allwissen und ein Zauberland, in dem ich fortan immer verweilen wollte...«

›Transzendentes Leben‹ auf dem Hängeboden

Der äußere Eindruck, den eine unter LSD-Einfluß stehende Versuchsperson auf einen unbefangenen Beobachter macht, ist der eines leicht erregten, mit wachem Bewußtsein reagierenden Menschen. Am Hirnstromkurvenbild (EEG) ist wenig

Auffälliges. Es zeigt lediglich Merkmale, die auf eine leichte Erregung schließen lassen. Die Pupillen sind geweitet, die Endarterien verengt. Der systolische Blutdruck ist erhöht, die Reflexe sind gut ausgebildet. Tierversuche haben gezeigt, daß das LSD diese Wirkungen nicht indirekt über eine verstärkte Reizaufnahme entfaltet, sondern über eine allgemeine Anregung des Retikular-Systems im Gehirn. Verwendet man bei der Herstellung des LSD künstlich radioaktiv gemachte Elemente und verfolgt mit ihrer Hilfe den Wanderweg der Droge im Körper mit einem Strahlen-Meßgerät, so zeigt sich etwas Merkwürdiges: Nur eine winzige Menge LSD erreicht nämlich das Gehirn selbst und verschwindet wieder daraus, noch ehe die Wirkung fühlbar wird. Man nimmt daher an, daß LSD über ›vorgeschaltete‹ Stoffwechselprozesse wirkt, also möglicherweise zuerst eine noch unbekannte Zahl chemischer Reaktionen im Körper auslöst, von denen dann eine oder mehrere die für den Rausch verantwortlichen Veränderungen im Gehirn bewirken. Dieser Gedanke ist auch für den forschenden Mediziner im Hinblick auf die Geisteskrankheiten wichtig. Wenn man auch noch nichts Genaues über die Ursache vieler dieser Leiden weiß, so liegt es doch nahe, daß zumindest einige von ihnen – darunter die Schizophrenie – als Stoffwechselstörungen im Gehirn angesehen werden müssen. LSD wird zwar nicht im Körper gebildet, doch hat es mit seiner Wirkung auf den menschlichen Geist der Forschung wichtige Ansatzpunkte gegeben.

Eine erst verhältnismäßig spät erkannte Wirkung des LSD betrifft die Chromosomen in den Zellkernen, die Träger der Erbanlagen. Bluntuntersuchungen an der State University of New York in Buffalo durch den Genetiker Maimon J. Cohen haben ergeben, daß nach 48stündiger Einwirkung verschiedener Dosen von LSD die Zahl der zerbrochenen oder anderweitig geschädigten Chromosomen in den weißen Blutkörperchen bis zum Zehnfachen der normalen Werte erhöht war. In den weißen Blutkörperchen eines 51jährigen Schizophrenen, der LSD aus medizinischen Gründen 15mal in 6 Jahren erhalten hatte, fand sich eine dreifach erhöhte Zahl zerbrochener Chromosomen [27]. Ob diese Schäden auch in den Keimzellen von LSD-Benutzern auftreten und sich dann auf die Nachkommen auswirken, wird man sorgfältig untersuchen müssen.

Das Erstaunlichste am LSD ist vielleicht die ungewöhnlich niedrige Dosis, die für den ›Vollrausch‹ ausreicht. Sie beträgt bei einem 75 Kilogramm schweren Erwachsenen nur 20 bis 60 Millionstel Gramm. Um die gleiche Wirkung zu erzielen, wären vergleichsweise 20 Milligramm Psilocybin und nicht weniger als 500 Milligramm Meskalin notwendig. Die höchsten von Menschen je eingenommenen Mengen waren nach Angaben amerikanischer Wissenschaftler 900 Milligramm Meskalin, 70 Milligramm Psilocybin und 2 Milligramm LSD [4]. Eine für den Menschen tödliche LSD-Menge ist nicht bekannt, doch überlebten Kaninchen eine versuchsweise gegebene Dosis von 12 Milligramm nicht.

Ein nicht geringes Risiko sind die heute gelegentlich unter der Hand für ein paar Mark verkauften LSD-Minipillen. Da sie nur etwa stecknadelkopfgroß sind, werden sie von vielen Jugendlichen für harmlos gehalten, obwohl sie zum Teil gefährlich hohe LSD-Konzentrationen enthalten (Dosen von 100 bis 150 Millionstel Gramm).

Beim Menschen beginnt die LSD-Wirkung nach einer durchschnittlichen Dosis in weniger als einer Stunde und hält sechs bis acht Stunden an. Bei Überdosierung kann es auch noch nach Tagen zu plötzlich wieder aufflammenden Sinnestäuschungen (›flash back‹) kommen. Auf Psilocybin reagiert der Körper früher, doch klingt die Wirkung schon nach 3 bis 5 Stunden wieder ab. Beim Meskalin treten Halluzinationen erst nach mehreren Stunden ein, halten dann aber gewöhnlich einen halben Tag oder länger an. Injiziert man die Drogen, statt sie einzunehmen, so tritt die Wirkung früher ein.

Wie zu erwarten war, hat die Entdeckung des Psilocybins und vor allem des LSD in aller Welt beträchtliches Aufsehen erregt, insbesondere in den westlichen Ländern. Die Schweizer Herstellerfirma Sandoz A. G., die LSD als ›Delysid‹ und Psilocybin als ›Indocybin‹ nur an besonders befähigte Wissenschaftler zur weiteren experimentellen Erforschung auslieferte, konnte schließlich nicht verhindern, daß die Mittel auch in die Hände umstrittener Persönlichkeiten gelangten. Zu ihnen gehörten auch der junge Psychologie-Dozent an der Harvard-Universität Richard Alpert und der schon erwähnte Dozent für klinische Psychologie, Professor Timothy Leary, der an derselben Hochschule lehrte. Beide hatten im Jahre 1960 zunächst noch im Rahmen eines offiziellen Forschungsprogramms die Wirkung des Psilocybins auf Strafgefangene untersucht. Dabei hatte sich gezeigt, daß Psilocybin unter Umständen zur Besserung Krimineller beitragen kann. Anschließend hatten sie ihre Experimente im privaten Kreis fortgesetzt und bis zum Herbst 1962 mehr als 3500 Einzeldosen Psilocybin an Freiwillige der verschiedensten Berufe verteilt. Außer an sich selbst testeten sie die Wirkung bei Ärzten, Schriftstellern und Künstlern. 73 Prozent der Teilnehmer, so erklärten sie, hätten »sehr angenehme Erfahrungen« mit der Droge gemacht. In 95 Prozent aller Fälle hätte sich das Leben der Betreffenden »zum Besseren gewendet«.

Wichtig erschien Alpert und Leary die Erkenntnis, daß Psilocybin das Bewußtsein nur dann im erfreulichen Sinne beeinflußt, wenn die Umstände des Versuchs günstig sind. Aufregung schade nur. Man sollte entspannt, aufgeschlossen und optimistisch an die Sache herangehen, vor allem aber sollten die Versuche nicht in einer unpersönlichen Institutsatmosphäre stattfinden, sondern möglichst im privaten Kreis unter lauter sympathischen Leuten.

Um solche Voraussetzungen zu schaffen, mieteten Alpert und Leary Apartements in New York und zwei Häuser in dem Bostoner Vorort Newton Center. Ein sorgfältig ausgewähltes, exotisch-phantastisches Inventar sorgte für Atmosphäre. Für die zwanglosen Zusammenkünfte in Newton Center diente in einem der Häuser eine Art Hängeboden, der als ›Meditationsraum‹ hergerichtet und nur über eine Leiter zu erreichen war. Die Seitenwände und die Decke bestanden aus prachtvoll gemusterten Orientteppichen, am Boden ringsumher luden Kissen und Liegesofas zum bequemen Verweilen ein. Kerzenschimmer tauchte das Ganze in mildes Licht, gedämpfte Musik von Langspielplatten und Bandgeräten lieferte die akustische Kulisse. Im Hintergrund thronte eine Buddha-Statue.

An den Wänden der Küche hingen dekorative Rorschach-

Test-Figuren, in einem anderen Raum prangten im Drogenrausch angefertige Gemälde künstlerisch begabter Sitzungsteilnehmer. Außerdem gab es natürlich Aktfotos zu sehen und allerlei fernöstliche Souvenirs (Leary bezeichnet sich selbst als Anhänger der Hindureligion). Schließlich war für ein ›Bodenpersonal‹ gesorgt: Der Ausdruck bezog sich auf Leute, die den Höhenflug der Berauschten nicht mitmachten, sondern nüchtern blieben und für das Wohl der Teilnehmer sorgten. Das ›Bodenpersonal‹ brachte das Essen und hielt die Räume in Ordnung, banale Verrichtungen, zu denen die ›Reisenden‹ offenbar außerstande waren.

Im Winter 1962/63 sah sich der Rektor der Harvard-Universität nicht länger in der Lage, die privaten Unternehmen der beiden Dozenten zu tolerieren, zumal beide entgegen einem Versprechen Psilocybin auch an Studenten ausgegeben hatten. So kam es bald darauf zur Entlassung trotz heftigem Protest, denn Alpert und Leary sahen in ihrer Arbeit einen Beitrag zur Verbesserung der Menschheit. Sie wollten die ›halluzinogenen Drogen‹ möglichst vielen Leuten zugänglich machen.

Einen Anlaß, die risikoreichen Experimente aufzugeben, sahen Alpert und Leary in ihrer Entlassung freilich nicht. Sie waren wie berauscht von ihren Ideen. Zu dem Psilocybin trat jetzt das LSD als noch mächtigeres, noch vielversprechenderes ›Phantasticum‹. Von ihm erhofften sich die beiden gänzlich neuartige Einblicke in die menschliche Seele. Die Möglichkeit einer das Christentum ablösenden Ersatzreligion, die Fähigkeit zu tiefer empfundener Liebe, die Lösung der dringendsten Weltprobleme und die Antworten auf so schwerwiegende Fragen wie die nach dem Sinn des Lebens oder der Architektur des Universums – all das schien ihnen in der kleinen Droge zu schlummern. Unterstützt von privater Seite riefen sie eine Gemeinschaft unter dem Namen ›International Federation for Internal Freedom‹ (IFIF) ins Leben und setzten ihre Studien unbeirrt fort.

Natürlich zog ein so attraktives Forschungsprogramm zahlreiche Intellektuelle und Prominente aus allen Kreisen an. Nicht lange, und die ›IFIFers‹ zählten rund 3000 Mitglieder.

Gegen eine Aufnahmegebühr von 40 DM stand jedem die Teilnahme an den sinnberauschenden Versammlungen, dem ›transzendenten Leben‹, offen.

Unter den Neugierigen, die die Apartements der beiden Psychopioniere besuchten, sah man Maler und Schauspieler, fortschrittsfreudige Theologen und Psychiater. Es kamen aber auch Alkoholiker und Rauschgiftsüchtige, die auf einen neuen ›kick‹, eine neue Steigerung ihrer allzu gewohnten Rauscherlebnisse hofften. An einem der Drogen-Abende nahm der bekannte Schriftsteller Arthur Koestler teil, zu einer anderen Gelegenheit erschien der ›Beatnik-Dichter‹ Allen Ginsberg. Wie berichtet wird, habe sich Ginsberg schließlich die Kleider vom Körper gerissen und begeistert ausgerufen, man müsse Präsident Kennedy und Premier Chruschtschow verständigen und sie davon überzeugen, daß es mit Hilfe der Droge ein leichtes sein werde, den Weltfrieden zu sichern.

Das ›transzendente Leben‹ namentlich in den Häusern von ›Newton Center‹ blieb den Nachbarn natürlich nicht verborgen, dennoch konnten sie sich beim besten Willen kein rechtes Bild vom Sinn des dortigen Treibens machen. Das ließ die wildesten Gerüchte entstehen. Man sprach von Exzessen freier Liebe und kommunistischer Verschwörung. Als schließlich Learys Hund hintereinander sieben Nachbarskinder biß, sprang die Stimmung zu offener Feindseligkeit um. Dennoch fand sich keine gesetzliche Handhabe, die Zusammenkünfte der ›IFIFers‹ zu verhindern.

Mit der Entlassung von der Universität hatte für Alpert und Leary so etwas wie ein Leben im Exil als unverstandene Genies begonnen. Als Leary sich zunehmenden Schwierigkeiten gegenübersah, siedelte er nach Zihuatanejo um, einem mexikanischen Fischerdorf in der Nähe von Acapulco. Dort etablierte er sich mit dem verbliebenen Rest seines Psilocybin- und LSD-Bestandes in einem Hotel, wo er mit Süchtigen und Indianern zusammenkam, die Meskalin kauten.

Da Sandoz die Lieferung von Halluzinogenen an Leary und Alpert längst eingestellt hatte – auch die amerikanische ›Food and Drug Administration‹ schaltete sich damals ein und verbot die Versuche bis auf wenige Ausnahmen –, war man auf den schwarzen Markt angewiesen. LSD wurde in imprägnierten Zuckerstückchen zu Preisen zwischen 10 und 20 DM je 0,1 Milligramm geschmuggelt, eine Menge, die für eine 8- bis 10stündige ›Reise‹ ins Land der Phantasie ausreicht. Ein anderes Verfahren bestand darin, LSD mit Hilfe von Löschpapier aufzusaugen und das Papier dann stückchenweise zu zerschneiden und auszulutschen oder im gleichen Sinne Stoff zu verwenden. Eine besonders umfangreiche LSD-Menge schmuggelten damals zwei junge Californier aus Israel in die Vereinigten Staaten ein: Achttausend 0,2-Milligramm-Dosen im Werte von rund 432000 DM Schwarzmarktpreis. Da die LSD-Kristalle geruchlos, geschmacklos und farblos sind, außerdem auch nur in winzigsten Mengen benötigt werden, stehen der illegalen Einfuhr praktisch keine Schwierigkeiten im Wege, außer der einen, daß man an das LSD herankommen muß.

Auch dieses Problem war jedoch kein großes Hindernis. Findige Chemiker hatten bald heraus, wie man LSD selber herstellen kann. Ist die (allerdings nicht leicht aus dem Mutterkorn zu gewinnende) Lysergsäure als Ausgangsmaterial vorhanden, so sind nur noch einige relativ leicht durchführbare chemische Prozeduren nötig, um zu einer chemischen Lösung zu kommen, aus der das reine LSD dann mit Hilfe eines chromatographischen Verfahrens gewonnen werden kann.

Zum Leidwesen Learys fanden die ›IFIFers‹ in Zihuatanejo auch bei den mexikanischen Behörden auf die Dauer wenig Gegenliebe. Man wies den inzwischen 45jährigen Meister aus dem Lande. Wieder fand Leary daraufhin im Staate New York eine Bleibe. Sein millionenschwerer Gönner William Hitchcock überließ ihm ein stattliches Landhaus in Millbrook, in dem Leary nicht nur wohnte, sondern das er auch zu einer Art LSD-Pilgerstätte für Besucher aus aller Welt einrichtete. Auch in Millbrook war Leary freilich nicht sicher vor dem Zugriff der gestrengen Behörden. Eine Haussuchung im April 1966 förderte eine kleine Menge Marihuana zutage und brachte ihm eine Verhaftung ein. Schon im Dezember 1965 hatte er sich vom Pech verfolgt gesehen, als ihn Beamte beim Grenzübertritt nach Mexiko stellten und rund 100 Gramm Marihuana in einer silbernen Schnupftabakdose fanden, die seine 18jährige Tochter Susan bei sich trug. Leary erklärte, das Rauschgift gehöre ihm. So wurde er zu 30000 Dollar Strafe, wahlweise 30 Jahre Haft verurteilt. Bald darauf war er jedoch gegen Kaution wieder auf freiem Fuß.

Immer wieder wird heute in aller Welt LSD auch in sogenannten Waschküchenlabors in mehr oder weniger reiner Form hergestellt und illegal verkauft. Der bisher spektakulärste Fall solcher Geschäftemacherei spielte sich in den siebziger Jahren in England ab. Als wissenschaftlicher Initiator galt ein begabter junger Chemiker der Liverpool-Universität, Richard Kemp. Um ihn herum hatten sich zahlreiche LSD-Anhänger aus der englischen Schüler- und Studentenelite geschart, die mit dem ›Acid‹ (= Säure) genannten Stoff alsbald den bei weitem größten Produktions- und Vertriebsapparat der Welt für LSD aufbauten.

Ein altes Haus in Tregaron (Mittelwales) und ein zweites in London dienten als ›Fabriken‹. Hier mixte Kemp die Bestandteile zu insgesamt mindestens 15 Millionen übrigens erstaunlich reinen LSD-Tabletten, die ihren Weg über eine geschickt organisierte Verteilerorganisation in alle Welt fanden. Als ›Katalysator‹ der hochintelligenten und nicht einmal ohne weiteres kriminell zu nennenden jungen Leute wirkte der in England lebende, mit dem ›LSD-Apostel‹ Leary befreundete amerikanische Autor David Solomon. Wie Leary vertritt Solomon in seinen Büchern die ›LSD-Philosophie‹ und warnt die Welt vor den bösen Folgen des Materialismus. Das hinderte den ›marketing-manager‹ des Kemp-Unternehmens, Henry Todd, freilich nicht daran, aus dem schwunghaften Handel mit den Rauschpillen im Laufe von sieben Jahren Millionen zu machen und auf Schweizer Bankkonten zu deponieren.

Die englische Polizei kostete es zwei Jahre kriminalistischer Spürarbeit, bis sie das feingesponnene Netz der Organisation in allen seinen Verästelungen erkannt hatte, um dann in einer ›Operation Julie‹ genannten Aktion am 26. März 1977 zuzuschlagen und etwa 120 Verdächtige zu verhaften. Von ihnen wurden die 17 Hauptbeteiligten im Frühjahr 1978 zu insgesamt 120 Jahren Haft verurteilt. Kemp, als Chemiker der Kopf des Ganzen, erhielt 13 Jahre, seine als ›Finanzminister‹ tätige Geliebte Dr. Christine Bott neun Jahre Gefängnis. Die Beteuerungen der Angeklagten, das LSD sei für die Befreiung der Menschheit eine eher segensreiche Droge und nicht vergleichbar mit den harten Rauschgiften wie Heroin und Cocain, verfing bei den Richtern nicht. Mit der Härte der Strafen sollte offenbar auch zur Abschreckung ein Exempel statuiert werden. Richter Justice Park räumte allerdings ein, das Strafmaß beruhe weniger auf der potentiellen Gefährlichkeit des LSD für die Benutzer als vielmehr auf der totalen Mißachtung des Rechts durch die Hauptangeklagten über eine derart lange Zeit hinweg, und auch auf dem Ausmaß der skrupellosen Verschwörung.

Gemessen an den umfangreichen Sicherheitsvorkehrungen, die heute getroffen werden, um das LSD nicht in unberufene Hände gelangen zu lassen, erscheint es fast wie Ironie, daß ähnliche Wirkungen auch mit anderen, lächerlich einfach zu beschaffenden Mitteln zu erzielen sind. Es stellte sich beispielsweise heraus, daß die Samen der Prachtwinde (Morning Glory), vorzugsweise die Sorten ›Heavenly Blue‹ und ›Pearly Gates‹, LSD-ähnliche Halluzinationen erzeugen, wenn man sie kaut. Die Sache sprach sich rasch herum, und bald wunderten sich die Samenhändler in den westlichen Großstädten über das merkwürdige Interesse vor allem jugendlicher Kunden an den Windensamen. Um einen mehrstündigen Rausch ähnlich dem des LSD hervorzurufen, sollen allerdings etwa 200 bis 400 Samenkörner notwendig sein.

Als ähnlich sinnverwirrend erwies sich ein Klebstoff, der in den USA zum Bau von Modellflugzeugen benutzt wurde. Die Sache war denkbar einfach. Wer bei wachem Bewußtsein ins Land der Träume reisen und allerlei Ungewöhnliches erleben wollte, brauchte die Klebstofftuben nur auszudrücken und das Lösungsmittel einzuatmen. Alles andere geschah von selbst. So gab es zu Anfang der sechziger Jahre eine Zeit, da die Zahl der scheinbar bastelfreudigen Jugendlichen auf unerklärliche Weise zunahm – bis den Behörden ruchbar wurde, was der hohe Klebstoff-Verbrauch zu bedeuten hatte. Inzwischen hat die Herstellerfirma das begehrte Lösungsmittel durch ein harmloses ersetzt, und das gefährliche Spiel nahm ein Ende.

Ungleich stärkerer Faszination als der ›Rausch aus blauem Samt‹ der Windensamen und der ›sniffing‹-Unsitte mit Hilfe der Klebstoff-Tuben erfreut sich jedoch das LSD noch immer in Kreisen der ›kick‹-Sucher diesseits und jenseits des Atlantik. Auch kommt es trotz energischer Maßnahmen der Regierungen immer wieder zu Exzessen. Eine Frau in New York zerschlug im LSD-Rausch eine Fensterscheibe und brachte sich schwere Schnittwunden bei. Ein junger Mann glaubte, er könne fliegen und stürzte eine Treppe herab, ein anderer legte sich auf die Gleise der Untergrundbahn, ein dritter sprang aus dem Fenster eines Zimmers im vierten Stock. Der LSD-Experte Sidney Cohen vermutet, daß es im LSD-Rausch eher zum Selbstmord als zum Mord komme, aber der Fall des 30jährigen Henry Kessler aus Brooklyn zeigt, daß auch Mord zumindest nicht ausgeschlossen ist: Kessler erstach im LSD-Rausch seine Schwiegermutter, ohne sich hinterher einer Schuld bewußt zu sein. Mehrere dieser ›Säureköpfe‹ genannten LSD-Konsumenten mußten im Sommer 1966 in das New Yorker Bellevue-Hospital eingeliefert und behandelt werden, einige von ihnen fielen noch längere Zeit nach der Entlassung durch ihr psychisch abnormes Verhalten auf.

LSD in der Psychiatrie

Jenseits solcher meist aus Abenteuerlust oder Langeweile entstandener LSD-Gelüste steht die Verwendung der hochpotenten Droge in der Psychiatrie. Bieten doch die Halluzinogene dem Arzt die Möglichkeit, jene abnormen psychischen Zustände künstlich hervorzurufen (und dadurch besser verstehen zu lernen), wie sie zum Beispiel von der Schizophrenie her bekannt sind. Mit künstlich erzeugten ›Modellpsychosen‹ hoffen insbesondere die Psychotherapeuten, dem Geheimnis mancher noch immer rätselhaften Geisteskrankheit näherzukommen. Diese Hoffnung gründet sich auf vier Eigenschaften des Lysergsäure-diäthylamids: Erstens bringt es dem Kranken unbewußte Vorfälle aus seiner Vergangenheit wieder lebhaft ins Bewußtsein. Zweitens begünstigt es den zwischenmenschlichen Kontakt zwischen Arzt und Patient. Drittens hilft es dem Kranken, die Ursachen seines seelischen Leidens oder seiner Neurose besser zu erkennen. Schließlich wirkt LSD auch wie ein magisches Experiment, in dessen Verlauf die Kranken eher bereit sind, sich ihrem Arzt aufzuschließen und ihm so die Möglichkeit einer genauen Diagnose zu geben.

Die Behandlung besteht gewöhnlich darin, daß der Patient zunächst eine bestimmte Dosis des Halluzinogens bekommt. Daraufhin hält sich der Patient für einige Stunden in einem Einzelzimmer auf. Während dieser Zeit beobachtet ihn der Arzt in Abständen bei seinen Reaktionen, läßt Zeichnungen anfertigen und zieht daraus seine Schlüsse. Die besten Ergebnisse hat diese Methode bisher bei Neurotikern gezeitigt, die auf psychotherapeutische Behandlungen der üblichen Art nicht ansprachen.[6]

Zahlreiche praktische Erfahrungen mit experimentell hervorgerufenen Psychosen hat in Deutschland der Leiter der Psychotherapeutischen Abteilung an der Universitätsklinik für Psychische und Nervenkrankheiten in Göttingen, Professor Hanscarl Leuner gemacht [119; 120]. Auch Leuner geht davon aus, daß etwa die LSD-Psychose (wie man den ›Rausch‹ in diesem Zusammenhang besser nennt) große Ähnlichkeit mit der akuten Schizophrenie hat, dem gefürchteten ›Spaltungsirresein‹. Leuner nutzte bei seinen Patienten jene Wirkung des Halluzinogens aus, die das Unbewußte bewußt macht. Der Betreffende erlebte beispielsweise Situationen aus seiner Kindheit, die zu krankhaftem Verhalten im späteren Leben Anlaß gaben und den Keim zu einer Neurose legten. Eine 38jährige Patientin Leuners, die an schweren neurotischen Depressionen litt, berichtete nach einer künstlich hervorgerufenen LSD-Psychose über ein derartiges nachvollzogenes Erlebnis aus ihrer Kinderzeit:

»Ich war zunächst sehr glücklich. In mir und um mich waren lauter Farben. Das Ganze hatte einen erotischen Charakter. Der Arzt war mir vertraut wie noch nie zuvor, und ich fühlte mich bei ihm aufgehoben. Doch plötzlich wurde es dunkel, eine bedrohliche Stimmung löste die vorherige ab, und ich spürte alte knochige Frauenhände sich um meinen Hals legen.

Sie schnürten mir zunehmend die Luft ab, so daß ich glaubte, ersticken zu müssen. Dabei erkannte ich ganz unvermittelt, daß meine Großmutter mir die erotische Welt strengstens verboten, mir keine Partnerschaft mit einem Mann gegönnt und mich in einen Käfig der Pflicht gesperrt hatte. Mir wurde siedeheiß. Ich bekam eine derartige innere Erregung und Wut, daß es mich buchstäblich zu sprengen drohte. Ich warf vor Erregung Gegenstände im Zimmer umher, sprang aus dem Bett, lief unruhig auf und ab und zerriß mit einer gewissen Freude Zeitungen und Pappkartons. Obwohl die Wut nicht nachließ, verschwand die Unruhe und machte in allen Muskeln, in denen ich sonst Schmerzen empfand, einem angenehmen Kraftgefühl Platz. Mein Körper wurde geradezu federleicht. Das Gefühl, eine einengende Fessel abgestreift zu haben, machte mich glücklich...« [86]

Was geschähe, wenn...

LSD, Meskalin und Psilocybin sind nicht die einzigen Drogen geblieben, von denen sich die Medizin Nutzen verspricht. Leuner stellte einen ganzen ›Psychotika-Katalog‹ auf. In ihm wird neben dem Haschisch das im Krötengift enthaltene ›Bufotenin‹ mit zwei verwandten Stoffen erwähnt, ferner das Adrenochrom und das Adrenolutin, Atropin-Abkömmlinge, und schließlich ein in Göttingen spezifiziertes Halluzinogen mit der Bezeichnung ›17369‹. Im Frühjahr 1966 wurde darüber hinaus von drei Washingtoner Wissenschaftlern eine Substanz entdeckt, die alle Vorzüge des LSD zu vereinen scheint, ohne dabei die oft unerwünschten Halluzinationen hervorzurufen. Das Mittel ist unter der Bezeichnung DPT (N,N – dipropyltryptamin) bekannt geworden und wirkt höchstens zwei Stunden, was eine wesentliche Erleichterung für die klinische Praxis bedeutet [45].

Weitere, dem LSD ähnliche Substanzen sind das Dimethyltryptamin (DMT) und das Alkaloid Ibogaine, das aus einer im Kongogebiet heimischen Pflanze gewonnen wird. Ibogaine wurde von dem chilenischen Mediziner Claudio Naranjo auf seine Wirkung am Menschen untersucht. Wie das LSD, soll es das Unbewußte bewußt machen, im Gegensatz zum LSD jedoch dem Patienten eine noch bessere Kontrolle über sein Bewußtsein erhalten, so daß die Gespräche des Arztes mit ihm besonders aufschlußreich verlaufen [140]. Das neueste Elixier für die Reise ins Wunderland der Seele verbirgt sich hinter drei Buchstaben: STP. Nach dem Hörensagen sollen sie Serenity (Heiterkeit), Tranquility (Ruhe) und Peace (Frieden) bedeuten. STP ist ein Mittel, das die amerikanische Arzneimittel-Aufsichtsbehörde FDA nach längerem Rätselraten als Kombination des Kakteenwirkstoffes Meskalin und einem amphetaminhaltigen Aufputschmittel entlarvt hat. Dazu jedoch eine Warnung: STP läßt sich nicht wie das LSD durch den Tranquilizer Chlorpromazin neutralisieren, sondern wird durch Chlorpromazin in seiner Wirkung eher noch gesteigert.

So interessant all diese Berichte über die geheimnisvollen Kräfte chemischer Mittel nun auch sein mögen, so ist hier doch ein ernstes Wort notwendig. Es könnte sein, daß manch einer seine Neugier über die Wirkungen des einen oder anderen Präparates nicht bezähmen mag, es sich zu beschaffen weiß und dann vielleicht sehr gefährliche Situationen heraufbeschwört. In jedem Fall ist es leichtfertig, allein und für sich mit diesen Stoffen zu experimentieren, schon deshalb, weil ihre Wirkung im Einzelfall nicht voraussehbar ist. Die Halluzinogene gehören unter allen Umständen in die Hand des erfahrenen Facharztes. Niemand, der zu erstenmal unter die Wirkung beispielsweise des LSD gerät, kann wissen, wo die Wirklichkeit aufhört und die Phantasie beginnt. So kann er Handlungen begehen, die ihn oder andere in Lebensgefahr bringen. So kann er aber auch einem für ihn vielleicht gefährlichen Einfluß anderer unterworfen werden, ohne das Spiel zu durchschauen, das mit ihm getrieben wird.

Hier liegt die wohl unheimlichste Verwendungsmöglichkeit des LSD und seiner chemischen Verwandten. Es ist kein Geheimnis, daß speziell ausgebildete Chemiker in Ost und West seit Jahren daran arbeiten, praktikable Methoden für den Einsatz dieser Drogen in künftigen Kriegen herauszufinden. So erklärte der heute im Ruhestand lebende Chef des ›Chemiekorps‹ der amerikanischen Armee, Generalmajor William M. Creasy, unumwunden: »Ich bin davon überzeugt, daß den Psychodrogen die Zukunft (der Kriegführung) gehört.« Und in der UdSSR gab der Armee-Mediziner Generalmajor V. Drugow zu verstehen, daß in der Sowjet-Union ein ›spezielles Interesse‹ den sogenannten psychischen Giften gelte.

Welche Wirkungen ein möglicher Angriff mit Psychodrogen auf die kämpfende Truppe haben würde, demonstrierte bereits ein dem amerikanischen ›House Committee‹ vorgeführter Film. Er zeigte ein Experiment, in dessen Verlauf die beteiligten Soldaten kurzfristig mit einer nicht näher bezeichneten Psychodroge vom Halluzinogen-Typ in Berührung gebracht wurden. Die Männer sahen sich daraufhin außerstande, weiteren Befehlen Folge zu leisten oder sich wie Soldaten im Gelände zu bewegen. Dabei schienen sie ihre Verwirrung selbst nicht zu bemerken. Ein Kommentator des House Committees erklärte: »In einer Befehlszentrale oder im Quartier des Generalstabes wäre die Wirkung eines solchen Mittels unbeschreiblich.«

Unausdenkbar wäre auch ein Sabotageakt, durch den etwa die Wasserversorgung einer Großstadt mit LSD verseucht würde. Die Bewohner ganzer Landstriche könnten in Euphorie geraten oder Schreckensvorstellungen bekommen, ein Zustand, in dem eine unblutige feindliche Invasion zum Kinderspiel würde. Ein phantasiebegabter Kopf soll einmal ausgerechnet haben, daß ein halber Liter gelösten LSDs in den Wassertanks von London ausreichen müßte, um alle acht Millionen Stadtbewohner für zehn oder zwölf Stunden willfährig für alle nur denkbaren Verrücktheiten zu machen.

Die menschliche Seele ist bekanntlich unter dem Einfluß dieser Drogen besonders zugänglich. Darum wären die Opfer eines Rausches hilflos auch einem Diktator ausgeliefert, der seine Anweisungen über den Rundfunk erteilte. Diese Möglichkeit nährte seinerzeit Gerüchte, nach denen amerikanische Soldaten im Korea-Krieg die Opfer von Psychodrogen geworden seien. Man hätte sie, so hieß es, unter den Einfluß halluzinogener Stoffe gesetzt und dann zur kommunistischen Ideologie ›bekehrt‹. Ähnliches wird von östlichen Schauprozeß-Opfern behauptet, die mit ihrer freimütig eingestandenen, tatsächlich aber nicht bestehenden Schuld die westliche Welt schockierten. Möglicherweise haben auch hier – wie angeblich im Fall des Kardinals Mindszenty – halluzinogene Präparate das ihre getan, indem sie die Gefangenen zu willenlosen Werkzeugen der Polit-Offiziere machten.

Wie so manche Erfindung des Menschen, sind die Halluzinogene eine zweischneidige Sache. Wir werden uns vor ihnen hüten müssen, aber das schließt nicht aus, daß wir ihre segensreichen Wirkungen nützen können.

XI.

DIE SEELE DARF NICHT VERKÜMMERN

In zehn Kapiteln haben wir miterlebt, wie die Wissenschaft unser Seelenleben heute zu beeinflussen versucht. Wir haben in unser Ich hineingelauscht um zu erfahren, wieweit ihm die künstliche Verwandlung seiner selbst gelingt und wo es uns Grenzen setzt. Wir haben davon gehört, wie vielfältig der elektrische Strom, wie Chemikalien, Drogen und Arzneien die Seele beeinflussen können. Aber wir konnten nicht ergründen, welche Probleme uns die Zukunft einer manipulierbaren Seele noch bescheren wird. Das Forschungsgebiet, auf das wir uns begeben haben, ist noch jung. Der Boden schwankt noch, auf dem es steht.

Wir wissen nur, daß wir auf die Dauer nicht auf ein besseres Verständnis und viele von uns auch nicht auf die gezielte Veränderung dessen werden verzichten können, was wir unser Verhalten nennen. Die Welt, in der wir leben, ist nicht mehr die unserer Väter. Was noch der Generation vor uns Halt gab – Familie und Kirche, das Ansehen eines Berufsstandes, die Geborgenheit in der Heimat und im Vaterland – all das ist heute fragwürdig geworden. Die menschliche Massenvermehrung, die stürmische Entwicklung unserer technischen Zivilisation überfordern das Maß unserer natürlichen Kräfte, wenn es darum geht, die Fortschrittsbrandung geistig und ethisch zu bewältigen.

In den vor uns liegenden Jahren – das ist so gut wie gewiß – werden die Neurosen unter den Menschen zunehmen. Schon heute stellt die ›gestörte Erlebnisverarbeitung‹, unter deren Folgen so viele leiden, die Psychotherapeuten vor schwierige Aufgaben.

Nicht weniger problematisch als die Neurosen werden die

Schwierigkeiten sein, die wir im Auskommen mit unseren Mitmenschen haben werden. Während die enger werdende, von immer mehr Menschen bevölkerte Erde von uns fordert, daß wir leidenschaftsloser, vernunftgemäßer und toleranter würden, sehen wir uns gefangen in dem ursprünglich gebliebenen Gehäuse unseres Ichs, das naturhaft nach dem Ausleben seiner Triebe verlangt, einem Ich, dem Haßgefühle so wenig fremd sind wie Aggression und überschäumende Sinnesfreude. Unsere geheime Auflehnung gegen eine rationalistische Weltanschauung nährt diese Spannung. Wir wehren uns dagegen, unsere Gefühle und Triebe einzuebnen, ihnen die Höhen und Tiefen und die rauschhaften Augenblicke zu versagen, ohne die uns das Leben wie ein kastriertes Etwas ohne Blut und Wärme vorkommen will.

Was würde uns guttun in diesem Augenblick? Vielleicht können wir versuchen, unser Ich wenigstens zeitweise aus den Fesseln der Konventionen zu befreien, die wir ihm anlegen müssen. Sollten wir ihm nicht von Zeit zu Zeit die Bedingungen für ein ungebundeneres Verhalten schaffen, ihm als Ausgleich gewissermaßen eine neue Form von Narrenfreiheit gewähren? Nicht ohne Grund feiern wir Karneval – aber um diese Art von ›Ausgelassenheit‹ ginge es nicht allein, sondern um eine tiefergreifende, transzendente. Julian Huxley hat empfohlen, jene Praktiken besser zu erforschen, die solche Erlebnisse vermitteln, darunter Yoga, Hypnose, Meditation, ›Voodoo‹ und andere ›Tänze der Besessenheit‹. Huxley rät auch, daß wir uns mehr als bisher um die Möglichkeiten der Seelenbeeinflussung durch Drogen und elektrischen Strom kümmern sollten. Elektrisch erzeugte Wonne bleibe noch immer Wonne, meint Huxley, und Wonne und Glück zu empfinden, das sei immer noch wichtiger als die Frage danach, wie diese Gefühle zustande kommen. Die Wissenschaft darf sich nicht länger dem Vorwurf aussetzen, sie kümmere sich zu wenig um die transzendenten Erfahrungsbereiche und damit zu wenig um etwas, das nicht zuletzt auch dem Seelenheil des Menschen dient.

Mehr als bisher sollten wir uns darum auch den musischen Dingen im Leben zuwenden. Die heranwachsende ›technische

Generation‹ wird es nötig haben, neben dem, was ihr eine naturwissenschaftlich beherrschte Zukunft zu lernen aufträgt, auch um die geistig-seelischen Rückzugsmöglichkeiten zu wissen: Kunst und Sport, Musik, Literatur und Hobby können ihr diesen Ausgleich geben und müssen gepflegt werden. Ganz am Rande in diesem Zusammenhang sollten wir uns davor hüten, Mittel wie das LSD oder Marihuana ohne weiteres als Suchtmittel zu verteufeln. Sie dürfen nicht in einen Topf geworfen werden mit Heroin, Cocain und Morphin, für die zutrifft, was Ambros Bierce in seinem ›Wörterbuch des Teufels‹ sagt: Daß sie unverriegelte Türen im Gefängnis der Identität seien, die auf den Gefängnishof führen.

Wir nennen unser Gehirn gern ein ›Überlebensorgan‹. Daran ist sicher viel Wahres. Hat es sich doch als ›Organ des psychischen Stoffwechsels‹ wie alle Körperteile in der Stammesgeschichte des Lebendigen herausgebildet. Wie bei den höheren Tieren, so ist es auch beim Menschen darauf ›programmiert‹, das Überleben zu ermöglichen, und nicht darauf, uns die Frage nach dem Sinn des Lebens zu beantworten oder die letzten Welträtsel zu lösen. Inzwischen sind wir jedoch an einem kritischen Punkt unserer Entwicklung angelangt: Unser Gehirn hat uns Erkenntnisse vermittelt, mit deren praktischer Anwendung sich die Menschheit selbst ausrotten kann.

Sehen wir also zu, ob in unserem Gehirn mehr verborgen ist als nur das geistige Rüstzeug zum Überleben des einzelnen und zur Vernichtung der Menschheit. Scheuen wir uns nicht, mit den Mitteln der Wissenschaft alle seine vielfältigen Möglichkeiten zu ergründen. Suchen wir aber vor allem nach neuen Verhaltensweisen, durch die wir an der Schwelle der Selbstzerstörung aus der Sackgasse herausfinden, in die wir schon ein gutes Stück hineingestolpert sind.

ANHANG

Für ihre persönlichen Ratschläge zum Thema des Buches danke ich den Herren Professor Dr. M. P. Engelmeier, Münster; Dr. Dr. h. c. W. Foerst, Heidelberg; Dr. H. A. Hoelscher, i. Hs. Hoechst A.G.; Dr. Dr. h. c. A. Hofmann, i. Hs. Sandoz A.G.; Dr. H. Laengner, i. Hs. Schering A.G.; Professor Dr. H. Leuner, Göttingen; Dr. E. Osterhaus, Hamburg, und Professor Dr. P. G. Waser, Zürich.
Für wertvolle Hinweise und die Übersendung ungedruckter Manuskripte sowie Separata danke ich der Deutschen Abbott GmbH; der Asche & Co. A.G.; der Firma C. F. Boehringer & Söhne GmbH, Mannheim; der Geigy A.G.; der Deutschen Hoffmann-La Roche A.G.; dem Chemiewerk Homburg; der Firma H. Mack; der Pfizer GmbH, Karlsruhe; der Sandoz A.G.; der Société Parisienne d'Expansion Chimique S.P.E.C.I.A.; den Troponwerken und der Wyeth-Pharma GmbH.
Für ihre Hilfe bei der Beschaffung von Illustrationen schulde ich besonderen Dank den Herren Dr. E. Rempen von der Bayer A.G., Leverkusen; Professor Dr. Hoimar von Ditfurth, Mannheim, und Dr. Günter Siefarth vom Westdeutschen Fernsehen.

T. L.

ANMERKUNGEN

1 Bei den U-Boot-Besatzungen war es gerade umgekehrt. Diese Männer bildeten verschworene Gemeinschaften. Sie waren immer zusammen, sie machten sich gegenseitig Mut und verloren selbst in scheinbar ausweglosen Situationen nicht den menschlichen Kontakt. Darum überstanden sie die seelische Belastung viel besser. Ähnlich darf man sich wohl die Standhaftigkeit der berühmt gewordenen Bergleute von Lengede erklären. Die elf Kumpels hatten im Spätherbst des Jahres 1963 nach einem Wassereinbruch in eine niedersächsische Kohlengrube zehn Tage lang, fast ohne Hoffnung auf Rettung, verschüttet in einem engen, finsteren Hohlraum unter Tage zugebracht, bis ihre Klopfzeichen endlich gehört und sie nach weiteren vier Tagen gerettet werden konnten.

2 Der Verfasser schildert diese Tierversuche nur mit größtem Widerstreben. Sie erscheinen ihm aber so wichtig zum Verständnis der weitgehenden Konsequenzen, die sich aus ihnen ergeben haben und wahrscheinlich noch ergeben werden, daß es ihm begründet erscheint, sie einem größeren Leserkreis bekanntzumachen.

3 Schon bald sollte sich freilich erweisen, daß die neuen Präparate keinen Anlaß zu ungetrübter Freude boten. Als einer der ersten Tranquilizer zeigte das Meprobamat, das ungezählten ähnlichen Verbindungen den Weg bereitete, bei längerem Gebrauch Nebenwirkungen: So stellten sich Linsen- und Hornhauttrübungen am Auge ein, wenn es über längere Zeit in größeren Dosen eingenommen wurde und der Patient zugleich intensiver Sonnenbestrahlung ausgesetzt war [133]. Im Sommer 1967 wurden in den USA die Meprobamat-Präparate den strengen Beschränkungen des Gesetzes zur Kontrolle des Arzneimittel-Mißbrauchs unterstellt. Fünfzig Ärzte hatten auf Befragen erklärt, daß die ständige Einnahme von Meprobamat in hohen Dosen Benommenheit, Rausch- und Dämmerzustände, Depressionen und Persönlichkeitsveränderungen zur Folge habe.

4 Spielarten desselben Kaktus sind: Echinocactus williamsi, Anhalonium williamsi, Anhalonium jourdanianum und andere. Manche Wissenschaftler sehen in ihnen Abkömmlinge der gleichen Stammpflanze, die je nach der Bodenbeschaffenheit ihrer Stand-

orte und den Klima-Eigenarten ein unterschiedliches Äußeres haben. Andere grenzen Anhalonium lewinii scharf von den übrigen ab, da in ihm das Meskalin stets enthalten sei, in den anderen dagegen nicht immer.

5 A. Hofmann schreibt [80]:
»Psilocybin und Psilocin sind chemisch-strukturell mit Serotonin verwandt, einer Substanz, die im Warmblüter-Organismus vorkommt, wo sie im Chemismus der Hirnfunktionen eine Rolle spielt. Die strukturelle Verwandtschaft der Pilzstoffe mit dem Hirnwirkstoff Serotonin gibt eine Erklärung für ihre psychischen Effekte. Durch die Aufdeckung solcher Zusammenhänge ergeben sich Einblicke in die Biochemie des Gehirns. Die pharmakologischen Befunde lassen sich als Ausdruck einer zentralen Erregung des sympathischen Nervensystems erklären. Am Menschen bewirken Dosen von 6 bis 20 Milligramm Psilocybin oder Psilocin ohne nennenswerte körperliche Symptome in spezifischer Weise tiefgreifende psychische Veränderungen, die mit einem veränderten Erleben von Raum und Zeit und mit einem veränderten Bewußtsein vom Ich und der eigenen Körperlichkeit verbunden sind. Der Gesichtssinn und auch das Gehör werden sensibilisiert, was sich bis zum Auftreten von Visionen und Halluzinationen steigern kann. Oft treten in diesem traumartigen Zustand längst vergessene Erlebnisse, oft solche aus der frühesten Kindheit, wieder lebendig ins Bewußtsein.«

6 Experimentelle Psychosen in der beschriebenen Art zeigten die bisher besten Erfolge bei Charakter- und Angstneurosen, bei neurotischen Depressionen, Zwangsneurosen, Alkoholismus und solchen Fällen, die an Schizophrenie grenzen. In Deutschland ergaben sich etwa 65 Prozent Heilerfolge bei Patienten, die auf psychotherapeutische Behandlungen der üblichen Art nicht ansprachen.

Literaturverzeichnis

[1] Albin, M. S., Verdura, J., White, R. J., *Isolation of the Monkey Brain: In Vitro Preparation and Maintenance,* Science Vol. 141, 1060–1061, Sept. 13 (1963)

[2] *Ändern psychotrope Pharmaka die Persönlichkeit?* Documenta Geigy, Geigy A.G., Basel (1962)

[3] *Anwendungsbereich anaboler Steroide,* Medical Tribune *8*, 4, 24. Februar (1967)

[4] Barron, F., Jarvik, M. E., Bunnell, S. jr., *The Hallucinogenic Drugs,* Scientific American Vol. 210, *4*, 29–37 (1964)

[5] Baudelaire, Ch., *Die künstlichen Paradiese,* Rowohlts Klassiker Band 161

[6] Bay, E., *Der Kopfschmerz und seine Behandlung,* Dtsch. Med. Wschr. 84. Jahrg. *1,* 1–14 (1959)

[7] Bein, H. J., *Physiologische Grundlagen psychischer Vorgänge,* Naturw. Rdsch. 13. Jahrg. *10*, 383–388 (1960)

[8] Bello, F., *The Tranquilizer Question,* Fortune 162–188, May (1957)

[9] Benn, G., *Provoziertes Leben,* Berlin 1957

[10] Bergmark, M., *Lust und Leid durch Drogen,* Stuttgart 1958

[11] Beringer, K., *Der Meskalin-Rausch,* Berlin 1927

[12] *Beunruhigende Zunahme von Rauschgiftsüchtigen,* Pharmazeutische Zeitung *51/52,* 1779, 23. Dezember (1965)

[13] Bishop, M. G., *A Psychedelic Experience With LSD-25,* New York 1963

[14] Blair, W. M., *Some Radio Waves Kill When Beamed At Monkey's Brain,* New York Times, April 25 (1959)

[15] Boehm, G. A. W., *That Wonderful Machine, the Brain,* Fortune 125–192, February (1963)

[16] Boor, W. de, *Die Psychopharmakologie und die seelischen Probleme des heutigen Menschen,* Universitas 17. Jahrg. *4*, 375–384 (1962)

[17] Boor, W. de, *Über forensisch bedeutsame Vorentscheidungen,* Beiträge zur gerichtlichen Medizin Band XXII, 51–59 (Wien 1963)

[18] *Brain Affects Crime,* Science News Vol. 90, 7, 98, August 13 (1966)

[19] *Brain's Record of Past A Continuous Movie Film,* Science News Letter 265, April 27 (1957)

[20] *Brainwashing Methods,* Science News Letter 214, October 6 (1956)

[21] Broom, P., *Can Killers Be Predicted?* Science News Vol. 90, *8,* 117 (1966)

[22] Broom, P., *Mind Drugs Puzzling,* Science News Vol. 90, 196, September 17 (1966)

[23] Buckingham, W., *Automation, Its Impact on Business and People,* Übers. *Automation und Gesellschaft,* Frankfurt/M. 1963

[24] Buechl, H., *Animal Tranquilizers,* Science News Letter, 106, August 16 (1958)

[25] Busch, H. J., *Nachweis des Einflusses eines elektrostatischen Feldes auf lebende Zellen,* Die Naturwissenschaften, 654 (1961)

[26] Calhoun, J. B., *Population Density and Social Pathology,* Scientific American Vol. 206, 2, 139–148 (1962)

[27] *Cell Damage from LSD,* Time, March 24, 30–31 (1967)

[28] Cohen, S., *The Beyond Within: The LSD-Story,* New York 1964

[29] Collodo, D., *Cryogenic Surgery,* Rassegna XLI, *1,* 38–43 (1964)

[30] Coughlan, R., *Behavior by Electronics,* Life Internat. 54–60, April 8 (1963)

[31] Coughlan, R., *The Chemical Mind-Changers,* Life Internat. 64–74, April 22 (1963)

[32] Dahrendorf, R., *Demokratie ohne Freiheit,* Auszug aus dem Essay, BP-Kurier II/III, 4–9 (1966)

[33] *Dangerous LSD?* Scientific American Vol. 214, 2, 54 (1966)

[34] Daniel, K. W. O., *Zur Frage der Wiederherstellung des natürlichen elektrischen Feldes und seiner Einwirkung auf nervöse Störungen sowie die allgemeine Steigerung der Leistungsfähigkeit,* Erfahrungsheilkunde *12* (1958)

[35] Danner, *20. Sitzung der Suchtstoffkommission des Wirtschafts- und Sozialrates der Vereinten Nationen,* Pharmazeutische Zeitung *9,* 280–284, 3. März (1966)

[36] Delgado, H., *Die Wesenszüge der anomalen Persönlichkeit und ihre Erforschung durch die Psychiatrie,* Universitas 12. Jahrg. *1,* 49–56 (1957)

[37] Diamond, E., *Schlafen – wissenschaftlich,* Wien, Hamburg 1964

[38] *Die Bekämpfung der Rauschgift-Sucht,* Sonderdruck des Bayerischen Ärzteblattes (1957)

[39] *Die Geschichte des LSD-25,* Triangel, Sandoz-Zeitschrift für

medizinische Wissenschaft Band II, *3*, 117–124, März (1956)
[40] Ditfurth, H. v., *Wird die Chemie des Wahnsinns enträtselt?* Die Zeit *1*, 24 (1964)
[41] *DMT: Konkurrenz für LSD*, Deutsches Ärzteblatt 63. Jahrg. *51*, 2964 (1966)
[42] Doenicke, A., *Beeinträchtigung der Verkehrssicherheit durch Barbiturat-Medikation und durch die Kombination Barbiturat/Alkohol*, Arzneim.-Forsch. 12. Jahrg. *11*, 1050–1054 (1962)
[43] Doll, E., Keul, J., Reindell, H., Roskamm, H., Weidemann, H., Med. Klin. *30*, 1174–1178 (1966), Referat ihrer Arbeit *über die pharmakologische Steigerung der körperlichen Leistungsfähigkeit* in: Pharmazeutische Zeitung *32*, 1155–1156, 11. August (1966)
[44] *Doping auch mit Anabolika als unzulässig bezeichnet*, Medical Tribune *49*, 17, 23. Dezember (1966)
[45] *Drug acts like LSD*, Science News *89*, 248, April 9 (1966)
[46] Dumas, A., *Der Graf von Monte Christo*, u. a. Klagenfurt
[47] Dunlap, J., *Exploring Inner Space*, New York 1961
[48] Ehrhardt, H., *Aktuelle Probleme der Suchtstoffabhängigkeit und der Suchtbekämpfung in internationaler Sicht*, Pharmazeutische Zeitung *46*, 1700–1701, 17. November (1966)
[49] *Einschränkung der Verkehrstüchtigkeit durch Arzneimittel*, Merkblatt der Bundesärztekammer, Pharmazeutische Zeitung *45*, 1658–1659, 10. November (1966)
[50] *Einzug der Roboter*, Der Spiegel *14*, 30–48 (1964)
[51] *Erkenntnis aus künstlicher Geisteskrankheit*, Selecta VI. Jahrg. *5*, 128–132 (1964)
[52] Ewing, A., *Lie Detection at a Distance*, Science News Letter *88*, 106, August 14 (1965)
[53] *Executive Strains Come From Within the Man*, Science News Letter *87*, 102, February 13 (1965)
[54] Fabricant, N., *Thirteen Famous Patients*, Chilton (ed.) 1960
[55] Ferckel, S., *›Hexensalbe‹ und ihre Wirkung*, Kosmos 50. Jahrg. *8*, 414–415 (1954)
[56] Fischbach, Münchn. Med. Wschr. 107. Jahrg. *37*, (1965); Referat seiner Arbeit *über Doping* in: Naturw. Rdsch. 19. Jahrg. *3*, 115–116 (1966)
[57] Fisher, A. E., *Chemical Stimulation of the Brain*, Scientific American Vol. 210, *6*, 60–68 (1964)
[58] Frankl, V., *Psychologie der Angst des Menschen vor sich selbst*, Universitas 10. Jahrg. *3*, 241–245 (1955)
[59] Freedman, L. Z., *›Truth‹ Drugs*, Scientific American Vol. 202, *3*, 145–154 (1960)
[60] Freud, S., *Abriß der Psychoanalyse*, Frankfurt/M. 1953

[61] Frey, R., *Über die Verkehrstüchtigkeit eines Menschen nach Applikation von Hypnotika und Narkotika in der ambulanten ärztlichen Praxis,* Therapiewoche 12. Jahrg. *9,* 345–348 (1962)

[62] *Fünfundsiebzig Jahre Sandoz,* Jubiläumsschrift der Sandoz A.G., Basel 1956

[63] Galambos, R., *Nerves and Muscles,* Übers. *Nerven und Muskeln,* München 1962

[64] *Geistig-seelische Störungen und Psychopharmakotherapie,* Therapeutische Berichte 37. Jahrg. *2,* (1965), Herausg. Bayer A.G. Leverkusen

[65] Gelpke, R., *Von Fahrten in den Weltraum der Seele,* Antaios Band III, *5,* 393–411, Stuttgart (1962)

[66] Gerweck, L., *Arzt und Rauschgiftsucht,* in: *Die Bekämpfung der Rauschgiftsucht,* a.a.O., Sonderdruck des Bayerischen Ärzteblattes, München 1957

[67] Gewehr, F., *Zur Terminologie der Suchtstoffabhängigkeit* (aus dem Bundesgesundheitsblatt *3,* 1965), Pharmazeutische Zeitung *11,* 333–335, 18. März (1965)

[68] Glees, P., Eschner, J., *Hat das menschliche Gehirn eine Leistungsgrenze?* Umschau *16,* 497–500 (1962)

[69] Glees, P., *Unser Gehirn – nur zur Hälfte genutzt?* Die Welt Nr. 275 vom 25. November 1961

[70] Graupner, H., *Dämon Rausch,* München 1953

[71] Gries, U., *Abbau der Persönlichkeit,* München/Basel 1957

[72] Gross, H., Kaltenbäck, E., *Psychopharmaka,* facultas, Wien, etwa 1963

[73] *Grundriß der psychiatrischen Pharmakotherapie,* Herausg. Bayer A.G., Leverkusen 1965

[74] Haas, H., *Psychotrope Drogen,* Bild der Wissenschaft 2. Jahrg. *2,* 108–117 (1965)

[75] Hauschild, F., *Pharmakologie und Grundlagen der Toxikologie,* 3. Aufl. Leipzig 1961

[76] Heard, G., *Can this Drug Enlarge Man's Mind?* Horizon Vol V, *5,* (1963)

[77] Hesse, E., *Die Rausch- und Genußgifte,* 2. Aufl. Stuttgart 1953

[78] Heubner, W., *Pervitin,* Dtsch. Med. Wschr. *37/38,* 517 (1944)

[79] Hofmann, A., *Die Erforschung der mexikanischen Zauberpilze und das Problem ihrer Wirkstoffe,* Sonderabdruck aus dem Basler Stadtbuch (1964)

[80] Hofmann, A., *Die psychotropen Wirkstoffe der mexikanischen Zauberpilze,* Chimia *14,* 309–318 (1960)

[81] Hofmann, A., *Die Wirkstoffe der mexikanischen Zauberdroge ›Ololiuqui‹,* Planta Medica 9. Jahrg. *4,* 354–367 (1961)

[82] Hofmann, A., Heim, R., Brack, A., Kobel, H., Frey, A., Ott,

H., Petrzilka, Th., Troxler, F., *Psilocybin und Psilocin, zwei psychotrope Wirkstoffe aus mexikanischen Rauschpilzen,* Helvetica Chimica Acta Vol. XLII, Fasc. V, 1557 bis 1572 (1959)

[83] Hofmann, A., *Psychotomimetica. Chemische, pharmakologische und medizinische Aspekte,* Svensk Kemisk Tidskrift 72, *12,* 723–747 (1960)

[84] Hofmann, A., *Psychotomimetic Drugs, Chemical and Pharmacological Aspects,* Acta Physiol. Pharmacol. Neerlandica *8,* 240–258 (1959)

[85] Hofmann, A. Ch., Siegmund, G., *Der Mensch im Rausch,* Würzburg 1962

[86] Holfeld, H., Leuner, H., *Ergebnisse und Probleme der Psychotherapie mit Hilfe von LSD-25 und verwandten Substanzen,* Psychiat. Neurol. *143,* 379–391 (1962)

[87] Holst, E. v., *Die physischen Grundlagen des seelischen Erlebens,* Universitas 11. Jahrg. *9,* 941–949 (1956)

[88] Holst, E. v., Saint Paul, U. v., *Vom Wirkungsgefüge der Triebe,* Die Naturwissenschaften 47. Jahrg. *18,* 409–422 (1960)

[89] Houston, J., Masters, R. E. L., *The Varieties of Psychedelic Experience,* Holt, Rinehart and Winston 1966

[90] Huxley, A., *The Doors of Perception,* London 1954, Übers. *Die Pforten der Wahrnehmung,* München 1954

[91] Huxley, A., Harrington, A., Wakefield, D., *Hallucinogens, The Pros and Cons, History and Future Possibilities of Vision-Inducing Psychochemicals,* Playboy 84ff., November (1963)

[92] Huxley, J., Essays of a Humanist, London 1964

[93] Iwanow-Smolenski, A. G., *Grundzüge der Pathophysiologie der höheren Nerventätigkeit,* 2. Aufl. Berlin 1954

[94] Jechorek, W., Holst, E. v., *Fernreizung freibeweglicher Tiere,* Die Naturwissenschaften 43. Jahrg. *19,* 455 (1956)

[95] Joel, Y., *Psychedelic Art,* Life 44–50, October 3 (1966)

[96] Jores, A., *Unsere Zeit und die Krankheiten,* Universitas 20. Jahrg. *1,* 47–57 (1965)

[97] Jucker, E., *Einige neuere Entwicklungen in der Chemie der Psychopharmaka,* Angew. Chem. 75. Jahrg. *12,* 524–538 (1963)

[98] Kesser, A., *Thomas de Quincey und der Traum,* Neue Zürcher Zeitung Nr. 4581, Blatt 5 vom 31. Oktober 1965

[99] Kielholz, P., Müller, Th., *Erhebung über Ausmaß, Verbreitung und Prophylaxe des Medikamenten-, insbesondere des Analgetica-Mißbrauchs in der Schweiz,* Sonderdruck aus der Beilage B, Nr. 5/1957 zum ›Bulletin des Eidgen. Gesundheitsamtes‹ vom 6. Juli 1957

[100] Kind, H., *Psychopharmaka in der täglichen Sprechstunde,* Paris *53,* 863–866 (1964)

[101] Kinkead, E., *The Study of Something New in History,* The New Yorker, October 26 (1957)

[102] Koestler, A., *Sonnenfinsternis,* London 1946
[103] Koltay, M., Szórády, I., *Über die klinische Bedeutung der Ataractica unter besonderer Berücksichtigung ihrer Anwendung in der Kinderheilkunde,* Monatsschrift f. Kinderheilkunde Band 106, *12,* 493–498 (1958)
[104] Korn, K., *Seelische Automation,* Frankfurter Allgemeine Zeitung vom 30. Juli 1956
[105] Koschtojanz, Ch. S., *Die Arbeiten I. P. Pawlows auf dem Gebiet der Verdauungsphysiologie,* Moskau 1950, 4. überarbeitete Aufl., Berlin 1952
[106] Kraepelin, E., *Über die Beeinflussung einfacher psychischer Vorgänge durch einige Arzneimittel,* Jena 1892
[107] Kraft, H. G., *Verkehrstüchtigkeit nach Gebrauch zentraler Stimulantien,* Arzneim.-Forsch. 12. Jahrg. *11*, 1071–1074 (1962)
[108] Kreuscher, H., *Zur Straßenfähigkeit nach ambulanten Narkosen,* Therapiewoche 12. Jahrg. *23*, 1025–1026 (1962)
[109] Kreuscher, H., und Frey, R., *Die Verkehrstüchtigkeit unter der Wirkung von Anaesthetica, Hypnotica, Analgetica und Ataractica,* Arzneim.-Forsch. 12. Jahrg. *11*, 1056–1059 (1962)
[110] Kritzinger, H. H., *Von elektrobiologischen Vorzügen des Holzhauses,* Mitt. d. Dtsch. Ges. f. Holzforschung *43*, 85–98 (1958)
[111] Kubie, L. S., *Psychoanalyse ohne Geheimnis,* Hamburg 1956
[112] Kurth, W., *Psychotherapie – ein Leitfaden,* München/Basel 1960
[113] Lamprecht, H., *Erfolg und Gesellschaft,* München 1964
[114] Lamszus, W., *Die Elixiere und die geistig Schaffenden,* Der Schriftsteller *3*, 41–43 (1962)
[115] Laubenthal, F. (Herausg.), *Sucht und Mißbrauch,* Stuttgart 1964
[116] Lear, J., *Do We Need New Rules For Experiments On People?* Saturday Review 61–70, February 5 (1966)
[117] Lear, J., *Mind And Environment: A Behaviorist's Experiments,* New Scientist *223,* 472, February 23 (1961)
[118] Leary, T., *(Interview)* Playboy 93ff., September 1966
[119] Leuner, H., *Die Bedeutung der experimentellen Psychose für die psychiatrische Forschung,* Spectrum Band V, 2, 34–38
[120] Leuner, H., *Die experimentelle Psychose,* Heidelberg 1962
[121] Leuner, H., *Über Sucht und ihre Gefahren,* Vortrag anläßlich des 38. Seminars des Landesvereins für Volksgesundheitspflege Niedersachsen e. V. in Göttingen, Oktober 1966
[122] Leutner, V., Wandrey, D., *Neuro-Psychopharmaca in Klinik und Praxis,* Stuttgart 1965
[123] Lewin, L., *Phantastica,* 2. Aufl. Berlin 1927
[124] Linke, H., *Psychopharmaka in der inneren Medizin und Allgemeinpraxis,* Therapiewoche 14. Jahrg. *16,* 738–749 (1964)

[125] Lippert, H., *Einführung in die Pharmakopsychologie,* Bern/Stuttgart 1959

[126] Löbsack, Th., *Nur noch Wunschkinder?* Düsseldorf 1963

[127] Lorenz, K., *Das sogenannte Böse,* Wien 1963

[128] *LSD in der Bundesrepublik,* Pharmazeutische Zeitung *37,* 1315, 15. September (1966)

[129] McBroom, P., *Martyrs May Not Feel Pain,* Science News Vol. 89, *26,* 505 (1966)

[130] Mahringer, W., *Sucht und Mißbrauch als Zivilisationskrankheit,* Universitas 21. Jahrg. *8,* 865–871 (1966)

[131] Mann, K., *Der Wendepunkt,* 10–13. Tsd. Frankfurt/M. 1966

[132] Marzell, H., *Zauberpflanzen, Hexentränke,* Stuttgart 1963

[133] *Meprobamat aus der U.S.P. ausgeschlossen,* Pharmazeutische Zeitung *39*, 1315, 30 September (1965)

[134] Merrem, G., *Lehrbuch der Neurochirurgie,* Berlin 1960

[135] Metzner, A., *Der Sportler und die Droge – Dopingprobleme in neuer Sicht,* Die Zeit *46,* 46 vom 11. November 1966

[136] Mirel, E., *Danger In Happy Drugs,* Science News Letter, 138, August 31 (1963)

[137] Mirel, E., *›Sees‹ With Fingers,* Science News Letter *85, 7,* January 4 (1964)

[138] Munkelt, P., Lienert, G. A., Frahm, M., Soehring, K., *Geschlechtsspezifische Wirkungsunterschiede der Kombination von Alkohol und Meprobamat auf psychisch stabile und labile Versuchspersonen,* Arzneim.-Forsch. 12. Jahrg. *11,* 1059–1065 (1962)

[139] Negowski, V. A., *Resuscitation and Artificial Hypothermia,* Plenum Press 1962

[140] *New African Drug Aids Psychotherapy,* Science News *90*, 9, July 2 (1966)

[141] Newland, C. A., *My Self and I,* New York 1962

[142] Nolan, D. F., *›Finger-Sight‹ for Blind,* Science News Letter *86,* 119, August 22 (1964)

[143] Olds, J., *Pleasure Centers In The Brain,* Scientific American, October 1956

[144] Osterhaus, E., *Zur Frage des chemischen Nachweises einer durch Medikamente bedingten Fahrunsicherheit für die Forensische Beurteilung und zum Schuldvorwurf,* Arzneim.-Forsch. 12. Jahrg. *11*, 1079–1081 (1962)

[145] Pawlow, I. P., *Ausgewählte Werke,* Berlin 1953

[146] Peters, U. H., Med. Klin. 61, *37,* 1455–1457 (1966); Referat seiner Arbeit in: Pharmazeutische Zeitung *40,* 1487, 6. Oktober (1966)

[147] Platt, J. R., *The Coming Explosion in Human Intelligence,* Life Internat. 50–55, February 24 (1964)

[148] Plumb, R. K., *Radio-Activated Drugs to Alter Moods,* New York Times November 28 (1961)
[149] Pöldinger, W., Schmidlin, P., *Index Psychopharmacorum 1966,* 2. Aufl. Bern 1966
[150] Preuß, K., *Harnsäure beflügelt den Ehrgeiz,* Deutsches Ärzteblatt 2, 61, 14. Januar (1967)
[151] *Problem-Patient; Ärzte, Theologen, Juristen und Erzieher diskutieren,* Documenta Geigy, J. R. Geigy A.G., Basel 1963
[152] *Radio Control of Minds,* Science News Letter *84,* 50, Juli 27 (1963)
[153] Randow, Th. v., *Denken – eine chemische Kettenreaktion,* BP-Kurier II/III, 31–33 (1966)
[154] Reko, V. A., *Magische Gifte,* Stuttgart 1949
[155] Riebeling, C., *Sogenannte psychotrope Drogen,* Naturw. Rdsch. 13. Jahrg. *2,* 43–46 (1960)
[156] Riechert, T., Der Nervenarzt 30. Jahrg. *9,* (1959); Referat seiner Arbeit *über gezielte Hirnoperationen* in: Naturw. Rdsch. 13. Jahrg. *4,* 141 (1960)
[157] Röhl, K., *Über Pervitin,* Fortschr. Med. 74. Jahrg. *20,* 531–532 (1956)
[158] Ropp, R. de, *Drugs and the Mind,* New York, Übers. *Bewußtsein und Rausch,* München 1964
[159] Rosenfeld, A., *Seeing Color With the Fingers,* Life Internat. 74–79, June 29 (1964)
[160] Rudolf, W., *Stimulans oder Heilmittel? Ein Beitrag über Pervitin als Streitobjekt,* Med. Klin. *23,* 1001–1002 (1956)
[161] *Safari mit Tranquilizern,* Medical Tribune *5,* 14 (1967)
[162] Sargant, W., *Battle For The Mind,* London 1957, Übers. *Der Kampf um die Seele,* München, 1958
[163] Schäffer, S., *Aktuelle Psychopharmaka in der Hand des Praktischen Arztes,* Der Landarzt 41. Jahrg. *20,* 876–881 (1965)
[164] Schmid, E., *Psychopharmaka: Begriffsbestimmung, Klassifizierung und Wirkungsweise,* Dtsch. med. J. *16,* 119–122 (1965)
[165] Schmidt, E., *Lügendetektor und Freiheit der Persönlichkeit,* Universitas 9. Jahrg. 7, 715–719 (1954)
[166] Schmitt, W., Quadbeck, G., *Chronische Intoxikation mit Phenmetrazin (Preludin),* Arzneim.-Forsch. 16. Jahrg. *2a,* 247–249 (1966)
[167] Schöllgen, W., *Bekenntnis und Flucht als Lebensprobleme des modernen Menschen,* Universitas 11. Jahrg. *9,* 917–926 (1956)
[168] Schurz, J., *Das Bilsenkraut – Requisit der Hexen,* Kosmos 60. Jahrg. *6,* 276–277 (1964)
[169] Selye, H., *Stress and Disease,* Science Vol. 122, *3171,* 625–631 (1955)

[170] Smith, B. M., *The Polygraph,* Scientific American Vol. 216, *1*, 25–31 (1967)

[171] Strauss, E. B., *Die Anwendung intravenöser Barbitursäurepräparate in der Psychiatrie,* Dtsch. med. Wschr. *2* (1953)

[172] Swift, S. K., *The Cardinal's Story.* Auszug ›*Kardinal Mindszentys Leidensweg*‹ in: Das Beste aus Readers Digest, 2. Jahrg., Dezember 1949

[173] *Tablettensucht,* Deutsches Ärzteblatt 64. Jahrg. *14*, 740–742 (1967)

[174] Taylor, K., *On Mental Epidemics,* The New Scientist 40–42, December 13 (1956)

[175] Teare, D., *Cause of Death – Spanish Fly,* What's New Nr. 229, Abbott Laboratories, North Chikago Ill., USA

[176] Teplow, B. M., *Psychologie,* Berlin 1955

[177] *Verhör im Rausch,* Der Spiegel vom 27. Januar 1954

[178] *Vierte Verordnung über die den Betäubungsmitteln gleichgestellten Stoffe,* BGBl. S. 197, Bonn, 21. Februar 1967

[179] Waser, P. G., *LSD – ein chemisches Phantasticum des modernen Lebens,* Universitas 21. Jahrg. *11*, 1187–1192 (1966)

[180] Waser, P. G., *LSD, eine moderne Zauberdroge,* Neue Zürcher Zeitung Nr. 2732, Blatt 5, Morgenausgabe vom 21. Juni 1966

[181] Waser, P. G., *Pharmakologie und Toxikologie – Hilfe und Gefahr für den Menschen,* Universitas 18. Jahrg. *6*, 617–623 (1963)

[182] Waser, P. G., *Pharmakon und Psyche,* Naturw. Rdsch. 14. Jahrg. *5*, 169–176 (1961)

[183] Waser, P. G., *Ursachen und Folgen des Arzneimittelmißbrauches,* Schweizerische Apotheker-Zeitung *100*, 933–939 (1962)

[184] Watermann, R., *Cerebrale Impressionen aus Ägypten,* Die Waage *3*, 104–108 (1963)

[185] Weeks, J. R., *Experimental Narcotic Addiction,* Scientific American Vol. 210, *3, 46–52 (1964)*

[186] *Why Alcohol – Sedative Mixture Can Kill,* Science News Letter *85*, 57, January 25 (1964)

[187] Zola, E., *Drei Novellen,* Berlin 1948

[188] Zweig, S., *Balzac,* Stockholm 1947

Bassin, F. V., und Platonov, K. K., *Verborgene Reserven des höheren Nervensystems,* Stuttgart 1973

Birkmayer, W., *Zum Wirkungsmechanismus der gebräuchlichen Psychopharmaka,* Der informierte Arzt, Jg. 1, Nr. 6/1973

Der Bundesminister für Jugend, Familie und Gesundheit u. a., *Dokumentation Drogengefährdung und Alkoholmißbrauch,* Band 1, Heft 3 und 4, Bielefeld 1972

Der Bundesminister für Jugend, Familie und Gesundheit, *Drogenberatung – wo?* Bonn-Bad Godesberg 1973

Cheavens, F., *Schach der Depression, Wege zur Selbsthilfe,* Rüschlikon b. Zürich 1974

Delgado, J. M. R., *Gehirnschrittmacher. Direktinformation durch Elektroden,* Frankfurt/M. – Berlin 1971

Dieckmann, G., und Hassler, R., *Psychochirurgie,* Deutsches Ärzteblatt Nr. 18/1976, S. 1217–1223

Drogenszene und ärztliche Praxis, Zeitschrift für Allgemeinmedizin Nr. 22/1977, Stuttgart 1977

Eccles, J., *Das Gehirn des Menschen,* München 1973

Gruenwaldt, G., *Wechselnde Trends auf dem Drogensektor,* Deutsches Ärzteblatt Nr. 12/1973, S. 760–763

Hollmann, W., Liesen, H., Rost, R., Heck, H., Mader, A., Philippi, H., Schürch, P., und Kawahats, K., *Artifizielle Methoden zur Steigerung der Leistungsfähigkeit im Spitzensport,* Deutsches Ärzteblatt, Nr. 20/1978, S. 1185–1192

Leist, J., und Stasik, L., *Arznei- und Rauschmittelmißbrauch,* Arbeitsmedizin, Sozialmedizin, Arbeitshygiene, 6. Jg., Heft 10/1971

Orthner, H., *Heutige Möglichkeiten der Psychochirurgie,* Medical Tribune Nr. B 25 vom 18. 6. 1971, S. 9

Rohracher, H., *Die Arbeitsweise des Gehirns und die psychischen Vorgänge,* München 1967

Schorn, G., *Arzneimittel und Verkehrstüchtigkeit,* Deutsche Apotheker-Zeitung, 113. Jg., Nr. 25/1973, S. 958–962 und Nr. 31/1973, S. 1193–1197

Seidl, G., *Chemie und Wirkungsweise der Antidepressiva (I und II),* Deutsche Apotheker-Zeitung, 118. Jg., Nr. 2/1978 und Nr. 4/1978

Stössel, J.-P., *Psychopharmaka – die verordnete Anpassung,* München 1973

Walter, H., *Der rote Fliegenpilz (Amanita muscaria): Glückssymbol und Giftpilz, Arzneimittel und Rauschdroge,* Pharmazie heute, Feb. 1972 (Beilage zur Deutschen Apotheker-Zeitung zur Fortbildung)

Waser, P. G., *Die Möglichkeiten der Manipulation mit chemischen Stoffen und die Gesellschaft,* Universitas, 32. Jg., Nr. 10/1977, S. 1043–1048

Wörterbuch der Rauschgiftsüchtigen, Deutsche Apotheker-Zeitung 111. Jg., Nr. 24/1971, S. 888–890

NAMEN- UND SACHREGISTER